Georg Fertig

Äcker, Wirte, Gaben

JAHRBUCH FÜR WIRTSCHAFTSGESCHICHTE
BEIHEFT 11

Im Auftrag der Herausgeber des Jahrbuchs für Wirtschaftsgeschichte
herausgegeben von Reinhard Spree

Georg Fertig

Äcker, Wirte, Gaben

Ländlicher Bodenmarkt und liberale Eigentumsordnung im Westfalen des 19. Jahrhunderts

Akademie Verlag

Gedruckt mit Unterstützung des Landschaftsverbandes Westfalen-Lippe

LWL

Für die Menschen.
Für Westfalen-Lippe.

Bibliografische Information der Deutschen Nationalbibliothek

Die Deutsche Nationalbibliothek verzeichnet diese Publikation in der Deutschen Nationalbibliografie; detaillierte bibliografische Daten sind im Internet über http://dnb.d-nb.de abrufbar.

ISBN 978-3-05-004378-4

Das eingesetzte Papier ist alterungsbeständig nach DIN/ISO 9706.

Einbandgestaltung: Ingo Scheffler, Berlin
Satz: Thomas Hajduk und Georg Fertig
Druck und Bindung: Druckhaus »Thomas Müntzer« GmbH, Bad Langensalza

Printed in the Federal Republic of Germany

Für Christine

Inhaltsverzeichnis

Abbildungsverzeichnis

Tabellenverzeichnis

Kartenverzeichnis

Abkürzungen

ALR	Allgemeines Landrecht.
BGB	Bürgerliches Gesetzbuch.
EID	Identifikationsnummer der Eigentumsveränderung in den Datenbanken.
FAMID	Identifikationsnummer des Ehepaares in den Datenbanken.
fol.	Folium, Grundbuchblatt.
GB	Grundbuch, Hypothekenbuch.
GB 11 – fol. 18 (52) und ähnliches	Grundbuch 11, Folium 18, beginnend auf Seite 52 der durchlaufenden Paginierung dieses Grundbuches.
GBO	Grundbuchordnung.
LastID	Identifikationsnummer von Last oder Hypothek in den Datenbanken.
LöB	Löhnebeck.
LöK	Löhne Königlich.
M	Morgen.
OFBID	Identifikationsnummer der Person in den Datenbanken.
Rthl.	Reichsthaler.
Sgr.	Silbergroschen.
StAD	Nordrhein-Westfälisches Landesarchiv, Staatsarchiv Detmold.
StadtA	Stadtarchiv.
StAMS	Nordrhein-Westfälisches Landesarchiv, Staatsarchiv Münster.

Zu Bezeichnungen von Verwandtschaftsbeziehungen, etwa MMBSD (Mutters Muttersbruders Sohnes Tochter), vgl. Anh. 1 Tab. A1.1 (S. 237).

Kapitel 1: Einleitung

1.1 Problemstellung

Dieses Buch untersucht die landwirtschaftlichen Bodenmärkte dreier westfälischer Orte im 19. Jahrhundert. Landwirtschaftliche Bodenmärkte machen gängigen Vorstellungen von Wirtschaft und Wirtschaftsgeschichte zufolge ein typisches Merkmal moderner Gesellschaften aus: „Der Acker wandert zum besseren Wirt“.[1] Dieser Gemeinplatz der modernen Wirtschaftswissenschaft benennt eine wichtige Funktion von Märkten, nämlich Ressourcen dorthin umzulenken, wo sie am besten verwendet werden. Er postuliert eine sich von selbst durchsetzende ökonomische Marktgesetzmäßigkeit, keine politische Zielvorstellung, die durch staatliche Eingriffe zugunsten der „besseren Wirte“ zu erreichen wäre. Merkwürdig ist freilich, dass diese Formel auf den heutigen landwirtschaftlichen Bodenmarkt kaum Anwendung findet. Diesem traute und traut man gerade im 20. und 21. Jahrhundert nur wenig Allokationseffizienz zu.[2] Auf rechtlicher Ebene schränken Anerbengesetze und das Grundstücksverkehrsgesetz die Verfügungsgewalt der Eigentümer massiv ein: Anders als bei nichtlandwirtschaftlichen Flächen steht es nicht mehr im Belieben des Hofbesitzers, sein Eigentum zu teilen und zu verkaufen. In den alten Bundesländern liegt die Umsatzrate an Verkäufen landwirtschaftlicher Grundstücke zur Zeit deutlich niedriger als vergleichbare spätmittelalterliche und frühneuzeitliche Werte: um die 0,3 Prozent pro Jahr in Nordrhein-Westfalen 2002, gegenüber 1 bis 2 Prozent in den meisten westeuropäischen Regionen im 14. bis 18. Jahrhundert.[3] Die heutige Abwesenheit des Landmarktes erscheint sowohl individuell als auch politisch determiniert: Einerseits

---

1 Die „notwendige Bewegung des Bodens zum tüchtigsten Wirt“ gilt als „geflügeltes Wort“ Friedrich Aereboes. Bei Aereboe handelt es sich allerdings um eine normative Vorstellung, siehe Brandt, Aereboes Beitrag, S. 61.

2 Duwendag, Bodenmarkt und Bodenpolitik, S. 583; Nell-Breuning, Gerechter Bodenpreis.

3 Übersicht bei van Bavel, Land market. In Nordrhein-Westfalen lag die Bodenumsatzrate 2002 bei 0,28 % der landwirtschaftlichen Nutzfläche (eigene Berechnung nach Statistisches Bundesamt, Fachserie 3, R 2.4 sowie Fachserie 3, R 5.1).

wollen die Bauern ihr Land gar nicht aufteilen und nach Belieben verkaufen, andererseits behindern staatliche Normsetzungen massiv die Entfaltung eines freien Bodenmarktes. Dass der Acker auf dem Markt „wandert", scheint gegenwärtig weder wahrscheinlich noch erwünscht.

Zu Beginn des 19. Jahrhunderts herrschte eine andere Auffassung vor. Von Adam Smith beeinflusste preußische Agrarreformer wie Albrecht Thaer[4] bewerteten den Verkauf von ganzen Höfen wie von einzelnen Parzellen positiv und wollten ihn in die Entscheidungsgewalt der bäuerlichen Eigentümer stellen. Sowohl die klassische Ökonomie als auch die neuere Institutionenökonomik stellen zu diesen Reformideen passende Gedankengebäude dar. Die Vorstellung, dass im 19. Jahrhundert „der Boden zur kapitalistischen Handelsware im freien Güterverkehr gemacht" wurde (Wehler), und dass mit klar spezifizierten Eigentumsrechten versehene, kapitalistische ‚Landwirte' ihre Ressourcen produktiver einsetzen konnten, weil sie nicht mehr als traditionelle ‚Bauern' vielfältig in Herrschaft, Genossenschaft und Familie eingebunden waren – diese gängige Vorstellung passt zur ebenso gängigen Standardgeschichte von Einhegungen, Agrarwachstum, Freisetzung der Unterschichten und Industrieller Revolution.[5] In der Forschung sind besonders die preußischen Agrarreformen und die mit ihnen verbundene Schaffung eines freien Bodenmarkts lange Zeit als essenzieller Beitrag zum Wirtschaftswachstum gesehen worden.[6]

Während die Forschung also oft die Verbindung von Eigentum, Markt und Wachstum betont, sahen die Reformer selbst im Agrarwachstum und der „Bewegung zum besseren Wirt" allerdings nicht das einzige Ziel einer Einführung von freiem bäuerlichem Eigentum. Was Albrecht Thaer selbst von der Mobilisierung des Bodens erwartete, war nicht nur die bessere „Cultur" des Bodens. Es ging ihm vielmehr auch darum, einen größeren Spielraum für die Ausstattung von Kindern durch ihre Eltern zu schaffen, und darum, es den Unterschichten möglich zu machen, selbst Landeigentum zu erwerben.[7] Damit erscheint eine alternative, nicht mehr ausschließlich auf die Frage des Wirtschaftswachstums fokussierte Interpretation der liberalen Agrarreformen denkbar, die sich explizit sowohl von marxistischen als auch von an neuer Institutionenökonomik orientierten

---

4 Vgl. das von Thaer formulierte „Edikt zur Beförderung der Land-Cultur" (Gesetz-Sammlung Nr. 53). Ablehnung der Unteilbarkeit von Grundstücken auch bei Smith, Wealth of nations, S. 486.

5 Siehe z. B. Wehler, Deutsche Gesellschaftsgeschichte, Bd. 1, S. 412–413 (Zitat).

6 Vgl. Teuteberg, Agrarreformen.

7 „Edikt zur Beförderung der Land-Cultur" (Gesetz-Sammlung Nr. 53), S. 301 (§ 1): Das „Interesse für Verbesserung ihrer Güter" werde den Grundeigentümern dadurch gegeben, dass sie „die für Aeltern so wünschenswerte und wohlthätige Freiheit" erhielten, „ihr Grundeigenthum unter ihre Kinder nach Willkühr zu vertheilen und die Gewißheit, daß diesen eine jede Verbesserung zu Gute kommt". Das Land gelange an vermögendere Besitzer, die es besser kultivieren könnten (also an ‚bessere Wirte'). Schließlich werde „den sogenannten kleinen Leuten, den Käthnern [...] und Tagelöhnern Gelegenheit" gegeben, „ein Eigenthum zu erwerben [...]. Die Aussicht hierauf wird diese zahlreiche und nützliche Klasse Unserer Untertanen fleißig, ordentlich und sparsam machen".

Deutungen absetzt: Institutioneller Wandel und Wirtschaftswachstum wären disjunkte Prozesse.[8]

Diese Fragen sind auch heute relevant. Wenn in unseren westlichen Gesellschaften des beginnenden 21. Jahrhunderts die Auffassung vorherrscht, dass Ressourcen am besten über Märkte verteilt werden und dass ihre Produktion am besten durch marktorientierte Unternehmungen erfolgt, dann beruht das zu einem großen Teil auf den Erfahrungen, die unsere Gesellschaften im 19. Jahrhundert gemacht haben, und auf den handlungsleitenden Theorien, die in dieser Zeit entwickelt wurden.[9] Eine der zentralen Erfahrungen des 19. Jahrhunderts war in Deutschland die eines massiven Bevölkerungswachstums bei gleichzeitig erheblichen Verteilungskonflikten und wiederholten Hungerkrisen. Es schien in der Perspektive der damaligen Zeitgenossen durchaus fraglich, ob die Produktion und Verteilung überlebenswichtiger Güter, vor allem landwirtschaftlicher Produkte, in hinreichendem Maße gelingen könnte. Dennoch gelang im 19. Jahrhundert entgegen allen pessimistischen Vorhersagen eine erhebliche, das Bevölkerungswachstum markant übertreffende Steigerung der landwirtschaftlichen Produktion. Als mögliche Erklärung für diese kollektive Erfahrung der überstandenen Krise und ausgebliebenen Katastrophe spielen Märkte eine zentrale Rolle, und es ist insofern nicht überraschend, dass uns Märkte heute als das wichtigste Lösungsinstrument für Probleme unzureichenden wirtschaftlichen Wachstums in Ländern gelten, die über nur schwach ausgeprägte marktwirtschaftliche Strukturen verfügen. Eine kritische historische Untersuchung von landwirtschaftlichen Märkten im 19. Jahrhundert trägt also zur Selbstvergewisserung unserer sich weitgehend als marktwirtschaftlich definierenden Gesellschaft in einem zentralen Punkt bei.

Dass Märkte landwirtschaftliches Produktivitätswachstum erklären, kann in zweierlei Sinne verstanden werden. Einerseits wird ein gesellschaftlicher Wandel in Richtung auf eine Marktgesellschaft für das 19. Jahrhundert vielfach postuliert, und gerade die Landwirtschaft spielt dabei – auch in der ökonomischen Theoriebildung – eine zentrale Rolle. Institutioneller Wandel hin zu einer Gesellschaft der Eigentümer wurde im 18. und 19. Jahrhundert gefordert und im Zuge der Agrarreformen auch durchgesetzt. Es liegt auf der Hand, einen Zusammenhang zu vermuten zwischen der den Bauern nunmehr möglichen souveränen Verfügung über Land und Arbeitskraft mit allen unternehmerischen Risiken einerseits und der hohen agrarischen Produktivität – also einer effektiven Verwendung von Land und Arbeitskraft – andererseits. In dieser Sichtweise spielten folglich die Agrarreformen eine zentrale Rolle dabei, das Wirtschafts- und Bevölkerungswachstum des 19. Jahrhunderts zu ermöglichen, weil sie bäuerliches Eigentum an Land und freie Verfügung über die eigene Arbeitskraft ermöglichten. Betont werden dabei die Diskontinuitäten zwischen einer statischen alteuropäischen bäuerlichen Gesellschaft, in der die Landwirt-

---

[8] Dieses Argument ist in der neueren Forschung vor allem im Zusammenhang mit den Auflösungen von Allmenden angeführt worden. Zur Leistungsfähigkeit von Kleinbetrieben und kollektiver Flächennutzung siehe z. B. mehrere Beiträge in Prass u. a., Ländliche Gesellschaften.

[9] Tilly, Big structures, S. 1–13.

schaft nur eine begrenzte Zahl an Menschen ernähren konnte, und der wachstumsfähigen modernen Eigentümer- und Marktgesellschaft: Weil Bauern im 19. Jahrhundert freie Eigentümer werden, folgt ihr Agieren nun ganz anderen, neuen, durch Marktmechanismen disziplinierten und geleiteten Kalkülen. Zugleich lenkt dieses Argument die Aufmerksamkeit eher auf den Markt für Boden – das wichtigste Input-Gut landwirtschaftlicher Betriebe – als auf den für Produkte: Weil der Produktionsfaktor Boden im Eigentum der Bauern steht, können ineffektiv arbeitende Landwirte ihn verlieren, und er kann „zum besseren Wirt" wandern.[10]

Wie Michael Kopsidis betont hat, lässt sich jedoch auch eine zweite Perspektive entwickeln, in der Märkte landwirtschaftliches Produktivitätswachstum erklären. Hiernach kommt es nicht so sehr auf den Systemwandel vom feudal gebundenen Bauern zum kapitalistischen Landeigentümer an, sondern auf die Chancen, die sich den Bauern als den Eigentümern ihrer Produkte auf integrierten Produktmärkten bieten.[11] Die vorliegende Studie konzentriert sich auf die erste Seite des Problems, sie steht also – soweit es um die Erklärung des landwirtschaftlichen Aufschwungs geht – in einem komplementären Verhältnis zur Studie von Kopsidis über den Markt für landwirtschaftliche Produkte.

Auf der historisch-handwerklichen Ebene erschließt diese Studie die Quellengattung Hypothekenbuch – und damit die historische Quelle zur Praxis des Landeigentums schlechthin – neu; auf der theoretischen Ebene setzt sie sich mit der These auseinander, dass Eigentum eine treibende Kraft für die Entwicklung von Faktormärkten war, die ihrerseits zur bestmöglichen Nutzung von Faktoren und damit zu Wirtschaftswachstum geführt hätten. Eigentum ist also ein zentraler Begriff für diese Untersuchung.[12] Nach Rousseau entsteht Eigentum dadurch, dass man eine Grenze um sein Grundstück zieht und andere dazu bringt, diese zu respektieren.[13] Eigentum ist also eine Beziehung zwischen dem Eigentümer und allen anderen Personen. Dieser Grundsatz entspricht auch heute geltendem Recht. Grundeigentümer ist, wer im öffentlich einsehbaren Grundbuch als solcher eingetragen ist (abgesehen von Erbfällen und dem Erwerb kraft ehelicher Gütergemeinschaft). Grenzziehung oder Besitzergreifung reichen also nicht aus: Ohne Publizität, ohne Öffentlichkeit gibt es kein Eigentum. In den 1830er Jahren war die Rechtslage aber nicht so klar. Zur Zeit des Allgemeinen Landrechts galt der (deutschrechtliche) Grundsatz der Publizität nicht; vielmehr konnte (römischrechtlich) auch die Übergabe, die ‚Tradition', Eigentum konstituieren.[14] Eigentum wurde also durch einen Akt hergestellt, der sich nur zwischen zwei Personen abspielte und der der Öffentlichkeit nicht bekannt sein musste.

---

10 Zum Gewicht dieses auf Adam Smith zurückgehenden Arguments in den Diskussionen der Agrarreformer im frühen 19. Jahrhundert siehe Achilles, Deutsche Agrargeschichte, S. 113–114.

11 Kopsidis, Marktintegration; ders., Entwicklung der Produktion; ders., Transformation.

12 Vgl. auch Siegrist / Sugarman, Eigentum.

13 Sabean, Property, production and family, S. 17. Zur sozialen Praxis des Eigentums im Konflikt zwischen Heuerlingen und Colonen in Löhne siehe G. Fertig, Gemeinheitsteilungen.

14 Dernburg / Hinrichs, Hypothekenrecht, S. 17.

In der deutschen ökonomischen Forschungsdiskussion wird der englische Begriff ‚property rights' – wörtlich: Eigentumsrechte – meist mit ‚Verfügungsrechte' übersetzt. Das ist eine missverständliche Übersetzung. Umgangssprachlich redet man davon, über Dinge zu verfügen, die man nutzen kann („Wir verfügen hier über ausgezeichnete Bibliotheken"), auch wenn damit nichts über den Eigentümer gesagt ist. Aber die Ökonomen meinen mehr als Nutzungsrechte. Gemeint sind formelle und informelle Chancen, Entscheidungen durchsetzen zu können, welche sich auf knappe Güter beziehen; Marktnutzung besteht darin, diese Durchsetzungschancen in privaten Verträgen zu erwerben und abzutreten.[15] Der ökonomische Begriff der Verfügungsrechte tendiert dahin, Eigentum als unbeschränktes und ausschließliches Recht zu konstruieren. Eine zentrale Aussage der Property-Rights-Theorie besagt, dass „eine Verteilung der Rechte auf mehrere Personen oder die Beschränkung der Durchsetzbarkeit einzelner property rights zu unwirtschaftlichem Verhalten hinsichtlich der betroffenen Güter führt".[16] Privates Eigentum ist in ökonomischer Sicht ein Sonderfall besonders umfassender und zugleich exklusiver ‚property rights'; „the owner must have all the rights anyone can have over the things in question".[17]

Besonders missverständlich ist die gängige Übersetzung ‚Verfügungsrechte', weil in unserer gegenwärtigen Rechtsordnung ‚Verfügung' nicht jegliche denkbare Entscheidung bezüglich von Gütern meint, sondern nur eine spezielle Art, mit unserem Eigentum zu verfahren. Gemeint sind Rechtsgeschäfte, die auf die dingliche Rechtslage einwirken – nicht der alltägliche Gebrauch und schon gar nicht der beliebige Gebrauch, sondern nur Handlungen mit sachenrechtlichen Folgen, etwa die Übertragung des Eigentums an jemand anderen, die Aufteilung der Sache oder die Einräumung eines Pfandrechts. Eigentum ist in der heutigen privatrechtlichen Alltagspraxis weit mehr als das Recht, in diesem Sinne zu verfügen, nämlich das Recht, mit der Sache nach Belieben zu verfahren und andere auszuschließen, soweit nicht Rechte anderer oder das Gesetz dem entgegenstehen – kein exklusives, sondern ein Exklusionsrecht, das allerdings nie schrankenlos ist.[18]

Die Rechte anderer wird der Eigentümer in unserer Rechtswelt nie los, nicht nur, weil er für angerichtete Schäden am Eigentum Dritter haftet. Eigentum ist sozialpflichtig, es wird im Auftrag der Allgemeinheit ausgeübt: Ich darf alle Äpfel von meinen Bäumen essen, ich darf die Bäume in meinem Garten auch fällen, aber nicht nach Belieben. „Das subjektive Recht ist letzten Endes nichts anderes als das Recht, seine Pflicht zu tun" (Radbruch).[19] Dieses Verständnis von Eigentum als einem gesellschaftlichen Amt ist der liberalen Wirtschaftstheorie nicht fremd, wenn auch die Durchsetzung der Sozial-

---

15 Windisch, Verfügungsrechte; Weber, Wirtschaft und Gesellschaft, S. 33.

16 O. V., Property Rights-Theorie (Gabler Wirtschafts-Lexikon).

17 Ryan, Property, S. 1029.

18 § 903 BGB. Formal wird das Eigentum als umfassendes Vollrecht von beschränkten dinglichen Rechten unterschieden.

19 Radbruch, Rechtswissenschaft, S. 99 unter Berufung auf Léon Duguit.

pflichtigkeit allein dem Marktmechanismus zugewiesen wird.[20] Der Gedanke hat eine lange Tradition, die auf das biblische Konzept des guten Verwalters und auf die Unterscheidung positiver und negativer Freiheit zurückgeht.[21] Gerade bäuerlicher Besitz wurde seit dem Mittelalter in der Regel nur im Sinne eines Leiheverhältnisses vergeben, bei dem der Besitzer nicht mehr als ein Verwalter des Gutes war.[22] Die im 19. und 20. Jahrhundert fortgesetzte Praxis der geschlossenen Besitzübergabe passt in diese den Hof als Subjekt mit eigenem Recht hypostasierende soziale Logik – die Erde erbt den erstgeborenen Sohn, nicht umgekehrt.[23]

Von Haftung und Sozialpflichtigkeit des Eigentums abgesehen, bietet unser Sachenrecht Begriffe gerade für solche Situationen, in denen dingliche Rechte entgegen den Empfehlungen der Property-Rights-Theorie auf mehrere Akteure verteilt sind. Das gilt zunächst für neben dem Eigentum stehende Formen beschränkter dinglicher Rechte, u. a. den Nießbrauch (typischerweise vereinbart zugunsten der ehemaligen Hofbesitzer), die Reallast im Sinne der Verpflichtung, bestimmte Leistungen zu erbringen (eine Kategorie, in die Feudalabgaben und Dienste passen), die Dienstbarkeit (z. B. Wegerechte) und die Hypothek. Jede dieser Institutionen schwächt und verdünnt das Verfügungsrecht des Eigentümers und damit auch die Anreize, die er hat, sein Eigentum produktiv zu verwenden; andererseits hätte der Verzicht auf diese Verdünnungsmöglichkeiten große gesellschaftliche Kosten – ohne Pfandrechte an Eigentum würden sich z. B. Kreditmärkte kaum ausbilden. Zwei weitere Arten, Verfügungsrechte mehreren Personen zuzuweisen, bestehen in der Gesamthandsgemeinschaft und in der Unterscheidung von Ober- und Untereigentum. Letztere ist heute obsolet; im Zuge der Rezeption in der frühen Neuzeit eröffnete sie jedoch die Möglichkeit, feudale Beziehungen römischrechtlich klar zu spezifizieren. Statt etwa als mittelalterliches Überbleibsel abgeschafft zu werden, wurde im 19. Jahrhundert geteiltes Eigentum sogar in Teilen Westfalens neu eingeführt, um sowohl die weiterbestehenden Heimfallrechte der Grundherren als auch die – nunmehr als Untereigentum qualifizierten – Rechte der bisher den Hof nur nutzenden Colone zu sichern. Die Gesamthandsgemeinschaft schließlich beteiligt mehrere Personen am vollen ungeteilten Eigentum; diese kollektivistischste aller Eigentumsformen lag nicht nur bis in die Gegenwart Unternehmensformen wie der Gesellschaft bürgerlichen Rechts

---

20 Ludwig von Mises, Markt, S. 132 sieht „Eigentum an Produktionsmitteln […] in der Marktwirtschaft“ als „gesellschaftliches Mandat, das dem Mandatar entzogen wird, wenn er den jeweiligen Weisungen seiner Auftraggeber, der Verbraucher, nicht nachkommt“.

21 Zum Gegensatz zwischen der angelsächsisch-liberalen Tradition einer negativen Freiheit und der insbesondere deutschen Tradition einer positiven Freiheit siehe mit unterschiedlichen Wertungen Berlin, Concepts of liberty; Roeber, Palatines, liberty and property, S. 2–7; Krieger, German idea of freedom.

22 Zum Konzept der Emphyteuse und der damit verbundenen Konstruktion des bäuerlichen Haushalts als subsidiärer Herrschaftseinheit siehe Rebel, Peasant classes.

23 „Der Leibeigene ist das Akzidens der Erde. Ebenso gehört der Majoratsherr, der erstgeborene Sohn, der Erde. Sie erbt ihn.“ Marx, Manuskripte, S. 505; mit falscher Quelle zitiert als Motto des klassischen Artikels von Bourdieu, Les stratégies matrimoniales, S. 1105.

zugrunde, sondern gilt auch für die Erbengemeinschaft und die eheliche Gütergemeinschaft, wie sie in den Untersuchungsorten Löhne und Borgeln üblich war.[24]

Es liegt kein Anachronismus darin, diese heutigen juristischen Kategorien auf das frühe 19. Jahrhundert anzuwenden. Eigentumsrechte in diesem Sinne entstammen dem römischen Recht und sind auch im 19. Jahrhundert nichts Neues. Mit den preußischen Agrarreformen und der Einführung bäuerlichen Eigentums an den Höfen wurden in unserem Untersuchungsgebiet nicht etwa erstmals klar spezifizierte Eigentumsrechte eingeführt, sie wurden nur etwas anders verteilt. Das Eigentumsrecht des 19. Jahrhunderts, in wesentlichen Zügen am römischen Recht orientiert, führte nicht etwa eine Bündelung aller Rechte bei nur einer Person ein, sondern stellte klare Begriffe für die Verteilung verschiedener Rechte auf mehrere Personen zur Verfügung.

1.2 Forschungsstand

In der historischen Forschung sind Bodenmärkte ein ausgesprochen vormodern konnotiertes Thema. Die Forschung konzentriert sich auf der empirischen Ebene einerseits darauf, das Volumen des Landmarktes zu ermitteln, andererseits seine Einbettung in Lebenszyklen, Konjunkturen und soziale Schichtung zu diskutieren.[25] Dahinter steht das theoretische Problem, das Landkäufe für die Analyse traditioneller Gesellschaften dann darstellen, wenn diese als marktfern konzipiert werden. Der in der Forschung gewählte Kontext besteht meist weniger in Agrarreform und -wachstum als in der Frage, wie Bauern ihr prekäres Überleben organisierten. So lag das Hauptinteresse der französischen Forschung lange Zeit auf der Frage der Verteilung des Bodens zwischen denjenigen Besitzern, die unterhalb und die oberhalb der Subsistenzgrenze lagen, also der für ein Überleben ohne Nebenerwerb notwendigen Menge an Land. Es scheint, dass dort in der frühen Neuzeit Bauern auf der ‚Verliererseite' des Landmarktes standen. Landverkäufe erscheinen in dieser Perspektive als ungleicher Tausch: Möglichst viel Land zu haben, ist das implizite Ziel; wer verkauft, hat verloren. Im 18. Jahrhundert ‚gewannen' die französischen Bauern, allerdings nur die ‚laboureurs', also die Vollbauern, wieder Land hinzu. Wann immer sie konnten, kauften sie Land – warum? Konventionellerweise gilt

24 Rechtshistorische Einführung: Wächter, Gesamthandsgemeinschaften. – Die Gesellschaft bürgerlichen Rechts wird vom Bundesgerichtshof seit 2001 nicht mehr als Gesamthandsgemeinschaft interpretiert.

25 Forschungsüberblicke, überwiegend mit einem gewissen Schwerpunkt auf dem Mittelalter, finden sich (1) zu Europa insgesamt bei Cavaciocchi, Il mercato della terra, insbesondere die Beiträge von Feller, Van Bavel und Schofield; siehe auch Feller / Wickham, Le marché; (2) zu den Nordseeanrainerländern in Van Bavel / Hoppenbrouwers, Landholding (insbesondere die Einleitung S. 13–46); (3) zu England: Smith, Families and their property, S. 1–86; Cerman, Bodenmärkte, S. 125–148; (4) Frankreich und Deutschland: Béaur u. a., Ländliche Gesellschaften, dort insbesondere die Beiträge von Béaur, Bodenmarkt, und Brakensiek, Grund und Boden.

der bäuerliche ‚Landhunger' als irrational; „die Irrationalität solcher Praktiken ist bisher aber noch nicht bewiesen worden" (Béaur).[26] Belebt wird ein solcher Bodenmarkt vor allem dann, wenn viele Besitzer scheitern: Subsistenzkrisen führen zu Verschuldung, und diese zum Landverkauf.[27]

Hinter dieser Perspektive steht nicht nur eine bestimmte Sicht des Bodenmarktes, sondern auch von sozialer Ungleichheit in der ländlichen Gesellschaft und damit die alte agrarpolitische Kontroverse zwischen denjenigen, die in der Tradition der klassischen und marxistischen Ökonomie kleinbäuerliches Wirtschaften langfristig für dem Untergang geweiht halten, und denen, die dies im Anschluss teils an Čajanov, teils an die neuere Entwicklungsökonomie bezweifeln. Ungleiche Besitzgrößen sind nach Lenin Ausdruck von dauerhafter Klassenzugehörigkeit; der Landmarkt führt zu einer Verstärkung der Arbeitsteilung und letztlich zur Proletarisierung der ineffizienten Kleinbesitzer. Dagegen steht die alternative, eher mit dem Thema des bäuerlichen Überlebens als mit dem moderner Märkte verbundene Sicht des russischen Populisten und marginalistischen Agrarökonomen Čajanov, die in der mediävistischen Landmarktforschung weit verbreitet ist. Sie differenziert die Annahme eines permanenten bäuerlichen Landhungers, indem sie den Familienzyklus näher betrachtet: Kaufen im jüngeren, Verkaufen im späteren Alter. Die Größe des Betriebes wird hier der Größe der Familie angepasst, notfalls unter Zahlung von überhöhten Preisen für das dringend benötigte Land.[28] In dieser Sicht wird der Bodenmarkt gerade deshalb benötigt, weil ein Ausgleich von Konsumenten und Arbeitskräften zwischen den bäuerlichen Betrieben über den Arbeitsmarkt im Modell nicht mitgedacht wird. Umgekehrt beschreibt das von Mitterauer[29] vertretene Modell eines „Rollenergänzungszwangs" gewissermaßen atmende Arbeitsmärkte angesichts fixierter Betriebsgrößen und eines festgelegten, nicht immer auf demographischem Wege innerfamiliär reproduzierbaren Arbeitskräftebedarfs.

Čajanovs und Mitterauers Modelle haben gemeinsam, dass Arbeits- und Bodenmärkte in einer substitutiven Beziehung zueinander stehen, also einander ersetzen können. Das nötige Gleichgewicht kann durch Nutzung des Arbeitsmarktes oder durch Nutzung des Bodenmarktes erreicht werden (oder durch Nutzung beider); sie dienen wechselseitig als Mittel zum Abpuffern von Risiken. Das Argument ließe sich unschwer auf Kreditmärkte erweitern: Wie Phillipp Schofield am Beispiel von Missernteknisen im 13. Jahrhundert gezeigt hat, kann eine Überlastung der Kreditmärkte durch Landverkäufe aufgefangen werden, der Bodenmarkt kann also einen zusammengebrochenen Kreditmarkt ersetzen.[30]

---

26 Béaur, Bodenmarkt, S. 253.

27 Ebd.

28 Klassisch die Argumentation von Postan, Charters of the villeins; die treibende Kraft hinter dem Auftreten von „natural buyers" und „natural sellers" lag danach in der Familiengröße, nicht in sozialer Ungleichheit oder unternehmerischer Spekulation. Siehe auch Thorner, Chayanov's concept of peasant economy; Čajanov, Wirtschaftssysteme.

29 Mitterauer, Familienwirtschaft.

30 Schofield, Dearth; Bodenmarkt als Schutz vor Krisen auch bei Campbell, Population pressure.

Es ist wichtig zu sehen, dass dieses anhand der neueren mediävistischen und frühneuzeitlichen Bodenmarktforschung entwickelte Argument einer substitutiven Beziehung zwischen Märkten[31] klar abzusetzen ist von dem zweiten großen Thema der Bodenmarktforschung, nämlich der Frage, inwiefern Märkte für Arbeit, Land und Kredit überhaupt in eine vormoderne oder bäuerliche Wirtschaft passen, und ob es eine übergreifende Tendenz zur Kommerzialisierung gibt, also zur gleichzeitigen Durchsetzung von Märkten für Agrarprodukte, Land, Arbeit und Kredit. Das vor allem in der englischen Forschung sehr populäre Konzept der Kommerzialisierung impliziert gerade, dass die Beziehung zwischen Märkten komplementär (also wechselseitig verstärkend) ist und eine gemeinsame, durch moderne Institutionen oder Mentalitäten bedingte Tendenz zur Marktnutzung spiegelt.[32] Diese Auffassung ist so unterschiedlichen Autoren wie Karl Polanyi, Alan Macfarlane und Douglass North gemeinsam. Es gibt danach trotz aller Ungleichzeitigkeiten und Rückschritte im Grunde einen übergreifenden Prozess der Modernisierung, für den das Vordringen von anonymen Märkten für Land, Arbeit und andere Faktoren zentral ist. Dieser Prozess geht einher mit einem Rückgang des Einflusses primärer Sozialbeziehungen wie eben der Familie und wird von den genannten Autoren höchst unterschiedlich bewertet.[33] In diesem Kontext ist vor allem in England die Frage ausführlich diskutiert worden, in welchem Grade individuelle oder familiäre Verfügungsrechte über den Boden bestanden und ausgeübt wurden. Der ‚land-family bond', also eine Weitergabe von Land innerhalb der Abstammungsfamilie, gilt in dieser Diskussion als Indikator für einen wenig individualistischen Charakter der ländlichen Ökonomie.[34]

Lebenszyklische Schwankungen werden in der Forschung primär in Anlehnung an Čajanov interpretiert, mit teilweise paradoxen Ergebnissen. Evidenz, die einen die Ungleichheit verschärfenden Effekt des Landmarktes und wenig Relevanz von Familienzyklen feststellt, ist nicht selten.[35] Derouet stellt etwa im Vergleich zweier französischer Regionen während des Ancien Régime fest, dass die von Čajanov beschriebenen Zyklen gerade dort (im Haute-Marche) nicht auftreten, wo innerregionale Arbeitsmärkte fehlen (autarke Bauernhöfe kombiniert mit Wanderarbeit der Nichterben), und gerade dort (im Thimerais) ausgeprägt sind, wo die Zirkulation des Bodens durch den Markt vermittelt

---

31 Dass Märkte einander ersetzen können, ist auch eine zentrale Implikation des in der Außenhandelstheorie wichtigen Heckscher-Ohlin-Samuelson-Theorems. Danach bildet sich ein internationaler Gleichgewichtspreis für Faktoren auch dann, wenn diese nicht international mobil sind, vorausgesetzt dass die produzierten Güter international gehandelt werden. Gütermärkte können also Faktormärkte in diesem Punkt substituieren.

32 Vertreten u. a. von Cerman, Bodenmärkte; Britnell / Campbell, Commercialising economy.

33 North, Theorie des institutionellen Wandels; Polanyi, Great transformation, Macfarlane, English individualism.

34 Dagegen die Position von French / Hoyle, English individualism refuted: „buying and selling, wheeling and dealing, are processes which tell nothing about society more generally, nor do they prove the English were distinctive in their attitudes", S. 621.

35 Smith, Families and their property, S. 21 mit Bezug auf die Studien von Razi, Family, land and the village community; ders., Life, marriage and death.

wird anstatt sich wie in Russland an demographischen Bedürfnissen der Familien zu orientieren.[36] Ausgeprägte lebenszyklische Schwankungen beim Kauf und Verkauf von Land sind also nicht unbedingt ein Indikator für eine „peasant society" im Sinne Čajanovs, die Derouet im zentralfranzösischen Haute-Marche lokalisiert. Wofür sonst? Eine passende Alternativhypothese hat Ulrich Pfister im Anschluss an Franco Modiglianis lebenszyklische Theorie des Sparverhaltens entwickelt. Danach dienen Käufe und Verkäufe von Land als Alterssicherung, um eine langfristige Glättung von Konsummöglichkeiten zu erreichen. Das ist im Grunde eine institutionenökonomische Interpretation: Solange moderne Institutionen der Alterssicherung und des Bankwesens fehlen, kommt es zu einem čajanovesken, anscheinend der Logik autarker bäuerlicher Haushalte entsprechenden Verhalten, das aber im Zuge der ökonomischen Modernisierung seine Funktion verliert.[37]

1.3 Markt, Familie, Verwandtschaft: ein Abgrenzungsproblem

Im Untersuchungsgebiet dieser Studie, der preußischen Provinz Westfalen, wurden ländliche Bodenmärkte erst zwischen Anfang und Mitte des 19. Jahrhunderts beobachtbar. Erst in dieser Epoche wurde hier bäuerliches Eigentum an Land geschaffen: einerseits durch die (wie der zeitgenössische Begriff lautet) „Regulierung der gutsherrlich-bäuerlichen Verhältnisse", einen Teilaspekt der sogenannten Bauernbefreiung, andererseits durch die damit ermöglichte sukzessive Ablösung von herrschaftlichen Grundlasten.[38] Die vorliegende Studie will zwei Fragen beantworten: Erstens, ob diese Einführung von bäuerlichem Landeigentum zur Herausbildung eines Bodenmarktes führte, und zweitens, wozu dieser gut war: für Agrarwachstum und „Landeskultur", oder für Familienstrategien und soziale Mobilität.

Wenn wir wissen wollen, ob sich ein Bodenmarkt bildete, so liegt eine erste und sehr einfache Frage darin, zunächst sein Volumen festzustellen. Das macht es nötig, ihn gegenüber solchen Besitzveränderungen abzugrenzen, die nicht dazugehören. Auf den ersten Blick gilt dies für die Weitergabe von Land innerhalb der Familie. Modellhaft zugespitzt können Markt und Familie als funktional alternative und im längerfristigen historischen Verlauf konkurrierende Systeme verstanden werden, über die die Allokation von Gütern organisiert werden kann, gewissermaßen als zwei Kanäle, durch die die Güter fließen.

---

36 Derouet, Cycle de vie.

37 Das ist eine etwas zugespitzte Reformulierung von Ideen unserer Arbeitsgruppe, die ich zeitweise selbst geteilt habe und die dokumentiert sind in: Pfister, Entre marchandise et don; Lünnemann, Bodenmarkt und Familie; G. Fertig / Pfister, Gift or commodity; Pfister, Household economy.

38 Die maßgebliche zeitgenössische Darstellung der bäuerlichen Eigentumsrechte und ihres Wandels in den Reformprozessen des frühen 19. Jahrhunderts stammt von Dönniges, Land-Kultur-Gesetzgebung. Siehe auch unten Kapitel 4.

Einer lange Zeit gängigen Vorstellung zufolge schwoll der eine dieser Kanäle, der Markt, im Lauf der Zeit immer mehr an, während der andere, die Familie, eher an Bedeutung verlor. Die oben referierten Ergebnisse der mediävistischen Bodenmarktforschung widersprechen einer solchen sehr schlichten Modernisierungsthese. Um derartige Aussagen treffen und prüfen zu können, muss man voraussetzen, dass Markt und Familie voneinander abgrenzbare Handlungsbereiche konstituieren. Entweder hätten wir es dann also bei einer bestimmten Transaktion mit einer Markttransaktion zu tun, oder mit einem familiären Transfer. Die einen wären unserem Gedankenexperiment zufolge entgeltlich, die anderen gratis; die einen fänden zwischen Fremden statt, die anderen zwischen Mann und Frau, Eltern und Kindern; die einen – so der Idealtyp des Marktes – folgten Motivationen der Profitmaximierung, die anderen solchen der z. B. elterlichen Liebe – und die einen wären Thema der vorliegenden Untersuchung, die anderen nicht.

Wenn die Unterschiede zwischen Markt- und Nicht-Markt-Transaktionen klar erkennbar wären, so käme das auch dem forschungspraktischen Design der hier vorgestellten Untersuchung sehr entgegen. Man könnte sich schon beim Aufbau einer Bodenmarkt-Datenbank, zu zweit in einer Benutzerkabine des Archivs vor einem Hypothekenbuch sitzend, darüber verständigen, ob eine bestimmte in der ersten Rubrik eines Grundbuchblatts beschriebene Veränderung des Eigentums eine Markttransaktion konstituierte oder nicht. Leicht praktikabel ist der Versuch freilich nicht, zugespitzte Modelle wie die aus unserem Gedankenexperiment in ein Ordnungsschema, in eine Taxonomie zu übersetzen, die dazu dient, einzelne, beobachtbare Eigentumsveränderungen in konkreten Orten entweder dem Markt oder der Familie zuzuweisen: Auch Eltern und Kinder können Verkäufe abschließen, auch Fremde können uneigennützig handeln, und über Motivationen, über das emotional oder materiell interessegeleitete Agieren historischer Personen zu urteilen ist keine triviale Aufgabe. Besonders wenn nicht nur die Familie im Sinne eines Haushaltes – also einer ihr Einkommen zusammenwerfenden und Aufgaben intern nach aushandelbaren Regeln verteilenden Einheit –, sondern auch Verwandtschaft als ein Handlungsraum jenseits der klar umgrenzten Kernfamilie in den Blick gerät, ist die Einteilung, dies sei eine Markttransaktion und jenes ein Akt verwandtschaftlicher Solidarität, fraglich.

Sollen wir also auf die abstrakten Modelle ‚Markt' und ‚Familie' verzichten? Eine Alternative könnte darin bestehen, die Unterscheidung schon auf der begrifflichen Ebene aufzugeben. Man könnte unter dem Bodenmarkt einfach die Gesamtheit der Verkäufe verstehen, zugleich aber Familienbeziehungen nicht nur im Bereich der unentgeltlichen Transfers für relevant erklären, sondern auch Käufe und Verkäufe als Bestandteil verwandtschaftlicher Beziehungsnetze deuten. David Sabean[39] geht etwa diesen Weg, ähnlich Hermann Zeitlhofer.[40] Beide wählen dabei eine nicht am ökonomischen Sprachgebrauch orientierte Begrifflichkeit: „Transfer" bedeutet bei ihnen, dass Land seinen Ei-

39 Sabean, Property, production and family, S. 413.

40 Zeitlhofer, Besitztransfer.

gentümer wechselt, „Markt", dass dies in der Form eines Kaufvertrags geschieht.[41] Demgegenüber sprechen Ökonomen von Transfers dort, wo Leistungen unentgeltlich fließen, von Markt dagegen dort, wo Ressourcen über unpersönliche Mechanismen der Preisbildung ihrer effektivsten Nutzung zugeführt werden. Der bei den Historikern übliche Sprachgebrauch bringt mit sich, dass man über Familie und Verwandtschaft weiterhin explizit theoretisch nachdenken muss; der Begriff des Marktes übersteigt dann freilich nicht mehr den des Kaufs.

Für ein einstweiliges Festhalten an unserem taxonomischen Gedankenexperiment spricht, dass historische Untersuchungen von Bodenmärkten die Gelegenheit bieten, empirisch nur dünn gestützte Annahmen der Ökonomie zu überprüfen, die eine Tendenz zur zunehmenden Durchsetzung von Märkten im Sinne ihrer Modelle behaupten – und das bedeutet mehr als nur die Beobachtung, dass Käufe vorkommen. Douglass North betont etwa die „Schaffung unpersönlicher Faktormärkte" als wesentlichen Schritt für die Verwirklichung von Spezialisierungsgewinnen; den historischen Kontext von Norths Argument bilden dabei Fälle, in denen „der Staat die Entwicklung von Grundstücks- und Arbeitsmärkten betreibt", z. B. die „Einhegungen in England unter den Tudors".[42] „Unpersönliche Faktormärkte", wie sie die Ökonomie kennt – das ist ein Modell oder im Sinne Max Webers ein Idealtyp, ein Gedankenexperiment ohne Raum- und Zeitbezug. „Einhegungen in England unter den Tudors" – das ist eine Aussage über konkrete historische Verläufe. Eine empirische, also historische Überprüfung dieses volkswirtschaftlichen Lehrbuchwissens erfordert es, Verfahren zu entwickeln, mit denen Aussagen nicht nur über das bloße Vorkommen von Käufen oder anderen Eigentumsänderungen, sondern über ihren stärkeren oder schwächeren Markt-Charakter möglich werden. Aussagen über das Entstehen oder Vordringen von Märkten können erst auf dieser Grundlage getroffen oder eingeschränkt werden.

Ich werde mich daher im Folgenden nicht auf die (durchaus mögliche und legitime) Position zurückziehen, dass eine eindeutige Abgrenzung zwischen Markt und Familie ohnehin nicht zu leisten sei, weil es erhebliche gegenseitige Durchdringungen der beiden Allokationssysteme gebe. Solche Durchdringungen und Überlappungen gibt es. Dennoch können wir im Zuge des Drehens und Wendens unseres empirischen Materials versuchen, die Bereiche näher zu bestimmen, in denen es Abweichungen vom ökonomischen Modell des Marktes gab, und so zu einer Abgrenzung zwischen dem Bodenmarkt (oder dem, was vernünftigerweise, mit benennbaren Einschränkungen, als solcher bezeichnet

---

41 Z. B. Sabean, Property, production and family, S. 373: „The market probably accounted for not much more than a quarter of all property transfers, the rest being taken care of by inheritance in the form of both premortem (Übergabe) and postmortem devolution." Transfers sind hier also alle Eigentumswechsel, der Markt besteht aus dem Teil, der von Kaufverträgen ausgemacht wird.

42 North, Theorie des institutionellen Wandels, S. 213. Mit Bezug auf unpersönliche Arbeits- und Kapitalmärkte (entstanden im 18.–19. Jahrhundert) ähnlich argumentiert Körner, Internationale Mobilität der Arbeit, S. 16–17.

werden kann) und solchen Transaktionen zu kommen, die einer anderen Logik als der des Marktes folgen.

Für Markttransaktionen konstitutiv sind (mindestens) drei Merkmale. Erstens bilden sich Märkte für knappe Güter, die nicht ohne Gegenleistung abgegeben werden. Ein Markt umfasst dabei alle diejenigen Teilnehmer, unter denen die Relation von Gut und Gegenleistung, also der Preis, rasch konvergiert.[43] Nur in einem vagen und metaphorischen Sinne kann also von nicht-preisbildenden Märkten gesprochen werden.[44] Zweitens werden die getauschten Güter vollständig spezifiziert. Dies führt dazu, dass mit dem Tauschakt die gegenseitigen Verpflichtungen abgegolten sind, so dass die Partner nichts weiter miteinander zu tun haben müssen. Das steht im Gegensatz zu Reziprozitätsbeziehungen, wo Inhalt und Umfang von Leistung und Gegenleistung offen bleiben und auf diese Weise eine dauerhafte Beziehung hergestellt wird. Auf Märkten werden längerfristige Beziehungen dagegen nicht durch eine einzelne Transaktion hergestellt, sondern allenfalls durch die Verknüpfung mehrerer Märkte (z. B. bei der Bindung eines Kaufs an einen Kredit)[45] oder durch außerökonomisch produzierte Ideologien, die zwar für das Funktionieren von Märkten (unter anderem für die Herstellung von Regelvertrauen und die Überwindung von Problemen der Drückebergerei und des Opportunismus) erforderlich sind, vom Marktmechanismus selbst aber nur ausnahmsweise belohnt werden.[46] Drittens ist für den Markttausch konstitutiv, dass der Käufer auf das erworbene Gut auch entweder verzichten oder es aus anderer Quelle zu einem anderen Preis, in anderen Mengen oder mit anderen Qualitätsmerkmalen beschaffen könnte. Die Ökonomie versteht sich als eine Wissenschaft von Handlungsoptionen angesichts begrenzter Möglichkeiten[47]; wenn Optionen – etwa angesichts von brauchtümlichen Festlegungen oder angesichts des Todes – gar nicht vorhanden sind, passt das Modell des Marktes nicht.[48]

In der sozialhistorischen Forschung tauchen für ‚andere' Logiken als die des Marktes vor allem zwei Modelle auf, die in der Sprache der ökonomischen Anthropologie

---

43 Wie Alfred Marshall unter Rückgriff auf eine Formulierung von Antoine Cournot sagt: Es definiert den Markt, „that the prices of the same goods tend to equality easily and quickly", Marshall, Principles of economics, S. 324.

44 So sieht Douglass North in vormodernen Gesellschaften nicht Systeme von Reziprozität und Umverteilung, sondern nicht-preisbildende Märkte als weitverbreitet: North, Markets.

45 Bardhan, Interlocking factor markets.

46 North, Theorie des institutionellen Wandels, S. 42, 187 und passim; Siegenthaler, Geschichte und Ökonomie, S. 291.

47 Zum Kostenbegriff der Ökonomie siehe Siegenthaler, Geschichte und Ökonomie, S. 283–284.

48 Ökonomisches Lehrbuchwissen besagt, dass der Mindestmarkt nur einen Anbieter und einen Nachfrager umfasst (bilaterales Monopol). Es handelt sich jedoch um einen optionsarmen Grenzfall, bei dem die zentrale Marktfunktion der Preisbildung nicht gegeben ist. Auch hier besteht freilich für die Marktteilnehmer die Option, das jeweilige Gut zu behalten, im Gegensatz zur Weitergabe von Land an die nächste Generation, die (wegen ihrer Sterblichkeit) auf Dauer nicht im Belieben der Landbesitzer steht.

(in Anlehnung an Thurnwald und Malinowski, popularisiert von Karl Polanyi[49]) als Redistribution und Reziprozität bezeichnet werden, und die – wie hier entwickelt werden soll – mit den Kategorien der Familie und der Verwandtschaft eng verbunden sind.[50] In der Wirtschaftsanthropologie standen diese Begriffe im Zentrum der lang anhaltenden und heute als recht fruchtlos empfundenen Formalisten-Substantivisten-Debatte.[51] Die Polanyi folgenden Substantivisten bezweifelten die Anwendbarkeit moderner marktökonomischer Begrifflichkeit auf solche Gesellschaften, die durch Redistribution und Reziprozität geprägt waren. Mein Gebrauch der Begriffe Redistribution und Reziprozität ist dagegen gerade formalistisch begründet; ich vermute und prüfe ihre Anwendbarkeit in einer durch die Entfaltung moderner Eigentumsrechte gekennzeichneten Gesellschaft.

‚Redistribution' meint die Ansammlung und Neuverteilung von Gütern durch eine zentrale Autorität – einen Herrscher, eine Verwaltung, den Vorstand eines Haushalts. Ressourcen werden dabei nicht deswegen an die jeweiligen Empfänger gegeben, weil diese eine entsprechende Gegenleistung erbracht haben, sondern nach Kriterien, die man als „politisch" bezeichnen kann – zu denken ist etwa an eine Orientierung am Gemeinwohl oder an einem angenommenen Gesamtinteresse der jeweiligen organisatorischen Einheit. Transferleistungen müssen nicht durch eine sofortige oder spätere Gegenleistung ausbalanciert werden. Es bestehen in der Regel im weiteren Sinne politische Legitimationen für sie. Das gilt etwa für staatlich organisierte Sozialtransfers im Rahmen des Generationenvertrags, aber auch für die Versorgung von kleinen Kindern durch ihre Eltern (für die die Kinder nichts zahlen), für die Vergabe von Bauernhöfen durch die Grundherrschaft, für „lohnlose Familienarbeit" (die Otto Brunner als Charakteristikum des „Ganzen Hauses" sah[52]) und für Erbschaften, die den letzten Willen des jeweiligen Erblassers vollziehen. Familiäre Transfers unterscheiden sich von Markttransaktionen zudem insofern, als sie auf Dauer aus demographischen Gründen alternativlos sind: Weder haben Neugeborene die Option, Transfers entgegenzunehmen oder nicht, noch können Sterbende ihr Eigentum behalten. Transfers werden in der gegenwärtigen ökonomischen Diskussion hauptsächlich mit staatlich organisierten und in ihrer Effizienz politisch und unter Wirtschaftshistorikern umstrittenen Sozialtransfers assoziiert.[53] Daher besteht

---

49 Als Einstieg in die ökonomische Anthropologie für Historiker eignet sich Groh, Anthropologische Dimensionen der Geschichte. Klassisch: Polanyi, Economy as instituted process.

50 Malinowski, Argonauts, S. 60; Thurnwald, Economics in primitive communities; Polanyi, Economy as instituted process, S. 254. – In Polanyi, Great transformation, S. 71–87, v. a. S. 84 wird von Reziprozität und Redistribution noch das Prinzip der Haushaltung im Sinne des aristotelischen Oikos unterschieden, verstanden als autarke, für den Eigenbedarf produzierende Gruppierung. Ich halte dies für wenig sinnvoll. Das Ressourcen- und Arbeitskraft-‚Pooling' innerhalb von Haushalten kann, wie in Polanyi, Economy as instituted process, gut unter redistributiven Allokationsformen subsumiert werden.

51 Zur formalistischen Perspektive siehe Schneider, Economic man.

52 Brunner, Das ‚ganze Haus', S. 107–108.

53 Vgl. zu den gesamtwirtschaftlichen Konsequenzen von Transfers aber Lindert, Social spending; zur Definition Hardach, Generationenvertrag, S. 27–28.

eine gewisse Tendenz, den Markt als einzigen für die Allokation von Ressourcen erforderlichen Mechanismus zu sehen und dagegen Transfers lediglich als abgeleitete Form einzustufen, die es in einer Modellwelt ohne Transaktionskosten nicht gäbe.[54] Eine solche Modellwelt müsste man sich jedoch ohne die demographischen Prozesse von Geburt und Tod vorstellen.

Auf gewisse Weise kann man Transfers mit der Innenseite der ökonomischen Handlungseinheit ‚Haushalt' assoziieren, dann nämlich, wenn man politische Einheiten als eine Art von Haushalten (und Haushalte als Herrschaftseinheiten) interpretiert. Genau diese Interpretation – der Staat als eine Art Haushalt samt Haushaltsvorstand, Frauen, Knechten, und Kindern, als „Super-Oikos"[55], der Haushalt als eine Art kleines Königreich, das moralischen und nicht im modernen Sinne ökonomischen Zielen folgt – ist in der Tradition der deutschen Sozialgeschichte weit verbreitet. Sie ist mit dem Versuch Otto Brunners verbunden, im Anschluss an Aristoteles und die deutsche naturrechtliche Tradition eine von der Markt-Ökonomie abgesetzte alteuropäische Gegen-Ökonomie zu konzipieren. Allerdings würden an Brunner orientierte Versuche, die hauswirtschaftliche Subsistenzorientierung der Vergangenheit gegen die marktwirtschaftliche Profitorientierung der Gegenwart[56] auszuspielen, den Diskussionsstand der neoklassischen Ökonomie verfehlen. Diese schließt den Haushalt als einen der wichtigsten Typen von Wirtschaftsakteuren explizit in ihre Modellbildung mit ein; als Handlungsziel von Haushalten gilt dabei Nutzen, nicht etwa Profit. Auch die autoritären Aspekte des Brunnerschen Haus-Begriffs stehen nicht wirklich in Kontrast zum Haushaltsmodell der Neoklassik, die den Gesamthaushalt als Akteur betrachtet, nicht die in ihm lebenden männlichen und weiblichen, jungen und alten Individuen.[57] Elemente einer gegenüber der Marktökonomie ‚anderen Logik' bietet Brunners „Ganzes Haus" eher insofern, als er die Multifunktionalität alteuropäischer Haushalte betont – ein auf Marx[58] zurückgehendes Argument, das auch in Čajanovs Theorie der ländlichen Familienwirtschaft zu finden ist.[59] Alteuropäische bzw. bäuerliche Haushalte waren nach Brunner und Čajanov nicht nur Reproduktionseinheiten, die dem Konsum, der Kindererzeugung und -erziehung sowie der Erholung dienten,

---

54 Vgl. North, Markets.

55 Bauer/Matis, Geburt der Neuzeit.

56 Vgl. aber immerhin Luhmann, Wirtschaft der Gesellschaft, S. 96–98, der den Begriff der Subsistenzwirtschaft als Gegenbegriff zur durch monetäre Vermittlung gekennzeichneten Marktwirtschaft verwendet. Paradoxerweise wird am Subsistenzbegriff gerade für die Gegenwart festgehalten von Baier u. a., Ohne Menschen keine Wirtschaft, einer Interviewstudie zu einer westfälischen Region.

57 Individuelles Agieren innerhalb des Haushaltes wurde erst in der neueren Mikroökonomie thematisiert, vgl. Becker, Theory of marriage.

58 Marx, Kapital Bd. 3, S. 790–821.

59 Diskussion bei Sabean, Property, production and family, S. 93–97. Die Nähe von Brunners Argumentation zu Positionen marxistischer Autoren ist – wenn man seine politische Provenienz bedenkt – frappant; zu Parallelen zwischen Brunner und Polanyi sowie E. P. Thompson vgl. Trossbach, Bauern, S. 89.

auf Märkten als Bereitsteller des in ihnen (re-)produzierten Faktors Arbeit und als Nachfrager von Konsumgütern auftraten. Vielmehr leistete der bäuerliche Haushalt auch die Produktion von Gütern, zum Teil mit abhängigen, in den Haushalt integrierten Arbeitskräften, und verband so Funktionen dessen, was mikroökonomisch als Unternehmung bezeichnet wird, mit solchen der Haushaltung.[60]

Für eine Abgrenzung bestimmter nicht-marktförmiger Transaktionen von anderen, marktförmigen Transaktionen leisten diese Überlegungen zweierlei. Erstens sagt das Konzept einer Verbindung von Haushalt und Unternehmung etwas aus über die Motivation von Akteuren, die auf Faktormärkten Leistungen anbieten und nachfragen. Haushaltsspezifische, also Nutzen-Motive, und unternehmungsspezifische, also Profit-Motive sind sowohl bei Anbietern wie bei Nachfragern von Faktorleistungen zu erwarten. Es ist also nicht sinnvoll, die Logik des Marktes über Motivationen, über die Profitorientierung oder den kapitalistischen Geist von Akteuren zu definieren. Und zweitens gibt es Transaktionen, die unabhängig von Leistung und Gegenleistung von einer übergeordneten Autorität nach eigenem Gutdünken und eigenen Wertvorstellungen festgelegt werden. Bei diesen Transaktionen kann es sich um testamentarische Erbschaften handeln, bei denen der Wille des Erblassers befolgt wird, aber auch um gesetzlich geregelte Transfers im Rahmen der Intestaterbfolge (also der Erbfolge ohne Testament oder Erbvertrag). Typisch für Erbschaften ist, dass sie Güter zwischen Personen transferieren, die in der Regel zumindest zeitweilig im selben Haushalt gelebt haben, auch wenn dies zum Zeitpunkt des Transfers nicht mehr der Fall ist. Insofern folgen Transfers den Beziehungen innerhalb von Haushalten und Familien. Dasselbe gilt für Unterhaltsleistungen, die ebenfalls normativ festgeschrieben, durch zentrale Autoritäten sanktioniert und nicht auf einen Ausgleich von Leistung und Gegenleistung angelegt sind: Eltern müssen ihre Kinder und Kinder müssen ihre Eltern versorgen, aber es besteht keine Chance, dass die Eltern jemals auch nur auf lange Sicht ihre Unterhaltsleistungen von den Kindern zurückerhalten.[61]

Das Vorkommen von Redistribution, von Transfers, von Erbschaft und Unterhalt neben dem Markt ist weder überraschend, noch wirft es große methodische Probleme bei der Analyse und Einordnung einzelner Transaktionen auf. Anhand einer Dichotomie zwischen marktförmigen und transferförmigen Zugängen zu Land lassen sich relativ einfach operationalisierbare Debatten führen. So kann man fragen, ob der Zugang zu Land in einer bestimmten Epoche primär oder ausschließlich über den Erbgang erfolgte, ob also eine Bindung zwischen Land und Familie bestand, wie sie für das vorindustrielle

---

60 Eine gründliche Diskussion der Konzepte von ‚family economy', ‚family wage economy' und ‚family strategies' findet sich bei Knotter, Problems of the family economy.

61 Ein klassisches demographisches Argument im Zusammenhang mit der Theorie der demographischen Transition lautet: „In all primitive societies and nearly all traditional societies the net flow is from child to parent": Caldwell, Restatement of demographic transition theory, S. 140. Vgl. dagegen Lee, Intergenerational transfers. — Dass elterliche Investitionen in den Nachwuchs alle Formen von Ressourcentransfer in Richtung auf das Alter deutlich übersteigen, wird auch in der evolutionsbiologischen Forschung postuliert, siehe u. a. Turke, Evolution; Kaplan, Theories of fertility.

Europa vielfach behauptet worden ist (und wie wir sie in den untersuchten Orten am ehesten in Oberkirchen vermuten könnten, wo Höfe nur selten an Nichtverwandte gelangten).[62] Wenn man nur mit den Kategorien von Markt und Redistribution arbeitet, folgt aus einem relativ geringen Anteil familiärer Transfers der Markt-Charakter und „Individualismus" der untersuchten Gesellschaft: Je weniger Redistribution innerhalb von durch den ‚land-family bond' konstituierten Einheiten aus Familie und Hof, desto mehr Markt. Ein solcher Schluss ist etwa von Macfarlane für das spätmittelalterliche England gezogen worden.[63] Hierin lag ein wesentlicher Erkenntnisfortschritt gegenüber älteren Positionen, die dem Markt gar keine Rolle in der vormodernen Gesellschaft zubilligen wollten. Zugleich legt Macfarlanes Position allerdings auch die fragwürdige Auffassung nahe, England habe in einem Gegensatz zu einem „familistischen"[64] Kontinentaleuropa gestanden. Dichotomisch strukturierte Debatten über den Markt- oder Familiencharakter vorindustrieller Gesellschaften, über das Vorwiegen von Markt oder dessen, was hier als Redistribution gekennzeichnet wurde, über den ‚land-family bond', über Profitinteressen und Familienwerte sind vor allem in der britischen und amerikanischen sozialhistorischen Forschung der 1970er und 1980er Jahre ausgiebig geführt worden, ohne dass sie zu einem Konsens geführt hätten.

David Sabeans Werk hat in diesem Zusammenhang einen entscheidenden Durchbruch ermöglicht, weil er die diesen festgefahrenen Kontroversen zugrunde liegende implizite Voraussetzung einer Dichotomie zwischen Markt und Familie in Frage stellt und Verwandtschaft als eine zentrale weitere Kategorie einführt – alternativ sowohl zum modernen individualistischen Markt als auch zum Brunnerschen und Čajanovschen ländlichen Haushalt. Sabean schreibt gegen die Vorstellung etwa Macfarlanes an, es sei aus dem Vorkommen von Käufen auf ein Vordringen „des Marktes" als einer entwurzelnden, „abstrahierenden Kraft"[65] zu schließen, die die Rolle der Familie zurückdränge. Verwandtschaft als ein von Reziprozitätsbeziehungen strukturiertes Feld erklärt Sabean zufolge nämlich, weshalb die Zirkulation von Land von Verpflichtungen bestimmt ist.[66]

Dabei geht Sabean nicht taxonomisch vor, er teilt also nicht einzelne Akte der Zirkulation von Land in solche des familiären Transfers, des anonymen Marktes und der verwandtschaftlichen Reziprozitätsbeziehungen ein, und er greift auch Polanyis Klassifikation ökonomischer Austauschsysteme in Markt, Redistribution und Reziprozität nicht ausdrücklich auf. Vielmehr betont er den reziproken Charakter sowohl der Beziehungen innerhalb der Kernfamilie als auch solcher im weiteren Verwandtschaftskreis.

---

62 Zur englischen Diskussion siehe u. a. Sreenivasan, Land-family bond sowie die Kontroverse zwischen Hoyle und Sreenivasan in Past and Present 146 (1995). Zu Deutschland siehe Schlumbohm, Land-family bond. — Zum ‚land-family bond' in unseren Untersuchungsgebieten vgl. Tabelle 2.9 in Kapitel 2.

63 Macfarlane, English individualism.

64 Schofield, Family structure, S. 285.

65 Sabean, Property, production and family, S. 412.

66 Ebd., S. 416.

Die Versorgung kranker Eltern wurde in Neckarhausen nicht etwa als Transfer, als „lohnlose Familienarbeit“[67] (Brunner) organisiert. Vielmehr wurde die Übernahme einer solchen Verpflichtung gegen eine Bezahlung spätestens bei der Erbteilung aufgerechnet.[68] Erwachsene Kinder arbeiteten für ihre Eltern gegen Geldlohn; „There was no sense of a single family enterprise with all family members contributing their labor to it. [...] [C]omplex reciprocities [...] structured the relationships between parents and their adult children“.[69] Mit anderen Worten, Bereiche, die in einer „familistischen“ Gesellschaft über unentgeltliche Transfers geregelt worden wären, wurden auf entgeltlichem Wege organisiert, aber – so kann man Sabeans Kapitel über „reciprocities of labor and property“ lesen – nicht marktförmig, sondern eingebettet in wechselseitige Verpflichtungen. Auch Käufe waren Sabeans Argumentation zufolge weitgehend von Reziprozität bestimmt. Selbstverständlich geht es bei Käufen um Übereignung und Bezahlung. Aber sie kamen zu etwa zwei Dritteln im Rahmen der Verwandtschaft zustande. Immer wieder betont Sabean, dass der Verkäufer durch eine bestehende Beziehung dazu motiviert werden musste, Land zur Verfügung zu stellen – der gezahlte Preis, oder, bei Geldknappheit, die in Aussicht gestellten zukünftigen Geldzahlungen reichten nicht aus, und für verwandtschaftlich Fernstehende war es ausgesprochen schwierig, Landbesitzer zum Verkauf zu motivieren. „Perhaps it simply went against the grain to sell land outside the family“.[70]

Wenn Sabean den Begriff der Reziprozität betont, also der Ressourcenzirkulation im Rahmen wechselseitiger Verpflichtungsbeziehungen im Unterschied zur autoritären Ressourcenverteilung über Erbgang und (Grund-)Herrschaft, aber auch zu einem ohne Ansehen der Person nach Angebot und Nachfrage funktionierenden Markt, dann will er damit keine Regeln angeben, nach denen eine bestimmte Transaktion in die Kategorie Reziprozität und eine andere in die des Marktes oder der familiären Redistribution fällt. Im Gegenteil: Ihn interessieren gerade die Aspekte von Reziprozität in auf den ersten Blick marktförmig oder innerfamiliär erscheinenden Transaktionen, also die Überlagerungen verschiedener Kategorien. Wie er in Auseinandersetzung mit Kocka deutlich gemacht, glaubt Sabean nicht an einen hohen Erkenntniswert von Taxonomien.[71] Nun mag es sein, dass Reziprozität, Markt und familialer Transfer tatsächlich keine voneinander abgrenzbaren Handlungskontexte bilden. Der Versuch, sie auch auf der Ebene einzelner Transaktionen zu unterscheiden, soll im Folgenden dennoch unternommen werden.

---

67 Brunner, Das ‚ganze Haus‘, S. 107–108.

68 Sabean, Property, production and family, S. 416–418; G. Fertig, Lokales Leben, atlantische Welt, S. 282–284.

69 Sabean, Property, production and family, S. 298.

70 Ebd., S. 383.

71 Sabean, Kontext, soziale Logik und Erfahrung, S. 52–54; vgl. Kocka, Antwort an David Sabean, S. 65: „auf unterteilende, gliedernde Kategorien [...] kann man nicht verzichten“.

1.4 Aufbau und Entstehung des Buches

Der Bau der Studie ist eng mit ihrer Entstehungsgeschichte verbunden. Im Herbst 1997 betrat ich zum ersten Mal den Aktenkeller des Katasteramts Herford. Dort stieß ich auf eine Quelle, die eine bislang eher vage ins Auge gefasste Untersuchung des ländlichen Bodenmarktes im 19. Jahrhundert mit einem Schlag machbar erscheinen ließ: in sauberer Handschrift und tabellarischer Form Jahr für Jahr ausgefüllte Zusammenstellungen von Eigentumsveränderungen ländlicher Grundstücke unter Angabe von Parzellennummer, Preis, Steuernummern, Unterschriften und Namen. Diese Quellen, die Katasterfortschreibungsverhandlungen, mit der für das ostwestfälische Kirchspiel Löhne maschinenlesbar vorliegenden Familienrekonstitution zu verknüpfen – darin lag die methodische Pointe eines nun möglich erscheinenden, auf eine Anregung Ulrich Pfisters zurückgehenden Vorhabens, das den Bodenmarkt mit dem Lebenslauf und den verwandtschaftlichen Beziehungen systematisch in Zusammenhang bringen sollte. Eine erste Vorstudie zur Gemeinde Löhne wurde im Sommer 1998 für 6 Monate von der Universität Münster unterstützt. Es folgte ein von der Deutschen Forschungsgemeinschaft von April 1999 bis März 2001 gefördertes Projekt, in dem die Daten der drei Untersuchungsgebiete Löhne, Oberkirchen und Borgeln erhoben wurden. Dass Katasterfortschreibungsverhandlungen für den gedachten Zweck ganz unbrauchbar sind und dass man Quellen braucht, die Hofes- und Familiengeschichten eher erzählen als tabulieren (also die sehr viel weniger übersichtlichen Hypothekenbücher), stellte sich rasch heraus. Dennoch lagen Ende Mai 2001 alle drei Datenbanken vor; sie bilden auch die Grundlage zweier weiterer, 2000 bzw. 2002 beantragter Forschungsprojekte zu familiären Transfers und sozialen Netzwerken. Im Sommer 2001 wertete ich die Daten aus und schrieb eine erste Fassung dieses Buches, die Ende Oktober 2001 als Habilitationsschrift eingereicht wurde.

Reaktionen auf die Habilitationsschrift deuteten in sehr verschiedene Richtungen. Manchen erschien das Manuskript allzu ‚ökonomistisch', andere sahen kritisch, dass ich wesentlichen Argumentationslinien der Volkswirtschaftslehre (etwa, dass eine mangelnde Ausprägung von Märkten vor allem etwas mit Transaktionskosten zu tun habe) gerade nicht folgte. In den Jahren seither haben die Erkenntnisse aus den beiden Nachfolgeprojekten das Gesamtargument des Buches in eine neue Richtung gelenkt und die Datengrundlage stetig verbessert. Zudem habe ich in drei wichtigen Teilbereichen meine inhaltlichen Auffassungen neu zugespitzt. Das betrifft zunächst das Konzept ‚Vertrauen'. Die Erstfassung konnte noch so verstanden werden, als sei die geringe Ausprägung von Bodenmärkten eine Frage des fehlenden Vertrauens, also der unklaren Durchsetzungschancen von Verträgen. Richard Tilly hat eine vertiefte Auseinandersetzung mit dieser Frage angestoßen. Zweitens konnte man die Erstfassung so lesen, als ließe sich Verwandtschaft als möglicher Einflussfaktor relativ rasch ausschließen, indem man das tatsächliche Verhalten systematisch mit den unter der Annahme eines Zufallsprozesses zu erwartenden Mustern vergleicht. Kritische Diskussionen mit David Sabean haben den Text hier weniger oberflächlich werden lassen. Drittens war in der Erstfassung nicht recht klar, welche kollektiven Orientierungen dem marktskeptisch erscheinenden Verhalten der Landbesitzer zugrunde lagen. Das kontinuierliche Gespräch mit Christine Fertig hat geholfen, in der jetzigen Fassung die Kultur einer Transfergesellschaft klarer herauszuarbeiten.

Nahezu durchgehend stützt sich die Datenanalyse nun auf eine aktuelle Fassung der Daten, die zusätzliche Dimensionen der lokalen Gesellschaft (u. a. die räumliche Lage der Höfe) erfassen.[72] Überall dort, wo es nicht auf den Vergleich zwischen den drei Orten ankommt, sondern um ihnen gemeinsame Phänomene, habe ich die Daten jetzt als ein gemeinsames Sample behandelt und verzichte auf die mühsam lesbare Präsentation der Einzelergebnisse zu den drei Gemeinden. Beim Neuschreiben seit dem Sommer 2005 wurde die Architektur der ehemals sieben Kapitel umfassenden Arbeit grundlegend umgestellt. Weitgehend gestrichen sind die alte Einleitung (Kapitel 1), das alte Verwandtschafts-Kapitel (6) und die an anderer Stelle publizierte Studie zur Löhner Gemeinheitsteilung (Kapitel 7). Aus dem Methoden-Kapitel 2 wurde ein Anhang. Neu geschrieben wurden die Einleitung (1), ein die einzelnen Untersuchungsorte vorstellendes Kapitel (2), ein Kapitel zur zeitlichen Dimension des Bodenmarkts (6) und eine Abschlussdiskussion möglicher kultureller Modelle (8). Die Logik des neuen Textes führt von der Beschreibung zur Analyse. Zunächst geht es darum, den Umfang des Bodenmarktes zu bestimmen. Dafür muss man ihn von anderen Transaktionen abgrenzen können (Kapitel 3). Für diese Abgrenzung sind die sozialen Beziehungen der Akteure zur Grundherrschaft (Kapitel 4) und untereinander (Kapitel 5) von zentraler Bedeutung. Nachdem der Markt in seinem Umfang abgegrenzt und bestimmt ist, wird danach gefragt, wozu er dient: nach seinen lebenszyklischen Funktionen (Kapitel 6) und nach seinen durch die Preisbildung erreichten allokativen Funktionen (Kapitel 7). Das Abschlusskapitel (8) zielt darauf, die Ergebnisse einzubetten in Modelle kulturellen Agierens, und erklärt, weshalb wir die ländliche Eigentümergesellschaft des 19. Jahrhunderts mit Pierre Bourdieu und Benedikt Waldeck letztlich besser verstehen können als mit Douglass North und Ludwig Vincke.

Aus der Entstehungsgeschichte des Buches ergibt sich die lange Reihe derer, denen für ihre Beiträge zu danken ist. An erster Stelle ist Ulrich Pfister zu nennen, der die Untersuchung angeregt, als Projektantragsteller gegenüber der DFG vertreten und als kritischer Gesprächspartner begleitet hat. Die Datenbanken wurden in Zusammenarbeit mit Mar-

[72] Benutzt werden mehrere Versionen der in Anhang A2.1 benannten unveröffentlichten Datenbanken der Forschungsgruppe ländliches Westfalen (aktuelle Fassung vom 7.4.2006 zitiert als: Datenbanken 2006, der Habilitationsschrift zugrundeliegende Urfassung vom 27.10.2001 zitiert als: Datenbanken 2001). Einzelne Datensätze werden mit ihrer Identifikationsnummer zitiert: Personen mit der OFBID (Ortsfamilienbuch-ID), Ehepaare und Abstammungsfamilien mit der FAMID, Kontrakte mit der KONID, Eigentumsveränderungen mit der EID, Höfe mit der HofID (vgl. auch im Anhang Tab. A1.3 und A1.4). – Die Datenbanken wurden für das DFG-Projekt „Ländliche Faktormärkte" erstellt und in den DFG-Projekten „Transfers in der ländlichen Gesellschaft" und „Soziale Netzwerke" erweitert und korrigiert.

kus Küpker entwickelt und in unterschiedlichen Phasen der Projektarbeit von Johannes Bracht, Sylvia Dopheide, Silke Goslar, Insa Großkraumbach, Volker Lünnemann und vor allem Christine Fertig redigiert und korrigiert. An der Identifikation der in die Datenbanken aufzunehmenden Äcker, Wirte und Gaben (oder Parzellen, Bauern und Eigentumswechsel), an der Verortung der Höfe und Gemeinden, der Bewertung der Nachlässe und der Auszählung der Kirchenbücher arbeiteten außer den eben genannten Anja Appel, Andreas Berger, Birgit Buthe, Nina Buthe, Anna Diercks, André Donk, Sylvia Dopheide, Felix Eichhorn, Stefan Evers, Jens Fischer, Mathias Hanses, Thomas Hajduk, Malte Harth, Christian Hörnla, Alexander Kessler, Robin Kiera, Georg Korte, Lara Kreutzer, Katharina Lammerding, Markus Lampe, Eva-Maria Lerche, Bernd Liemann, Thorsten Lübbers, Birgit Lüke, Volker Lünnemann, Susanne Muhle, Marcus Nümann, Frank Peters, Theresa Potente, Uwe Richter, Carsten Rothaus, Miriam Schall, Christian Wilmsen und Ina Witte mit. Explizites Feedback zur Habilitationsschrift und zu mit ihr verbundenen Teilstudien kam von den Gutachtern Josef Ehmer, Andreas Hartmann, Ulrich Pfister, Wilfried Reininghaus und Jürgen Schlumbohm, sowie von Stefan Brakensiek, Karl Ditt, David Sabean und Richard Tilly. Die enge wissenschaftliche Zusammenarbeit in der gemeinsamen ‚Forschungsgruppe ländliches Westfalen' mit Johannes Bracht, Christine Fertig, Silke Goslar, Michael Kopsidis, Markus Küpker und Volker Lünnemann hat sich in der Arbeit ebenso niedergeschlagen wie die Kommentare und Anregungen aus der überlokalen Fachdiskussion. Für Einladungen, Gespräche und Kommentare danke ich besonders Annie Antoine, Marie-Pierre Arrizabalaga, Jörg Baten, Bas van Bavel, Gérard Béaur, Noël Bonneuil, Bruce Campbell, Markus Cerman, Gabriele B. Clemens, Christof Dipper, Christophe Duhamelle, Antoinette Fauve-Chamoux, Patrick Galloway, Thomas Glauben, Sandro Guzzi-Heeb, Michael Haines, Tamara Hareven, Paul Klep, Carola Lipp, Michel Oris, Gilles Postel-Vinay, Rui Santos, Phillipp Schofield, Thomas Sokoll, Nadine Vivier, Eric Vanhaute und Hermann Zeitlhofer. Nachdrücklich sei zudem Gérard Béaur und Paul-André Rosental für die Einladung zu einer Gastprofessur am Centre de Recherches Historiques 2006 gedankt. Josef Ehmer hat die Aufnahme in die Beihefte des Jahrbuchs für Wirtschaftsgeschichte vermittelt, ihm und Reinhard Spree gilt mein herzlicher Dank. Großzügige Druckkostenzuschüsse steuerten der Landschaftsverband Westfalen-Lippe und die Deutsche Forschungsgemeinschaft bei. Die Endredaktion lag bei Thomas Hajduk.

Ich danke besonders den beteiligten Archiven. Die Arbeit wäre ohne die forschungsfreundliche Haltung des Staatsarchivs Detmold unmöglich gewesen, das entgegen den heutigen Gepflogenheiten der Versendung der Löhner Hypothekenbücher nach Münster zustimmte; dasselbe gilt für das evangelische Landeskirchenarchiv Bielefeld, das die Bearbeitung der umfangreichen Familienkartei Borgeln ermöglichte, und die Mitarbeiter des Staatsarchivs Münster, in dessen Benutzerkabinen der Großteil der Verknüpfungs- und Entscheidungsarbeit an den Datenbanken von einem das Durchschnittsalter der Lesesaalbenutzer erheblich senkenden und nicht immer schweigsamen Team geleistet wurde.

Kapitel 2: Die Untersuchungsorte

2.1 Problemstellung

Dies ist eine vergleichende Mikrostudie, aber keine Mikrogeschichte.[1] Wer dieses Buch liest, wird nicht alles erfahren, was für die Menschen in den drei untersuchten westfälischen Gemeinden wichtig war, und auch nicht alles, was aus heutiger Sicht an diesen Gemeinden interessant ist. Anknüpfend an das für diese Studie erhobene Material entstehen zur Zeit drei weitere Arbeiten zu den Themen Erbschaft, soziale Netzwerke und Vermögensstrategien.[2] Das Thema dieses Buches, der Bodenmarkt, ist nicht unbedingt der wichtigste unter diesen Gegenständen. Er ist auf eine gewisse Art paradigmatisch für die Fragen, was denn eigentlich unsere Art zu leben von der unserer Vorfahren unterscheidet, was es bedeutet, in der Moderne zu leben und was dagegen – oder auf dem Weg dorthin – bäuerliche Lebensweisen ausmachte. Über andere Themen lässt sich dasselbe sagen.

Bei den drei untersuchten Kirchspielen handelt es sich um Löhne, eine Gemeinde pietistisch erweckter Kleinbauern und Garnspinner in Ostwestfalen, um das entlegene katholische Hochtal Oberkirchen und um Borgeln in der lutherischen Soester Börde, wo reiche Ackerbauern Getreide für städtische Märkte produzierten.[3] Drei Orte gleichzeitig zu untersuchen, hat für eine Arbeit wie diese Vor- und Nachteile. Der große Nachteil ist: Uns ist in der Forschungsliteratur und den zeitgenössischen Quellen zu diesen Orten nicht die eine sinnstiftende Geschichte, die eine übergreifende Erzählung überliefert worden, die den Stoff unserer Untersuchung vorprägt und dem Historiker die Chance

---

1 Schlumbohm, Mikrogeschichte – Makrogeschichte.

2 Arbeitstitel der Dissertationen: Volker Lünnemann, Transfers von bäuerlichem Besitz: Westfalen im 19. Jahrhundert. – Christine Fertig, Beziehungen und Ressourcenflüsse in der ländlichen Gesellschaft: Soziale Netzwerke in Westfalen im 19. Jahrhundert. – Johannes Bracht, Sparen, Leihen, Transferieren: Vermögensstrategien westfälischer Bauern, 1830–1870.

3 Zu den Untersuchungsorten siehe auch die im Literaturverzeichnis genannten Arbeiten von Johannes Bracht, Christine und Georg Fertig und Volker Lünnemann.

gibt, sich tradierten Argumenten zu seinem Thema anzuschließen oder sie zurückzuweisen. Stattdessen haben wir es mit drei disparaten traditionellen Deutungen, drei zentralen Themen der lokalen Geschichte zu tun. Löhne und Oberkirchen waren arme Gemeinden, aber sie stehen für unterschiedliche Varianten der Armut: Löhne für das protoindustrielle Heimgewerbe, für vielköpfige Familien, emsigen Gewerbefleiß und Abhängigkeit von weltweiten Märkten, auf die kein dauerhafter Verlass ist; Oberkirchen dagegen, wo sie im Hungerjahr 1847 das Mehl von den Mühlenwänden kratzten, für das Überleben im Gebirge, wo der Boden nicht genug hergab und für viele kein Bleiben war – Wanderhandel war die Lebensgrundlage vieler Menschen in dieser typischen marginalen Bergregion. Schließlich kennzeichnet Borgeln wie die Soester Börde insgesamt im 19. Jahrhundert das Bild vom „Dornröschenschlaf“[4]: Die „reiche Productionskraft“[5] der Landwirtschaft lähmte danach jeden Anreiz zum Fortschritt, der nur als gewerblicher Fortschritt denkbar war.

Alle drei lokalen Geschichtsbilder werden uns noch ausführlich beschäftigen, in Zustimmung oder kritischer Auseinandersetzung (denn dass sie zutreffen, ist sowenig ausgemacht wie dass sie verkehrt sind). Sie stellen aber nicht den roten Faden dar, der diese Studie zusammenhält. Vielmehr liegt der Vorteil des vergleichenden Ansatzes auf einer Ebene, die mit den großen Themen der jeweiligen lokalen Geschichte und mit den von den Zeitgenossen artikulierten Problemen wenig zu tun hat. Für unsere Außensicht, die im Kern von der ökonomischen und anthropologischen Theorie geleitet ist, liefern diese drei so deutlich verschiedenen Gemeinden ein Spektrum von Möglichkeiten, innerhalb dessen wir herausfinden können, wieso es in konkreten lokalen Gesellschaften sinnvoll war, Land über den Markt zu handeln, oder wieso in diesen Gesellschaften darauf verzichtet werden konnte oder musste.

Die Kirchspiele unterschieden sich in wichtigen Voraussetzungen für die Herausbildung von Bodenmärkten. Um eine Vorstellung von der Umgebung zu gewinnen, in der wir uns im Folgenden bewegen werden, sollten wir in groben Zügen etwas über drei Themenbereiche erfahren. Erstens interessieren uns die lokalen Einkommensquellen dieser Menschen, die geographischen Grundlagen der ländlichen Wirtschaft und die von ihnen hergestellten Produkte, der Boden, das Klima, die Nutzungssysteme. Wir sollten zweitens aber auch wissen, auf welchen Wegen sie in die Außenwelt integriert waren. Wir sollten also etwas über ihre Möglichkeiten erfahren, Waren zu exportieren oder selbst an anderen Orten zu arbeiten, über die verbliebenen Rechte von Gutsherren und über die Präsenz von Stadtbürgern vor Ort. Welchen Sinn es ergab, Land zu kaufen oder zu verkaufen, hing drittens auch davon ab, wie die zentralen Inputgüter Arbeit, Kapital und Boden zwischen und innerhalb der Haushalte verteilt waren und welche Wege es neben dem Bodenmarkt gab, Arbeit und Konsum in ein Gleichgewicht zu bringen. Mit anderen Worten: Es interessiert uns, wie Arbeitsrollen zwischen und innerhalb von Haushalten verteilt waren, ob es einen Arbeits-

---

4 Widder, Soester Wirtschaft, S. 167.

5 Arnold Geck, hier zitiert nach Widder, Soester Wirtschaft, S. 165.

Karte 2.1: Lage der untersuchten Kirchspiele in der preußischen Provinz Westfalen

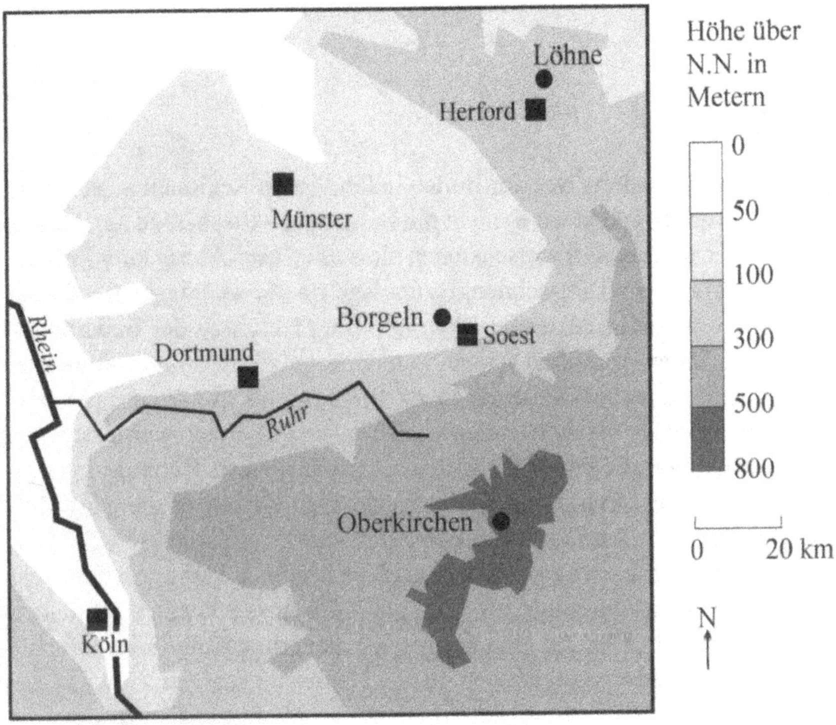

Kartographie: Johannes Bracht.

markt gab, wie Haushalte über das Erbsystem mit Land und Kapital versorgt wurden, und ob die lokale Gesellschaft in Landbesitzer und Landlose zerfiel.

Idealtypische Modelle bäuerlicher Gesellschaft helfen uns nicht weiter, wenn es um ein adäquates Vorverständnis der drei untersuchten Orte in ihrer Unterschiedlichkeit geht. Die Fragen nach Einkommensquellen, Außenbeziehungen und internen Verteilungsweisen sind empirisch zu beantworten. Als eigenes empirisches Forschungsprogramm verstanden, würde dies ein Buch vor dem Buch erfordern. Ich beschränke mich stattdessen darauf, im folgenden eine grobe Übersicht über einige Erkenntnisse zu bieten, die teils aus der lokalhistorischen Überlieferung stammen, zum größeren Teil aber in den Vorläufer- und Nachfolgeprojekten der hier präsentierten Untersuchung gewonnen wurden.[6] Die am Ende dieses Kapitels abgedruckten Tabellen 2.2 bis 2.9 stellen eine größere Anzahl an Informationen bereit, die zu den untersuchten Kirchspielen und ihrer Region im Laufe

[6] Unsere Arbeitsgruppe untersucht sowohl Löhne, Oberkirchen und Borgeln als auch eine größere Zahl an westfälischen Gemeinden unter anderen Fragestellungen; siehe die drei Forschungsberichte G. Fertig, Arbeitsbericht Teil 1; G. Fertig, Arbeitsbericht Teil 2; Ch. Fertig/G. Fertig, Transfers von bäuerlichem Besitz.

unserer Forschungsprojekte gesammelt wurden; auf ihnen beruht die folgende Beschreibung.

2.2 Löhne

Um die Mitte des 19. Jahrhunderts war der Boden in ländlichen Regionen gewiss eine Schlüsselressource. Dennoch haben wir es nicht mit Subsistenzwirtschaft zu tun, die nur der Bedarfsdeckung diente. Überall erwirtschafteten die Bauern nach Abzug ihrer Arbeitskosten einen Reingewinn, den als Berechnungsgrundlage für die wichtigste preußische Steuer dienenden monetären Grundsteuerreinertrag. Vom Geldertrag der Bauernwirtschaften und den von ihnen gezahlten Arbeitslöhnen konnten aber nicht alle Ortsbewohner leben. Auch in „natural-ökonomischer“[7] Sicht war es in Löhne und Oberkirchen keine lebbare Strategie, zu produzieren, um zu essen; in Borgeln wurde dagegen doppelt soviel hergestellt, wie die Bewohner hätten verzehren können. Getreide, in Form von Brei und Brot, spielte eine Hauptrolle in der Ernährung, auch wenn der Kartoffelanbau die Lage verbesserte.[8] Ohne Einbettung in agrarische Produktmärkte wäre dennoch ein großer Teil der Bevölkerung von Löhne und Oberkirchen verhungert. In Geld gerechnet, lieferte die Agrarproduktion in Löhne pro Kopf um 1830 einen jährlichen Reinertrag von etwas über fünf Talern; eine vierköpfige Heuerlingsfamilie verbrauchte nach einer Schätzung des Ortsvorstehers von 1831 22 Taler im Jahr.[9] In Gewicht gerechnet, mussten Löhne und Oberkirchen ihren Bedarf an Brotgetreide mit Importen ergänzen – um 1825 waren das 41 Prozent des Bedarfs an Roggen und Weizen in Löhne und 71 Prozent in Oberkirchen.

Kointegrationsanalysen zum westfälischen Roggenmarkt zeigen, dass bereits am Vorabend der sich im 19. Jahrhundert ausbreitenden Agrarrevolution arme und reiche Gebiete eine integrierte Marktregion bildeten. Danach wurden die Getreidepreise in Herford (der Kreis, zu dem Löhne gehörte) und Meschede (der Landkreis von Oberkirchen) 1820 schon von externen Märkten beeinflusst, ebenso wie Soest. Herford wurde bis

---

7 Beck, Naturale Ökonomie.

8 Im Fürstentum Minden bestand um 1817 die Gesindekost vor allem aus Brot, Milch und Kartoffeln; bei Soest spielten Milchprodukte eine größere, Kartoffeln eine geringere Rolle (Neumann, Bewegung der Löhne, S. 387). 1837 werden im Kreis Meschede „Mehlbrei, Kartoffeln, Schweinefleisch und Brod von Roggen und Hafer“ genannt (Ruer, Irrenstatistik, S. 40); in Soest „Kartoffeln, schlechte[s] Gemüse, Cichorienkaffee, saur[e] Milch und [...] Schwarzbrod“ (ebd., S. 55); in Herford „Brod, Kartoffeln, Speck, Oel, Grütze [als] Hauptnahrung. [...] Milch, oft sonderbar zubereitet, wird täglich gegessen“ (ebd. S. 131). Diese Angaben scheinen auf eine bessere Ernährungslage in Soest hinzudeuten (keine Breinahrung). Das Fehlen von Milchprodukten in Meschede überrascht, da es dort eine ausgeprägte Milchwirtschaft und eine hohe Zahl an Kühen gab.

9 StadtA Löhne A 193: Die zunehmende Bevölkerung und Armut betreffend, Schreiben Vorsteher Kuhlmann, 24.8.1831.

Karte 2.2: Das Untersuchungsgebiet Löhne

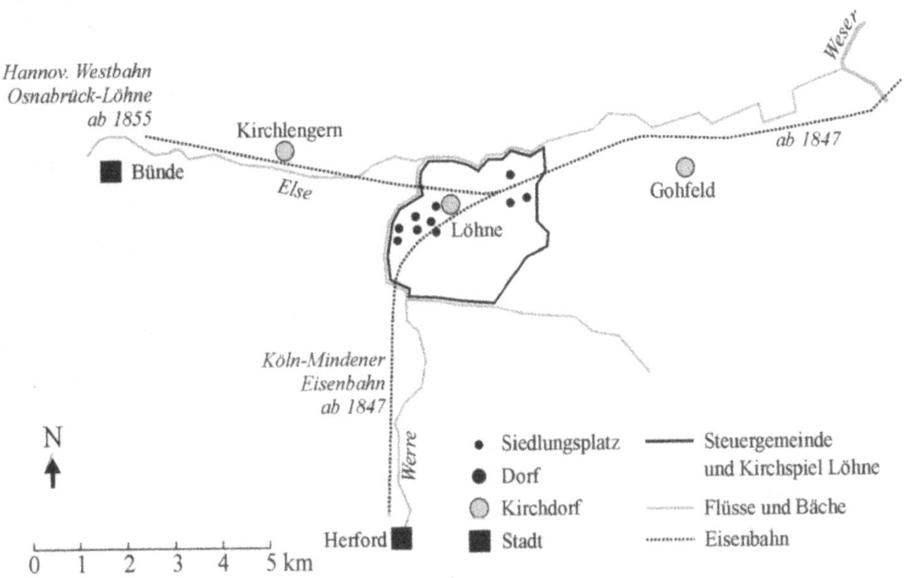

Anm.: Einstufung der Siedlungen nach Kartenbeilage in Heimatverein u. a., 1000 Jahre Löhne. Kartographie: Johannes Bracht.

1866 zum „führenden Markt“, entfaltete also eine erhebliche preisbestimmende, d. h. zahlungskräftige Nachfrage.[10] Das starke Bevölkerungswachstum in diesem Kreis überstieg also nicht die Ernährungsmöglichkeiten, wenn man die Einkommenslage der Einwohner und ihre Position auf überlokalen Märkten bedenkt. In Löhne ist auch die Zahl der Sterblichkeitskrisen nach Missernten recht gering. Zudem ist die einzige nachgewiesene solche Krise, die von 1855, nicht unbedingt als Subsistenzkrise zu interpretieren, sondern ging auf eine Ruhrepidemie zurück. Generell war die Empfindlichkeit der Todesraten gegenüber Schwankungen der Getreidepreise in Minden-Ravensberg mäßig, im Sauerland (wie am Hellweg) dagegen spürbarer (Abbildung 2.1). Womit bezahlten die Löhner ihre Ernährung?

In Löhne war um 1825 Garnspinnen weit verbreitet, also ein protoindustrielles, in familiärer Heimarbeit betriebenes Gewerbe, das während der napoleonischen Kontinentalsperre seine beste Zeit gesehen hatte. Ob es nur die Heuerlinge, also die landlosen, als dienstpflichtige Pächter oder Mieter bei den Bauern wohnenden Landarbeiterehepaare betrieben, ist unklar – im benachbarten Tecklenburg und Osnabrück waren es auch die Bauern mit ihrem Gesinde.[11] Die heimgewerbliche Konjunktur hatte zwischen spätem

---

10 Kopsidis, Creation of a Westphalian rye market; entsprechende Daten zu Meschede fehlen.

11 Das Heuerlingssystem im nord-westfälischen Raum wird vor allem im Kontext der Leinenproduktion diskutiert. Siehe u. a. Schlumbohm, Agrarische Besitzklassen; Bölsker-Schlicht, Sozial-

Abbildung 2.1: Abhängigkeit der Sterblichkeit von Getreidepreisschwankungen in den Untersuchungsgebieten und in 34 westfälischen Gemeinden

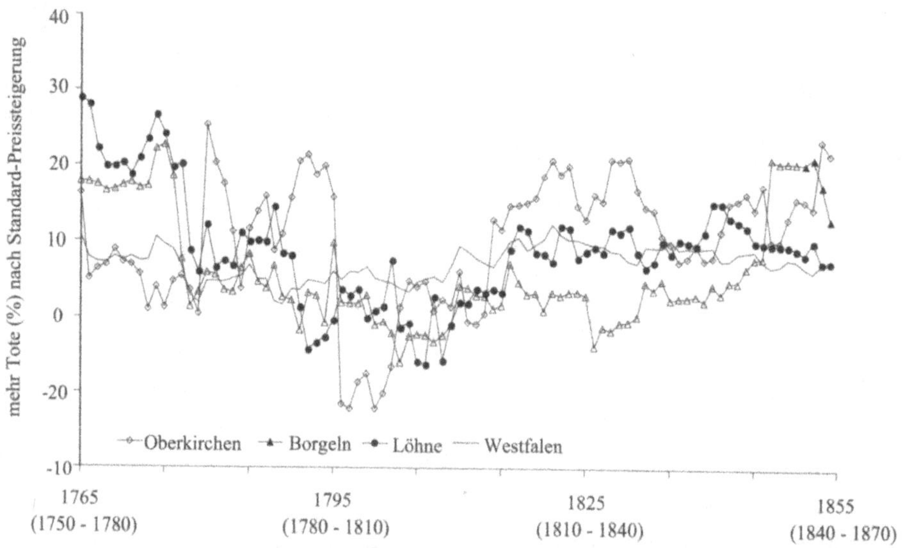

Anm.: Angegeben wird der ‚weighted impact' einer durchschnittlichen Getreidepreisschwankung auf die Erwachsenensterblichkeit der folgenden 4 Jahre in Prozent, berechnet wie in Weir, Markets and Mortality. Die Werte beruhen auf Regressionsrechnungen für jeweils 31 Jahre und werden hier als zentrierte gleitende Werte dargestellt. Quellen: Kirchenbücher von 34 westfälischen Gemeinden (Alme, Beelen, Brakel, Büren, Calle, Diestedde, Ende, Ergste, Feudingen, Herbede, Herringen, Herscheid, Herstelle, Hirschberg, Hohenwepel, Holtwick, Isselhorst, Langenberg, Löhne, Lotte, Marl, Mellrich, Neuenbeken, Nordwalde, Oberfischbach, Oberhundem, Oldendorf, Ostinghausen, Ottenstein, Roxel, Schlüsselburg, Selm, Velen, Werther); Martini-Roggenpreise Münster (wie in Tabelle 2.8 Anm. d und e).

18. Jahrhundert und dem Ende der Kontinentalsperre 1815 Arbeitsmöglichkeiten für zahlreiche Familien geschaffen; auch in Löhne nahmen in dieser Zeit die Heiraten der Heuerlinge massiv zu. Im 19. Jahrhundert entwickelte sich das Garnspinnen allerdings zu einer immer fragileren Lebensgrundlage. Die Garn- und Leinenpreise im norddeutschen Raum wiesen in der zweiten Hälfte des 18. Jahrhunderts einen deutlichen Aufwärtstrend auf, gefolgt von einem Preisverfall bis 1850 und einem danach bei zurückgegangenem Angebot erneuten Anstieg der Preise bis 1870 (Abbildung 2.2). Im späten 18. Jahrhundert liefen die Leinenpreise den Getreidepreisen voraus, in den 1840er Jahren konnten sie dagegen den Anstieg der Getreidepreise nur verzögert ausgleichen.

Die arbeitsame Familienkultur der Heuerlinge – alle heirateten, alle arbeiteten – war schon im frühen 19. Jahrhundert Gegenstand staatlich-aufgeklärter Schelte und Über-

geschichte des ländlichen Raumes; sowie neuerdings die Dissertation von Markus Küpker, Weber, Hausierer, Hollandgänger.

füllungssorge: „ein Land kann auch übervölkert sein, und dann werden die Menschen wie anderes Ungeziefer und Geschmeis, das sich geschwind vermehrt und endlich wieder selbst auffrißt".[12] Oberpräsident Vincke lag mit seiner Vogelperspektive auf das Gewimmel in den ostwestfälischen Familienhaushalten schon insofern falsch, als die Heuerlinge eben nicht (wie er glaubte) mit 18 Jahren heirateten.[13] Richtig ist allerdings, dass die Lebensform Familie in Löhne niemandem versperrt war. Die Heirat war nicht, wie es in älteren Modellen der vorindustriellen Gesellschaft postuliert wird, die Schwelle, die den ‚Pöbel' von den Respektablen und Besitzenden trennte, sondern ein Mittel sozialer Integration: Selbst wenn einmal ein Kind außerhalb der Ehe gezeugt wurde, gelang es den Großeltern meist, das junge Paar rechtzeitig unter die Haube zu bringen.[14] Ob die in Löhne verbreitete pietistische Erweckungsbewegung für diese sozial inklusive Familienkultur eine Rolle spielte? Die Autobiographie eines pietistischen Löhner Heuerlings zeichnet seine Eheschließung (vor seiner Erweckung) als Konsequenz der Tatsache, dass es nicht möglich war, ohne Anstellung alleine zu leben; Heirat folgte nicht aus dem Erwerb einer ‚Stelle', sondern aus ihrem Verlust durch den Tod des vorherigen Arbeitgebers: „Der Edelmann war todt, und nun hatte ich keinen Herrn und fürchtete Soldat zu werden; weil ich nun keinen Menschen hatte, zu dem ich mich wenden konnte, so begab ich mich in meinem 19ten Jahr in die Ehe mit Anna Maria Ilsabein Kromkern, 22 Jahre alt."[15]

Die Löhner fanden Wege, nicht bloß zu überleben, sondern neue Einkommensquellen jenseits der eigenen Gemarkungsgrenzen zu finden. Nachdem ab 1830 das neugegründete Bremerhaven den Weg nach Übersee verkürzt und verbilligt hatte, begann die Auswanderung nach Nordamerika (175 Personen ab 1838); in den 1840er Jahren wurde die Eisenbahn gebaut, in deren Netz Löhne bald zu einem Knotenpunkt wurde; in den 1850er Jahren setzte die Verarbeitung von amerikanischem Tabak zu Zigarren ein, also eine neue Variante von Heimgewerbe; noch später entwickelte sich eine Möbelindustrie. Die Saisonalität der Heiraten deutet darauf hin, dass die Arbeitsrhythmen sich in Löhne (wie in den beiden anderen und generell in vielen westfälischen Gemeinden) zwischen 1830 und 1870 agrarisierten. Anstelle des Garnspinnens wurden landwirtschaftliche Tätigkeiten wichtiger, vor allem für diejenigen Heuerlinge, die im Zuge der Gemeinheitsteilungen eigenes Land erworben hatten und nun als Neubauern außerhalb des Ortskerns siedelten. Die Löhner Gemeinheitsteilung – die einzige, die in unseren drei Gemeinden in den Untersuchungszeitraum fällt – führte nicht zu einer Produktionssteigerung, auch wenn die Fläche der (schlechten) Äcker zunahm, sondern (wie Tabelle 2.1 zeigt) zu verbesserten Chancen der Landlosen auf Landerwerb.[16]

12 Vincke, Bericht über die Zerstückelung der Bauerhöfe, S. 21.

13 Behr / Kloosterhuis, Vincke, S. 694.

14 Goslar, Nichteheliche Kinder, in Auseinandersetzung mit dem in Conze, Vom ‚Pöbel' zum ‚Proletariat', vertretenen Modell.

15 Koch, Leben und Führung, S. 12.

16 Ausführlich: G. Fertig, Gemeinheitsteilungen.

Abbildung 2.2: Garn- und Leinenpreise in Nordwestdeutschland

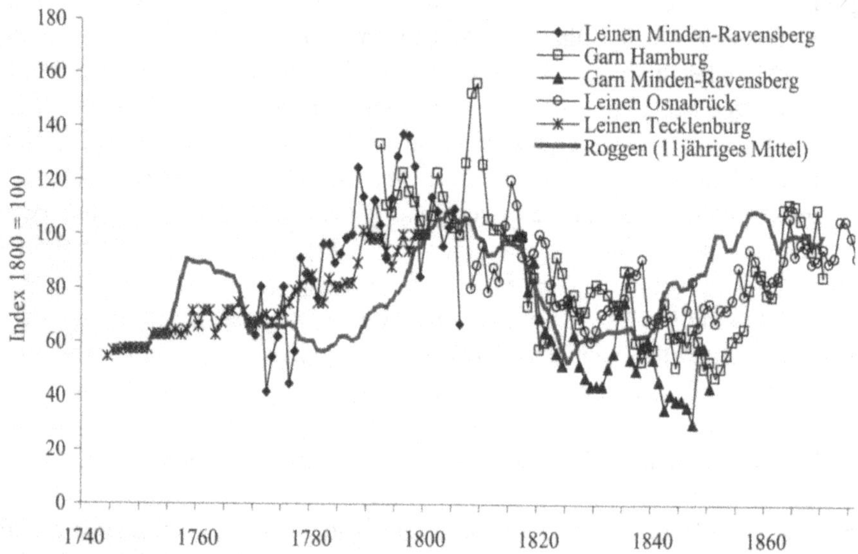

Anm.: Die Garnpreise von Minden-Ravensberg 1816-1850 stammen von Mooser, Ländliche Klassengesellschaft, S. 480; die Garnpreise von Hamburg aus Jacobs / Richter, Großhandelspreise, S. 68–69; die Leinenpreise von Osnabrück von Schlumbohm, Lebensläufe, Familien, Höfe, S. 634–640. Die Leinenpreise von Minden-Ravensberg (Löwendlinnen) beruhen auf den monatsweisen Angaben in StAMS, Kriegs- und Domänenkammer Minden, Nr. 134–158. Die Rohdaten wurden von Markus Küpker erhoben und sind im Anhang seiner Dissertation Küpker, Bevölkerungsentwicklung, S. 510–519 (Tab. 15.2) dokumentiert. Zum Zweck der jahresweisen Aggregation wurden fehlende Werte für einzelne Monate aufgrund der Saisonalität der jeweiligen Reihen geschätzt. Die Leinenpreise für Tecklenburg stammen von ebd., Tab. 15.3, S. 520–521.

Für eine große und zwischen den sozialen Gruppen der Colone und Heuerlinge umstrittene Fläche von 211 Morgen Land, den bis zur Teilung von den Landlosen genutzten Heuerlingsteil, wurden Reinertrag und Flächengröße derjenigen Betriebe (Steuerartikel) ermittelt, bei denen die ehemals zur Gemeinheit gehörigen Parzellen im Jahr 1866 standen – entweder, weil die Gemeinheitsparzellen diesen Artikeln direkt bei der Teilung zugeteilt worden waren, oder weil die Besitzer dieser Betriebe die Parzellen auf dem Wege von Erbgang oder Verkauf erworben hatten. Tabelle 2.1 setzt die Größenstruktur dieser bäuerlichen Betriebe – also der Betriebe mit Gemeinheitsparzellen – in Beziehung zur Größenstruktur aller Betriebe in den Jahren 1830 und 1866. Es zeigt sich, daß in diesen 36 Jahren vor allem die Zahl der kleineren Betriebe anstieg. Über die Hälfte der Parzellen aus dem Heuerlingsteil gelangte an Betriebe unter 20 Talern Reinertrag, und für diese Betriebe machten die Parzellen aus der Gemeinheit einen Großteil ihres

Abbildung 2.3: Anzahl der Höfe in den Untersuchungsgebieten, 1650–1870

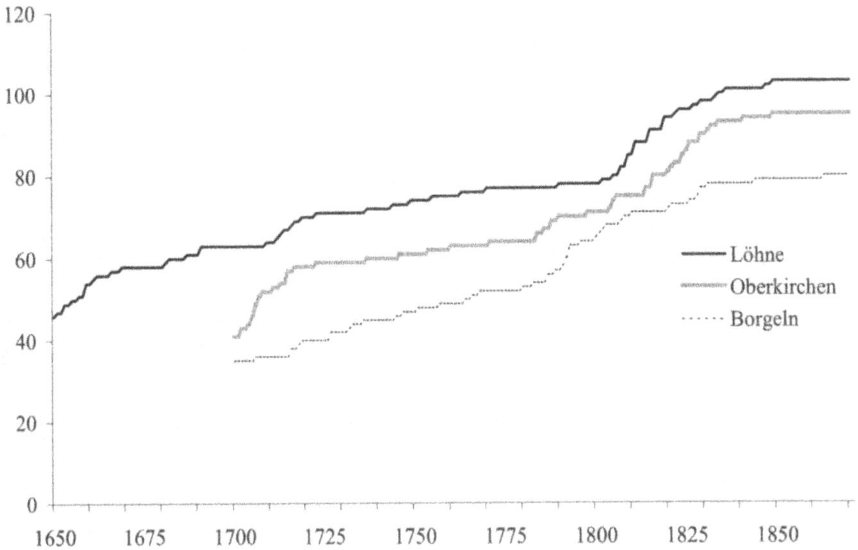

Anm.: Gezählt werden nur Höfe, die noch im 19. Jahrhundert bestanden und 1830 eine Größe von mindestens 10 Reichstalern Reinertrag aufwiesen. Quelle: Datenbanken 2006.

Landbesitzes aus. Neubauern aus der Unterschicht gehörten also zu den Profiteuren der Teilung. Tatsächlich heirateten zwischen 1830 und 1866 nicht weniger als 42 Neubauern in Löhne.

Vieles deutet also darauf hin, dass Zugang zu Land in Löhne trotz (oder wegen) der ausgeprägt kleinbäuerlichen Struktur und der großen Zahl an völlig landlosen Heuerlingen für die Einkommenschancen der meisten Familien entscheidend war. Immerhin wurden knapp 60 Prozent des konsumierten Getreides vor Ort produziert, der Anteil der Nebenerwerbslandwirte war mit knapp 50 Prozent extrem hoch, und die Erntehäufigkeit lag nahe am Maximum. Dieser Zugang zu Land erfolgte einerseits über ein in die lokale Guts- und Grundherrschaft eingebettetes Familiensystem, andererseits über die Neugründung von meist kleinen Neubauern-Höfen. Zwischen 1830 und 1866 nahm sowohl der Anteil der Colone als auch der Landlosen ab; die Äcker wanderten zu den Neubauern und damit zu einer Gruppe, die Landwirtschaft zur Selbstversorgung und im Nebenerwerb betrieb. Wie in den beiden anderen Gemeinden ist etwa von 1810 bis 1840 bei diesen Neugründungen ein deutlicher Boom beobachtbar, während zuvor und danach die Anzahl der Höfe eher stationär blieb. Das frühe 19. Jahrhundert erscheint also auch hier als Phase der Agrarisierung, der Hinwendung zur Landwirtschaft als zentraler Einkommensquelle. Höfe wurden in 60 Prozent der Fälle an die eigenen Kinder, Stief- oder Schwiegerkinder weitergegeben, in über 20 Prozent der Fälle an Ehegatten oder Ehe-

Tabelle 2.1: Gemeinheitsteilung und Betriebsgrößen in Löhne

Rein-ertrag (Taler)	Gesamtbesitz 1830		Gesamtbesitz 1866		Parzellen aus dem Heuerlingsteil 1866			
	Besit-zer	Morgen	Besit-zer	Morgen	Besit-zer	Morgen	Mor-gen aus Gem.	% aus Gem.
unter 1	3	2,72	21	10,97	10	8,15	7,37	90,48
1–5	9	19,13	31	96,60	15	42,22	33,07	78,32
5–10	18	112,83	20	110,57	8	56,52	19,87	35,16
10–20	15	173,66	17	196,49	9	138,45	56,11	40,53
20–30	16	276,55	23	433,56	15	311,92	26,83	8,60
30–60	32	894,24	26	770,46	18	539,14	15,88	2,95
60–90	12	500,02	14	557,37	13	528,77	39,43	7,46
über 90	17	992,25	13	779,29	9	523,84	12,45	2,38
Summe	122	2.971,40	165	2.955,31	97	2.149,01	211,01	9,82

Quellen: Katasteramt Herford, Mutterrolle 1830, Güterauszüge 1866. Einbezogen wurden nur von natürlichen Personen besessene Betriebe. Gem. = Gemeinheit / Heuerlingsteil.

nachfolger (es bleibt, wie in den beiden anderen Orten, ein beträchtlicher Rest von anderen oder Nichtverwandten). Wie in anderen westfälischen Regionen (auch in Borgeln) führten einheiratende Männer den Namen des Hofes, nicht den ihrer Väter und Großväter. In Löhne behielten überlebende Ehegatten das Eigentum am Hof; außer zur Zeit des kurzlebigen vom Oberpräsidenten Vincke initiierten Erbfolgegesetzes lösten Wiederheiraten keine Verpflichtung zur Weitergabe des Hofes, sondern nur Abfindungszahlungen (Abschichtungen) aus.

2.3 Oberkirchen

Die landwirtschaftlichen Gelderträge pro Kopf lagen in Oberkirchen auf einem ähnlich niedrigen Niveau wie in Löhne. Wenn wir nur die Getreideproduktion betrachten, erscheint es sogar recht fraglich, wovon die Menschen in Oberkirchen überhaupt lebten: Über 70 Prozent des konsumierten Getreides musste importiert werden (nur Hafer wurde exportiert[17]). Anders als in Löhne und Borgeln machte der Getreidebau nur einen Bruchteil (ein Fünftel) des landwirtschaftlichen Geldertrags aus; Wiesen und Wälder waren für die Bauern wichtiger. Heute reichen Wälder bis nahe an die Ortskerne der über das obere Tal der Lenne verstreuten Siedlungen; Ackerbau kommt kaum vor. Im 19. Jahrhundert waren die Waldflächen kleiner, und auf marginalen Böden wurde Feld-

[17] Kreisbeschreibung Meschede (StAMS, Regierung Arnsberg, Katasterverwaltung, Nr. 649); Hömberg, Siedlungsgeschichte, S. 96; sowie Selter, Waldnutzung und ländliche Gesellschaft, S. 125.

Karte 2.3: Das Untersuchungsgebiet Oberkirchen

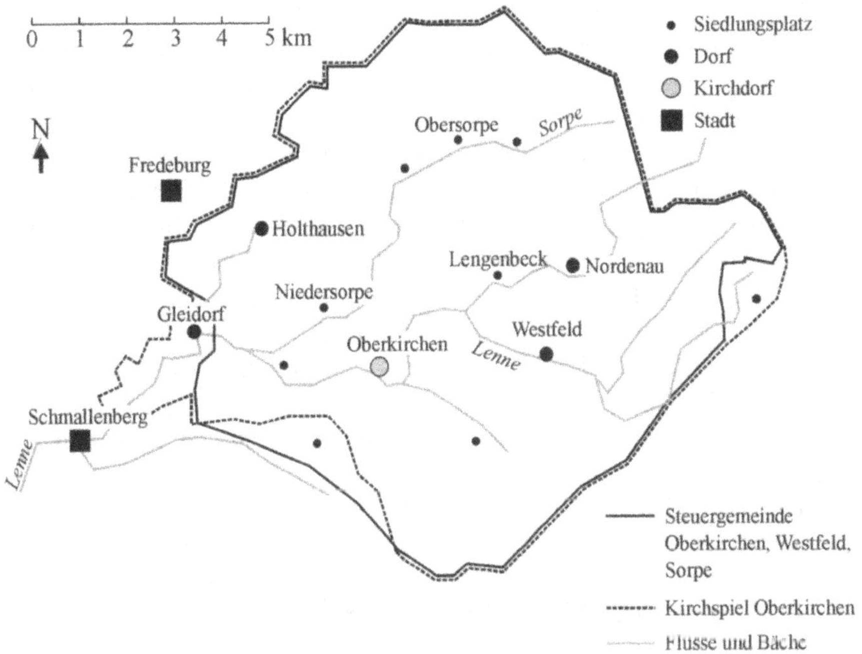

Anm.: Einstufung der Siedlungen nach Viebahn, Ortschafts- und Entfernungs-Tabelle. Kartographie: Johannes Bracht.

graswirtschaft betrieben.[18] Obwohl große Waldflächen im Besitz der Gemeinden waren (1833 16 Prozent, 1866 noch 5 Prozent), gehörten die meisten Waldparzellen einzelnen Bauern. Für die traditionelle Waldwirtschaft noch des 19. Jahrhunderts im Gegensatz zur modernen Forstwirtschaft ist kennzeichnend, dass sie in die Nutzung der Ackerflächen integriert war.

Die Bauern des Hochsauerlandes produzierten Bauholz für den Export in die Hellwegregion[19] sowie Eichenrinde als Basis für Gerberlohe und Holzkohle für die Eisenindustrie (beide gingen ins Siegerland)[20]; sie nutzten den Wald auch als Weidefläche, temporäre Anbaufläche für Getreide und zur Aschendüngung der Innenfelder. Diese extensive Nutzung weist in heutiger Sicht „archaische Züge" auf.[21] Andererseits kann

18 Im benachbarten Medebach wurde in der schlechtesten Ackerklasse je ein Jahr Roggen und Hafer angebaut, gefolgt von einem Jahr Brache und drei Jahren Dreisch. Kopsidis, Leistungsfähigkeit der westfälischen Landwirtschaft, hier S. 361.

19 Laut der 1797 verfassten „Geographie des Herzogtums Westfalen" von Karl Friedrich von dem Knesebeck: Schöne, Herzogtum Westfalen, S. 196.

20 Kreisbeschreibung Meschede, in: StAMS, Regierung Arnsberg, Katasterverwaltung, Nr. 649.

21 Selter, Land- und Forstwirtschaft, S. 93.

man sie auch als rationales Verhalten angesichts der großen Entfernung zu den Nachfragezentren für Getreide interpretieren. Michael Kopsidis schätzt, dass die Region um Oberkirchen mit einem Erntehäufigkeits-Indikator von 35,6 (d. h. einem Anteil der Regenerationsflächen an der Nutzfläche von fast zwei Dritteln) zum „äußersten Intensitätsring" um das Ruhrgebiet gehörte; bei entsprechender Nachfrage nach Getreide hätte also erheblich mehr Arbeit in den Ackerbau investiert werden können. Oberkirchen hatte von den untersuchten Orten den niedrigsten Anteil an lohnabhängigen landwirtschaftlichen Arbeitern (Tagelöhner und Gesinde zusammengenommen). Es lohnte sich für die meisten Landbesitzer nicht, Arbeitskräfte einzustellen. Im Gegenteil: Ein großer Teil unter ihnen suchte selbst nach einem anderen Erwerb. Auffällig ist, dass trotz der dominierenden Rolle des Waldes als Einkommensquelle der Beruf des Waldarbeiters im Kirchspiel Oberkirchen kaum vorkam.[22] Deren Löhne befanden sich – ähnlich wie die Holzpreise – im Regierungsbezirk Arnsberg während des ganzen 19. Jahrhunderts in einem markanten Aufwärtstrend.[23] Der Aufschwung der Steinkohleförderung im nahen Ruhrgebiet verdarb zwar die Holzkohlepreise[24], gleichzeitig wurde aber Holz für Stollen und Bahnschwellen gebraucht.[25]

Das Familien- und Erbsystem transportierte mit Hof und Ackerland demnach Ressourcen, die in Oberkirchen das Überleben nicht einmal der Landbesitzer ohne die Vermittlung von externen Märkten ermöglichten. Es transportierte sie auf eine im westfälischen Kontext eigentümliche Art und Weise: Während in Löhne und Borgeln Höfe Kollektiveigentum von Mann und Frau (bei der Heirat) bzw. von Eltern, ‚Anerben' und Geschwistern (beim Übergang auf die nächste Generation) waren, fehlten solche Formen von Gesamthandsgemeinschaft in Oberkirchen. Da Gütertrennung (Dotalrecht) herrschte, konnten Frauen sich kein Miteigentum am Hof erheiraten, und die Weitergabe über Wiederheiraten kam kaum vor. Schwiegersöhne wurden kaum als Hofnachfolger gewählt, wohl aber in 17 Prozent der Fälle Töchter. Auf Dauer blieben die Höfe deutlich häufiger in derselben Abstammungslinie als in den beiden anderen Gemeinden, obwohl gerade hier die auf dem Heimfallrecht beruhende grundherrschaftliche Kontrolle von Hofteilungen schon in napoleonischer Zeit aufgehoben worden war. Zusammen mit dem niedrigen Ertragswert der Höfe bedeutet das, dass Heiratsbeziehungen in Oberkirchen ein geringeres Gewicht für den Zugang zu Ressourcen hatten.

Quantitative Angaben zu Gewerbe und Agrarsystem sind in Oberkirchen rar. Der Eisenbergbau spielte um die Mitte des 19. Jahrhunderts keine Rolle mehr, früher hatte es einige Hämmer an der Lenne gegeben. Holzverarbeitung war im gesamten Rothaargebirge verbreitet; die Produkte (z. B. Löffel) wurden von Wanderhändlern vertrieben, deren

---

22 StAMS, Kreis Meschede, Landratsamt Nr. 512: Gewerbetabelle der mechanischen Künstler und Handwerker (1853); Berufsangaben aus den Kirchenbüchern Oberkirchen in der Familienrekonstitution.

23 Eggert, Bewegung der Holzpreise, S. 35.

24 Kreisbeschreibung Meschede, StAMS, Regierung Arnsberg, Katasterverwaltung, Nr. 649.

25 Selter, Land- und Forstwirtschaft, S. 128.

Hauptabsatzgebiet in den Niederlanden lag.[26] In einer Ortsgeschichte wird behauptet, es „betrieben 75 % der erwachsenen männlichen Bevölkerung das Hausierergewerbe".[27] Konkrete Angaben zur Anzahl der Händler aus der lokalhistorischen Literatur und aus Adressbüchern weisen dagegen nur auf einige Dutzend ansässige Händler hin; das wäre also ein geringer Teil der Bevölkerung.[28] Eine Gewerbezählung von 1853 weist 38 Personen aus, die grobe Holzwaren (Schuhe, Löffel und anderes) fertigten, und 28 „herumziehende Krämer" und „Lumpensammler" – von über 2.000 Einwohnern. In dieser Zählung fehlen allerdings Angaben darüber, was denn das Hauptgewerbe der relativ zahlreichen Nebenerwerbslandwirte war. Berufsangaben in den Kirchenbüchern helfen hier weiter: Von den 664 in Oberkirchen zwischen 1830 und 1866 heiratenden Männern waren 115 Handelsleute, davon besaßen 59 einen Hof. Bei den wenigen offiziell ausgewiesenen Wanderhändlern handelt es sich also möglicherweise nur um die hauptberuflich arbeitenden selbständigen Handelsmänner. Wanderhandel war in zwei unterschiedlichen Formen organisiert, in ‚Kompanien' von zwei bis sechs gleichberechtigten, oft zur selben Familie gehörenden Kompagnons, die ihrerseits Lohnhausierer (Handelsknechte) anstellten, und in ähnlich großen ‚Kolonnen' aus Lohnknechten.[29] Wenn Handelsknechte und die als Kompagnons ihrer Väter arbeitenden Hausierer im Nebengewerbe tätig waren, wurden sie in Gewerbetabellen nicht erfasst.[30]

Zudem ist fraglich, ob der Hausierhandel tatsächlich einen großen Teil des Jahres ausmachte. Eine Analyse der Heiratssaisonalität zeigt für Oberkirchen ein auffälliges Muster, das wir ähnlich aus Wanderhändler- und Hollandgängergemeinden in Tecklenburg[31] kennen: Bis etwa 1850 zeichneten sich weder im Frühjahr noch im Herbst die für Vieh- oder Ackerwirtschaft typischen saisonalen Arbeitsspitzen ab; danach gewann anscheinend die Tätigkeit im Ackerbau an Gewicht. Hausierhandel gilt in der Forschungsliteratur gerade als „Überbrückung des Winterhalbjahres", im Sommer sei in der Landwirtschaft

---

26 Hömberg, Siedlungsgeschichte, S. 114. Zu den Waren der Hausierer siehe auch Höher, Wanderhändler, S. 81–109, zum Absatz der Waren ebd., S. 149–192. Auch das Königreich Hannover war ein wichtiges Zielgebiet, Zeitungsbericht November 1845 (StAMS, Kreis Meschede, Landratsamt Nr. 6).

27 Braun, Westfeld, S. 64.

28 Bruns, Oberkirchen, S. 705: 15 Handelsleute in Nordenau; in Westfeld nach dem Handels- und Gewerbe-Adreßbuch der Provinz Westfalen von 1895 13 Hausierer (abgedruckt bei Bruns, S. 461–462). Siehe auch Schauerte, Nordenau.

29 Höher, Wanderhändler, S. 132–133.

30 StAMS, Kreis Meschede, Landratsamt Nr. 176, Schreiben des Bürgermeisters von Schmallenberg an den Landrat vom 19.4.1841: 8 Frachtfuhrleute aus dem Kirchspiel Oberkirchen bitten darum, von der Gewerbesteuer befreit zu werden, da sie das Fuhrwesen nur im Nebenerwerb betreiben. „Sämtliche Personen sind Ackerwirte und der Betrieb des Ackerbaues ist ihr Haupt-, das Fuhrwerk aber nur ihr Nebengewerbe, sie handeln in Holland mit Holzwaren und bringen jährlich einige Fuder dieser Waren dorthin, laden auch auf dem Rückweg wohl das ein oder andere, nicht aber [...] beständig Kaufmannsgüter."

31 Vgl. die Analysen von Küpker, Weber, Hausierer, Hollandgänger, Kap. 5.6 zur Heiratssaisonalität in Tecklenburg.

zuhause mehr verdient worden.[32] Dem widerspricht, dass die Handelsleute in Oberkirchen fast nur im Januar und Februar heirateten (77 von 115 Heiraten; generell war der November der bevorzugte Heiratsmonat) und die meisten ihrer Kinder im Dezember / Januar gezeugt wurden, am wenigsten im April / Mai und September / Oktober. Bei der Volkszählung am 1. Dezember 1871 war ein volles Zehntel der Bevölkerung abwesend.[33] Die Händler konnten also im Januar bereits mit genug Geld für die Hochzeit von ihrer Fahrt zurückgekehrt sein, und sie waren im Winter auch in den auf die Heirat folgenden Jahren oft zu Hause. Möglicherweise dauerten ihre Fahrten nicht mehrere Monate, sondern nur ein paar Wochen, oder sie fuhren nicht jeden Winter fort, oder sie verdienten ihr Geld nicht nur mit Hausierhandel, sondern auch mit landwirtschaftlichen Gelegenheitsarbeiten, für die in den Zielgebieten eher im Frühjahr und Spätsommer Bedarf bestand.[34]

Oberkirchen zeichnete sich zudem durch ein akutes Armuts- oder besser: Armenproblem aus, das sich im Umgang der sozialen Gruppen – der Colone und Beilieger – und der Generationen konkret niederschlug. Die Zeitungsberichte der Bürgermeisterei Schmallenberg an den Landrat beklagen mehrfach den allgemeinen Mangel an Wohlstand.[35] Im Hochpreisjahr 1854 wird von zunehmendem Wohlstand unter den Bauern berichtet, während die Tagelöhner ihre Familien nicht ernähren könnten.[36] Erst 1887, nach dem Eisenbahnbau, sollten die Arbeiter so reichlich verdienen, dass die Behörden über Luxus zu klagen hatten, der Tourismus setzte ein, und Oberkirchen wurde zum Zielgebiet von Hausierern.[37] Beklagt wird der „Mangel an Chausseen und de[r] dadurch herbei geführt[e] Mangel an Überverdienst“[38], wodurch die Einwohner „auf den wenig einträglichen Ackerbau beschränkt“ würden. Besonders das hochgelegene „mit Menschen überfüllt[e] Dorf Westfeld, wo fast aller und jeder Verdienst fehlt“[39] wird immer wieder als arm beschrieben: Nach einer Missernte 1847 habe die „groß[e] Hungersnot [...] namentlich in Westfeld den höchsten Gipfel erreicht wo man schon z. B. den Mehlstaub der Mühlenwände zur Stillung des Hungers benutzt“[40]; ausweislich einer Ge-

---

32 Höher, Wanderhändler, S. 137; Oberpenning, Tödden-System, S. 54.

33 Volkszählungsergebnisse von 1871, in: Königliches Statistisches Bureau, Gemeinden und Gutsbezirke.

34 „Im Durchschnitt darf man annehmen, dass jeder [Winterberger] Hausierer vom Monat Oktober bis Mitte oder Ende Juni einen Überschuß bis zu 100 Rthlr mit nach Hause bringt.“ Wertschätzung Medebach, StAMS, Katasterbücher Arnsberg, Nr. 84.

35 Zeitungsberichte der Bürgermeistereien bzw. Amtmänner von Schmallenberg April 1841, August 1843, Januar 1845, März 1845, Juli 1845, Juli 1846, Januar 1847, Mai 1847, Juli 1847, März 1852, September 1887 (alle aus StAMS Kreis Meschede, Landratsamt Nr. 1–20; im Folgenden zitiert als „Zeitungsbericht Schmallenberg“).

36 Zeitungsbericht Schmallenberg, November 1854.

37 Ebd., September 1887.

38 Ebd., April 1841.

39 Ebd., Januar 1845.

40 Ebd., Mai 1847.

werbetabelle lebten im Jahr 1853 dort 25 von 389 Personen nur von Almosen. Man mag das – anschließend an die aufgeklärt-protestantische Sicht vieler zeitgenössischer Beobachter des Armenwesens in katholischen Ländern – als Zeichen für einen geringen Entwicklungsstand der lokalen Gesellschaft und damit dysfunktional deuten; andererseits zeigt eine hohe Zahl von Almosenempfängern auch, dass das System der Almosenvergabe funktionierte.

Aus den Zeitungsberichten sind Missernten in den Jahren 1840, 1845 und 1846, 1851 und 1855 zu entnehmen. Sie korrespondieren mit einer erhöhten Sterblichkeit allerdings nur im Jahr 1856. Das stützt die zweite Deutung: Offenbar funktionierte die Verteilung von Lebensmitteln in der Regel auch dann, wenn jede Kaufkraft fehlte. Die verarmten Westfelder und Oberkirchener bettelten[41], stahlen Holz[42], empfingen kirchliche Almosen, wurden von der Gemeinde ernährt[43], erhielten staatlich verbilligtes Getreide[44] und es war unmöglich, Steuern von ihnen einzutreiben.[45] Wir müssen sie uns aber nicht als körperlich durch ständige Mangelernährung geschwächte Elendsgestalten vorstellen; gegen Ende des Jahrhunderts erreichten Rekruten aus Oberkirchen stattliche Körpergrößen von 169 cm[46], vielleicht wegen der verbreiteten lokalen Milchproduktion. Der statistische Zusammenhang zwischen Getreidepreisen und Sterblichkeit zeigt, dass die Ernährungslage auch der Armen in Oberkirchen im mittleren 19. Jahrhundert nicht schlecht war; vielleicht besser als in Borgeln, wo es in Hochpreisjahren etwas häufiger zu erhöhter Sterblichkeit kam (Abbildung 2.1). Subsidiär zur Familie existierten also kommunale Unterstützungssysteme, die auch tatsächlich etwas leisteten. Zudem bestanden kommunale Gemeinschaftsgüter, die in dieser Region auch nicht aufgelöst wurden, und die durch zusätzliche Einwohner belastet wurden. Hierin liegt der institutionelle Hintergrund eines in Oberkirchen merklichen Überfüllungsdiskurses, für den es im ähnlich armen Löhne kein Äquivalent gibt: „in einzelnen Ortschaften, namentlich in dem mit Menschen überfüllten Dorfe Westfeld, wo fast aller und jeder Verdienst fehlt, nimmt die Armuth von Tag zu Tag so zu, dass hier durchgreifende Hilfe dringend nothwendig ist“[47].

Im kurkölnischen Hochsauerland waren erweiterte und komplexe Familienformen weit verbreitet.[48] In vielen Haushalten lebten neben dem Ehepaar und seinen Kindern

41 Ebd., Juli 1846.

42 Ebd., März 1845.

43 StadtA Schmallenberg, Gemeinde-Protokollbuch Oberkirchen 24.11.1844.

44 Zeitungsbericht Schmallenberg, Mai 1847.

45 Ebd., September 1845.

46 StAMS, Regierung Arnsberg, Musterungslisten. Die Daten wurden stichprobenweise für mehrere Landkreise aus dem Regierungsbezirk Arnsberg erhoben.

47 Zeitungsbericht Schmallenberg (1845), unpaginiert. Adressat: Landrat zu Meschede; Schmallenberg, 23.1.1845; Zeitungsbericht für die Monate Dezember und Januar.

48 Zur Begrifflichkeit: Laslett, History of the family. Es wurden aufgrund der im folgenden benannten Quellen sämtliche Haushalte für 18 westfälische Gemeinden erfasst und nach dem von Laslett vorgeschlagenen Schema kategorisiert: Alme (1785), Calle (1764), Hirschberg (1785), Mellrich (1755), Oberhundem (1764), Ostinghausen (1775): StAMS Hzgt. Westfalen, Landstände; Büren

weitere Verwandte, etwa Geschwister oder alte Mütter. Armutsrisiken wie der Tod von Erwachsenen wurden also zunächst von der Familie aufgefangen. Die landlosen Haushalte wurden in dieser Region als Beilieger bezeichnet. Beilieger gab es im Herzogtum Westfalen mindestens seit Beginn der Neuzeit. Die Gründung solcher Beiliegerhaushalte war seit dem 16. Jahrhundert kommunaler und territorialer Kontrolle unterworfen. Nach Versuchen im 18. Jahrhundert, Beiliegerstellen wieder aufzuheben, erlaubte die Beiliegerordnung von 1795 Hofbesitzern, Beilieger mit dem Konsens der Gemeinde aufzunehmen. Die kölnische Regierung versuchte mehrfach, Beiliegerhaushalte wieder aufzulösen und Aufteilungen von Höfen zu verhindern.[49] Durch das hessische Gesetz von 1809 wurden die alten Klasseneinteilungen aufgehoben; im 19. Jahrhundert ist entsprechend von „früheren Beiliegern" die Rede.[50] Ob bereits im 18. Jahrhundert staatliche und kommunale Ehebeschränkungen galten, ist zweifelhaft.[51] Im 19. Jahrhundert gab es diese in Preußen nicht, wohl aber Versuche der Gemeinden, über Genehmigung und Verbot der Niederlassung und des Hausbaus die Anzahl ihrer Einwohner zu kontrollieren. Als Beilieger mit Weiderechten auf den Gemeinheiten durfte sich bei der Heirat nur niederlassen, wer ein Einzugsgeld zahlte und von der Gemeinde aufgenommen wurde. Auch wenn Preußen keinen politischen Ehekonsens kannte, konnten die Oberschichten auf diesem Wege also doch eine Politik der Heiratsbeschränkungen betreiben.[52]

Wanderhandel und andere Formen von Hollandgang, die geringe Zuwanderungsrate und der geringe Anteil an Gesinde und Tagelöhnern deuten darauf hin, dass der lokale Arbeitskräftebedarf in Oberkirchen gering war. Zugleich war auch der im eigenen Besitz befindliche Boden nicht die zentrale Einkommensquelle – schließlich deckte seine Produktion, naturalökonomisch gerechnet, ja nicht einmal ein Drittel des lokalen Konsums. Regionale Güter- und Arbeitsmärkte müssen in der einen oder anderen Form die fehlenden 71 Prozent des Getreidebedarfs – und den übrigen Konsum – hereingebracht haben. Außenbeziehungen waren also für das Überleben der Oberkirchener weit zentraler als für das der Löhner. Wir wissen sehr wenig darüber, wie diese organisiert waren und ob und in welchem Maße Verwandtschaft und gemeinsame Herkunft die regionalen Märkte strukturierten.

(1787), Herstelle (1787), Hohenwepel (1789), Neuenbeken (1787): StAMS Fürstentum Paderborn, Geheimer Rat; Feudingen (1741): Rentkammer Wittgenstein, Viertelsbeschreibungen; Holtwick, Nordwalde, Roxel und Selm (alle 1749), und Beelen, Diestedde, Ottenstein und Velen (alle 1750): Bistumsarchiv Münster, Generalvikariat, Handschriften. Daten publiziert in G. Fertig, Marriage and economy, Tab. 10.6, S. 259.

49 Höher, Wanderhändler, S. 38; Scotti, Sammlung, Bd. 2 (1831), S. 1224–1227 / Nr. 1004.

50 StAMS, Kreis Meschede, Landratsamt Nr. 541, Bericht des Landrats an Innenministerium auf Anfrage „betreffend die Parzellierung der Bauergüter" (Meschede, 21.12.1837).

51 Höher, Wanderhändler, S. 38–39, freilich ohne Beleg.

52 StadtA Schmallenberg B 74 Beilieger zu Westfeld, 1828–1859: etliche Fälle von Heiratsgenehmigungen und Zuzugsverweigerungen. StadtA Schmallenberg, Gemeinde-Protokollbuch Oberkirchen, 9.7.1844: Ein Einzugsgeld von 15 Talern wird eingeführt, ausgenommen Abkömmlinge von Bürgern, die sich im elterlichen Haus niederlassen. Noch im September 1890 ist im Zeitungsbericht von Beiliegern die Rede.

2.4 Borgeln

Borgeln[53] schließlich stellt eine dritte Variante ländlicher Abhängigkeit von der zentralen Ressource Boden dar. Hier war die Bevölkerung nicht wie in Löhne unter prekären Bedingungen der Reagrarisierung auf den Besitz von Land angewiesen und nicht wie in Oberkirchen angesichts geringer Agrarintensität vom Ackerbau weitgehend abgekoppelt. Vielmehr produzierten die Borgeler über das Doppelte von dem, was sie verzehrten. Landbesitz bedeutete in Borgeln also Teilhabe an einem bereits zu Beginn unseres Zeitraums boomenden Exportgewerbe. Die Vermarktung des in der Börde produzierten Getreides erfolgte in der Frühneuzeit in Soest; die Börde stand in einer mehrfachen Abhängigkeitsbeziehung zur Stadt. Soest hatte nicht nur Monopole auf den Getreidehandel, auf Backen und Brauen, sondern jegliches Gewerbe war den Bördebewohnern untersagt. Zugleich waren Soester Bürger häufig Grundherren in den umliegenden Dörfern. Die Abhängigkeitsbeziehung löste sich im 19. Jahrhundert, auch weil die Getreidemärkte an der Ruhr in Konkurrenz zu Soest traten. Als die Region ins Eisenbahnnetz integriert wurde, lag sie in idealer Nähe zum wachsenden Absatzmarkt Ruhrgebiet. In der Region waren die Gemeinheiten bereits im 18. Jahrhundert weitgehend aufgelöst worden; die Ablösung der Grundlasten folgte in den 1850er Jahren.

Das Bild vom Dornröschenschlaf trifft dann zu, wenn man das Erwachen mit Industrialisierung gleichsetzt, und auch wenn man die Pläne fortschrittlich gesinnter Soester Bürger (der Gerichtsassessor Geck und der Pastor Pilger waren darunter die prominentesten; gegründet wurde 1839 ein „Landwirtschaftlicher und Gewerblicher Kreisverein“) für die Einführung neuer Gewächse und Verfahren vergleicht mit den tatsächlich erzielten Erfolgen: Das auf Initiative des Vereins nach Holland exportierte Sauerkraut musste dort mit Verlust verkauft werden;[54] die über viertausend Tabakpflanzen des Oberinspektors Hutterus ertrugen das Soester Regenwetter nicht;[55] auch Ökonomierat Plange scheiterte mit dem (von Pastor Pilger wegen des hohen Arbeitsaufwandes skeptisch betrachteten) Versuch, den Zuckerrübenanbau einzuführen (erst in den 1880er Jahren wurde die lange geforderte Zuckerfabrik gebaut).[56] Andererseits fand die 1843 erfundene Drainage im Kreis Soest rasche Verbreitung, und mit dem Propagieren neuartiger Ackergeräte scheint der Verein ein für die Bearbeitung schwerer Böden ebenso wichtiges Innovationsfeld angesprochen zu haben wie mit der Züchtung stärkerer Pferde.[57] Die wichtigste auf die

---

[53] Das gesamte Untersuchungsgebiet Borgeln umfasst Flur 1–7 der Steuergemeinde Borgeln und Flur 3 der Steuergemeinde Stocklarn, d. h. die politischen Gemeinden Blumroth, Borgeln, Hattropholsen und Stocklarn mit zusammen ca. 870 Einwohnern um 1830. Das Kirchspiel Borgeln umfasst darüber hinaus noch die politische Gemeinde Berwicke (Fluren 1–2 der Steuergemeinde Stocklarn mit ca. 375 Einwohnern um 1830).

[54] Joest, Soester Raum, S. 84–86.

[55] Ebd., S. 93.

[56] Ebd., S. 101–105, 239.

[57] Ebd., S. 224–234.

Karte 2.4: Das Untersuchungsgebiet Borgeln

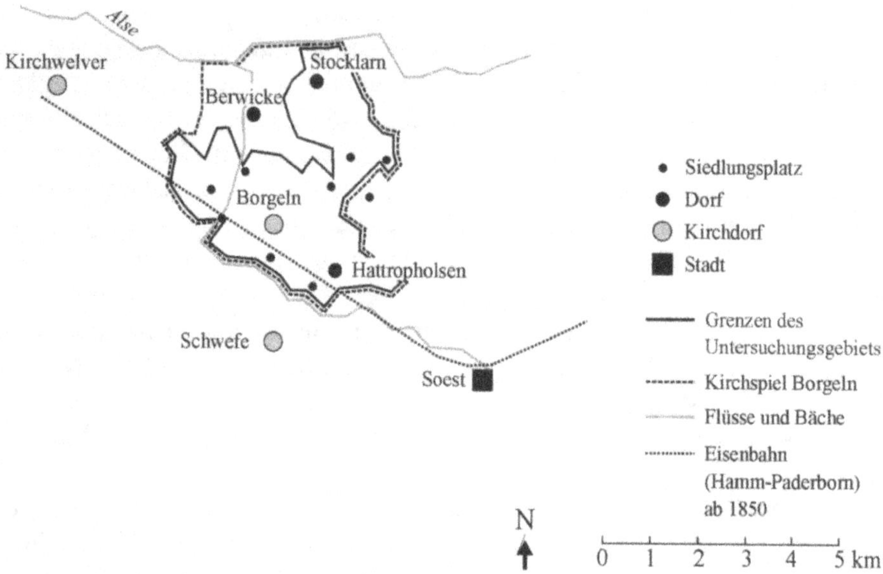

Anm.: Einstufung der Siedlungen nach Viebahn, Ortschafts- und Entfernungs-Tabelle, S. 104-105. Kartographie: Johannes Bracht.

Initiativen Soester Stadtbürger zurückgehende Neuerung lag in der Gründung der Sparkasse, die große Mengen an Ersparnissen auch vom Lande mobilisierte – so viel, dass sie geradezu Schwierigkeiten hatte, all das Geld anzulegen.

Stickstoffsammler (Klee und Hülsenfrüchte) waren in Borgeln bereits in den 1820er Jahren in die Fruchtfolgen integriert; sie wurden jeweils im vierten Jahr eines sechsjährigen, mit der Brache eingeleiteten Anbauzyklus angebaut.[58] Das Innovationspotential der Landwirtschaft sah der Verfasser der sogenannten Wertschätzungsverhandlungen (einer im Zuge der Bewertung aller Grundstücke für den Kataster von 1830 entstandenen Quelle) vor allem beim Anbau von Futterkräutern: An Wiesenheu bestehe allgemeiner Mangel, und die Stallfütterung könne nur so allgemein eingeführt werden.[59] Optimiert werden konnte auch der Umgang mit dem Mist: Die flach angelegte Dungstätte, über die hinweg man Ställe und Tennen betrete, nehme das Regenwasser auf und lasse

[58] StAMS, Katasterbücher Arnsberg, Nr. 92, Berechnung des Roh-Ertrages; vgl. auch Geck, Soest, S. 32 sowie Bimberg, Soester Börde, S. 66.

[59] StAMS, Katasterbücher Arnsberg, Nr. 92, Landwirtschaftliche Beschreibung, Abschnitt 13.

die fette Jauche ungenutzt verfließen.[60] Die Entwicklung des Viehstandes war zwischen 1828 und 1873 in Borgeln nicht besonders dramatisch: Das Rindvieh nahm in der Steuergemeinde von 535 auf 643 Stück zu, bei allerdings steigenden Gewichten.[61] Die Zunahme der Wiesenflächen bei gleichzeitiger Abnahme der Weiden und stagnierenden Ackerflächen deutet darauf hin, dass in Borgeln eine Intensivierung der Landwirtschaft auf dem Wege vermehrter Stallfütterung und Düngerbewirtschaftung erfolgte. Ein weiterer landwirtschaftlicher Wachstumsschub erfolgte in den 1880er Jahren, als endlich der Zuckerrübenanbau einsetzte.[62]

Die komparativen Vorteile der Börde lagen ohne Zweifel eher im Ackerbau als beim Gewerbe. Borgeln wies nicht nur bereits 1830 den höchsten monetären Reinertrag pro Kopf auf, im Gegensatz zu den beiden ärmeren Gemeinden steigerte es diesen bis 1866 sogar ganz erheblich. Fallende monetäre Erträge sind dabei nicht mit fallenden Ernteerträgen gleichzusetzen[63]; umso stärker dürften diese gesteigert worden sein. Was trug zu diesem Erfolg bei? Die Borgelner Höfe zogen Kapital und Arbeitskräfte an: Pro Kopf wurde im Vergleich zu Löhne und Oberkirchen etwa das Dreifache an Hypothekarkrediten an die Borgelner Landbesitzer vergeben. Gleichzeitig war der Anteil der nicht ortsgebürtigen Bevölkerung hoch, vor allem der des Gesindes mit einem Drittel der Bevölkerung. Unter den Borgelner Einwohnern waren kaum Analphabeten, das deutet auf einen relativ hohen Ausbildungsstand hin. Wie der Verfasser der Wertschätzungsverhandlungen beklagte, ging es Knechten, Mägden und Bauern allesamt zu gut: Die Mägde konnten aufgrund des hohen Bedarfs an Arbeitskräften durchsetzen, dass ihre unehelichen Kinder von den Bauern verpflegt wurden, die Knechte erfreuten sich eines übertrieben hohen Lohnniveaus, und die Bauern konnten unnötigen Luxus mit „kostbaren Hengsten" treiben: „Gänzliche Ruinierung des Hofes ist die häufige Folge, da der Landmann des Handels unkundig in die Hände der Juden fällt und von diesen förmlich ausgesogen wird."[64]

Was die unehelichen Kinder betrifft, so lag ihre Zahl in Borgeln tatsächlich weit über dem im pietistischen und ehe-freundlichen Löhne üblichen Niveau, ebenso wie über dem des katholischen Hochsauerlands; zugleich waren sie eher als in Löhne auch Objekt sozialer Exklusion.[65] Die hier im Modus der Klage vorgetragene Beobachtung außergewöhnlich hoher Löhne wird von verstreuten Lohnangaben auf Kreisebene bestätigt,

---

[60] Ebd., Abschnitt 9.

[61] Lünnemann, Bevölkerung, Tabelle 10, S. 445; Kopsidis, Marktintegration, S. 180–191.

[62] Bimberg, Soester Börde, S. 66.

[63] Nach Kopsidis, Marktintegration, S. 157, wiesen Sauer- und Siegerland 1830–66 eine Verdoppelung der Wertschöpfung auf; die Reinerträge nahmen aber ab (S. 128). In Soest verdreifachte sich die Wertschöpfung nahezu, aber die Reinerträge nahmen um knapp 50 % zu (S. 199, 128).

[64] StAMS, Katasterbücher Arnsberg, Nr. 92, Landwirtschaftliche Beschreibung, Abschnitt 12.

[65] Goslar, Nichteheliche Kinder. – Laut Zeitungsbericht des Bürgermeisters war die Religiosität in Borgeln „nicht im Zunehmen. Von Abnehmen kann indessen ebenso wenig die Rede sein. Die Verbreitung freisinniger Ideen hat auch freiere Denkungsart über religiöse Gegenstände zur Folge". StaM, Kreis Soest, Landratsamt, Nr. 10, fol. 194–197 (15.12.1835).

die aus der Literatur des 19. Jahrhunderts gesammelt wurden. Diese deuten auf einen deutlichen und zunehmenden Niveauunterschied der Löhne mit hohen Werten im Hellweg und der Soester Börde hin.[66]

Land war also in Borgeln eine Ressource von hohem Wert. Der Zugang zu den Erträgen dieser Ressource erfolgte über zwei wesentliche Kanäle: über den Arbeitsmarkt für das Gesinde und die mit 39 Prozent der Familien recht zahlreichen Tagelöhner einerseits, über das Erbsystem andererseits. Das Erbsystem ähnelt grundsätzlich dem in Löhne, Heirat implizierte also Gütergemeinschaft, wenn auch hier nach dem Ableben eines der Partner mit den Kindern fortgeführt. Es war also anders als in Oberkirchen mit dem Transfer von äußerst wertvollen Eigentumsrechten verbunden.

Die Bauernfamilien in Borgeln waren zunehmend in der Lage, große Vermögen weiterzugeben und zu verteilen.[67] Höfe gleicher Größe generierten seit den späten 1840er Jahren erheblich größere Vermögens- und Nachlassmassen. Dies deutet auf einen ökonomischen Boom hin, der zeitlich mit Eisenbahnbau (Köln-Mindener Eisenbahn 1847), Getreidemarktintegration[68] und Grundlastenablösung[69] zusammenfällt. Die Abfindungen betrugen einen erheblichen Teil der insgesamt übertragenen Vermögen. Dieser lag (jeweils in der bäuerlichen Schicht) im durch kommerzielle Landwirtschaft geprägten Borgeln deutlich höher als in Westfeld, wo Landwirtschaft neben dem Wanderhandel vermutlich nur einen geringeren Teil des Familieneinkommens ausmachte (in Borgeln etwa zwei Drittel, in Westfeld nur ein Drittel desjenigen Wertes, der bei Realteilung zu erwarten wäre). Ein möglicher Grund dafür, dass in Borgeln die Abfindungen im Verhältnis zur

---

66 In der Umgebung von Löhne lagen die Jahresdurchschnittslöhne der Männer bei 80 Pf. (1816/17, Kreis Herford), 68 Pf. (1829, Kreis Minden) bzw. 60 Pf. (1846/47, Kreis Minden); in der Soester Börde dagegen bei 90 Pf. (1816/17) und 97 Pf. (1846/47); im Kreis Meschede werden 75 Pf. genannt (1844). Neumann, Bewegung der Löhne, S. 315–317. – Den Wertschätzungsverhandlungen aller untersuchter Regionen ist dagegen ein einheitlicher Tageslohnsatz von 7 Silbergroschen 6 Pfennigen (= 90 Pfennig) zu entnehmen: 7 Sgr. 6 Pf. gewöhnlicher Tagelohn Männer, 5 Sgr. 9 Pf. für Frauen, Erntetagelohn 10 Sgr. 0 Pf. für Männer und 7 Sgr. 6 Pf. für Frauen. Quellen: StAMS, Katasterbücher Arnsberg, Nr. 92 (Borgeln) sowie Nr. 90 (Kirchhundem) und Nr. 84 (Medebach; beide Kreis Meschede); StAD M5C 54 (Löhne). – In Münster bewegten sich die Bauhandwerkerlöhne in der gesamten zweiten Hälfte des 18. Jahrhunderts um den Wert von 95 Pfennig; StadtA Münster, Bestand C: Stiftungsarchiv. Ausgewertet wurden die Rechnungen des Antonius-Hospitals, Rechnungsbücher AktNr. 401–406, Quittungen AktNr. 3001–3004, 4001–4004, sowie des Armenhauses Kinderhaus, Rechnungsbücher AktNr. 90–117, Quittungen 7–28.

67 Eigene Analyse des im Anhang von Lünnemann, Besitztransfer (Tabellen A1–A2, S. 46–48) präsentierten Materials in Verbindung mit dem in den Datenbanken erfassten Reinertrag der übertragenen Parzellen. Berechnet wurde das Verhältnis des an die Hofnachfolger und anderen Erben übertragenen Vermögens zum Reinertragswert. Dieses Verhältnis steigt in Borgeln von unter 10 (1820–50) auf ca. 60 (1860–80) an. Der Wert der Abfindungen bleibt im Verhältnis zum übertragenen Gesamtvermögen konstant bei ca. 66 % (Borgeln) bzw. 31 % (Westfeld).

68 Vgl. die auf Materialien unserer Arbeitsgruppe beruhende Studie von Kopsidis, Creation of a Westphalian rye market, S. 85–113.

69 Bracht, Grundlastenablösungen.

Hofgröße höher waren, könnte darin bestanden haben, dass es hier besonders wichtig war, den nichterbenden Geschwistern zufriedenstellende Aussichten zu bieten, weil ihre Mitarbeit auf dem Hof gefragt war und weil sie gute Möglichkeiten hatten, anderswo ihr Geld zu verdienen.

Borgeln hat unter den drei untersuchten Gemeinden also eine herausgehobene Stellung. Löhne und Oberkirchen sind nicht unbedingt Negativbeispiele für die Entwicklung ländlicher Gemeinden im 19. Jahrhundert; trotz der geringen agrarischen Ressourcenausstattung fand die wachsende Bevölkerung Möglichkeiten, sich zu ernähren. Borgeln hatte aber als einziger Untersuchungsort an jenem markanten Wachstum der Lebensmittelproduktion teil, das trotz aller Überfüllungsdiagnosen das 19. Jahrhundert prägte. Mit seiner Sozialstruktur aus großen Höfen, mitarbeitenden Kindern, zahlreichem Gesinde und einer breiten Tagelöhnerschicht könnte es also für eine westfälische „voie paysanne“ (Gauthier), einen bäuerlichen Weg zum Agraraufschwung stehen.[70] Doch was heißt hier „bäuerlich“? Wie kooperierten diese Menschen? Welche Märkte nutzten sie, und auf welche konnten sie verzichten?

Tabellen

In Tabellen 2.2–2.9 verwendete Raum-Kürzel:

G = Gerichtsbezirk.

Kr = Landkreis.

Ks = Kirchspiel.

R = diverse Angaben aus der Region.

U = Untersuchungsgebiet der Hypothekenbuchauswertung. Das gesamte Untersuchungsgebiet Borgeln umfasst Flur 1–7 der Steuergemeinde Borgeln und Flur 3 der Steuergemeinde Stocklarn, d. h. die politischen Gemeinden Blumroth, Borgeln, Hattropholsen und Stocklarn mit zusammen ca. 870 Einwohnern um 1830; das Kirchspiel Borgeln umfasst darüber hinaus noch die politische Gemeinde Berwicke (Fluren 1–2 der Steuergemeinde Stocklarn mit ca. 375 Einwohnern um 1830). Das Untersuchungsgebiet Löhne umfasst das Kirchspiel Löhne, bestehend aus den Bauernschaften Löhnebeck und Löhne-Königlich, identisch mit der politischen Gemeinde Löhne. Das Untersuchungsgebiet Oberkirchen umfasst die Steuergemeinden Oberkirchen, Westfeld und Sorpe; das entspricht dem Kirchspiel Oberkirchen abzüglich Gleidorf und zuzüglich Lenneplätze.

W = Wertschätzungsbezirk. In Löhne entspricht dieser dem Amt Mennighüffen mit den Kirchspielen Gohfeld, Löhne und Mennighüffen, in Borgeln der gesamten Steuergemeinde Borgeln einschließlich der nicht zum Untersuchungsgebiet der Hypothekenbuchauswertung zählenden Gemeinden Meckingsen und Catrop.

---

[70] Gauthier, La voie paysanne.

Tabelle 2.2: Staat, Recht, Kirche

	Zeit	Raum	Löhne	Oberkirchen	Borgeln	
territoriale Zugehörigkeit	1648–1803	U	Fürstentum Minden (Preußen)	Herzogtum Westfalen (Kurköln)	Grafschaft Mark (Preußen)	
Landkreis	19. Jh.	U	Herford	Meschede	Soest	
Konfession	19. Jh.	U	Lutheraner / Pietisten	Katholiken	Lutheraner	
Ehegüterrecht: Eigentumsrechte des überlebenden Ehegatten	19. Jh.	U	Alleineigentum des Überlebenden	Gütertrennung	fortgeführte Gütergemeinschaft	a)
Zivilprozesse pro 100 Einwohner im Gerichtsbezirk	1837	G	22	19	9	b)
heimfallpflichtige Güter	1830	U	22%	0%	68%	c)
heimfallpflichtige Güter	1866	U	2%	0%	8%	c)
Gemeindebesitz	1830	U	1,20%	16%	0,10%	c)
Gemeindebesitz	1866	U	0,40%	5%	0,40%	c)

Quellen und Berechnungsweise:

a) Possel-Dölken, Güterrecht, S. 63, 72.

b) Wollschläger, Zivilprozesse.

c) Datenbanken 2006; Hypothekenbücher; Angaben in Prozent des gesamten Steuerreinertrags für die Untersuchungsgebiete.

Tabelle 2.3: Lage, Marktzugang

	Zeit	Raum	Löhne	Oberkirchen	Borgeln	
Höhe des Hauptortes		U	70 m	433 m	87 m	
Häufigkeit, mit der Nachfrage aus diesem Landkreis Getreidepreise in einem von 11 anderen Märkten dominiert	1819–30	Kr	0	2	1	a)
Häufigkeit, mit der Landkreis als dominierter Markt erscheint	1819–30	Kr	6	2	4	a)
Entfernung des Hauptortes zur Bahn	1868	U	0 km	22 km	0 km	

Quellen und Berechnungsweise:

a) Kopsidis, Creation of a Westphalian rye market, S. 85–113.

Tabelle 2.4: Humankapital, Arbeit, Migration

	Zeit	Raum	Löhne	Oberkirchen	Borgeln	
gewöhnlicher Tagelohn für Männer	1830	W	90 Pf.	90 Pf.	90 Pf.	a)
Tagelohn für Männer im Jahresdurchschnitt	1844–47	R	60 Pf.	75 Pf.	97 Pf.	b)
Bevölkerung des Kirchspiels	1830	Ks	1.219	1.743	1.255	c)
Bevölkerung des Kirchspiels	1866	Ks	1.466	1.992	1.496	c)
Analphabeten %	1871	Ks	12	5	2	d)
Heiratssaisonalität	1830	Ks	H	X	X	e)
Heiratssaisonalität	1866	Ks	A	A	A	e)
Zuwanderer (Heiratende)	1820–70	Ks	33 %	20 %	28 %	f)
nicht ortsgebürtig	1871	Ks	22 %	15 %	32 %	d)
Ortsabwesende am 1.12.	1871	Ks	0 %	10 %	0 %	d)

Quellen und Berechnungsweise:

a) Wertschätzungsverhandlungen: StAMS, Katasterbücher Arnsberg, Nr. 92 (Borgeln) sowie Nr. 90 (Kirchhundem) und Nr. 84 (Medebach; beide Kreis Meschede); StAD, M5C 54 (Löhne).

b) Tagelöhne nach Neumann, Bewegung der Löhne, S. 315–317.

c) Volkszählungsdaten (in der Regel alle 3 Jahre) aus Reekers, Bevölkerungsentwicklung im Zahlenbild; statistisches Landesamt Nordrhein-Westfalen, Gemeindestatistik; Kirchenbücher, eigene Interpolationsrechnung unter Annahme konstanter Wachstumsraten. In den preußischen Gebieten wurde im 18. Jahrhundert die ortsanwesende Bevölkerung gezählt, und zwar aufgrund von Meldungen der jeweiligen Ortsbehörden. Diese Praxis wurde 1816 auch mit der ersten Zählung in der neugeschaffenenen Provinz Westfalen übernommen. 1820 erfolgte mit der Einführung der Klassensteuer ein Übergang zur rechtlichen Bevölkerung, und 1834 wurde nach der Zollabrechnungsbevölkerung gefragt. Mit der Zählung von 1840 wurde das Zählverfahren auf namentliche Zähllisten umgestellt, was zu einer erheblich verbesserten Zählgenauigkeit führte. Von diesem Zeitpunkt an wurde wieder die ortsanwesende Bevölkerung gezählt, mit Ausnahme von Reisenden. Daher gilt es, für die Zählungen zwischen 1816 und 1840 eine Korrektur derart vorzunehmen, dass die scheinbare Zuwanderung der Jahre zwischen 1840 und der jeweils vorherigen, nicht zurückgewiesenen Zählung als Zählverbesserung zu den Bevölkerungszählungen der Jahre ab 1816 addiert wird. Diese Zählverbesserung beträgt für Löhne 87 Personen; für Oberkirchen ergibt sich keine Zählverbesserung, für Borgeln nur eine minimale Erhöhung um 6 Personen (auf deren Berücksichtigung verzichtet wird).

d) Königliches Statistisches Bureau, Gemeinden und Gutsbezirke.

e) Auszählungen der Heiraten in den untersuchten Gemeinden. Typ X bezeichnet Arbeitsrhythmen einer weder viehwirtschaftlich noch durch Ackerbau geprägten lokalen Wirtschaft, Typ H die Kombination beider, Typ A Ackerbau. Verfahren: Kussmaul, Agrarian change, S. 28–30.

f) Familienrekonstitution und Verknüpfung mit Höfen in Datenbanken.

Tabelle 2.5: Schichtung

	Zeit	Raum	Löhne	Oberkirchen	Borgeln	
Colone (Anteil an Paaren)	1830	Ks	52 %	17 %	27 %	a)
Colone (Anteil an Paaren)	1866	Ks	40 %	33 %	34 %	a)
Landlose (Anteil an Paaren)	1830	Ks	37 %	62 %	42 %	a)
Landlose (Anteil an Paaren)	1866	Ks	28 %	28 %	31 %	a)
Gesinde (Anteil an Bevölkerung)	1822–55	W/Ks	3 %	10 %	34 %	b)
Taglöhner (Anteil an Familien, in Oberkirchen: an Bevölkerung)	1822–55	W/Ks	53 %	11 %	39 %	c)
Nebenerwerbslandwirte (Anteil an Familien/an Bevölkerung)	1822–55	W/Ks	48 %	22 %	3 %	c)

Quellen und Berechnungsweise:

a) Familienrekonstitution und Verknüpfung mit Höfen in Datenbanken 2006. Als Colone werden Besitzer von Höfen mit über 10 Taler Reinertrag eingestuft.

b) Oberkirchen: Gewerbetabelle 1853, StAMS, Landratsamt Meschede 512 (183 Personen), Borgeln und Löhne (gesamtes Amt Mennighüffen): Überschlagsrechung anhand der Wertschätzungsprotokolle (wie Tab. 2.4 Anm. a): 34 % Borgeln und 5 % Löhne; Löhne (Kirchspiel) laut Steuerliste von 1865 (Kreisarchiv Herford, A 1125): 11 Personen als Steuerzahler, 30 als Gesinde im Haushalt von Steuerzahlern.

c) Quellen wie in Anm. b). Tagelöhner in Oberkirchen 1853: 163 männliche und 67 weibliche Handarbeiter bei einer Bevölkerung von ca. 2.050, also 11 %. Allerdings gab es in Oberkirchen 453 Nebenerwerbslandwirte, möglicherweise großteils ebenfalls Taglöhner. Borgeln: 62 von 159 Familien (Wertschätzungsprotokoll), also 39 %; Löhne (mit Mennighüffen und Gohfeld, Wertschätzungsprotokoll): 732 von 1.383 Familien, also 53 %.

Tabelle 2.6: Agrarproduktion

	Zeit	Raum	Löhne	Oberkirchen	Borgeln	
Verhältnis Exporte / Importe zu lokalem Getreidekonsum	1822–35	W/Ks	- 41 %	- 71 %	+ 109 %	a)
Hypothekarkredite pro Kopf	1834–66	U	75	93	234	b)
Kühe pro Kopf	1822–49	W/Ks	0,22	0,33	0,31	c)
Schweine pro Kopf	1822–49	W/Ks	0,13	0,10	0,31	c)
Erntehäufigkeit	1822–35	W	80,4	35,6	80,9	d)
Reinertrag (Taler)	1830	U	6.452	12.481	8.630	e)
Reinertrag (Taler)	1866	U	4.688	8.984	14.618	e)
Reinertrag pro Kopf	1830	U	5,29	7,16	15,19	e)
Reinertrag pro Kopf	1866	U	3,20	4,51	20,86	e)
Anteil Acker am Reinertrag	1830	U	0,75	0,21	0,78	e)
Anteil Wiesen am Reinertrag	1830	U	0,08	0,28	0,02	e)
Anteil Wald am Reinertrag	1830	U	0,04	0,37	0,04	e)

Quellen und Berechnungsweise:

a) Berechnungsbasis ist die Anzahl der Personen, die vom lokalen Getreidenettoertrag nach Abzug von 18 % Saatgut, aber ohne Abzug der Arbeitskosten, ernährt werden könnten, angenommen ein Konsum von 140 kg Getreide pro Jahr und Person. Quellen: Wertschätzungsprotokolle und Bevölkerungszahlen wie Tabelle 2.4 Anm. a) und c), eigene Berechnung. Für Oberkirchen werden Ertragshöhen der benachbarten 3. Abteilung des Wertschätzungsverbandes Medebach herangezogen (StAMS Katasterbücher Arnsberg Nr. 84). Die Angaben beziehen sich für Borgeln nur auf Flur 1–5.

b) Hypothekenbücher, Bevölkerungszahlen wie Tabelle 2.4 Anm. c), eigene Berechnung. Zähler: Gesamtsumme der vergebenen Hypotheken 1834–66, Nenner: Bevölkerung 1830.

c) Wertschätzungsverhandlungen; in Oberkirchen: StAMS, Kreis Meschede, Landratsamt 552 (1849).

d) Borgeln und Oberkirchen: Kopsidis, Leistungsfähigkeit der westfälischen Landwirtschaft, S. 307–377. Löhne: eigene Berechnung aufgrund der Wertschätzungsverhandlungen. Es wurde angenommen, dass in Löhne kein Land zur Plaggengewinnung als zusätzliche Regenerationsfläche verfügbar war, vgl. Angaben in den Wertschätzungsverhandlungen sowie Müller-Wille, Westfalen, S. 202, Karte „Ländliche Nutzungssysteme im 18. Jahrhundert“.

e) Katasterbücher, Bevölkerungszählungen wie Tabelle 2.4 Anm. c); eigene Berechnung.

Tabelle 2.7: Fertilität

	Zeit	Raum	Löhne	Oberkirchen	Borgeln	
Alter der Männer bei erster Heirat	1830–66	Ks	25,9	30,4	29,6	a)
Alter der Frauen bei erster Heirat	1830–66	Ks	23,7	25,6	25,8	a)
nichteheliche Geburten	19. Jh.	R	3 %	2 %	9 %	b)
Bruttoreproduktionsrate (inverse Projektion)	1820–70	Ks	3,1	2,4	2,4	c)
Stilldauer (Monate)	1831–70	Ks	13,9	14,6	13,7	d)
Altersspezifische Fruchtbarkeit der 20–24jährigen Frauen	1800–70	Ks	490	431	408	a)

Quellen und Berechnungsweise:

a) Familienrekonstitution in Datenbanken.

b) Nichteheliche: Löhne und Borgeln nach Goslar, Nichteheliche Kinder; Oberkirchen überschlägig nach Angaben für den Kreis Meschede bei Ruer, Irrenstatistik, S. 39–41.

c) Geschätzte Bruttoreproduktionsrate GRR (Töchter pro Frau) bzw. Lebenserwartung bei der Geburt (e_0). Verfahren: Monatsweise Auszählungen der Kirchenbücher, verbunden mit den Bevölkerungszählungen des 19. Jahrhunderts. Berechnet wurden inverse Projektionen (IP) mit dem Programm ‚Populate' von Robert McCaa und Héctor Pérez Brignoli. Anfangsannahmen der Projektionen: Modellsterbetafel West mit e_0 von 31 Jahren, intrinsische Wachstumsrate 0,8 %, mittleres Alter der Mütter bei der Geburt 31 Jahre, anfängliche Abwanderungsrate von 0,5 % je 5 Jahre für Löhne und Borgeln, 1 % für Oberkirchen, Bevölkerung um 1750 geschätzt unter der Annahme einer Geburten- und Sterbeziffer von je 30‰ im Zeitraum 1750–9 (also 1.088 für Borgeln, 1.078 für Oberkirchen, 788 für Löhne).

d) Geschätzte mittlere Stilldauer in Monaten. Quelle: Familienrekonstitution in Datenbanken 2001. Verfahren nach Medick, Lokalgeschichte als Allgemeine Geschichte, S. 644. Das Verfahren beruht darauf, den Abstand zwischen der Geburt eines die ersten 12 Monate überlebenden Kindes und dem nächsten Kind zu vergleichen mit dem Abstand nach der Geburt eines im ersten Monat sterbenden Kindes.

Tabelle 2.8: Mortalität

	Zeit	Raum	Löhne	Oberkirchen	Borgeln	
Lebenserwartung e0 (inverse Projektion)	1820–70	Ks	33,0	45,9	42,0	a)
Sterbealter der Erwachsenen (Familienrekonstitution)	1820–70	Ks	47,5	49,3	54,8	b)
Säuglingssterblichkeit IMR (Familienrekonstitution)	1820–70	Ks	17%	10%	15%	b)
jährliche Wachstumsrate der Bevölkerung (%)	1820–70	Ks	0,51	0,37	0,58	c)
Mortalitätskrisen nach Missernte	1820–70	Ks	1855	1831, 1856	1847, 1855, 1862	d)
Zusätzliche erwachsene Tote nach durchschnittlichen Getreidepreisschwankungen (pro Jahrzehnt und 1.000 Einwohner)	1820–70	R	14	29	34	e)

Quellen und Berechnungsweise:

a) Wie Tabelle 2.7 Anm. c).

b) Familienrekonstitution in Datenbanken 2006.

c) Wie Tabelle 2.4 Anm. c).

d) Erntejahre, beginnend mit dem Oktober des Vorjahres, für die gilt: Die Sterblichkeit und der Münsteraner Roggenpreis liegen beide über dem elfjährigen Mittel, und das Produkt dieser Übersteigung macht mehr als 20% aus (also z. B. jeweils 40%, oder 20% mehr Sterblichkeit bei verdoppeltem Preis). Die Sterblichkeit wird dabei um den Einfluss der Geburten des laufenden und des Vorjahres korrigiert (s. a. G. Fertig, Die Struktur des Raumes, S. 67–68). Verwendet wurden Münsteraner Roggenpreise nach Gerhard/Kaufhold, Preise, S. 183–186. Die verwendete Reihe weist Lücken in den Jahren 1846, 1848–49, 1855 und 1864–70 auf. Um diese Lücken zu füllen, wurden herangezogen: Für die Jahre bis incl. 1867 die Oktoberpreise des Roggens in der Stadt Münster (Amtsblätter der Regierung Münster bzw. ab 1859 StAMS Oberpräsidium Münster, Nr. 352) sowie für die Jahre 1868–70 der Index der Roggenpreise in Berlin (Spree, Wachstumszyklen, S. 404, Tab. A 70). Um den korrekten Umrechnungsfaktor zu ermitteln, wurden jeweils Einfachregressionen ohne Achsenabschnitt für die Jahre 1827–63 gerechnet. Die so errechneten Formeln lauten: Münsteraner Oktoberpreis, gemessen in Reichtalern pro Berliner Scheffel, mal 4,859 bzw. Berliner Preisindex mal 0,118.

e) Für Löhne basiert der Wert auf Daten zu Kirchspielen der Region Minden-Ravensberg (Isselhorst, Langenberg, Löhne, Preußisch Oldendorf, Schlüsselburg, Werther); für Borgeln auf Kirchspielen der Hellweg-Region (Borgeln, Herringen, Mellrich, Ostinghausen); für Oberkirchen auf Kirchspielen der Region Sauer- und Siegerland (Alme, Calle, Feudingen, Hirschberg, Herscheid, Oberfischbach, Oberhundem, Oberkirchen). Berechnet wurde zunächst der „weighted impact“ einer durchschnittlichen Getreidepreisschwankung auf die Erwachsenensterblichkeit der folgenden 4 Jahre in Prozent, Verfahren nach Weir, Markets and mortality. Weir folgend, wird dieser Wert multipliziert mit einer Sterblichkeitsrate von 30‰, mal 10 Jahre. Es ergibt sich die Zahl der in einem Jahrzehnt aufgrund von durchschnittlichen Preisschwankungen gestorbenen Personen pro 1.000 Einwohner.

Tabelle 2.9: Haushalt und Erbsystem

	Zeit	Raum	Löhne	Oberkirchen	Borgeln	
Haushaltsgröße	1871	Ks	4,7	5,3	5,5	a)
Anteil erweiterte und multiple Familien	18.–19. Jh.	R		35%	40%	b)
Anteil der Sukzessionen, bei denen der nicht-älteste / in Löhne nicht jüngste Sohn nachfolgt	17.–19. Jh.	Ks	18%	20%	13%	c)
Anteil der Sukzessionen, bei denen ein Schwiegersohn nachfolgt	17.–19. Jh.	Ks	11%	1%	7%	c)
Fälle, in denen Hof nach 40–60 Jahren übernommen wird von:	17.–19. Jh.	Ks				d)
... direkten Nachkommen			57%	71%	60%	
... anderen Blutsverwandten			4%	9%	3%	
... Stiefverwandten			20%	7%	17%	
... anderen			20%	13%	20%	
Anteil der männlichen Hofbesitzer, die nicht denselben Nachnamen wie ihr Großvater väterlicherseits führen	17.–19. Jh.	Ks	43%	7%	41%	e)
Verhältnis der Abfindungen pro Kopf zum nachgelassenen Vermögen pro Kopf (Höfe mit über 10 Rt. Reinertrag)	19. Jh.	U		31%	66%	f)

Quellen und Berechnungsweise:

a) Königliches Statistisches Bureau, Gemeinden und Gutsbezirke.

b) Durchschnitt berechnet aus den Oberkirchen benachbarten Orten Oberhundem und Calle nach den Kopfschatzungsregistern (Haushaltslisten) 1764, StAMS Herzogtum Westfalen, Landstände. Für Borgeln: Seelenverzeichnis der Gemeinde 1811 / 1817, Pfarrarchiv Borgeln 1,9 Fasc 1.

c) Familienrekonstitution und Verknüpfung mit Höfen in Datenbanken. Den Nenner bildet die Zahl aller Sukzessionen von Söhnen oder Schwiegersöhnen.

d) Quelle: wie Anm. c). Die Angaben zur Sukzession nach 40–60 Jahren beziehen sich auf in diesem Zeitraum eintretende Übergaben. Damit wird nur eine Stichprobe aus allen Höfen und ihren Besitzern erfasst.

e) Familienrekonstitution und Verknüpfung mit Höfen in Datenbanken.

f) Eigene Analyse des im Anhang von Lünnemann, Besitztransfer (Tabellen A1–A2, S. 46–48) präsentierten Materials in Verbindung mit dem in den Datenbanken erfassten Reinertrag der übertragenen Parzellen. Zähler: die an die Nicht-Hofnachfolger ausgezahlten Abfindungen pro Kopf aller Nicht-Hofnachfolger; Nenner: das an sämtliche Erben einschließlich der Hofnachfolger übertragene Vermögen pro Kopf sämtlicher Erben.

Kapitel 3: Markt, Familie und Verwandtschaft

3.1 Problemstellung

Die in der Einleitung referierte Diskussion hat gezeigt, dass Transaktionen innerhalb der Verwandtschaft sich von Markttransaktionen in drei Punkten unterscheiden können: Es kann sich um Leistungen und Gegenleistungen handeln, die außerhalb von expliziten schriftlichen Kaufverträgen über längere Zeit ausgehandelt und gegeben werden. Es kann sich um unentgeltliche Transfers handeln, z. B. um den Übergang des Eigentums von einem Verstorbenen – der keine Gegenleistung mehr in Empfang nehmen kann – auf dessen Erben. Schließlich ist es möglich, dass ein bestimmtes Stück Land, vor allem der Kernbestand des Hofes, nicht an jedermann, sondern nur an Verwandte abgegeben wird, oder dass die Grundherren die Auswahl möglicher Käufer kontrollieren. In beiden Fällen sind die Wahlmöglichkeiten aufgrund des Fehlens von Konkurrenz stark eingeschränkt, und ein Marktpreis bildet sich nicht. Alle drei Aspekte bedeuten eine Abweichung vom ökonomischen Standardmodell des vollkommenen Marktes, allerdings in unterschiedliche Richtungen – es ist jeweils darüber nachzudenken, ob es sich um ein System von Reziprozität bzw. Redistribution handelte oder ob es sinnvoller ist, mit unvollkommenen Schwundstufen des Marktes oder Marktversagen zu argumentieren. Am empirischen Material sollen daher mehrere Fragen getrennt diskutiert werden. Erstens ist nach der vollständigen Spezifikation der getauschten Güter zu fragen, denn unvollständige Abmachungen werfen nicht nur in institutionenökonomischer Sicht Probleme des Vertrauens und der Prinzipal-Agenten-Beziehung auf, sie können auch in wirtschaftsanthropologischer Sicht als deutlicher Indikator für das Vorliegen von Reziprozitätsbeziehungen gedeutet werden. Es gilt also, die institutionellen Formen von Eigentumsveränderungen zu klären, vor allem ob bei entgeltlichen Transaktionen explizite schriftliche Vereinbarungen getroffen wurden. Zweitens ist nach Leistung und Gegenleistung zu fragen und damit danach, ob die untersuchten Rechtsgeschäfte eher als Markttausch oder eher als Transfer einzustufen sind. Die Liquidität des Bodenmarktes kann nur dann geschätzt werden, wenn es gelingt, ihn abzugrenzen und zu ermitteln, wie viel Land entgeltlich und unentgeltlich transferiert wurde. Diese beiden Fragestellungen sollen in Kapitel 3 entfaltet werden (das Thema Preisbildung wird in Kapitel 7 noch einmal wiederkehren). Drittens ist jedoch im Zuge einer über die einzelne Transaktion hinausgreifenden Kontextualisierung auch nach Marktformen und damit nach dem Ausmaß von Konkurrenz und Wahlmöglichkeiten zu fragen. In den anschließenden Kapiteln 4 und 5 sollen daher die Beziehungen unter den Beteiligten untersucht werden, in vertikaler und horizontaler Richtung. In Kapitel 4 geht es zunächst um die Einbettung von Landtransaktionen in die Grundherrschaft und ihre Überreste (und damit zugleich um weitere institutionelle Grundlagen des Bodenmarktes). Kapitel 5 untersucht dann die Beziehungen zwischen Käufern und Verkäufern, vor allem das Ausmaß an Transaktionen unter Verwandten und Nichtverwandten.

3.2 Vollständige Spezifikation? Institutionelle Formen von Eigentumsveränderungen

Die Frage nach den institutionellen Formen von Eigentumsveränderungen hat eine sachen- und eine schuldrechtliche Seite: Einerseits kann man fragen, in welcher Form die sachenrechtliche Vereinbarung abgeschlossen und festgehalten wurde, wonach zu einem bestimmten Zeitpunkt die Rechte an einem bestimmten Stück Land auf einen neuen Träger übergingen – mündlich, vor einem Notar, vor dem Stadt- und Landgericht oder durch den Eintrag in das Hypothekenbuch. Andererseits ist zu fragen, in welcher Form und wie explizit sich die Beteiligten darüber verständigten, welche Gegenleistungen für den Erwerb einer Parzelle zu erbringen waren.

Zunächst zur sachenrechtlichen Seite des Problems. Diese wäre heutzutage trivial: Der rechtsgeschäftliche Erwerb eines Grundstücks kommt nicht allein dadurch zustande, dass man es zugesagt bekommt, sondern durch die Auflassung und Eintragung ins Grundbuch. Nach Rousseau entsteht Eigentum dadurch, dass man zunächst eine Grenze um sein Grundstück zieht und sodann die anderen Menschen dazu bringt, diese auch zu respektieren.[1] Eigentum ist also eine Beziehung zwischen dem Eigentümer und allen anderen Personen, eine soziale Kategorie: „Property is not a relationship between people and things but one between people about things“.[2] Dieser Grundsatz entspricht auch dem deutschen Bürgerlichen Gesetzbuch. Grundeigentümer ist, wer im öffentlich einsehbaren Grundbuch als solcher eingetragen ist (abgesehen von Erbfällen und dem Erwerb kraft ehelicher Gütergemeinschaft). Grenzziehung oder Besitzergreifung reichen also nicht aus: Es gibt kein Eigentum ohne Publizität, ohne Öffentlichkeit als Voraussetzung dafür, dass erhobene Ansprüche auch respektiert werden. In den 1830er Jahren war die Rechtslage aber nicht so klar. Zur Zeit des preußischen Allgemeinen Landrechts galt der (deutsch-

1 Sabean, Property, production and family, S. 17.

2 Ebd., S. 18. Mit ähnlicher Tendenz bereits Achilles, Gesetze über Grundeigenthum, S. 1.

rechtliche) Grundsatz der „Publizität" nicht; vielmehr konnte (römischrechtlich) auch die Übergabe, die „Tradition", Eigentum konstituieren.[3] Eigentum wurde also durch einen Akt hergestellt, der sich nur zwischen zwei Personen abspielte und der Öffentlichkeit nicht bekannt sein musste.

Das bedeutet zunächst, dass es auch außerhalb des Grundbuchs (oder, wie es damals hieß, des Hypothekenbuchs) gültige Eigentumsveränderungen gab. Texte von Übertragsverträgen zeigen, dass mehrere Teilschritte mit der Übergabe von Eigentum verbunden waren. Am 11.10.1841 trat z. B. laut einem gerichtlichen Übergabevertrag die Witwe Anne Marie Catharine Steinsiek ihrem Sohn und dessen Verlobter ihre Stätte unter der Bedingung, dass sie tatsächlich heirateten, „erb- und eigenthümlich ab". Die beiden Verlobten gingen Auszahlungs- und Unterhaltsverpflichtungen ein, zu deren Sicherung sie eine hypothekarische Eintragung bewilligten. Tatsächlich verlangten die Berechtigten jedoch nicht, dass eine solche Eintragung erfolgte, und so findet sie sich im Hypothekenbuch nicht. „Obgleich dieser Vertrag unter der Bedingung geschlossen ist, dass die Verlobten sich heiraten, hat[te] doch die Übergabe der Steinsiekschen (Stätte) an die jungen Leute bereits stattgefunden." Die Eintragung der beiden Verlobten im Hypothekenbuch wurde daher erbeten.[4] Dort findet sich unter dem entsprechenden Folium[5] die Übertragung der Stätte mit einem Verweis auf das Vertragsdatum (11.10.); dass vorher eine „Übergabe [...] bereits stattgefunden" hatte, zeigt das Hypothekenbuch aber nicht. Es gab also einen Rechtsakt „Übergabe", der sowohl von der das Eigentum sichernden Eintragung im Grundbuch als auch von dem Vertrag (der die Überlassung des Eigentums ja an Bedingungen knüpfte) unabhängig war und beiden vorausging. Andere Übertragsverträge erwähnen ebenfalls, dass der Besitz oder „Naturalbesitz"[6] durch den Erwerber bereits angetreten worden sei.[7] Neben Katastereintrag, Eintrag im Hypothekenbuch und dem durch die „Übergabe" konstituierten „Naturalbesitz" steht der Nießbrauch, das Recht auf die tatsächliche Wirtschaftsführung. Gerade bei der Übergabe ganzer Stätten an die nachfolgende Generation behielten sich die Alten oft die Wirtschaftsführung vor, übertrugen aber dennoch das Eigentum an das nachfolgende Paar.[8]

---

3 Dernburg / Hinrichs, Das Preußische Hypothekenrecht, S. 21; Achilles, Gesetze über Grundeigenthum, S. 17.

4 StAD, D 23 B, Nr. 50107, S. 40 (Löhne königlich 18).

5 EID 73. Die Eigentumsveränderungen werden nach der Eigentumswechsel-Identifikationsnummer (EID) in den jeweiligen Datenbanken zitiert. Die Quelle (mit Angabe des Grundbuchfoliums) findet sich jeweils im Feld „QelGB" desselben Datensatzes.

6 StAD, D 23 B, Nr. 50119, S. 133 (Löhne königlich 29).

7 Löhne königlich (im Folgenden: LöK) 18; StAD, D 23 B, Nr. 50107, fol. 40; 11.10.1841 – LöK 19, ebd. 50108, fol. 11, 16.12.1839 – LöK 29, ebd. 50119, fol. 55, 17.6.1844 – LöK 38, ebd. 50127, fol. 38, 6.7.1840 – LöK 61, ebd. 50151, fol. 51, 22.2.1850 – LöK 63, ebd. 50185, fol. 27, 18.12.1854 – LöK 75, ebd. 50119, fol. 133, 9.11.1869. Siehe auch Große [= Ch. Fertig], Ländlicher Haushalt und Ressourcentransfer, S. 54.

8 Zum Nießbrauchsvorbehalt, der zu einer fortwährenden „Regierung" (d. h. Gewalt über die Hofwirtschaft) der Eltern führte, siehe Ch. Fertig, Hofübergabe.

Übertragsverträge in den Grundakten der Oberkirchener Gemeinde Westfeld zeigen eine ähnliche Trennung zwischen Eigentum und Wirtschaftsgewalt.[9]

Alle formellen und informellen Komponenten der Besitzübertragung finden sich bei der Ausstattung des neuverheirateten Paares Henrich Wilhelm Imort und dessen Frau Marie Engel Schewe, ebenfalls in Löhne. Der früheste Verweis steht hier in den Fortschreibungsverhandlungen (also Katastern) von 1839 (EID 640), denen zufolge vier Parzellen (2–633, 2–634, 2–572, 2–596) bereits im April 1838 „mündlich" von Carl Henrich an seinen Sohn Henrich Imort (seine Frau wird nicht erwähnt) übergeben worden seien. Am 16.12.1839 folgt ein gerichtlicher Übertragsvertrag (notarielle Übertragsverträge waren zwischen 1833 und 1842 ungültig[10]) für die schwiegerväterliche Stätte Nr. 19 Löhne Königlich, die der Gutsherrschaft Steinlake unterworfene „Schewen Stätte".[11] An diesem Vertrag waren das Brautpaar, wegen dessen jugendlichen Alters (19 und 22) ein Kurator, Vater Imort und Schwiegervater Schewe beteiligt. Zur Dokumentation des Besitzes wurden bei dieser Gelegenheit Güterauszüge aus der Mutterrolle beigebracht, also Katasterunterlagen. Imort bewilligte nunmehr die Eintragung der 1838 bereits vollzogenen Abtretung im Hypothekenbuch; diese erfolgte allerdings erst im September 1849 (EID 80) bzw. im Dezember 1852 (EID 81). Der Schwiegervater Schewe seinerseits trat seine Stätte an das Brautpaar ab und erklärte, diese Immobilien ihnen bereits als Eigentümern übergeben zu haben. Er behielt sich und seiner Ehefrau aber Wirtschaft und Nießbrauch vor. Diese Übergabe wurde 1840 im Grundbuch als „Erbschaft" (EID 76), aber erst 1857 im Kataster eingetragen (EID 1599).

Der Fall passt zu der im Untersuchungszeitraum geltenden römischrechtlichen Auffassung, dass die Übergabe (‚Tradition') und nicht die Publikation im Hypothekenbuch Eigentum konstituiert. Zugleich wird das aus dem heutigen Zivilrecht vertraute Prinzip deutlich, dass der schuldrechtliche Vertrag und der sachenrechtliche Eigentumsübergang zwei getrennte Akte sind: Im vorliegenden Fall wurde erst übereignet und dann der die wechselseitigen Schuldigkeiten regelnde Übertragsvertrag geschlossen. Katasterunterlagen[12] und auch Grundbucheinträge konnten dazu dienen, über Eigentumsverhältnisse Auskunft zu geben, erfolgten aber zum Teil erheblich nach dem rechtlich wirksamen Akt. Zweitens wird deutlich, dass Eigentum (juristisch definiert als unbeschränktes dingliches Recht) durch auf der übergebenen Immobilie haftende Rechte anderer so weit eingeschränkt werden kann, dass mit dem Erwerb des Eigentums praktisch kein aktueller Gewinn an Verfügungsrechten verbunden war – die jungen Eheleute trugen formal die Lasten des Grundstücks, führten aber weder den Haushalt noch die Wirtschaft auf dem Schewe-Hof. Schließlich war die Schewe-Stätte zwar „der Gutsherrschaft des Guts Stein-

9 StAMS, Grundakten Fredeburg, Nr. 848, S. 205; Nr. 856, S. 93; Nr. 858, S. 424; Nr. 871, S. 52; Nr. 871, S. 158; Nr. 875, S. 33.

10 Große [=Ch. Fertig], Ländlicher Haushalt und Ressourcentransfer, S. 37.

11 StAD, D 23 B, Nr. 50108, S. 11.

12 StAD, D 23 B, Nr. 50108, S. 107 (Löhne königlich 19) 24.10.1872: Katastereintrag als Beleg für den Umfang der Stätte.

lake unterworfen" (die Ablösung erfolgte erst 1843 gegen eine Summe von 260 Talern), dieses ehemalige mit Herrschaftsrechten verbundene Ober-Eigentum wurde aber im Grundbuch nur noch als Bündel beschränkter dinglicher Rechte (auf Handdienste, Hühner, Flachs etc.) eingetragen, und Verfügungen über das Eigentum waren den bäuerlichen Besitzern ohne „herrschaftlichen" Konsens möglich.

War – oder wurde – die Übertragung von Verfügungsrechten im Untersuchungszeitraum also formalisiert?[13] Zu unterscheiden sind schuldrechtlicher Vertrag, sachenrechtliche Eigentumsübertragung, Katastereintrag, Grundbucheintrag und Übertragung der Wirtschaftsführung. Die eigentliche Eigentumsübertragung ist quellentechnisch nicht fassbar, weil sie informell vor sich ging; über sie wird in schriftlichen Verträgen weitgehend ex post berichtet. Es erscheint aber plausibel, dass sie in der Regel zeitnah zu oder gleichzeitig mit dem schuldrechtlichen Vertrag erfolgte. Typische Formulierungen in Übertragsverträgen benutzen das Perfekt: „Der Besitz des übertragenen Vermögens ist auf die XY übergegangen, sie hat den Besitz ergriffen. XX (Vorbesitzer) erklärt sich des Besitzes für entledigt."[14] Bei der Übertragung ganzer Stätten und der damit verbundenen Aussetzung von Altenteilen war nach dem Allgemeinen Landrecht die Mitwirkung des Gerichts, seit einem Urteil des Obertribunals von 1842 dann zumindest die Schriftform vorgeschrieben.[15] Diese Verträge blieben also nicht auf Dauer mündlich. Weder der Kataster- noch der Grundbucheintrag mussten zwingend erfolgen, damit es zu einer rechtsgültigen Eigentumsveränderung kam. In aller Regel erfolgten früher oder später aber beide – wir werden gleich noch fragen, in welchem zeitlichen Abstand. Die Übertragung des Nießbrauchs, des zentralen Verfügungsrechts, blieb dagegen in der familiären Sphäre informell und damit undokumentiert.

Eine quantitative Bestimmung des Anteils informeller Eigentumsveränderungen im zeitlichen Verlauf fällt naturgemäß schwer, da es die formellen sind, über die Evidenz systematisch greifbar ist. Zunächst ist zu bedenken, dass die Grundbücher in den drei Gebieten nicht von Anfang an die Eigentumsverhältnisse der gesamten Gemeindefläche dokumentierten. Die frühesten Einträge in die uns vorliegenden Grundbücher wurden in Borgeln 1816 gemacht, in Löhne 1820 und in Oberkirchen erst 1835. Die beiden altpreußischen Orte führten also bereits relativ früh Grundbücher. Vorgängergrundbücher sind für Löhne nicht erhalten; ein aus dem 18. Jahrhundert stammendes Konsensbuch (also ein die Eigenbehörigen betreffendes Hypothekenbuch) des Nachbarorts Mennighüffen besteht im Wesentlichen aus leeren Blättern.[16] In der Soester Börde dagegen existie-

---

13 Eine seit Mitte des 18. Jahrhunderts stärkere Formalisierung beobachtete Sabean, Property, production and family, S. 370.

14 StAMS, Grundakten Fredeburg, Nr. 813.

15 Piepenbrock, Entwicklung des Altenteils oder der Leibzucht, S. 68–70.

16 StAMS, Minden-Ravensberg, Regierung, Nr. 729: Hoheit Beck, Bauernschaften Mennighüffen und Oberbeck 1775–1810. Die Einträge innerhalb eines Grundbuchgrundstücks erstrecken sich teilweise über einen längeren Zeitraum. Das Buch wurde aber offenbar nur für einen Zeitraum von rund 20 Jahren geführt (ab ca. 1790 bis 1810). Nur 22 Grundbuchgrundstücke (davon 5 als

ren alte Hypothekenbücher, die auch tatsächlich ausgefüllt wurden.[17] Das Hypothekenbuch war also auch in den beiden altpreußischen Gemeinden nicht das einzige Instrument, um Eigentumsverhältnisse zu dokumentieren. Möglicherweise fanden auch unter grundherrschaftlichen Verhältnissen nicht wenige Geschäfte klandestin statt, die in den Hypotheken- und Konsensbüchern nicht dokumentiert wurden.[18]

In die Datenbanken aufgenommen wurden für jedes Grundbuchblatt alle Eigentumsveränderungen ab der spätesten noch vor Beginn des Untersuchungszeitraums (1830) vorgenommenen (und nicht bloß: eingetragenen) Gesamtübertragung des jeweiligen Grundstücks. Wenn also ein Grundstück 1790, 1817, 1831 und 1835 weitergegeben wurde, beginnt seine Erfassung mit dem Jahr 1817, und von diesem Jahr an werden auch alle Käufe von Einzelparzellen festgehalten. Man kann den für ein bestimmtes Jahr eingetragenen oder aufgrund späterer Einträge rekonstruierbaren Besitzstand in Bezug setzen zur jeweiligen Gesamtfläche des Ortes.[19] In Löhne waren z. B. 1830 29 Prozent der Gesamtfläche in 37 Grundstücken eingetragen; 1850 dagegen 89 Prozent in 145 Grundstücken. Wenn wir später eingetragene Rechtsgeschäfte einbeziehen, ist für das Jahr 1830 der Besitzstand von 111 Grundstücken mit 73 Prozent der Fläche rekonstruierbar, also fast genau die Gesamtfläche abzüglich 940 Morgen Gemeinheit, und für das Jahr 1850 der Bestand von 158 Grundstücken mit 91 Prozent der Fläche. In welchen zeitlichen Rhythmen die Grundbücher auch in den anderen Orten aufgefüllt wurden, zeigt Abbildung 3.1.

Auffällig ist, dass im gebirgigen Oberkirchen etwa ein Drittel der im Kataster dokumentierten Gemeindefläche – über 11.000 Morgen – nie im Hypothekenbuch eingetragen wurde. Es handelte sich hier vor allem um Forsten (6.622 Morgen), Wildland (838 Morgen) und Heide (584 Morgen), aber auch um intensiver genutzte Flächen wie Äcker und Wiesen; als Besitzer erscheinen nach den katasteramtlichen Güterverzeichnissen von 1833 unter anderem die „Waldinteressenten zu Oberkirchen“ (2.373 Morgen), der Forstfiskus (2.032 Morgen) und der Großgrundbesitzer Hermann Grasshoff (1.152 Morgen), daneben weitere Gemeinden, ‚Consortien‘ und Einzelpersonen. Im Übrigen zeigt sich, dass eigentliche Eintragsschübe in Oberkirchen wie in Löhne erst in den späten 1830er Jahren erfolgten. Die Borgelner Grundstücke waren dagegen schon zu Beginn des Untersuchungszeitraums in nahezu demselben Maße erfasst wie zu seinem Ende; hier war die Nutzung des Hypothekenbuchs also nichts Neues.

---

freie Kolonate und 10 als Stätte bezeichnet) sind eingetragen; die ersten 80 Doppelseiten sind leer.

17 StAMS, Grafschaft Mark, Gerichte, Großgericht Soest, Nr. 20,1: Hypothekenbuch der Soester Börde: Borgeln. Diese Grundbücher wurden über einen längeren Zeitraum kontinuierlich von verschiedenen Richtern geführt, dem Anschein nach sorgfältig.

18 Brakensiek, Raumbezogene Wandlungsprozesse, S. 325–328.

19 Für Borgeln, wo Grundbuchblätter nicht nach ihrer Lage in bestimmten Katastergemeinden, sondern nach den Wohnorten der Eigentümer ausgewählt wurden, habe ich allerdings in meinen Berechnungen anstelle der Gesamtfläche die maximale jemals erfasste Fläche verwendet.

Abbildung 3.1: Anteil des in den Hypothekenbüchern eingetragenen Landes in den drei Untersuchungsgebieten

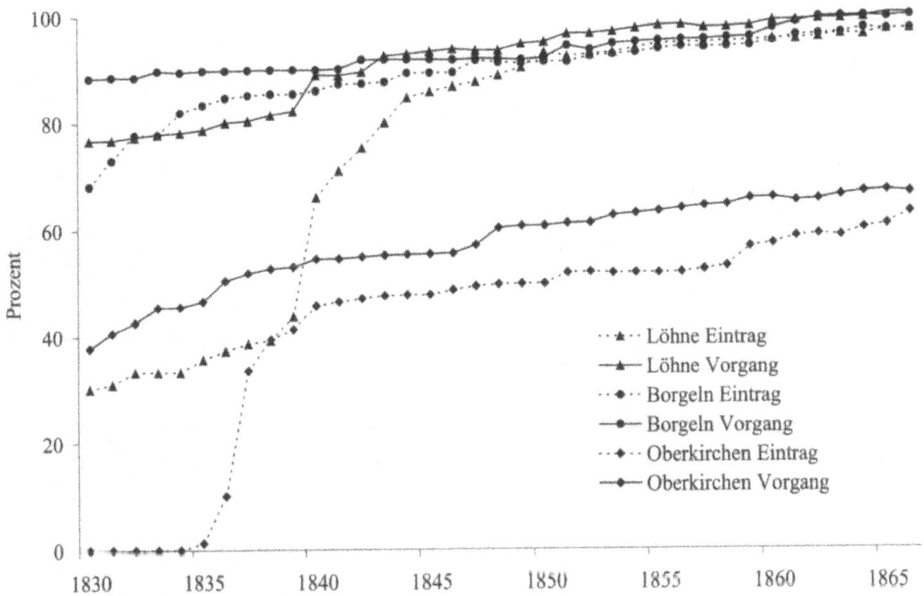

Anm.: Berechnungsweise siehe den Text. Quelle: Datenbanken 2006.

Besitzveränderungen, die nicht in den Hypothekenbüchern eingetragen wurden, lassen sich in den drei Gemeinden nicht oder kaum systematisch untersuchen. Das betrifft in erster Linie die Pacht. Während die meist auf 99 Jahre lautenden Erbpachtverträge (ein wichtiger Pfad der sozialen Aufwärtsmobilität) im Grundbuch eingetragen wurden, sind einfache Pachtverträge nicht greifbar. Sie kamen in Löhne vor allem im Rahmen des Heuerlingssystems vor; Heuerlinge pachteten ja meist Land von ihren Bauern. Die Wertschätzungsverhandlungen enthalten regelmäßig Angaben über Pachtverträge, im Bezirk Mennighüffen allerdings nur einzelne Fälle und keiner aus Löhne.[20] In Borgeln verpachteten Adlige größere Flächen.[21] Daneben verpachteten Gemeinden, Kirchengemeinden und gelegentlich unmündige Hofnachfolger Land; für letztere war die Institution des Interimswirtes[22] jedoch üblicher als die Pacht. Pacht spielte also nach allem, was wir

[20] Auf solchen Daten beruht die Studie von Brakensiek, Sozialtypologie, S. 181–203. Im betreffenden Wertschätzungsverband (Spenge u. a.) sind die Pachtverträge der Heuerlinge durchgehend überliefert (StAD, M5C 50).

[21] Laut Wertschätzung (StAMS, Katasterbücher Arnsberg, Nr. 92, S. 81) waren dies in Borgeln der Freiherr von Plettenberg (Gut Fahnen mit 180 M an Ökonom Loeser) sowie in Stocklarn die Freiherrn Boeselager (153 M) und Fürstenberg (311 M), beide an diverse Pächter.

[22] Schlumbohm, Lebensläufe, Familien, Höfe, S. 451–480.

Tabelle 3.1: Nutzungsintensität von Institutionen der Vertragssicherung, Löhne, Oberkirchen und Borgeln 1830–1866

Ort	Löhne	Oberkirchen	Borgeln	Gesamt
Jahre bis Eintrag im Hypothekenbuch	5,0	5,0	3,4	4,5
Nachträge im Hypothekenbuch (%)[a]	9,0	13,0	2,0	8,0
Im Kataster identifiziert (%)	53,4	33,3	0	27,3
Jahre bis Eintrag im Kataster	1,3	1,2	-	1,3
Fallzahl	917	1.149	1.130	3.196

Anm.: a) Transaktionen, die in einem Grundbuchblatt erfasst sind, dessen Besitzer nicht an der Transaktion beteiligt war. – Quellen: StAD, Hypothekenbücher Löhne und Löhnebeck, StAMS, Hypothekenbücher Borgeln und Grundakten Oberkirchen, Familienrekonstitutionen. Katasteramt Herford, Fortschreibungsverhandlungen.

wissen, als Medium der Landzirkulation innerhalb der bäuerlichen Schicht keine große Rolle.[23]

Neben der Pacht bleiben diejenigen Verträge außerhalb unseres Horizonts, die zwar abgeschlossen, aber nicht im Grundbuch oder Katasterbuch vermerkt wurden. Das betrifft neben dem Normalfall des schriftlichen Kaufvertrags sowohl sehr formelle vor dem Notar geschlossene Verträge, als auch informelle mündliche Absprachen. Fassbar sind sie partiell und indirekt, indem man den Anteil solcher Verträge betrachtet, die eine gewisse Zeit nach dem Abschluss doch noch im Hypothekenbuch eingetragen wurden, oder dort, wo Katastereinträge ausdrücklich auf mündliche und notarielle Verträge verweisen. Tabelle 3.1 beruht auf derselben Datenmatrix von insgesamt etwa 3.200 Eigentumswechseln, die im Zuge dieser Studie noch von verschiedensten Seiten aus analysiert werden wird. Die zugrundeliegenden Daten stammen aus zwei Institutionen der Vertragssicherung, durch die hindurch weitere sichtbar werden: Neben den Hypothekenbüchern wurden die Katasterfortschreibungsverhandlungen ausgewertet, in denen wiederum ein Teil der erfassten Verträge als notariell oder mündlich gekennzeichnet wird. Ausgewer-

---

23 Wertschätzung Borgeln: „Verpachtungen finden selten statt. Nur die Kirche, Domainen und Pastorath-Grundstücke hierdurch zu einigen Verkehr Anlaß geben, jedoch ist es selten, daß nach Ablauf der Pacht der frühere Pächter von einem anderen überboten wird, und behält dadurch das neugepachtete Grundstück immer auf lange Zeit ein- und denselben Nutznießer." (StAM, Katasterbücher Arnsberg, Nr. 92) – In Löhne wurden u. a. solche kommunale Flächen als Weidefläche verpachtet, deren Nutzung zur Mergelgewinnung weiterhin allen Gemeindemitgliedern offenstehen sollte (StadtA Löhne A 31). – Zu Oberkirchen stellt ein Bericht des Schmallenberger Bürgermeisters Lachner an den Landrat vom 15.9.1837 zur „Parzellierung der bäuerlichen Güter" fest: „Verpachtungen von ganzen Bauern-Gütern finden hier im Bezirke selten statt. Rittergüter sind hier nicht. Die Ehemaligen Domainen-Gründe vom Kloster Grafschaft hat der jetzige Besitzer in Zeitpacht gegeben, und die Domaine Latrop in Erbpacht. Bauerngüter werden nur, während der Minorität der Erben bis zur Volljährigkeit des ältesten der Erben ganz verpachtet, was gegenwärtig hier in Mittelsorpe bei Kempers Gut der Fall ist" (StAMS, Kreis Meschede, Landratsamt Nr. 541, Bd. 1: 1837–1895, unpaginiert).

Tabelle 3.2: Nutzungsintensität von Institutionen der Vertragssicherung nach Alphabetisierung, Löhne 1830–1866

beide unterschriftsfähig	ja	nein	alle
Jahre bis Ersteintrag	1,7	1,5	1,7
notariell (%)	24	11	22
mündlich (%)	5	4	5
Nachträge (%)	9	13	9
Fallzahl	454	47	501

Quellen: StAD, Hypothekenbücher Löhne und Löhnebeck; Katasteramt Herford, Fortschreibungsverhandlungen.

tet wurden nur solche Fälle, die sowohl in den Katasterfortschreibungen als auch im Hypothekenbuch zu identifizieren waren.

Gewiss, es dauerte öfters einige Jahre, bis ein Verkauf oder eine Hofübergabe im Hypothekenbuch eingetragen war, und ein kleiner Anteil der fassbaren Eigentumsveränderungen wurde nachträglich im Hypothekenbuch an der falschen Stelle erwähnt, um die Vorgeschichte von Parzellen transparent zu machen. Auch ist es unserer Arbeitsgruppe nur in Löhne gelungen, für mehr als die Hälfte aller Transaktionen im Grundbuch den passenden Eintrag in der Katasterfortschreibung zu finden: Oft genug stimmten Eigentümer (laut Hypothekenbuch) und Grundsteuerzahler (laut Kataster) nicht überein, und zahlreiche temporäre Eigentümer zahlten nie Grundsteuer.[24] Aber insgesamt bilden die Hypothekenbücher die Bewegungen des Grundeigentums doch einigermaßen zuverlässig ab. Auffällig sind die starken Unterschiede zwischen den drei untersuchten Orten: In der Soester Börde, wo Hypothekenbücher bereits im 18. Jahrhundert geführt wurden[25], wurden im 19. Jahrhundert Eigentumsveränderungen offenbar besonders systematisch erfasst. In Borgeln verstrich mit dreieinhalb Jahren relativ wenig Zeit bis zum Eintrag im Hypothekenbuch, in den anderen Orten etwas mehr. Auch der Anteil der nachgetragenen Rechtsgeschäfte ist in Borgeln am geringsten. Der Löwenanteil (fast 50 Prozent; in Borgeln über 60 Prozent) aller Transaktionen wurde in den ersten beiden Jahren beim Amtsgericht gesichert. Weit weniger Zeit verging zwischen den Eigentumsveränderungen und dem Eintrag im Kataster. Teilweise wurden Katastereinträge bereits vorgenommen, bevor der zugehörige Vertrag geschlossen wurde – eine Bestätigung der aus den Übertragsverträgen gewonnenen Beobachtung, dass die ‚Tradition' von Land schon vor dem gerichtlichen oder notariellen Vertrag erfolgen konnte. Ein zügiger Eintrag im Kataster

[24] Die Erfassung der Fortschreibungen war ursprünglich für alle drei Gebiete vorgesehen, wurde aber in Oberkirchen angesichts schlechter Identifizierungserfolge beim Jahr 1842 in der Gemeinde Westfeld abgebrochen (nachdem sie für die Gemeinden Sorpe und Oberkirchen bereits erfolgt war) und in Borgeln nicht mehr begonnen.

[25] StAMS, Grafschaft Mark, Gerichte, Großgericht Soest, Nr. 20,1: Hypothekenbuch der Soester Börde: Borgeln.

lag besonders im Interesse der vorherigen Besitzer, denn diese blieben sonst die Ansprechpartner der Grundsteuerbehörde. Mündliche Verträge spielten dagegen nur eine sehr geringe Rolle.

Tabelle 3.2 beruht auf einer Teilmenge von 501 Transaktionen in Löhne, die sowohl in den Hypothekenbüchern als auch in den Katasterbüchern identifiziert werden konnten – nur in letzteren sind die Unterschriften der Beteiligten und Verweise auf einen vorhergehenden notariellen Vertrag greifbar. Sie bietet einerseits eine Zusammenschau aller überhaupt greifbaren Arten, Verträge zu schließen. Als Dauer bis zum ersten Eintrag wurde die Zeit (in Kalenderjahren) zwischen dem Datum des Kaufvertrages, soweit dieses bekannt ist, und dem Eintrag im Hypothekenbuch oder im Kataster (je nachdem, welcher früher erfolgte) berechnet. Für notarielle Verträge wurde ein Zeitabstand von Null festgelegt, weil diese sofort beim Abschluss formell abgesichert waren. Es stellt sich heraus, dass die an Käufen Beteiligten nicht etwa jahrelang abwarteten, bis sie für eine öffentlich nachvollziehbare schriftliche Fixierung des Vertrages sorgten. Vielmehr wurde typischerweise im laufenden oder im nächsten Kalenderjahr entweder beim Notar oder bei der Aktualisierung des Katasters oder im Hypothekenbuch festgehalten, dass das Grundstück nun einen anderen Eigentümer hatte. Es deutet also wenig darauf hin, dass unter der Hand getätigte Bodentransaktionen in Löhne eine große Rolle gespielt hätten.

Andererseits werden in Tabelle 3.2 unterschriftsfähige Partner und Analphabeten dahingehend verglichen, welche Institutionen sie intensiver oder rascher nutzten.[26] Auch den Analphabeten waren die Kataster und Hypothekenbücher zugänglich, ohne dass das bürokratische Verfahren für sie abschreckend hohe Zugangskosten verursachte. Nur Notare wurden von Analphabeten eher gemieden; der Staat in Gestalt von Amtsrichtern und Katasterbeamten war zugänglich. Mit den Notariaten, den bei den Amtsgerichten geführten Hypothekenbüchern und den jährlich in den einzelnen Gemeinden aktualisierten Katastern standen zwar nicht unkomplizierte, aber doch für die Landbesitzer hinreichend benutzbare Instrumente zur Verfügung, mit deren Hilfe Kaufverträge publik und durchsetzbar gemacht werden konnten.

Die institutionellen Formen, deren sich die westfälischen Landbesitzer bei der Weitergabe von Eigentum bedienten, deuten insgesamt nicht darauf hin, dass Eigentumsrechte so wenig spezifiziert waren, dass ein effizienter Markttausch ohne hohe Transaktionskosten nicht hätte erfolgen können. Es war für die Akteure im Wesentlichen klar, welche Rechte sie besaßen und abgaben. Das doppelte System der Dokumentation von Eigentum in Katastern und Grundbüchern sowie die ungeklärte juristische Bewertung von ‚Tradition' und ‚Publizität' bei der Übergabe von Eigentum mag Historikern die Interpretation ihrer Quellen erschweren; als Hemmnis für den Bodenmarkt sollten sie nicht gedeutet werden.

---

[26] Zur relativ früh fortgeschrittenen Alphabetisierung in Ostwestfalen vgl. Winnige, Alphabetisierung; Praß, Alphabetisierung.

3.3 Leistung und Gegenleistung

Wer nur gibt und nichts nimmt, oder wer ohne eigene Leistung empfängt, ist nicht Teil des Marktes. Das gilt auch für den Bodenmarkt. Erbschaften, verstanden als Eigentumsübergang nach dem Tode, mit oder ohne Testament, bilden also eine eigene Kategorie neben den Käufen. Die Hypothekenbücher enthalten jedoch auch eine große Zahl an Transaktionen, die zwischen diesen beiden Polen liegen. Die meisten Rechtsgeschäfte, auch solche, bei denen es nicht um die Zahlung eines Preises geht, legen wechselseitige Verpflichtungen zwischen den Akteuren fest. Nicht nur impliziert der Kauf eine Geldzahlung im Gegenzug zur Übereignung der erworbenen Parzellen sowie ein Tausch zweier Parzellen die Übereignung eines anderen Landstücks. Eigentum verpflichtet: Wer ein Grundstück auf seinen Namen eintragen lässt, zahlt an den früheren Besitzer nicht nur Geld, er entlastet ihn auch von all den Pflichten, die formell oder informell am Besitz dieses Grundstückes haften, von Hypotheken über Wegerechte bis hin zu Steuerpflichten. Bei Hofübergaben zu Lebzeiten spielte dieser Aspekt eine große Rolle. Neben Markttransaktionen und unentgeltlichen Transfers bleibt also ein Rest an anderen Eigentumsveränderungen, die zwischen Erbschaft und Kauf stehen und deren Abgrenzung zu beiden Kategorien nicht trivial ist. Den größten Anteil an diesem Rest machen Übertragungsverträge aus.

Bei der Arbeit an den Hypothekenbüchern wurden die einzelnen Vorgänge zunächst quellennah charakterisiert; die verschiedenen Arten des Eigentümerwechsels wurden dann in zehn größeren Gruppen zusammengefasst. Die gewichtigsten Formen waren der Kaufvertrag[27], die Erbschaft (verstanden als Eigentumswechsel in Folge eines Todesfalls, also ohne Erbvereinbarungen ‚inter vivos')[28] und verschiedene Formen von Hofübergabe (in den Quellen genannt wurden vor allem „Abtretung" und „Übertragung")[29].

---

27 Typische Formulierungen für Käufe lauten etwa: „hat die Grundstücke Flur IV No. 5, 9, 10, 11 laut Contract vom 26. Februar 1841 von dem Kaspar Albers zu Nordenau für 150 Taler Cour. gekauft und übergeben erhalten" oder „hat die Immobilien Flur VII No. 9, 10/31, Flur IX No. 6/2 durch Contract vom 26. April 1836 von Forstmeister Hermann Grasshoff zu Meschede für 5.500 Taler gekauft & übertragen erhalten". StAMS, Grundakten Fredeburg, Nr. 830 (Beispiele aus den Westfelder Grundakten).

28 Beispiel (Borgeln, EID 79): „Durch den am 28. Febr. 1832 erfolgten Tod des Colon Friedrich Gösslinghoff ist diese Colonie zu 2/3 auf seine 8 Kinder vererbt und zu 1/3tel seiner Witwe verblieben, 11.8.1832". Hier wurden die Witwe und die Kinder aus der Familienrekonstitutionsdatenbank ermittelt, Witwe und Erblasser als vorherige Besitzer und Witwe sowie acht Kinder als nachherige Besitzer verknüpft – die unterschiedliche Größe der Bruchteile wurde nicht erfasst. Die Transaktion wurde sodann als „Erbschaft" eingestuft.

29 Typische Formulierungen für Übergaben: „Kolon Andreas Hunold zu Stocklarn hat dieses Grundstück durch den mit seinen Eltern, den Eheleuten Christoph Hunold und Wilhelmine geb. Carie am 23. Juni 1843 abgeschlossenen Übertragungsvertrag eigenthümlich erworben. Eingetragen infolge der Verfügung vom 13. Sept. 1843" (Borgeln, EID 1329). Eine solche Transaktion wird als

Daneben kamen Besitz[30], Erbpacht, Heirat, Tausch, Teilung[31], Verkoppelung und Zwang[32] vor. Übertragungen (auch als Übergaben bezeichnet) waren meist unentgeltlich, Käufe meist entgeltlich. Aber eine scharfe Trennung zwischen den beiden Formen bestand in den untersuchten Orten nicht.

In Tabelle 3.3 werden Raten der Bodenmobilität präsentiert, gegliedert nach Art des Eigentümerwechsels. Außer Kauf, Übergabe und Erbschaft spielt noch Heirat eine gewisse Rolle, allerdings nicht in Oberkirchen, wo Gütertrennung galt. In Borgeln und Löhne bedeutete jede Heirat eines Hofbesitzers oder einer Hofbesitzerin ein großes Geschenk: Eigentumsrechte lagen nicht bei Individuen, sondern bei Paaren. „Besitz" bezeichnet unter anderem Umschreibungen innerhalb des Hypothekenbuchs und die Einträge zu Beginn der Hypothekenbuchführung, also Verfügungen, mit denen gerade keine Besitzwechsel verbunden waren. Die hohe Rate an Umschreibungen und ähnlichem in Borgeln deutet darauf hin, dass niemand den Gang zum Amtsgericht scheute, um das Grundbuch zu berichtigen – wenn es nicht gerade um einen Kauf ging, denn diese blieben extrem selten. Es bleibt verwunderlich, dass Käufe gerade hier und damit in derjenigen Region nur eine geringe Rolle spielten, die die stärkste Produktivitätssteigerung erfuhr; abschreckend hohe Kosten der Grundbuchnutzung können nicht die Ursache sein.

Entscheidend für die weitere Analyse ist die Frage, ob die in Tabelle 3.3 ausgewiesenen Anteile der „Käufe" als Markttransaktionen und ob die „Erbschaften" und „Übergaben" als nicht marktförmige familiäre Transfers gelten können. Explizit als Schenkung bezeichnete Transaktionen waren in allen drei Untersuchungsgebieten extrem selten; sie machten weniger als ein Prozent aller erfassten Besitzwechsel aus (und werden in Tabelle 3.3 nicht separat ausgewiesen, sondern unter „Übergabe" subsumiert). Ein großes Gewicht hatten hingegen Erbschaften, hier definiert als Eigentumswechsel, die – ob mit oder ohne Testament – auf den Tod eines (Mit-) Besitzers folgten. Erbschaften können darin bestehen, dass der Verstorbene aus der Eigentümergemeinschaft ausscheidet und diese in der bisherigen Zusammensetzung weiterbesteht; sie können aber auch darin bestehen, dass Eigentumsrechte auf eine neue Eigentümergemeinschaft oder auf einen einzelnen Erben übergehen. Insofern der Tote nichts mitnimmt, ist Erbschaft unentgeltlicher Transfer. Keineswegs unentgeltlich ist hingegen der anlässlich der Erbschaft erfolgende Rückzug einzelner Mitglieder der Erbengemeinschaft – also ein Eigentumswechsel von der Erbengemeinschaft zu einem einzelnen Hofübernehmer, in der Regel eingestuft als Übergabe. In Borgeln und Oberkirchen wurden diese zwei Schritte des Erb-

---

„Übertragungsvertrag" eingestuft, mit dem Eintragsdatum 13.9.1843 und dem Vorgangsdatum 23.6.1843.

30 Darunter fallen u. a.: Berichtigung des Besitztitels, Besitz aufgrund Vertrages, Umschreibung, Zuschreibung.

31 U. a. Gemeinheitsteilung, Separation, Teilungskontrakt, Zuteilung, nicht aber kontraktuelle Auflösungen von Erbengemeinschaften.

32 U. a. Enteignungen und Zwangsversteigerungen.

Tabelle 3.3: Jährlicher Bodenumsatz in Prozent der Gesamtfläche, nach Art des Eigentümerwechsels, 1830–1866

	Löhne	Oberkirchen	Borgeln
Kauf	2,5	1,6	0,8
Übergabe	1,3	1,7	4,0
Erbschaft	2,1	1,7	3,0
Heirat	0,7	0,0	1,0
Besitz	0,1	0,2	0,7
alle anderen	0,3	0,1	0,1
Summe	7,0	5,2	9,7

Berechnungsweise: Steuerwert der erfassten Parzellen in Prozent aller mit Eigentumsveränderungen verknüpften Parzellen im jeweiligen Ort pro Jahr. Quelle: Datenbanken 2006.

gangs oft getrennt vorgenommen: Erst erbte eine Gemeinschaft, dann übernahm ein Einzelner. Obwohl mit diesem zweiten Schritt die Auszahlung der sogenannten weichenden Erben verbunden war, wurde er als familiäre Übergabe eingestuft, nicht als Kauf. Dieses Vorgehen führt zu einem geringeren Anteil der Käufe an allen Transaktionen, da die doppelt vollzogenen Erbschaften / Übergaben die Grundgesamtheit aufblähen (mit anderen Worten, wenn man den Erbgang in mehreren Transaktionen abwickelt, machen die mit dem Erbgang verbundenen Transaktionen einen größeren Anteil aus). In Löhne wurden die beiden Schritte hingegen im Rahmen von Übergaben oder testamentarischen Erbschaften verbunden, was den Anteil der Käufe tendenziell erhöht.

Zur weiteren Abgrenzung von entgeltlichen und unentgeltlichen Eigentumsveränderungen trägt Tabelle 3.4 bei. Hier werden die Käufe und Übergaben danach aufgegliedert, ob jeweils im Grundbuch oder bei eindeutig zuzuordnenden Katastereinträgen ein Preis angegeben ist. Bei Erbschaften gab es keine Preisangaben. Käufe ohne überlieferte Preisangaben sind vor allem in Oberkirchen nicht selten, in den beiden anderen Orten jedoch die Ausnahme. Eine Zwischenstellung nehmen die Übergaben ein. Hier fehlt eine Preisangabe meistens, in Oberkirchen praktisch immer. Grundsätzlich können Preise beim Übergabevertrag aber durchaus auftreten, etwa wenn das Ausscheiden aus einer Erbengemeinschaft mit Geldzahlungen verbunden ist (wie in Borgeln üblich) oder wenn die Übernahme des Hofes auch die Übernahme von Schulden bedeutete (in Löhne).[33] Zudem mag das Oberkirchener Bild einer scharfen Trennung zwischen Übergaben und entgeltlichen Eigentumsveränderungen täuschen: In den dortigen Grundbüchern sind die Angaben über den Grund des Eigentumswechsels häufig sehr unscharf („wurde

33 Beispiel: ein notarieller Vertrag (StAD, D 23 B, Nr. 50151, S. 51, KonID 78), mit dem der Hof Löhne Königlich 61 an Tochter und Schwiegersohn übertragen wurde. Übernommen wurden Schulden von 364 Talern. Im Kataster (EID 1686) wurde als Preis 340 Taler angegeben, offenbar in Anlehnung an den ungefähren Betrag der übernommenen Schulden, im Grundbuch dagegen kein Preis (EID 253, eingestuft als Übertragung).

Tabelle 3.4: Anteil der Übergaben und Käufe ohne Preisangabe (in Prozent, Gewichtung nach Reinertrag), nach Kirchspiel, 1830–1866

	Löhne		Oberkirchen		Borgeln	
	Anteil ohne Preis (%)	Fälle	Anteil ohne Preis (%)	Fälle	Anteil ohne Preis (%)	Fälle
Übergabe	91	66	100	204	93	322
Kauf	14	531	55	603	15	399

Quelle: Datenbanken 2006.

erworben“); das Vorliegen einer Preisangabe wurde in solchen Fällen zum Anlass genommen, den entsprechenden Vorgang als Kauf einzustufen. Weder aus dem Fehlen von Preisangaben im Grundbuch noch aus der Bezeichnung als „Übertragung“ können wir also schließen, dass finanzielle Gegenleistungen nicht vereinbart wurden. Umgekehrt gab es auch Vereinbarungen wie die zwischen Bernhard Usling und seinem noch unmündigen, weil erst 22jährigen Sohn Caspar, der den Hof mit der Auflage übernahm, die Auszahlung seines Bruders, Schulden der Eltern und die Altersversorgung (Leibzucht) des gerade verwitweten Vaters zu übernehmen – ein Arrangement, das der Notar als Verkauf konstruierte, wobei die Auszahlung und die anderen Verpflichtungen in einen Kaufpreis von 2.200 Talern umgerechnet wurden.[34] Auch dieser Vertrag wird in der Datenbank als Kauf erfasst. Aber müssen wir als Historiker diese Konstruktion der Akteure respektieren?

Im zeitlichen Verlauf fällt der abnehmende Anteil der Erbschaften auf (Abbildung 3.2), definiert als nach dem Tode mit oder ohne Testament erfolgte Transfers. Wie separate Analysen zeigen, wurde in allen drei Untersuchungsgebieten nach 1850 deutlich weniger Land erst nach dem Tod der Erblasser transferiert als zuvor. Relativ stabil blieb dagegen der Anteil der Übergaben, im Hypothekenbuch im wesentlichen als „Übertragung“ oder „Übertragungsvertrag“ beschrieben, d. h. Verträge, die dem intergenerationellen Transfer unter Lebenden dienten. Schon in den 1840er Jahren nahm zudem der Anteil der Käufe zu. Anscheinend wurden Erbauseinandersetzungen in allen drei Regionen zunehmend vertraglich – also über Kauf- und Übergabeverträge – gesteuert. Im Untersuchungszeitraum ergingen in Westfalen wiederholt Gesetze, die vor allem den Intestaterbgang, aber auch die Berechnung von Pflichtteilen regeln sollten. Damit verbunden war eine Einbuße an Vorhersehbarkeit für die Erblasser – sie konnten nicht wissen, wie ihr Wille nach ihrem Tode interpretiert werden würde und ob das, was sie anstrebten, überhaupt zulässig war. Zu seinen eigenen Lebzeiten zu übergeben, machte den Erblassern in dieser Situation eine genauere Steuerung möglich. Wie der prominenteste Gegner eines gesetzlich fixierten Anerbenrechtes, der Richter und spätere demokratische Parlamentarier Benedikt Waldeck, argumentierte: Recht und damit die Sicherheit von Eigentum wurde nicht nur in den Gesetzen der fürsorglichen Obrigkeit geschaffen, sondern

[34] Beispiel: StAD, D 23 B, Nr. 50095, S. 187 (Löhne königlich 6, 1.3.1860), EID 38, KonID 52.

Abbildung 3.2: Mobilitätsraten für Kauf, Erbschaft und Übergabe, 11jährige gleitende Durchschnitte, alle Orte, gewichtet nach Reinertrag

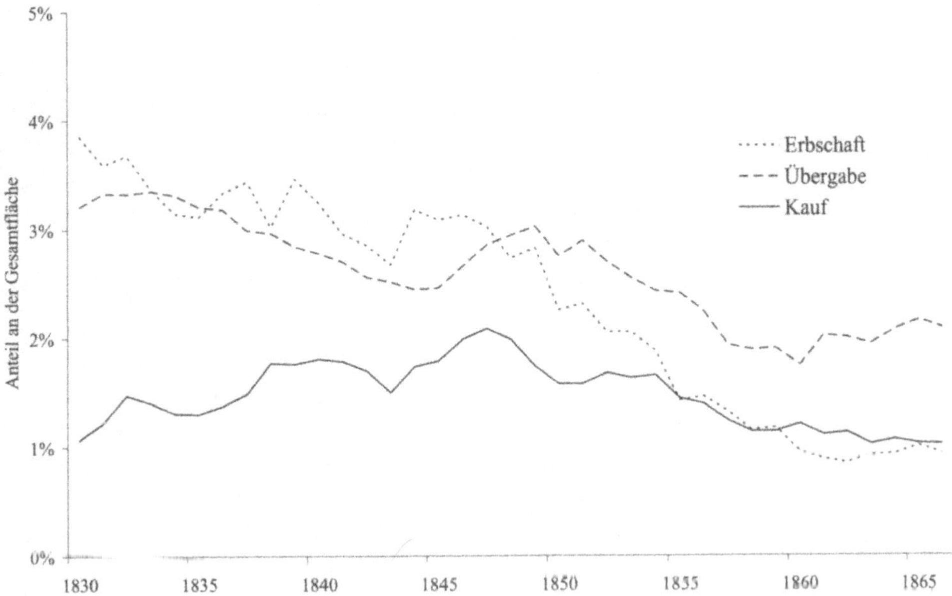

Anm.: Die 11jährigen gleitenden Mittelwerte sind zentriert und trunkiert. Berechnung: Summe der Reinertragswerte aller den Eigentümer wechselnden Parzellen, dividiert durch die Summe der Reinerträge aller lokal zirkulierender Parzellen. Quelle: Datenbanken 2006.

auch in den zwischen den Rechtssubjekten geschlossenen Verträgen, dem eigentlichen „Bauern-Recht“ des 19. Jahrhunderts.[35]

3.4 Zwischenbilanz

Was tragen diese Überlegungen nun zu einer Abgrenzung der Allokationssysteme Verwandtschaft und Markt bei? Unentgeltliche Transfers machten offenbar schon deshalb einen erheblichen Teil der Eigentumsveränderungen aus, weil etwa ein Drittel aller Transaktionen in Erbschaften bestand. Zur Erbschaft gab es in der Übergabe ein funktionales Teil-Äquivalent, das ein weiteres Drittel der Eigentumsveränderungen ausmachte. Der gesamte Prozess des Erbgangs konnte mit demselben Resultat entweder durch unentgeltliche Transfers oder durch eine Kombination aus unentgeltlichen und entgeltlichen Teilvorgängen abgewickelt werden. Ein verbreitetes Ziel bestand etwa darin, den

---

35 Waldeck, Erbfolgegesetz, S. 16.

elterlichen Betrieb an einen Sohn und eine Schwiegertochter zu übertragen, Ausgleichzahlungen für weitere Kinder festzulegen und die Altersversorgung des überlebenden Elternteils zu sichern. Dieses Ziel konnte erstens durch ein entsprechendes Testament erreicht werden; solche Fälle wurden hier als „Erbschaft“ kategorisiert. Zweitens konnte das Land an alle Kinder vererbt werden („Erbschaft“), und diese konnten dann untereinander gegen Ausgleichzahlungen festlegen, wer den Hof übernahm. Je nach dem, ob diese Ausgleichzahlungen als Kaufpreise bezeichnet wurden, führt eine quellennahe Lektüre der Hypothekenbücher hier dazu, sehr ähnliche Vorgänge als Übergabe oder als Kauf zu kategorisieren. Drittens konnte ein Übergabevertrag unter Lebenden abgeschlossen werden. Auch diese „Übertragsverträge“ konnten im Grundbuch als „Kauf“ gekennzeichnet werden.[36]

Eine brauchbare Kategorisierung der Besitzwechsel in Markt- und Familientransaktionen – Voraussetzung dafür, über die Liquidität des Bodenmarkts Aussagen zu machen – lässt sich also nicht erreichen, indem man die einzelnen Transaktionen nach ihrem Inhalt, also nach der Frage sortiert, ob es jeweils um den Tausch von Landeigentum gegen einen Preis ging. Nicht nur die Erbschaften, sondern auch die ihnen äquivalenten Übergaben und Käufe können nicht als Teil des Landmarktes gelten – freilich nicht, weil sie keine Tauschakte darstellten, sondern weil sie mit nichtentgeltlichen Transfers derart verknüpft sind, dass die Beteiligten keine alternativen Tauschoptionen gegeneinander abwägen können. Man sollte also den Bodenmarkt nicht betrachten, ohne zu prüfen, ob die jeweiligen Käufe sich in einer Sphäre so großer verwandtschaftlicher Nähe abspielen, dass eine Verknüpfung mit Transfers anzunehmen ist. Diese können bei Transaktionen zwischen (ehemaligen oder zukünftigen) Miterben auch dann bestehen, wenn ein unmittelbarer zeitlicher Zusammenhang mit einem Erbfall nicht gegeben ist und die Transaktion daher im Grundbuch nicht als „Übergabe“ oder „Erbauseinandersetzung“ erkennbar ist: Kein Verkauf von Eltern an Kinder findet statt, ohne dass die bestehenden Beziehungen von Unterhalt und Erbschaft das Kalkül der Beteiligten berühren.

Hermann Zeitlhofer hat argumentiert[37], dass „eine begriffliche Unterscheidung zwischen Übergabe an die eigenen Kinder und Verkauf an Familienfremde nicht sinnvoll ist, wenn es sich in beiden Fällen um dasselbe System eines Besitztransfers mittels Kaufvertrag[s] handel[t]“.[38] Ich bin dagegen der Auffassung, dass eine begriffliche Unterscheidung zwischen diesen beiden Kategorien, Übergabe an die eigenen Kinder und Verkauf an Familienfremde, durchaus sinnvoll ist – es geht dabei allerdings nicht um die rechtlichen Vertragsformen (die können identisch sein), sondern um Systeme der Allokation. Es ist

---

36 Vgl. Zeitlhofer, Besitztransfer, S. 110; zu Löhne siehe Große [= Ch. Fertig], Ländlicher Haushalt und Ressourcentransfer, S. 10.

37 Zeitlhofer, Besitztransfer, Kapitel 5.1, v.a. S. 114–116 in der Auseinandersetzung mit Feigl, Erbrecht und Erbgewohnheiten, S. 161–183.

38 Zeitlhofer, Besitztransfer, S. 116, „Besitztransfer“ hier – was vom ökonomischen Sprachgebrauch abweicht – verstanden als Eigentumswechsel einer bäuerlichen Stätte, nicht als unentgeltliche Leistung. Zeitlhofers Terminologie entspricht der in der Geschichtswissenschaft gebräuchlichen.

richtig, einen Verkauf an Familienfremde als Bestandteil des Marktes anzusehen.[39] Es ist verkehrt, einen Verkauf an die eigenen Kinder als Markttransaktion einzustufen. Irreführend ist es allerdings – insofern ist Zeitlhofers Kritik an Feigl zuzustimmen –, den Verkauf an die eigenen Kinder nicht „Verkauf" zu nennen.[40] Die in der Literatur gängigen „Versuch[e] einer klaren Trennung zwischen Erbe und Übergabe einerseits und Kauf andererseits"[41] sind also durchaus nicht ganz sinnlos, wenn wir uns für den Marktcharakter von Eigentumswechseln interessieren.

In Löhne ist es schon deswegen sinnvoll, nur einen Teil der Verkäufe als Markttransaktionen anzusehen, weil die den Hof über einen kaufförmigen Übergabevertrag übernehmenden Anerben einen formellen Anspruch darauf hatten, genau diesen Hof zu übernehmen – der Unterschied zum Spiel von Angebot und Nachfrage ist offensichtlich, auch wenn die Ansprüche der Hofnachfolger in Borgeln und Oberkirchen weniger formalisiert waren. Gelingen kann eine solche Unterscheidung allerdings nur, wenn die Verwandtschaftsbeziehungen zwischen Käufern und Verkäufern bekannt sind. Für eine genauere Untersuchung des Bodenmarktes und seine Abgrenzung vom Erbsystem, also von den unentgeltlichen Transfers, mit denen kaufförmige Transaktionen verknüpft sein können, ist es daher erforderlich, potenzielle Miterben – also Mitbeteiligte an unentgeltlichen Transfers – zu erkennen. Zugleich zeigen diese Überlegungen, dass ein taxonomisches, Einzelfälle sortierendes Vorgehen auf der Ebene der einzelnen Transaktionen tatsächlich an seine Grenzen stößt. Der Markt ist sowenig die Summe aller Kaufverträge wie das Erbsystem die Summe aller Erbfälle. Es kommt nicht nur auf die Inhalte der einzelnen Transaktionen an, sondern auch auf ihren sozialen und damit vor allem familiären Kontext, auf die anderen Transaktionen, mit denen sie jeweils verbunden sind.

---

39 Es ist gewiss unscharf, den Verkauf an (Mit-)Erben nicht Verkauf zu nennen. Aber es ist durchaus sinnvoll, im Erbgang erfolgende Familien-Verkäufe mit Erbschaften und Übergaben zusammenzufassen und – wie der von Zeitlhofer kritisierte Feigl das terminologisch ungeschickt versuchte – von eigentlichen Verkäufen, besser gesagt: von Markttransaktionen zu unterscheiden. Hermann Zeitlhofer trifft die Unterscheidung zwischen Markttransaktionen außerhalb der Familie und nicht vom Markt bestimmten familiären Transaktionen einige Seiten später implizit selbst, wenn er die Differenz der in der Familie gezahlten Kaufsumme zum „realen Marktwert" diskutiert: Das setzt voraus, dass der Markt real existiert, und zwar außerhalb des Systems der familiären Besitzweitergabe. Zeitlhofer, Besitztransfer, S. 119–120.

40 Feigl spricht, wie Zeitlhofer zu Recht kritisiert, von einer bäuerlichen „Abneigung gegen den Verkauf", meint damit aber – im Kontext eines bäuerlichen Erbsystems, das alle im Erbgang auftretenden Eigentumswechsel als Verkäufe gestaltete – den weitgehend gemiedenen Verkauf an Nichterben. Irreführend ist hier die falsche Einstufung der Vertragsform, nicht die analytische Trennung zwischen Markt und Familie. Feigl, Erbrecht und Erbgewohnheiten, S. 167.

41 Zeitlhofer, Besitztransfer, Anm. 451.

Kapitel 4: Grundherrschaft als Hindernis für den Bodenmarkt

4.1 Problemstellung

Dafür, in der Grundherrschaft eine Beschränkung von Bodenmärkten zu vermuten, sprechen zwei Überlegungen. Erstens können Rechte von Grund- oder Gutsherren die Motivation der bäuerlichen Landbesitzer dämpfen, gewinnbringend zu wirtschaften.[1] Gedämpft wird dadurch auch die Motivation, über den Markt eine optimale Allokation des Bodens anzustreben. ‚Sterbfallabgaben' etwa entzogen dem bäuerlichen Betrieb umso mehr Ressourcen, je erfolgreicher der verstorbene Bauer gewirtschaftet hatte. Auf Grundstücken haftende Abgaben- oder Arbeitspflichten können es auf der Seite der Käufer unattraktiv erscheinen lassen, diese Grundstücke durch den Zukauf von Parzellen zu vergrößern und in ihrem Wert zu erhöhen, oder sie als ganze zu erwerben. Zweitens können grundherrschaftliche Rechte die Kosten von Marktauftritten als Verkäufer erhöhen – es kann aufwendig oder unmöglich sein, den Konsens der Herrschaft zu einem Verkauf insbesondere von Teilparzellen zu erlangen. Das ist dadurch erklärlich, dass für Grundherren bei zunehmender Parzellierung die Kosten der Durchsetzung ihrer Ansprüche stark ansteigen, auch wenn die Nachteile der Parzellierung für die bäuerlichen Besitzer weniger steil steigen. In Oberkirchen – wo die grundherrschaftlichen Rechte vom darmstädtischen Gesetzgeber am radikalsten in bloße Rentenansprüche umgewandelt worden waren – wurden im Zuge der Grundlastenablösung für einzelne belastete alte

[1] „Ein jeder weiß, dass nur das eigene Interesse die Triebfeder des Fleißes ist, und wenn das fehlt, so kann man nur verdrossene und schlechte Arbeit erwarten. Diese Einrichtung mit eigentumslosen Bauern kommt also weder den Bauern selbst noch auch ihren Herren zu gute" (Justi 1767, zit. nach Conze, Geschichte der deutschen Bauernbefreiung, S. 44). Dasselbe Argument bereits bei Zinzendorf: „Es ist bekannt, dass natürlicher Weise die freien Leute alle Dinge in viel besserer Ordnung halten, wenn sie gleich auch untertan sind. […] Sie wissen gleichwohl: Das Haus ist mein, der Acker ist mein, das Land ist mein, sie haben Lust drinnen zu arbeiten und was zu tun." Berliner Reden I, 20. März 1738, S. 125, zitiert nach Hahn/Reichel, Zinzendorf, S. 314.

Höfe eigens Formulare gedruckt, die nur die Rechtsverhältnisse dieses einen Hofes erfassten und in vielfacher Ausfertigung an die verschiedenen Besitzer ausgegeben wurden, die mittlerweile Spliss-Parzellen aus diesem Hof besaßen.[2] Mit anderen Worten, die Transaktionskosten der Grundherren beeinträchtigten eine für die Bauern optimale Ressourcenverteilung.

Die Agrarverfassung Westfalens war im 18. Jahrhundert wie die der meisten deutschen Lande von einer Vielzahl von Herrschaftsrechten geprägt, deren Objekt Bauern waren, und die die Einschränkung bäuerlicher Verfügungen über den Boden mit der Abschöpfung von Ressourcen verbanden. ‚Grundherrschaft' – ein Begriff sowohl der Forschung als auch der Rechtssprache des frühen 19. Jahrhunderts – wird heute in einem engeren und einem weiteren Sinne verwendet. Im engeren Sinne bezeichnet Grundherrschaft über den Boden vermittelte Herrschaftsrechte über Bauern. Diese juristische Bedeutung war auch schon im frühen 19. Jahrhundert verbreitet.[3] Im weiteren Sinne bezeichnet Grundherrschaft eine Verbindung verschiedener Herrschaftsrechte (einschließlich der Grundherrschaft im engeren Sinne) mit einer bestimmten Form der Arbeitsverfassung. In diesem Sinne wird die auch in Westfalen verbreitete Grundherrschaft in einem – freilich in seiner Ausprägung lebhaft diskutierten – Gegensatz zur ‚Gutsherrschaft' östlich der Elbe gesehen; zentral für die ostelbische Gutsherrschaft sind die gerichtsherrlichen Rechte des Adels und die starke Präsenz von Gutsbetrieben des Adels.[4] Die westelbischen Formen der Grundherrschaft zeichneten sich dadurch aus, dass die landwirtschaftliche Produktion im Wesentlichen von den Bauern geleistet, kontrolliert und koordiniert wurde.[5] Die von den Grundherren abgeschöpften Ressourcen dienten nur zu geringen Teilen als Inputs in landwirtschaftliche Betriebe (Güter) der Grundherren; insbesondere spielten bäuerliche Arbeitsleistungen, die Frondienste der Erwachsenen und die Gesindezwangsdienste der Jugendlichen[6], in Westdeutschland nur eine geringe Rolle.

Wenn im Folgenden, obwohl Westfalen im westelbischen Deutschland liegt, Grundherren auch als Gutsherren bezeichnet werden, so ist das aus zwei Gründen gerechtfertigt. Erstens wurde in der preußischen juristischen Begrifflichkeit die Grundherrschaft im engeren Sinne auch als „gutsherrlich-bäuerliches Verhältnis" bezeichnet; es ist dieses Rechtsinstitut, auf das sich die Ablösungsgesetzgebung bezieht. „Gutsherr" in diesem juristischen Sinne ist der Träger von Herrschaftsrechten im „gutsherrlich-bäuerlichen Verhältnis", „Bauern" im Unterschied zu Landwirten oder Besitzern ländlicher Grund-

---

2 StAMS, Grundakten Fredeburg, Nr. 861.

3 Dönniges, Land-Kultur-Gesetzgebung S. 103, 105 und öfter; zur rechtssystematischen Unterscheidung zwischen der „wahren Grund-, Gutsherrlichkeit" und der Vogtei- (d. h. Schutz-) Herrschaft über „Hörige" siehe Dönniges, Land-Kultur-Gesetzgebung, S. 99.

4 Peters, Gutsherrschaft.

5 Blickle, Deutsche Untertanen.

6 Zu den in Westdeutschland meist scheiternden Versuchen, Gesindezwangsdienste einzuführen, siehe Könnecke, Rechtsgeschichte, S. 383–384.

stücke werden geradezu dadurch definiert, dass sie Objekt solcher Herrschaftsrechte sind. Der in den westfälischen Quellen allgegenwärtige Ausdruck „Gutsherr“ impliziert also, dass jeweils von der preußischen Ausformung der Grundherrschaft im engeren Sinne, vom „gutsherrlich-bäuerlichen Verhältnis“ die Rede ist. Dass die Träger solcher Rechte in der Regel zugleich Grundherren im Sinne der Agrarverfassungsgeschichte waren, soll damit nicht bestritten werden. Zweitens allerdings besaß ein Teil der westfälischen Grundherren tatsächlich Güter im Sinne von landwirtschaftlichen Großbetrieben, und ein Teil ihrer grundherrlichen Rechte diente dazu, Inputs für diese Betriebe zu mobilisieren – das gilt für die zu Beginn des 19. Jahrhunderts abgeschafften, vor allem in Ravensberg durchaus ins Gewicht fallenden Gesindezwangsdienste ebenso wie für weiterbestehende Frondienste und Nutzungsrechte (‚Schafhude‘) an bäuerlichen Grundstücken. Von „Gutsherren“ zu sprechen, bedeutet also auch, dass es Gemeinsamkeiten nicht nur auf juristischer Ebene zwischen den Trägern grundherrschaftlicher Rechte im westlichen und östlichen Preußen gab. Eine eindeutige Zuordnung Westfalens zum grundherrschaftlichen Westen im Sinne eines strikten Agrardualismus ist nicht von vornherein ausgemacht. Eine rigide Distanzierung vom quellensprachlichen Ausdruck „Gutsherrschaft“ würde hier also wesentliche Elemente der hAgrarverfassung verdecken.

Ein Teil der Rechtsbeziehungen zwischen Grundherren und Bauern wurde im Zuge der napoleonischen (‚fremdherrlichen‘) Agrarreformen aufgehoben (das preußische Oktoberedikt von 1807 betraf Westfalen nicht); die preußische Gesetzgebung ging grundsätzlich davon aus, dass diese einmal erreichten Aufhebungen nicht wieder rückgängig zu machen waren.[7] Ein anderer Teil bestand weiter, wurde aber nach den preußischen Ablösungsgesetzen sukzessive gegen Entschädigungszahlungen aufgehoben. Im Folgenden sollen zunächst die Grundlagen des vor und nach den Agrarreformen herrschenden Besitzrechts in wesentlichen Zügen referiert werden – auch unabhängig von seiner tatsächlichen Nutzung konstituierte Recht die Handlungsspielräume, innerhalb derer die Landbesitzer agierten. Erst in einem zweiten Schritt soll dann versucht werden, die in den einzelnen Untersuchungsgebieten vorherrschenden konkreten Rechtsbeziehungen zwischen Landbesitzern und (ehemaligen) Herren zu rekonstruieren.

Dabei ist zu beachten, dass die drei Untersuchungsgebiete drei unterschiedlichen Rechtsräumen angehörten, die auch im 19. Jahrhundert Bestand hatten. Löhne fiel 1807 an das Königreich Westphalen (jenseits der Werre begann Frankreich); das ebenfalls altpreußische Borgeln 1808 an das Großherzogtum Berg, und das kurkölnische Oberkirchen bereits 1802 an Hessen-Darmstadt. Die drei Staaten erließen unterschiedliche Vorschriften über die Aufhebung der Grundherrschaft. Das Fortgelten dieser sowie der kaiserlich-französischen Vorschriften in Westfalen wurde in drei separaten Gesetzen vom 21. April 1825 (für die ehemals königlich-westphälischen, französischen und

---

[7] Preußen hatte im Tilsiter Frieden u. a. das Königreich Westphalen anerkannt und betrachtete die ‚fremdherrlichen‘ Gesetze als rechtsgültig. Teuteberg, Agrarreform, S. 218, Anm. 114; Lütge, Agrarverfassung, S. 239.

bergischen Gebiete) und einem weiteren vom 18. Juni 1840 (für das Herzogtum Westfalen) bestimmt.[8] Auch im ehelichen Güterrecht sowie in der Einrichtung der Hypothekenbücher bestanden erhebliche Unterschiede zwischen den drei Kirchspielen. In den beiden altpreußischen Orten galt aufgrund unterschiedlicher Provinzialrechte eheliche Gütergemeinschaft.[9] Diese wurde in Löhne nach dem Konsolidationsprinzip interpretiert, beim Tod eines der Ehegatten entstand also noch kein Eigentum der Kinder. In Borgeln folgte das Gericht dagegen dem Kondominialprinzip, im Todesfall traten die Kinder also in eine fortgeführte Gütergemeinschaft mit dem überlebenden Ehegatten ein. In Oberkirchen hingegen galt eine römischrechtliche Form der Gütertrennung (Dotalrecht; d. h. der Ehemann hatte Anspruch auf eine Mitgift, ein ‚Dot', weil er die ehelichen Lasten trug); im Todesfall erbte nicht der überlebende Ehegatte, sondern eine Erbengemeinschaft der Kinder. Die Hypothekenbücher wurden im Herzogtum Westfalen, also auch in Oberkirchen, erst aufgrund einer Verordnung vom 31. März 1834 eingeführt.

4.2 Agrarverfassung im Ancien Régime: Grundlegende Begriffe

Die Vielfalt der Rechtsbeziehungen, die die Agrarverfassung des 18. Jahrhunderts ausmachten, war auch den Juristen des 19. Jahrhunderts bewusst. Es soll im Folgenden nicht etwa die im Zuge der Auflösung dieser traditionellen Rechtsverhältnisse

---

8 Die Unterschiede und Gemeinsamkeiten dieser Gesetze werden am leichtesten ersichtlich aus der Zusammenstellung (ursprünglich als Grundlage für einen Gesetzentwurf geplant) von Dönniges, Land-Kultur-Gesetzgebung, Bd. 2, Heft 1.

9 Nach der von den meisten westfälischen Provinzialgesetzbüchern und Gerichten bis 1860 vertretenen Theorie des ‚Konsolidationsprinzips' war jeder Ehegatte voller Eigentümer jedes Gegenstands des Gesamtguts; diese insbesondere vom Oberlandesgericht Paderborn – zu dessen Bezirk Löhne gehörte – und seinen Untergerichten in ständiger Rechtsprechung vertretene Auffassung hatte zur Folge, dass mit dem Tode des Ehegatten der Überlebende (bei Weiterbestehen von Erb- und Abschichtungsansprüchen der Kinder) Alleineigentümer wurde. Ähnliche Institute kennt das angelsächsische Common Law: ‚joint tenancy' sowie die eheliche ‚tenancy by the entirety'. Das Preußische Obertribunal vertrat hingegen das ‚Kondominialprinzip'; danach bezog sich das Eigentumsrecht der Eheleute jeweils auf ideelle Anteile, und die Erben des zuerst verstorbenen Ehegatten traten schon mit dessen Tod in dessen Rechtsstellung ein, so dass die Gütergemeinschaft durch den überlebenden Ehegatten und die Kinder fortgeführt wurde. Das Kondominialprinzip entspricht auch der in Borgeln nachweisbaren Praxis. Possel-Dölken, Güterrecht, S. 63, 72; weitere Literatur nachgewiesen bei Förster / Eccius, Preußisches Privatrecht, hier Bd. 3, S. 143. Die weitere Rechtsentwicklung (Westfälisches Provinzial-Gütergemeinschafts-Gesetz vom 19.4.1860, Bürgerliches Gesetzbuch §§ 1416, 1419) führte zu einer Durchsetzung des Kondominialprinzips (Possel-Dölken, Güterrecht, S. 112).

entwickelte Kasuistik entfaltet werden; es scheint aber nützlich, die wesentlichen dem damals geltenden Recht zugrundeliegenden Kategorien aufzuzeigen. Mit anderen Worten, die ‚Bauernbefreiung' kann nicht analysiert werden, ohne dass man das alte System versteht.[10] Die in der Reformzeit verwendete Terminologie (‚Gutsherrschaft', ‚Lehen') unterscheidet sich zum Teil erheblich von der Begrifflichkeit, die – im Gefolge von Georg Friedrich Knapp und Friedrich Lütge – in der deutschen Geschichtswissenschaft heute noch üblich ist.[11]

Kennzeichnend für das alte System war einerseits eine Verknüpfung von dinglichen (Eigentums- und Nutzungs-) Rechten mit personalen Herrschaftsbeziehungen, die durch die napoleonischen Reformen komplett beseitigt wurde; andererseits eine Abstufung von dinglichen Rechten, die im 19. Jahrhundert begrifflich weiter durchgehalten, aber faktisch zum Teil abgebaut wurde; schließlich eine tendenzielle Konzentration dieser unterschiedlichen Eigentumsrechte auf Seiten der (so die zeitgenössische Terminologie) ‚Gutsherren', die im Zuge der Agrarreformen durch eine tendenzielle Konzentration auf Seiten der Bauern abgelöst wurde.

Unter den personalen Herrschaftsrechten ist in unserem Zusammenhang die Eigenbehörigkeit relevant. Diese verband die Leibeigenschaft mit dem Kolonatsrecht, der in Westfalen dominierenden Form bäuerlicher Abhängigkeit. Die leibherrschaftlichen Aspekte dieser Institution wurden in der napoleonischen Zeit entschädigungslos aufgehoben, die Eigentumsrechte der Herrschaft am Boden dagegen in unterschiedlichem Maße reduziert.

Die dinglichen Rechte der Bauern wurden in der alten Agrarverfassung unterschieden nach vollem Eigentum[12], geteiltem Eigentum[13] und Kolonat[14]. Alle drei Typen traten in vielfachen Formen auf; im Folgenden sollen nur einzelne Beispiele gegeben werden. Volles bäuerliches Eigentum bestand (neben Sal-, Hobs-, Vogtei-Gütern usw., also Gütern von einer Schutzherrschaft, aber nicht dem gutsherrlich-bäuerlichen Verhältnis unterworfenen Bauern) bei den Zinsgütern.[15] Zu diesen gehörten typischerweise im 16. bis 18. Jahrhundert angelegte meist kleinere Güter von Neubauern, Brinksitzern und

---

[10] Für einen süddeutschen Kontext leistet dies vorbildlich von Hippel, Bauernbefreiung.

[11] Lütge, Agrarverfassung; Knapp, Bauern-Befreiung.

[12] Dönniges, Land-Kultur-Gesetzgebung, S. 89–95; Runde, Privatrecht, § 523 S. 489–490; zu reinen Zinsgütern: Rehbein / Reincke, Allgemeines Landrecht Th. I Tit. 18 §§ 680, 681, 813, 814.

[13] Dönniges, Land-Kultur-Gesetzgebung, S. 96–99; Rehbein / Reincke, Allgemeines Landrecht Th. I Tit. 8 §§ 16–18, Tit. 18 §§ 1–3 (dominium utile und directum); Runde, Privatrecht, § 525 S. 495–496 (unvollkommenes Eigentum); ebd., § 526 S. 496–497 (Emphyteusis).

[14] Dönniges, Land-Kultur-Gesetzgebung, S. 99–109; Runde, Privatrecht, § 506 S. 467 (Natur des vorbehaltenen Grundzinses); ebd., § 527 S. 496–497 (Eigentum, … unter dem Namen Colonatrecht); ebd., § 531 S. 503 (Lehnware oder Laudemium, Besitznachfolge).

[15] Dönniges, Land-Kultur-Gesetzgebung, S. 94; Sering, Vererbung, S. 51. Runde, Privatrecht, § 523 S. 489–490 („einige sind völlig freie Eigentümer"); ebd., § 505 S. 465–466 (vorbehaltener und aufgelegter Zins).

Köttern, also von kleinbäuerlichen Nachsiedlern.[16] Als volles Eigentum galten auch die im Herzogtum Westfalen weitverbreiteten sogenannten Erbzinsgüter oder Erbgüter.[17] Soweit Bauern bereits vor den Agrarreformen volles Eigentum besaßen, blieb dieses bestehen.

Geteiltes Eigentum bestand im Ancien Régime unter anderem bei Lehensgütern – der Lehensverband, also eine vom gutsherrlich-bäuerlichen Verhältnis begrifflich unterschiedene[18], mit der Überlassung von Nutzeigentum verbundene Beziehung von Schutz und Treue, kam im Herzogtum Westfalen auch bei bäuerlichen Gütern vor (insgesamt 96). Im Königreich Westphalen wurden die Lehen 1809 in allodiales (freies) Eigentum umgewandelt, das beliebig verschuldet oder geteilt werden konnte; allerdings sollte noch einmal die Lehensnachfolge erfolgen, und die vom westphälischen König seit seiner Thronbesteigung selbst vergebenen Lehen wurden in unteilbare und nicht belastbare Majorate und Fideikommisse umgewandelt.[19] Im Großherzogtum Berg wurde der Lehnsverband komplett aufgehoben.[20] Im Herzogtum Westfalen blieb er dagegen bei den Kolonaten bestehen, obwohl bei diesen das gutsherrlich-bäuerliche Verhältnis aufgehoben wurde.[21] Außerhalb des Lehensverbandes bestand geteiltes Eigentum unter anderem bei Erbzinsgütern außerhalb des Herzogtums Westfalen, bei der römischrechtlichen Emphyteuse unterworfenen Gütern sowie bei Meiergütern im Hochstift Paderborn.[22]

Das Lehnsrecht ist an dieser Stelle nicht deshalb relevant, weil es in dieser Funktion weit verbreitet gewesen wäre. Es stellt aber – auch im zeitgenössischen Diskurs – einen Kern des alten Systems dar, das durch die napoleonischen und preußischen Agrarreformen abgeschafft wurde. Die soziale Logik der Geschlossenheit von Gütern lässt sich anhand des Lehnswesens insofern nachvollziehen, als das Lehen neben dem Erwerb von Verfügungsrechten auch die Übernahme einer Funktion in einem Herrschaftsverband impliziert. Man kann sich einen Bauernhof also als eine Art Amt, einen Bauern als einen Beamten vorstellen, dessen Amt zwar – wie es im Ancien Régime weithin üblich war – in der Familie weitergereicht werden konnte, das aber doch nur ein einzelnes Amt blieb und nicht aufgeteilt wurde. Bereits nach altem deutschen Recht (festgehalten im Sachsenspiegel) wurde eine Unterscheidung zwischen der geschlossenen Nachfolge in

---

16 Wigand, Provinzialrechte, Bd. II, S. 225; Sommer, Rechtsverhältnisse, Bd. II, S. 174.

17 Dönniges, Land-Kultur-Gesetzgebung, S. 95.

18 Ebd., S. 99; Runde, Privatrecht, § 506 S. 467 (Natur des vorbehaltenen Grundzinses).

19 Dönniges, Land-Kultur-Gesetzgebung, S. 113: 9. Art. des Dekrets vom 28. März 1809, gemäß dem Art. 896 des Code Civil.

20 Ebd., S. 119: Art. 1 bis 5 des Dekrets vom 11. Januar 1809.

21 Ebd., S. 97, 126; Sommer, Rechtsverhältnisse, S. 94–96. §§ 62–64, S. 93, 106, 110, 279, 280.

22 Dönniges, Land-Kultur-Gesetzgebung, S. 97–99; Runde, Privatrecht, § 506 S. 467 (Natur des vorbehaltenen Grundzinses); ebd., § 527 S. 496–497 („Eigentum, [...] unter dem Namen Colonatrecht"). – Zur sozialen Logik der auch in Österreich weitverbreiteten Emphyteuse vgl. Rebel, Peasant classes.

ein Lehen und der landrechtlichen, die Ansprüche aller Kinder gleich gewichtenden Erbfolge getroffen.[23] Es war insofern ganz und gar nicht abwegig, wenn liberale Agrarreformer die Geschlossenheit von Gütern als ein „Ueberbleibsel des veralteten Lehnsystems“[24] betrachteten.

Weitaus häufiger als das geteilte Eigentum war das Kolonat. Dies wurde in der Regel verstanden als ein begrenzt vererbbares Recht, das im vollen (nicht nur Ober-) Eigentum der Grundherren verbleibende Gut zu nutzen.[25] Ebenso wie das geteilte Eigentum schloss das Kolonatsrecht den Verkauf und die Verpfändung des Grundstücks nicht grundsätzlich aus, sondern band sie nur an die Zustimmung des Eigentümers. Dieser durfte sie nur dann versagen, wenn seine Rechte gefährdet wurden; unzulässig war dagegen die Aufteilung des Guts.[26] Das Kolonatsrecht wurde im Zuge derliberalen Agrarreformen in volles bzw. (Königreich Westphalen) Nutzeigentum der Bauern umgewandelt. Allerdings blieben gemessene Dienste und Abgaben, z.T. auch gutsherrschaftliches Obereigentum und das Heimfallrecht, also das Recht der Gutsherren bestehen, beim Fehlen von Erben aus dem jeweils explizit als erbberechtigt anerkannten Kreis der Nachkommen oder seitlich Verwandten das Gut einzuziehen und entweder neu zu vergeben oder selbst zu bewirtschaften.

Ähnlich wie im Kolonatsrecht bestand bei Erbpachten[27] ein volles Eigentum der Erbverpächter; die Erbpächter erwarben ein Nutzungsrecht auf eine fremde Sache. Dennoch war dieses Nutzungsrecht seinerseits, die Erbpachtsgerechtigkeit, im Hypothekenbuch separat eintragsfähig; die Erbpächter konnten über die Erbpachtsgerechtigkeit vertragsgemäß, bei Veräußerungen in der Regel nur mit Konsens, verfügen und sie an alle Kinder vererben.[28] Die Erbpacht war dadurch gekennzeichnet, dass sowohl für ihren Erwerb eine einmalige als auch für ihr Weiterbestehen eine jährliche Abgabe von nicht nur symbolischer, sondern im Verhältnis zur Größe des Grundstücks stehender Höhe zu zahlen war. Die Institution der Erbpacht bestand im 19. Jahrhundert fort.[29] Zwar gab es im Ancien Régime immerwährende Erbpachten[30]; diese fielen in die Kategorie der erblichen Nutzungsrechte im

---

23 Eckardt, Sachsenspiegel: Landrecht, I 3 § 3 (S. 75) und I 14 § 1 (S. 81). Danach ist Unteilbarkeit des Erbes im Landrecht nicht vorgesehen, und lehensrechtliche Beschränkungen der Teilbarkeit führen zu Ausgleichsansprüchen.

24 Vincke, nicht genannte Gegner des Anerbenrechts paraphrasierend, in: Vincke, Bericht über die Zerstückelung der Bauerhöfe, S. 657.

25 Dönniges, Land-Kultur-Gesetzgebung, S. 99–100; Runde, Privatrecht, § 527 S. 496–497 („Eigentum, […] unter dem Namen Colonatrecht“).

26 Dönniges, Land-Kultur-Gesetzgebung, S. 100; Runde, Privatrecht, § 531 S. 503 (Lehnware oder Laudemium).

27 Geregelt in Rehbein / Reincke, Allgemeines Landrecht, Th. I Tit. 21 §§ 187–189.

28 Dönniges, Land-Kultur-Gesetzgebung, S. 100; Runde, Privatrecht, § 527 S. 496–497 („Eigentum, […] unter dem Namen Colonatrecht“).

29 Sie wurde allerdings „in den alten Landesteilen der früheren preußischen Monarchie schon vor Inkrafttreten des BGB aufgehoben“, Güthe / Triebel, Grundbuchordnung, Bd. 2, S. 1316.

30 Dönniges, Land-Kultur-Gesetzgebung, S. 100.

Unterschied zu bloßen Zeitpachten und wurden in Eigentum der Erbpächter umgewandelt. Zeitlich (typischerweise auf maximal 99 Jahre) begrenzte Erbpachten dagegen wurden in der darmstädtischen[31] und königlich westphälischen bzw. bergischen[32] Gesetzgebung nicht in Eigentum umgewandelt; solche Verträge wurden auch im Untersuchungszeitraum vielfach abgeschlossen.

4.3 Die Gesetzeslage im Untersuchungszeitraum

Abstufungen dinglicher Rechte und ihre Verteilung auf unterschiedliche Akteure haben im Übergang zum 19. Jahrhundert Bestand behalten – weder Dienstbarkeiten (z. B. der Nießbrauch) noch Hypotheken oder Reallasten sind aus unserem Rechtssystem verschwunden. Entscheidend verändert hat sich allerdings die Institution des Eigentums. Im alten System wurde zwischen dominium utile („Nutzeigentum" oder „nutzbares Eigentum", nicht identisch mit bloßen Nutzungsrechten) und dominium directum („Obereigentum") unterschieden. Der Code Napoléon[33] kennt dagegen nur das volle Eigentum, und das langfristige Verschwinden des herrschaftlichen Obereigentums ist eine zentrale Konsequenz der liberalen Agrarreformen. Die Verschiebung von Eigentumsrechten hin zu den Landwirten ging allerdings weit über die Abschaffung des (horizontal) geteilten Eigentums hinaus; im napoleonischen Königreich Westphalen wurde sogar zunächst anstelle des vollen Eigentums der Gutsherren Ober- und Nutzeigentum in großem Umfang neu geschaffen.

Betrachten wir nun zunächst die Bestimmungen der Gesetze zur Reform des bäuerlichen Besitzrechts im Einzelnen, soweit sie einen Einfluss auf die Fähigkeit zur Teilnahme am Boden- und Hypothekarkreditmarkt aufweisen. Entscheidend für den Erwerb von Eigentumsrechten durch die Bauern war nach der preußischen Gesetzgebung zunächst das Besitzrecht, wie es zum Zeitpunkt der ‚fremdherrlichen' Gesetze bestand. Wenn dieses vererblich war, hatten die bäuerlichen Besitzer im ehemaligen Königreich Westphalen entweder volles oder Nutzeigentum erworben, im Großherzogtum Berg dagegen das volle Eigentum.[34] Das Kriterium dafür, ob volles oder Nutzeigentum bestand, lag im ehemaligen Königreich Westphalen darin, ob auf dem jeweiligen Grundstück andere gutsherrliche Lasten als feste Geld- oder Getreideabgaben (sowie Strohlieferungen aus verwandelten Zehnten) hafteten (§ 17–18). Die Beschränkung auf erbliche Besitzer stammte nicht aus den ‚fremdherrlichen' Gesetzen, sondern aus der ersten Fassung des preußischen Gesetzes über die gutsherrlich-bäuerlichen Verhältnisse

---

31 Ebd., S. 63.
32 Ebd., S. 18–19, 119.
33 Code Civil, Artikel 544–546.
34 § 15 beider Gesetze vom 21.4.1825.

vom 25. September 1820.[35] Zwischen 1820 und 1825 wurde angenommen, dass der Erwerb des Eigentums auf ‚bäuerliche' Grundstücke im Sinne von nicht-kleinbäuerlichen Grundstücken beschränkt sei; diese restriktive Deutung wurde jedoch in § 16 der drei Parallelgesetze von 1825 explizit zurückgewiesen: ‚Bäuerlich' ist als das Objekt von Gutsherrschaft zu verstehen, nicht als Schichtungsbegriff.[36]

Das im Königreich Westphalen und damit auch Löhne fortbestehende Obereigentum[37] bildete eine erste Schranke gegen die volle Teilnahme am Bodenmarkt: Zu Veräußerungen war die schriftliche Einwilligung des Obereigentümers erforderlich; diese konnte allerdings nur dann verweigert werden, wenn der Erwerber zur Bewirtschaftung unfähig war, wenn der Erwerber nicht bäuerlichen Standes war, oder ohne Angabe von weiteren Gründen dann, wenn noch ein nicht abgelöstes Heimfallrecht bestand.[38]

Eine zweite Schranke, unabhängig vom Obereigentum und Heimfallrecht, setzte die Bestimmung sowohl des für das Königreich Westphalen[39] mit Löhne als auch des für Berg mit Borgeln (und des für die französischen Teile Westfalens) geltenden Gesetzes[40], dass die Zerstückelung aller Grundstücke, auf denen noch bäuerliche Leistungen hafteten, der Zustimmung des Gutsherrn bedürfe, und dass dieser das Recht habe, im Erbfall die ungeteilte Übernahme des Grundstücks durch einen der Erben zu verlangen. ‚Bäuerliche' Leistungen bedeuten auch hier wieder nur weiterbestehende Pflichten aus dem gutsherrlich-bäuerlichen Verhältnis, nicht Abgabenpflichten der Bauern z. B. an die Pfarrei, Schule oder Gemeinde.[41]

Eine dritte Einschränkung der freien Verfügung durch die Eigentümer wurde sowohl im Königreich Westphalen[42] als auch im Großherzogtum Berg[43] vom Heimfallrecht abgeleitet. Dieses blieb bestehen und führte dazu, dass die betroffenen Grundstücke weiterhin nach den ehemaligen Grundsätzen vererbt werden mussten. § 37 (Königreich Westphalen) bzw. § 24 (Großherzogtum Berg) der parallel ergangenen Gesetze vom 21. April 1825 wurde gerichtlich zunächst so ausgelegt, dass sie nur einen Anspruch des ehemaligen Gutsherrn konstituierten; die preußische Regierung legte 1833 dagegen fest, dass auch die Erben untereinander sich an die früheren Vererbungsgrundsätze zu halten hatten.[44]

---

35 Dönniges, Land-Kultur-Gesetzgebung, S. 165.

36 Ebd., S. 168.

37 Unzutreffend ist die Darstellung von Teuteberg, Agrarreform, S. 219, dass das Obereigentum nach königlich-westphälischem Muster in den „westfälischen Landesteile[n]" 1825 „wieder überall voll eingeführt" wurde.

38 § 23–24; Dönniges, Land-Kultur-Gesetzgebung, S. 14.

39 Ebd., S. 18 (§ 40).

40 Ebd., S. 19 (§ 20).

41 Ebd., S. 173.

42 Ebd., S. 22 (§ 37).

43 Ebd., S. 23 (§ 24 Abs. 2).

44 Kabinettsordre vom 24.11.1833, siehe Dönniges, Land-Kultur-Gesetzgebung, S. 177; Waldeck,

Keine dieser Beschränkungen, weder die durch ein Obereigentum, noch die durch weiterbestehende gutsherrliche Lasten, noch die durch das Heimfallrecht, bestand im Gebiet des ehemaligen Herzogtums Westfalens einschließlich Oberkirchens. Vielmehr wurde dort am 5. November 1809 von der hessisch-darmstädtischen Regierung die Unteilbarkeit der Kolonate und der Großteil der gutsherrlichen Rechte einschließlich des Heimfalls abgeschafft; bestehen blieben nur „Hofespächte" und Grundrenten, also Abgaben, die für die Überlassung der Grundstücke und nicht aufgrund von Herrschaftsrechten gezahlt wurden.[45] Weitere Verordnungen legten fest, dass von der Verordnung vom 5. November 1809 nicht erfasste Grundstücke ebenfalls frei geteilt werden konnten[46] und dass einer aus polizeilicher Sicht übermäßigen Zersplitterung auf dem Wege einer Zwangsberatung durch das Feldgericht, nicht aber durch eine Einschränkung des Verfügungsrechts der Eigentümer gesteuert werden sollte.[47] Ein die Gesetze vom 21. April 1825 ergänzendes preußisches Gesetz vom 18. Juni 1840 bestimmte lediglich, dass diese hessischen Gesetze weiterhin in Kraft blieben.[48]

Das 1836 erlassene, 1841 suspendierte und 1848 aufgehobene Erbfolgegesetz[49] enthielt weitere Einschränkungen der bäuerlichen Eigentumsrechte bei denjenigen Höfen, die nicht dem Heimfall unterworfen waren. Es galt in der gesamten Provinz Westfalen, also auch im ehemaligen Herzogtum. Diese Einschränkungen betrafen allerdings nur einen Teil der Landbesitzer. Hauptsächlich zielte das Gesetz auf solche Erblasser, die weder unter Lebenden noch testamentarisch über ihr Erbe verfügten. Intestaterben wurde der Wille unterstellt, nach einer bestimmten, den Ältesten und die Militärdienstleistenden privilegierenden Rangfolge vererben zu wollen. Die zweite in ihrer Verfügungsfreiheit eingeschränkte Gruppe waren Kinderlose. Diese mussten ihren Miterben weitgehende Mitspracherechte u. a. beim Verkauf und bei der hypothekarischen Belastung einräumen. Schließlich wurde wiederheiratenden Witwern und Witwen vorgeschrieben, die Kinder aus erster Ehe abzuschichten (d. h. abzufinden).[50] Am 2. März 1850 wurden schließlich alle gutsherrlichen Rechte in Rentenzahlungen umgewandelt und noch bestehende Obereigentumsrechte abgeschafft.[51]

Über das bäuerliche Erbfolgegesetz, S. I.

45 Text: Dönniges, Land-Kultur-Gesetzgebung, S. 63–66; Kommentar: Ebd., S. 126–127, 219–222.

46 Ebd., S. 67–70.

47 Ebd., S. 70–72.

48 Ebd., S. 62–63.

49 Gesetz-Sammlung Nr. 1730; Sommer, Hauptbestimmungen des bäuerlichen Erbfolgegesetzes.

50 Reineke, Erbrecht, S. 107–163. – Reinekes Aufsatz ist bis heute die Standarddarstellung zum bäuerlichen Erbrecht in Westfalen. Das ist insofern problematisch, als Reineke Funktionär des Westfälischen Bauernvereins war, der Lobbyarbeit für das Anerbenrecht betrieb; seine Darstellung ist entsprechend tendenziös, etwa wenn er die Aufhebung des Erbfolgegesetzes von 1836 im Jahre 1848 dem „nivellierenden Zeitgeist" zuschreibt (Reineke, Erbrecht, S. 115, ähnlich Teuteberg, Agrarreform, S. 221: „das im Widerspruch zum liberalen Zeitgeist stehende Gesetz"). Vgl. auch Tykwer, Hofnachfolge, sowie Jürgens, Vereinigung.

51 Teuteberg, Agrarreform, S. 222.

4.4 Bäuerliche Besitzrechte in den Untersuchungsgebieten

In den drei Untersuchungsorten schränkten die im bäuerlichen Besitzrecht fortbestehenden Aspekte des Ancien Régime die Möglichkeit zur Teilhabe am Boden- und Hypothekarmarkt in höchst unterschiedlicher Weise ein. In Löhne war im 18. Jahrhundert einem in Tabelle 4.1 ausgewerteten Feldregister von 1745 zufolge[52] die Mehrzahl der Bauern verschiedenen Grundherren „eigenbehörig", also leibeigen – deshalb die Bezeichnungen „Eigentumsherr" und „leibfrei" im hier ausgewerteten Register – und zugleich nach Kolonatsrecht besitzrechtlich abhängig. Dabei trat anders als im übrigen Fürstentum Minden der Landesherr, „seine königliche Majestät", nur selten als Grundherr auf.[53] Wenige Bauern, überwiegend als „Neuwohner" bezeichnet, waren leibfrei; die persönlichen Rechtsverhältnisse von acht weiteren in Tabelle 4.1 nicht aufgeführten, im Feldregister von Löhne-Beck bis 1759 ohne Angabe von Fläche und Eigentumsherr nachgetragenen Neubauern sind unklar. Wieweit aus der Leibfreiheit, also aus dem Fehlen eines ‚Eigentumsherrn', freies bäuerliches Eigentum folgt, ist eine offene Frage. Die 13 Höfe der Leibfreien lassen sich anhand der Hausnummern auch in den Hypothekenbüchern des 19. Jahrhunderts identifizieren. Keiner von ihnen unterlag einem Heimfallrecht, und die einzigen Reallasten, die zugunsten von Gut Beck oder den anderen Gütern auf ihnen lasteten, bestanden in Markengeldern (bzw. zugehörigen Ablösegeldern). Das deutet darauf hin, dass die Höfe der Leibfreien im 18. Jahrhundert nicht zu Kolonatsrecht, sondern als Eigentum der Neubauern vergeben waren.[54]

Soweit Abgaben- und Dienstpflichten der Bauern sich als dingliche, auf das Grundstück bezogene Rechte der Gutsherrn oder anderer Berechtigter formulieren ließen, blieben sie auch nach der napoleonischen Zeit bestehen und wurden im neuangelegten Grundbuch eingetragen – vom Heimfallrecht über die Verpflichtung, dem Pfarrer Pflugdienste zu leisten, bis hin zur Abgabe von Zehnten oder bestimmter Mengen an Getreide, Eiern, Hühnern, Wurst oder Leinen. Das Hypothekenbuch bietet also einen Weg, um ein traditionelles grundherrschaftliches System in der Sprache klar spezifizierter dinglicher Rechte abzubilden. Einschränkungen müssen allerdings in zwei Hinsichten gemacht werden: Einerseits – das gilt für die Auswertung der Grundbücher generell – wurden nicht alle Höfe sofort bei Einrichtung der Hypothekenbücher eingetragen. Andererseits ist das im Grundbuch überlieferte Datum der Löschung herrschaftlicher Lasten in vielen Fällen als Terminus ante quem zu interpretieren; Löschungen alter

---

52 StAMS, Kriegs- und Domänenkammer Minden, Nr. 531–536.

53 Das Fürstentum Minden entstand im Mittelalter gewissermaßen aus der Grundherrschaft des Bischofs; siehe Schütte, Bauern, S. 110.

54 Vgl. hiergegen die auf das Meierrecht konzentrierte Diskussion von Leibfreiheit in ebd., S. 104-108.

Tabelle 4.1: Eigenbehörigkeit in Löhne 1745, Aufteilung nach Eigentumsherren

Eigentumsherr	Anzahl der Höfe	Morgen
Gut Beeck	24	441,4
Leibfrei (kein Eigentumsherr)	10	31,9
keine Angabe	1	1,3
Summe Löhne-Beck	35	474,7
Gut Oberböhme	10	222,5
Gut Niederböhme	11	196,9
Junker Pohlmann, jetzt Gut Beeck	7	147,2
Seine Königliche Majestät	3	58,0
Stift zu Herford auf dem Berge, jetzt Kriegsrat Rischmüller	1	35,4
Gut Oberböhme, jetzt Stift zu Herford auf dem Berge	1	28,2
Leibfrei (kein Eigentumsherr)	3	27,0
Gut Uhlenburg	2	21,7
Gut Niederböhme oder Gut Oberböhme	1	11,1
Summe Löhne-Königlich	39	748,1
Summe	74	1.222,8

Quelle: StAMS, Kriegs- und Domänenkammer Minden, Nr. 531–536; Daten zur Verfügung gestellt von Peter Fritsch.

Lasten konnten auch zu sehr späten Zeitpunkten erfolgen und bedeuten nicht zwingend, dass die Last bis dahin Bestand hatte.

Die Hypothekenbücher des 19. Jahrhunderts bieten also ein indirektes Bild der Guts- bzw. Grundherrschaft in Löhne. Obereigentumsrechte der Gutsherren wurden in den einzelnen Hypothekenfolien nicht eingetragen; der Besitztitel („Titulus Possessionis") wurde auf den Titelblättern regelmäßig dem bäuerlichen Besitzer zugeschrieben.[55] Nur bei der Stätte Steinsiek (Löhne-Königlich 18) wurde das Obereigentum des Guts Beck explizit eingetragen.[56] Andererseits reflektieren die Hypothekenbücher zum Teil die gutsherrschaftlich konstituierte Rechtseinheit der ‚Stätte' bzw. des ‚Colonats' (Tabelle 4.2). Zwar werden die meisten Grundstücke lediglich mit ihrer Hausnummer und dem Namen ihrer Bauernschaft (Löhne-Königlich oder Löhne-Beck, z. B. Löhne-Königlich 18) bezeichnet; immerhin zwei Fünftel tragen aber Namen wie „Dreckmeyers Colonat" oder „Imorts Stätte". Die Bezeichnung ‚Hof' dagegen fehlt. Auffällig ist, dass die Bezeichnung ‚Colonat', die ursprünglich das Fehlen bäuerlichen (Teil-)Eigentums bedeutet, auch unter den veränderten rechtlichen Bedingungen des 19. Jahrhunderts weitergeführt wurde. Auch in den Kirchenbüchern von Löhne ist die Berufsbezeichnung

---

55 Ein solches Vorgehen ist zwar in der Allgemeinen Hypothekenordnung nicht explizit vorgesehen; die „Verordnung vom 31.3.1834 wegen Einrichtung des Hypothekenwesens in dem Herzogtum Westfalen (...)" (Hartmann, Hypotheken-Ordnung, S. 114–120) schreibt vor (§ 3 Abs. 1 Satz 2): „Bei getheiltem Eigenthume wird das Folium für das Nutzungs-Eigenthum, bei Vererbpachtungen für die Erbpachtgerechtigkeit angelegt" – dies war auch in unseren Untersuchungsorten gängige Praxis.

56 LastID 687.

Tabelle 4.2: Benennungen von Grundbuchfolien in Löhne, 1830–1866

Benennung	Anzahl	Prozent
Bauernschaft mit Hausnummer	79	49
„Colonat“ mit Namen	48	30
„Stätte“ mit Namen	18	11
„Erbpächterei“ mit Namen	7	4
andere	9	6
Summe	161	100

Anm.: Angegeben werden die Benennungen von Grundstücken auf den Titelblättern der jeweiligen Grundbuchfolien. Quellen: Hypothekenbücher Löhne / Datenbanken 2001.

‚Colon‘ allgegenwärtig. Zumindest als Fremdbezeichnung durch Pfarrer und Amtsrichter wurde hier also ein aus der Systemlogik der Grundherrschaft stammender Begriff auch im 19. Jahrhundert weitergeführt.

Als Berechtigte von Abgaben oder weiteren, mit Abgaben verbundenen Ansprüchen trat in Löhne in erster Linie das Gut Beck auf; daneben die weiteren Güter sowie Pfarre und Küsterei (Tabelle 4.3). In Einzelfällen waren regelmäßige Abgaben, z. B. Erbpachten, auch an Kolonate zu zahlen. Dies ist ein Indiz dafür, dass das Kolonat (bzw. die Stätte, der Hof) als eigene juristische Person behandelt wurde, unterschieden von seinen jeweiligen Eigentümern. Auch in Übertragsverträgen wurde zwischen Verpflichtungen von Personen (der alten und neuen Besitzer sowie der weichenden Miterben) einerseits und solchen des Kolonats selbst unterschieden.[57]

Die einzelnen Rechtsansprüche der Gutsherren, der Pfarrei und anderer Berechtigter wurden in der zweiten Rubrik des jeweiligen Grundbuchblattes eingetragen. Dabei ging es oft auch um andere Lasten als um Abgaben. Eine Übersicht über die Häufigkeit der verschiedenen Arten von Lasten, soweit sie von den wichtigsten Berechtigten bezogen wurden, bietet Tabelle 4.4. Für die Frage der Teilnahme am Bodenmarkt sind diese Rechte – wie oben dargelegt – einerseits generell relevant: Solange ‚bäuerliche Leistungen‘ irgendeiner Art auf den Grundstücken hafteten, durften diese nur mit dem Konsens des Gutsherren aufgeteilt werden. Obwohl die in der Tabelle aufgeführten einzelnen Berechtigungen nur gezählt und nicht nach ihrem Geldwert gewichtet wurden, fällt der hohe Anteil der evangelischen Kirche an den Arbeitsleistungen (u. a. an den Spanndiensten) und an den Getreideabgaben der Bauern auf. Diese Leistungen an Pfarre und Schule gehörten jedoch nicht zu den ‚bäuerlichen Leistungen‘ im Sinne des Gesetzes. Andererseits folgte aus dem Heimfallrecht ein unbedingtes Vetorecht der Gutsherren auch dann, wenn der Hof geschlossen verkauft werden sollte, sowie das Fortbestehen der alten Sukzessionsordnung unabhängig davon, ob die Gutsherren dies verlangten oder nicht.

---

57 So Ch. Fertig, Hofübergabe, S. 76.

Tabelle 4.3: Bezieher regelmäßiger Abgaben in Löhne, 1830–1866

Name	Anzahl der Berechtigungen	Prozent
Gut Beck	234	29
Pfarre zu Löhne	188	24
Gut Steinlake	122	15
Küsterei und Schule zu Löhne	129	16
Gut Oberbehme	72	9
Gut Uhlenburg	17	2
Königlicher Fiscus[a]	9	1
Abtei Herford	6	1
Schule zu Löhne	6	1
Kolonate und Einzelpersonen	3	0
andere Institutionen	11	1
Summe	797	100

Anm.: a) als Nachfolger der Abtei Herford und des Stifts zum Berge – Quelle: Grundbücher Löhne; Datenbanken 2001. Gezählt werden nur als regelmäßige Abgaben bezeichnete Belastungen von Grundstücken. Die Zählung erfasst Berechtigungen unabhängig von ihrem Umfang. Soweit mehrere Personen Rechte auf eine bestimmte Leistung hatten, wurde diese mehrfach gezählt.

All diese grundherrlichen Rechte galten freilich nur, solange sie nicht abgelöst wurden.[58] Solche Ablösungen oder Freikäufe kamen schon im 18. Jahrhundert vor. So kaufte der Uhlenburgische Eigenbehörige Christian Frensemeyer die Stätte Löhne-Königlich 31 im Jahr 1788 für 400 Taler frei.[59] Im 19. Jahrhundert wurden im Kreis Herford bis Ende 1848 1.578 Höfe und 3.140 Spanndiensttage abgelöst. Bäuerliche Lasten wurden in Relation zu den Steuerträgen in deutlich höhere Kapitalien bzw. Renten umgewandelt als in den Kreisen Soest (mit Borgeln) oder gar im grundherrschaftlich schwach durchdrungenen Meschede.[60]

Der Vorgang der Grundlastenablösung kann auf der Ebene der Grundbuchfolien nachvollzogen werden. Wenn eine bestimmte Last nicht mehr galt, wurde das Grundbuch entsprechend berichtigt und die Last gelöscht; der Zeitpunkt Aufhebung geht aus dem Datum der Löschung allerdings nicht hervor. Daneben gab es in Löhne 41 Lasten, die explizit als „Freikauf" oder „Ablösung" bezeichnet oder entsprechend begründet wurden; meist handelt es sich um die Rentenpflichten, in die die abgelösten gutsherrlichen Rechte verwandelt wurden. Ist eine solche Ablösung auf einem Folium eingetragen, kann man vermuten, dass alle auf dem Hof haftenden Rechte des betreffenden Gutsherrn abgelöst wurden; eindeutig feststellbar wäre dies allerdings nur anhand der nicht erhobenen Ablöserezesse. Dass eine Rentenpflicht in der Datenbank

58 Zur Grundlastenablösung in Westfalen siehe auch Strunz-Happe, Agrarverfassung, S. 81–130, sowie Bracht, Grundlastenablösung.

59 Schütte, Bauern, S. 113 (die Stätte hatte allerdings 1745 über 10 Morgen, nicht 4 Morgen); StAMS, Regierung Minden-Ravensberg, Nr. 830, S. 458–459.

60 Meitzen, Boden, hier Bd. 4, S. 298–299.

Abbildung 4.1: Grundlastenablösung in Löhne, 1830–1866

Quelle: Hypothekenbücher Löhne, Datenbanken 2006.

explizit mit der ursprünglichen, auf demselben Folium stehenden und nun abgelösten Last verknüpft wurde, kommt in Löhne insgesamt 45-mal vor. Ab 1853 taucht schließlich elfmal die Rentenbank als Gläubigerin auf; auch dies ein Beleg für Ablösungen. Der systematischste Zugriff auf den Prozess der Grundlastenablösung wird also über die Löschung von Grundlasten eröffnet; soweit erkennbar, wurden bei der Datenaufnahme auch entsprechende Löschjahre eingetragen, wenn die Last explizit abgelöst oder in eine Rentenpflicht gegenüber der Rentenbank umgewandelt wurde. Es handelt sich hier allerdings immer um den spätestmöglichen Zeitpunkt der Ablösung.

Abbildung 4.1 fasst die verfügbaren Angaben über den Prozess der Grundlastenablösung in Löhne zusammen. Die Grafik gibt für jedes Jahr die Gesamtfläche in Morgen an, die im – sich allmählich füllenden – Hypothekenbuch erfasst war oder später eingetragen wurde, aber für das betreffende Vorgangsjahr rekonstruierbar war, und die zugleich einer bestimmten Art von Lasten unterlag bzw. abgelöst war. Es wurde kein Versuch unternommen, aus dem Charakter der jeweiligen Last und der Person des Berechtigten eine juristische Entscheidung darüber zu fällen, ob die betreffende Last dem ‚gutsherrlich-bäuerlichen Verhältnis' entsprang – das würde bedeuten, Fall für Fall gewissermaßen anstelle der zeitgenössischen Gerichte zu entscheiden, ob Markengelder, Hühner, Dienstgelder, Garngelder und Getreideabgaben auf ein ‚gutsherrlich-bäuerliches Verhältnis' oder auf Markenherrschaft, bloße Rentenpflichten oder ein schon im 18. Jahrhundert bestehendes geteiltes Eigentum hindeuten. Statt dessen werden drei Merkmale von Land in ihrer zeitlichen Entwicklung erfasst: Ob überhaupt Abgaben-

Tabelle 4.4: Dienste, Abgaben und gutsherrliche Rechte in Löhne, 1830–1866

Bezeichnung	Beck	Ober-behme	Stein-lake	Uhlen-burg	Fiscus, Amt	Pfarre, Schule	Summe
Spanndienst	1	2	6	0	0	35	44
Flachsdienst	20	1	8	2	0	0	31
Erntedienst	8	0	8	2	0	0	18
Handdienst	11	0	5	2	0	0	18
andere	19	5	0	1	0	0	25
Gesamtanzahl Dienste	59	8	27	7	0	35	136
Opfer	0	0	0	0	0	150	150
Markengeld	28	39	31	1	0	0	99
Weinkauf	23	8	8	2	1	0	42
Zehnt	0	0	28	0	0	0	28
Ablösung	12	2	11	0	0	0	25
Garngeld	17	0	0	2	0	0	19
Grundrente	7	0	2	0	0	1	10
Dienstgeld	7	0	1	0	2	0	10
Erbpacht	1	7	0	0	0	0	8
Briefträgergeld	7	0	0	0	0	0	7
andere	64	8	22	1	6	107	208
Gesamtanzahl Geldabgaben	166	64	103	6	9	258	606
Roggen	4	0	1	0	0	32	37
Hafer	11	1	3	0	1	0	16
Gerste	4	1	3	0	1	0	9
Zehnt	0	0	1	0	0	0	1
Gesamtanzahl Getreideabgaben	19	2	8	0	2	32	63
Ei	0	0	0	0	0	163	163
Huhn	25	7	10	2	1	0	45
Schwein	7	1	3	1	0	0	12
Hedengarn	1	1	8	0	0	0	10
Brot	0	0	0	0	0	2	2
Wurst	0	0	0	0	0	2	2
Gesamtanzahl weitere Abgaben	33	9	21	3	1	167	234
Heimfallrecht	16	0	6	2	1	0	25
Vorkaufsrecht	0	8	0	0	0	0	8
Obereigentum	1	0	0	0	0	0	1
Schafhude	0	1	0	0	0	0	1
Gesamtanzahl andere Rechte	17	9	6	2	1	0	35
Gesamtanzahl	294	92	167	18	13	492	1.076

Anm.: Aufgenommen werden sämtliche Lasten (außer Hypotheken), bei denen eines der Güter, der Fiscus, die Pfarre oder die Küsterei berechtigt waren. Gezählt werden Beziehungen zwischen Grundstücken und Berechtigten, nicht der Umfang der jeweiligen Rechte. Quelle: Datenbanken 2001.

pflichten auf dem Land lasteten (einschließlich der Eier für den Küster und des Weinkaufs bei den Erbpachten), ob ein Heimfallrecht auf dem Land haftete, und ob bis zum gegebenen Zeitpunkt eine Ablösung irgendwelcher Lasten erfolgt war.

„Heimfall ja“ bzw. „Abgaben ja“ bezeichnet solche im Hypothekenbuch stehenden Flächen, für die zum gegebenen Zeitpunkt ein Heimfallrecht bzw. (mindestens) eine Abgabenpflicht eingetragen und nicht gelöscht war. „Ablösung ja“ bezeichnet Flächen, für die es zum gegebenen Zeitpunkt bereits zu einer Ablösung gekommen war; soweit es mehrere Ablösungen gab, wurde dabei für jedes Grundbuchblatt jeweils das Jahr der spätesten Ablösung verwendet. „Heimfall nein“, „Abgaben nein“, „Ablösung nein“ bezeichnen die jeweils zwar im Grundbuch erfasste, aber nicht dem Heimfall bzw. Abgaben unterworfene bzw. abgelöste Fläche. Dass die ja- und die nein-Linien nicht spiegelbildlich zueinander verlaufen, liegt daran, dass es eine dritte Größe gibt: die noch nicht im Grundbuch erfasste Fläche; die Grundbücher wurden ja erst im Lauf der Zeit gefüllt. Die Grafik spiegelt also auch wieder, wie die Grundbücher allmählich immer mehr Land erfassen (basierend auf Vorgangsjahren: 1830 2.457 Morgen, 1866 3.215 Morgen).

Deutlich wird darüber hinaus, dass die für das Erbrecht so entscheidenden Heimfallrechte nur auf etwa 600 Morgen Land hafteten. Sechzehn Heimfallrechte – davon eines vom Besitzer bestritten – besaß Gut Beck, sechs Gut Steinlake, zwei Gut Uhlenburg und eines der königliche Fiscus; dies bei immerhin allein 66 als „Stätte“ oder „Colonat“ bezeichneten Grundstücken. Ab 1843 reduzierten sich die dem Heimfall unterworfenen Flächen weiter; allein in diesem Jahr wurden fünf Heimfallrechte gelöscht. Die regelmäßigen Abgaben insgesamt bieten ein etwas anderes Bild, zumal hier auch nichtgutsherrliche Rechte einbezogen sind. Erst 1853 nahm die abgabenpflichtige Fläche insgesamt ab; bis dahin blieb sie stabil, während mehr und mehr nicht abgabenpflichtige Ländereien im Hypothekenbuch eingetragen wurden. Der eigentliche Ablösungsprozess – soweit in den Hypothekenbüchern erkennbar – erfasste schließlich nicht wesentlich mehr als die Hälfte der Gesamtfläche; Ablösungen häuften sich vor allem in den Jahren 1843 und 1846.

In Oberkirchen bietet die Grundherrschaft ein völlig anderes Bild. Die Bauern des südlichen Sauerlands waren im 18. Jahrhundert zu etwa sechs Siebteln persönlich frei.[61] Im Oberkirchener Sorpetal gab es allerdings Leibeigene des Klosters Grafschaft.[62] Auch die Besitzrechte der Bauern waren im Hochsauerland oft günstig – allerdings gerade nicht in Oberkirchen: Gemeinden, in denen Erb- und Lehngüter, also für den Bauern günstige Besitzverhältnisse, fast drei Viertel des Bodens einnahmen, grenzten an andere,

---

61 Hömberg, Siedlungsgeschichte, S. 63; ähnlich Selter, Waldnutzung in ländlicher Gesellschaft, S. 48–51.

62 So heißt es in der Chronik von Niedersorpe (abgedruckt bei Bruns, Oberkirchen, S. 610), dass „bis zum Jahre 1803 die Bauern hierselbst Leibeigene der Benediktinerabtei Grafschaft waren und alljährlich den ‚Zehnten‘ abliefern mußten“.

Tabelle 4.5: Bezieher regelmäßiger Abgaben in Oberkirchen, 1830–1866

Name	Anzahl der Berechtigungen	Prozent
Pfarrer in Oberkirchen	318	38
Küster in Oberkirchen	190	23
Gut Adolphsburg (Fürstenberg)	189	23
Gut Grafschaft (Fürstenberg)	92	11
Pfarrer in Altastenberg	8	1
Küster in Altastenberg	6	1
Küster in Grafschaft	5	1
Schultheiß Nückel in Winkhausen	4	0
Stadt Schmallenberg	3	0
Gemeinde Westfeld	3	0
Pfarrer in Grafschaft	3	0
Pfarrer in Oedingen	1	0
Lehrer in Oedingen	1	0
Einzelpersonen	5	1
Summe	828	100

Quellen: Hypothekenbücher Oberkirchen und Sorpe, Grundakten Westfeld / Datenbanken 2001. Berechnungsweise: Siehe Anmerkung zu Tabelle 4.3.

in denen die meisten Bauern als grundherrschaftlich abhängige ‚Pächter' wirtschafteten.[63] Diese Verteilung steht in engem Zusammenhang mit der Erbpraxis; so standen im Oberkirchen benachbarten Amt Medebach ebenso wie im Amt Olpe die Bauerngüter (als ‚echte Zinsgüter') im vollen Eigentum der Bauern und wurden realgeteilt.[64]

‚Pacht' bezeichnet im Herzogtum Westfalen erbliche Kolonate, nicht die Zeitpacht.[65] Im Gebiet des ehemaligen Gerichts Oberkirchen fielen 82 Prozent der bäuerlich genutz-

---

63 Hömberg, Siedlungsgeschichte, S. 67.

64 Sering, Vererbung, S. 61.

65 Zur im übrigen Westfalen unüblichen Terminologie: „Die wirklichen Kolonen, oder die mit elterlicher Einwilligung bereits auf die Kolonien verheirateten Kinder, oder diejenigen, denen das Kolonial-Erbrecht bereits anerfallen ist, sie seien eigenbehörige oder freieigene Erbnießbräucher, Leib- oder Zeitgewinnpächter, sollen das Colonat- und alle im Leib- oder Zeitgewinne mit unveränderlicher Pacht besessene Grundgüter sammt allen dazu gehörigen Pertinenzien (der Leib- oder Gutsherr mag bisher die Wohngebäude ganz oder zum Theil in Baue und Reparatur erhalten haben oder nicht) als ihr volles und unbeschränktes Erbeigenthum besitzen und behalten." – so die darmstädtische Verordnung vom 5.11.1809, Scotti, Sammlung, Bd. 3 (1831), S. 464–473 / Nr. 360, § 3. Erbnießbrauch, Leib- und Zeitgewinnpacht bezeichnet jeweils ein Nutzungsrecht an einer im vollen fremden Eigentum stehenden Sache, entsprechend dem Kolonatsrecht. Der Eigentümer wird als Gutsherr bezeichnet. Nach dieser Terminologie sind „Pächter" im Herzogtum Westfalen nicht-leibeigene Kolone. Siehe auch Dönniges, Land-Kultur-

Tabelle 4.6: Dienste und Abgaben in Oberkirchen, 1830–1866

Bezeichnung	Gut Adolphsburg	Gut Fürstenberg	Gut Grafschaft	Pfarrer, Küster	Gesamtanzahl
Spanndienst	0	0	0	75	75
Wildtransport	1	0	0	0	1
Handdienst	0	0	0	1	1
Gesamtanzahl Dienste	1	0	0	76	77
Geldrente	104	1	85	106	296
Spende	0	0	0	182	182
Ablösung	12	1	8	2	23
Erbpacht	0	1	0	1	2
Gesamtanzahl Geldabgaben	116	3	93	291	503
Hafer	79	1	62	116	258
Roggen	57	1	58	103	219
Gerste	28	0	8	0	36
Gesamtanzahl Getreideabgaben	164	2	128	219	513
Ei	15	0	0	195	210
Huhn	51	0	0	0	51
Gans	15	0	0	0	15
Schwein	5	0	0	0	5
Butter	3	0	0	0	3
Brot	0	0	0	0	1
Gesamtanzahl andere Abgaben	89	0	0	196	285
Gesamtanzahl	370	5	221	783	1.379

Anm.: Aufgenommen werden alle Lasten, die nicht in Hypotheken bestehen und bei denen eines der Güter, der Fiscus oder die Pfarre oder Küsterei berechtigt waren. Quelle: Datenbanken 2001.

ten Fläche auf „Pacht"-Güter und nur 10 Prozent auf Erbgüter (im vollen bäuerlichen Eigentum stehende Güter), der Rest auf Lehens- und Vogtgüter. Dies bedeutet, dass die Besitzverhältnisse im Gericht und Kirchspiel Oberkirchen für die Bauern ungünstiger waren, als im oberen Sauerland allgemein, wo 40 Prozent der Bodenfläche bäuerlichen Erbgütern zukam und 60 Prozent von adligen Häusern und kirchlichen Institutionen abhängig waren.

Alte grundherrschaftliche Verhältnisse strukturierten die in Oberkirchen erst 1834 eingeführten Hypothekenbücher nicht. Die herrschaftliche Einheit ‚Hof', ‚Stätte' oder ‚Colonat' hat mit den einzelnen Grundbuchblättern kaum etwas zu tun; typischerweise sind diese benannt als „Besitzungen des N. N." oder „Besitzungen zu Grundbuchblatt X". Nur bei einzelnen grundherrschaftlichen Lasten wird ein bäuerliches „Gut" – nie „Colonat" oder „Hof" – angesprochen: Die benannten Parzellen haften jeweils „soli-

Gesetzgebung, S. 104; danach sind „Leib- und Zeitgewinn"-Güter als „erbliche Kolonate" einzustufen.

Abbildung 4.2: Grundlastenablösung in Oberkirchen, 1830–1866

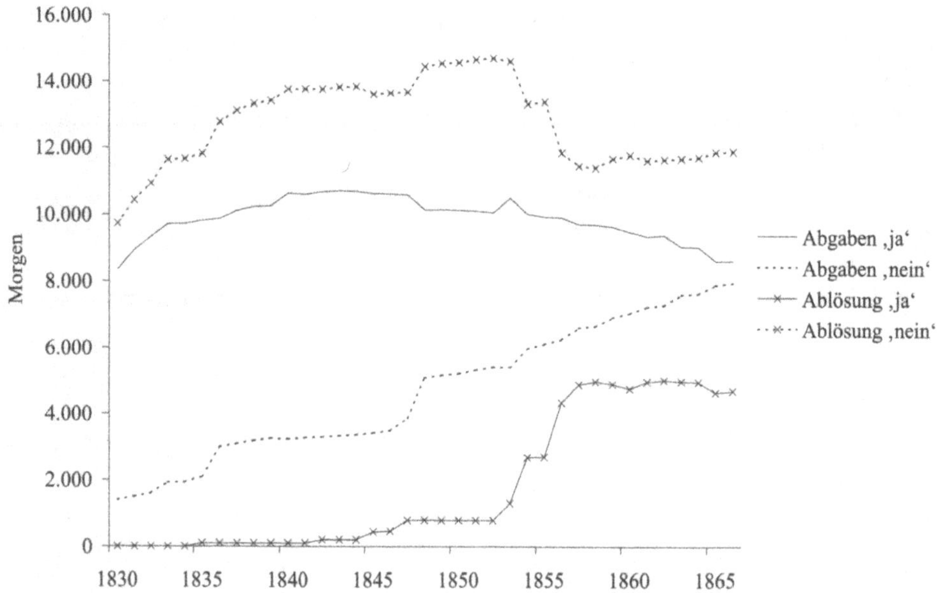

Quelle: Hypothekenbücher Oberkirchen und Sorpe, Grundakten Westfeld. Datenbanken 2006.

darisch für" das Franzes-, Spiekermann-, Beleken-, Prommes- oder Schauerten-Gut. Während in Löhne die Untersuchungseinheit ‚Hof' gewissermaßen von der Quellenstruktur vorgegeben war, weist das später – und mit der anhand des Löhner Materials entwickelten Datenbanktechnik – untersuchte Oberkirchen die Einheit ‚Hof' auf der Ebene der Grundbücher also nicht auf. Als Berechtigte von regelmäßigen Abgaben traten in Oberkirchen anders als in Löhne vor allem Pfarrer und Küster auf, daneben die beiden den Grafen Fürstenberg gehörenden Güter Grafschaft (das ehemalige Kloster) und Adolphsburg. Die Pfarrer bezogen nicht nur ihr Salär in Form von ‚Mess'-Hafer, Käse, Brot und Eiern, sondern auch Spanndienste von den Bauern und Handdienste von den Köttern und Beiwohnern.[66] Der Anspruch der Pfarrer auf Messhafer von allen, auch von neugebauten Häusern, führte zu wiederholten Prozessen in den 1820er und 1860er Jahren.[67]

Anders als die in Löhne berechtigten Güter Beck, Oberbehme, Steinlake und Uhlenburg hatten die fürstenbergischen Güter in Oberkirchen fast keine Ansprüche auf irgendwelche Dienste, und Heimfallrechte fehlten ganz. Die Struktur der verschiedenen

---

66 Hoffmann, Westfeld, S. 91–92 nach der vom damaligen Bürgermeister, Amtmann Röper, im Jahr 1842 verfassten Chronik des Kirchspiels Oberkirchen.

67 Ebd.; Groeteken, Oberkirchen, S. 45.

Tabelle 4.7: Benennungen und Erbeland-Eigenschaft von Grundbuchfolien in Borgeln 1830–1866, nach Grundbüchern

Grundbuch Nr.	Colonie	Gut, Stätte, Stelle, Hof	Kotten	Mühle	Haus-Nr.	andere	Erbeland[a]	außerhalb[b]	Summe
1	7	9	3	0	1	1	0	45	66
2	0	0	0	0	8	0	29	57	94
3	0	0	0	0	19	0	26	54	99
4	0	0	0	0	6	0	15	38	59
5	0	0	0	0	14	0	11	41	66
6	0	0	0	0	10	0	12	64	86
7	37	2	3	0	0	0	0	34	76
8	0	0	0	0	10	0	21	39	70
9	0	0	0	0	8	0	32	46	86
10	4	0	1	1	3	1	4	16	30
11	0	0	0	0	10	0	30	31	71
12	0	0	0	0	2	0	32	15	49
13	3	0	0	0	4	1	11	37	56
14	0	0	0	0	1	0	0	0	1
Summe	51	11	7	1	96	3	223	517	909

Anm.: a) ‚Erbeland' bezeichnet nicht als Güterkomplex eingestufte Folien, deren Besitzer unter einem anderen Folium einen Güterkomplex (Colonat, Hof, Kotten, Haus usw.) besitzen. b) Folien, deren Besitzer außerhalb des Kirchspiels Borgeln (Borgelner Fluren 1–7 und Stocklarner Fluren 1–3) wohnten. Diese Folien wurden nur in vereinfachter Form erfasst. Quelle: Hypothekenbücher Borgeln / Datenbanken 2001.

herrschaftlichen Lasten spiegelt im Übrigen die ökonomische Struktur der Region wieder: Flachs und Garn spielten in Oberkirchen keine Rolle, und Hafer war das wichtigste Getreide.

Der Prozess der Grundlastenablösung wird – ähnlich wie in der Darstellung für Löhne – in Abbildung 4.2 bildlich dargestellt. Heimfallrechte fehlten in Oberkirchen ganz, und wenn auch immer mehr unbelastete Parzellen im Hypothekenbuch eingetragen wurden, reduzierte sich die abgabenpflichtige Fläche im Lauf der Zeit kaum – erst 1881 wurden die Abgaben an die Kirche abgelöst.[68] Ablösungen von Rechten der Gutsherren erfolgten erst in der Mitte der 1850er Jahre, also erst nach dem Inkrafttreten des Ablösungsgesetzes von 1850 und der Gründung der Rentenbank. Hinweise auf frühere Freikäufe oder Ablösungen haben sich in der ortsgeschichtlichen Literatur[69] nicht gefunden.

68 Ebd.

69 Braun, Westfeld; Bruns, Oberkirchen; Groeteken, Oberkirchen; Hömberg, Siedlungsgeschichte; Hoffmann, Westfeld; Schauerte, Nordenau; Schöne, Herzogtum Westfalen.

Tabelle 4.8: Bezieher regelmäßiger Abgaben in Borgeln, 1830–1866

Name	Anzahl der Berechtigungen	Prozent
Königliche Domänenrentei zu Soest	171	19
Pastorat Borgeln	91	10
Küsterei zu Borgeln	61	7
Bornefeld, Adolph Senior (Gutsherr, Rentier, Kaufmann zu Soest)	50	6
Lentze, Carl (Hofrat und Gutsherr)	25	3
Pfarrer ad St. Patroclum in Soest	22	3
von Viebahn, Friedrich (Land- und Stadtgerichtdirektor)	15	2
Hennecke, Albert (Prediger)	14	2
Rocholl, Helena (Ehefrau des Predigers Albert Hennecke)	14	2
von Fürstenberg, Friedrich Leopold (Reichsfreiherr)	14	2
Sternberg, N.N. (Schreiberin)	12	1
Rocholl, Theodor (Kaufmann im Grandweg zu Soest)	11	1
Rocholl, N.N. (Ehefrau des Theodor Rocholl)	11	1
Rose, Carl (Gutsherr)	11	1
Erbengemeinschaft des Bürgermeisters Heinrich zur Megede	11	1
von Mellin, Joseph (Gutsherr zu Werl)	11	1
Armenfond der Kirchengemeinde Borgeln	11	1
andere Bürger	205	23
andere Adlige	51	6
andere nichtkirchliche Institutionen	30	3
andere Colone	18	2
andere kirchliche Institutionen	19	2
Summe	878	100

Anm.: Zur Berechnung siehe Anmerkung zu Tabelle 4.3. Quelle: Hypothekenbücher Borgeln / Datenbanken 2001.

In der Umgebung von Borgeln, der Soester Börde, war die persönliche Unfreiheit während des Ancien Régime nur wenig verbreitet.[70] Diese bedeutete zudem alles andere als Rechtlosigkeit. Wie in anderen Teilen Westfalens[71] schränkte die Eigenbehörigkeit die Fähigkeit zum Erwerb von individuellem Eigentum und zu dessen gerichtlicher Durchsetzung auch gegenüber dem Herrn nicht ein. „[D]ie Leibeigenen können eben

70 Nach dem Bördekataster von 1685 gab es etwa 25 eigenbehörige Bauern (Witzig, Rechtsverhältnisse, S. 25; siehe auch Sering, Vererbung, S. 34; Geck, Beschreibung, S. 393, 420). Nach Geck, Beschreibung, S. 393 gehörten die Leibeigenen den Klöstern Welver und Paradiese. Anders Hömberg, Wirtschaftsgeschichte Westfalens, S. 134. Danach blieb in der Westhälfte der Hellwegzone die Eigenbehörigkeit gegenüber der persönlichen Freiheit der Bauern vorherrschend.

71 Sering, Vererbung, S. 35.

wie andere Bauern Vermögen acquiriren, darüber disponiren, und die Rechte anderer freien Unterthanen genießen."[72] Verpflichtet waren die Eigenbehörigen zum Sterbfall (einer Vermögensabgabe im Todesfall), ihre Kinder zu verlängertem Dienst im Rahmen des Gesindezwangs, und bei Abwanderung zur Zahlung eines Freikaufs.[73]

Obwohl die Zahl der Eigenbehörigen gering war, gab es nur wenige besitzrechtlich freie Güter; die meisten Höfe standen als Colonate im Eigentum der Grundherrn.[74] Nach dem Börde-Kataster von 1685 waren in der Niederbörde, zu der das Kirchspiel Borgeln gehörte, an 46,3 Prozent der Höfe geistliche Grundherren berechtigt, an 18,2 Prozent die Bürger der Stadt Soest, an 10,3 Prozent der Landadel und an 0,9 Prozent die Stadt Soest.[75] Eine topographisch-statistische Beschreibung aus dem Jahr 1825 nennt als häufigste Besitzformen neben sehr wenigen freien Gütern, Zeit- und Erbpachten vor allem Zinsgüter und Gewinngüter.[76] Bei Zinsgütern, vor allem spät entstandenen Kleinbesitzungen von Köttern, Brinksitzern und Einliegern, bestand demzufolge ein grundherrli ches Obereigentum.[77] „Der Haupt-Bauernstand der Soester Börde besteht aus Leib- und Zeitgewinnern; wenigstens vier Fünftel des Flächeninhalts befinden sich in diesem Gewinn-Verhältnisse."[78] Es musste eine jährliche Pacht, Naturalien oder Dienste und Gewinngeld an den Gutsherrn gegeben werden. Diese ‚Gewinngüter' wurden juristisch als Colonate eingestuft.[79] Seit dem frühen 18. Jahrhundert war das Erbrecht der Kolonen an ihren Höfen in der preußischen Rechtsprechung gesichert.[80] Neben ihren im Colonatsverband befindlichen Grundstücken besaßen die Colonen auch im freien Eigentum stehende „Erbelande".[81] Erbeland war „nicht fest mit dem betreffenden Hof verbunden und konnte auch beliebig geteilt werden."[82] Wenn im Ancien Régime auf einem Hof eine Leibzucht eingerichtet wurde, behielt sich die ältere Generation öfters das Erbeland vor.[83]

---

72 Anhang von Geck, Beschreibung, S. 429 (§ 63); es handelt sich um vom Magistrat der Stadt Soest aufgestellte Statuten.

73 Witzig, Rechtsverhältnisse, S. 184. Ausführlich zu den auch von den freien Bauern zu leistenden Diensten und Abgaben, siehe ebd., S. 107–156.

74 „Es ist jedoch wenig freies Eigentum vorhanden, vier Fünftel befinden sich im Colonat-Verbande, welcher jedoch keine große Beschränkung in der Benutzung mit sich führt." (Geck, Beschreibung, S. 66).

75 Witzig, Rechtsverhältnisse, S. 14.

76 Geck, Beschreibung, S. 372. Zu den einzelnen Güterarten vgl. ebd., S. 373–375.

77 Es handelte sich also offenbar nicht um im vollen bäuerlichen Eigentum stehende Zinsgüter (praedia censitica), sondern um emphyteutische Erbzinsgüter nach dem Preußischen Allgemeinen Landrecht; vgl. Dönniges, Land-Kultur-Gesetzgebung, S. 94, 98; Rehbein / Reincke, Allgemeines Landrecht, Th. I Tit. 18 §§1–12.

78 Geck, Beschreibung, S. 378.

79 Dönniges, Land-Kultur-Gesetzgebung, S. 104–106; zur Börde Müller, Güterwesen, S. 211.

80 Geck, Beschreibung, S. 379.

81 Witzig, Rechtsverhältnisse, S. 101.

82 Ebd., S. 106.

83 Ebd., S. 179.

Tabelle 4.9: Dienste, Abgaben und grundherrliche Rechte in Borgeln, 1830–1866

	Adel	Stadtbürger	Borgelner Einwohner	Fiscus	Gemeinden	Kirchen	Institutionen	Gesamtanzahl
Handdienste	0	2	4	1	0	37	0	44
Pflugdienst	0	0	0	0	0	36	0	36
Spanndienste	1	4	0	7	0	0	0	12
andere Dienste	2	4	0	0	0	1	0	7
Gesamtzahl Rechte an Diensten	3	10	4	8	0	74	0	99
Geldabgabe	1	4	10	15	26	27	6	89
Gewinngeld	10	34	7	15	1	8	1	76
Erbzins	0	0	0	0	1	56	0	57
andere Gelder	9	19	10	18	34	12	10	112
Gesamtzahl Rechte an Geldern	20	57	27	48	62	103	17	334
Gerste	27	86	14	47	0	23	6	203
Roggen	21	71	13	27	0	52	6	190
Hafer	4	42	5	20	0	17	1	89
Weizen	2	10	3	1	0	0	0	16
anderes Getreide	1	5	0	3	0	1	0	10
Gesamtzahl Rechte an Getreide	55	214	35	98	0	93	13	508
Huhn	9	40	11	15	0	7	1	83
Gans	2	20	4	3	0	3	1	33
Obst	6	25	6	6	0	2	0	45
Schwein	4	17	0	7	0	1	0	29
Eier	1	4	0	2	0	17	0	24
Käse	0	0	0	0	0	18	0	18
andere Naturalien	3	13	2	8	0	4	2	32
Gesamtzahl Rechte an Naturalien	25	119	23	41	0	52	4	264
Heimfall	9	43	10	20	0	2	1	85
Hofteilungskonsens	2	23	5	4	0	2	0	36
Weide	1	8	2	1	0	0	0	12
andere diverse Rechte	2	2	2	1	1	0	0	8
Gesamtzahl an diversen Rechten	14	76	19	26	1	4	1	141
Gesamtanzahl	117	476	108	221	63	326	35	1.346

Anm.: Aufgenommen wurden sämtliche Lasten mit Ausnahme von Hypotheken. Quelle: Datenbanken 2001.

Wie in den anderen Kirchspielen sind die Feinheiten der grundherrschaftlichen Rechtsverhältnisse aus den Borgelner Hypothekenbüchern nicht zu entnehmen; volles bäuerliches Eigentum wurde auch hier mit den Gesetzen von 1825 eingeführt. Dennoch spiegeln sie die Grundstruktur aus Colonaten und Erbeland wieder. Wie in Löhne wurden die einzelnen Besitzungen anhand ihrer Benennung in wenige Typen eingeteilt, unter denen das Colonat – in Borgeln meist „Colonie“ genannt – der häufigste ist. Als „Erbeland“ wurden hier nicht

Abbildung 4.3: Umfang des in Borgelner Hof- und Kleinbesitz-Grundbüchern verzeichneten Landes

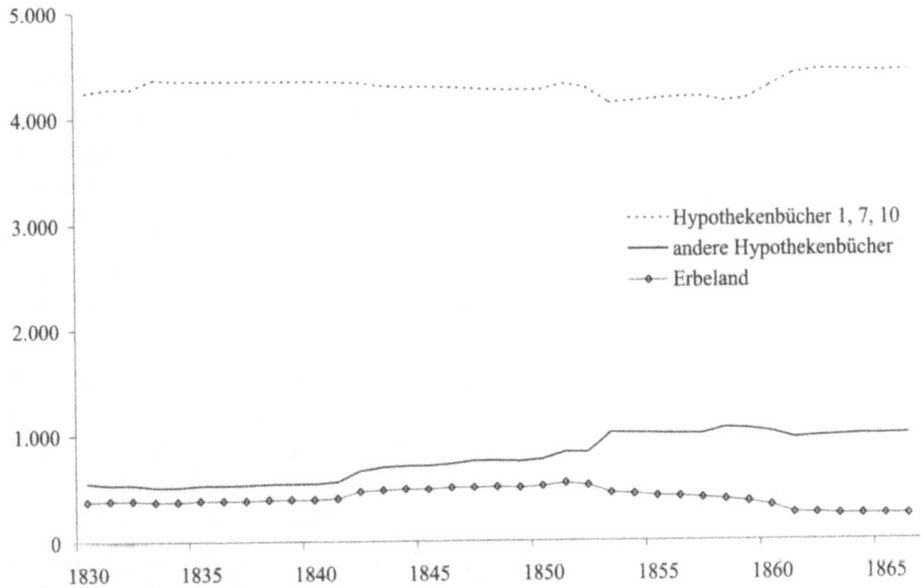

Quelle: Hypothekenbücher Borgeln, Datenbanken 2001. Berechnungsweise: „Erbeland" bezeichnet nicht als Güterkomplex eingestufte Folien, deren Besitzer unter einem anderen Folium einen Güterkomplex (Colonat, Hof, Kotten, Haus usw.) besitzen. „GB 1, 7, 10" bezeichnet das in den Grundbüchern Nr. 1, 7 und 10 erfasste Land, „andere GB" das in allen weiteren Grundbüchern erfasste Land. Land wurde erfasst, soweit die Eigentümer im Kirchspiel Borgeln wohnten. Quelle: Datenbanken 2001.

nur die – wenigen – Folien eingestuft, die explizit so benannt wurden, sondern auch Folien, deren Besitzer unter einem anderen Folium einen Hof besaß. Die erfassten Folien verteilen sich wie in Tabelle 4.7 angegeben auf die Grundbücher und auf die verschiedenen Typen von Grundbuchfolien. Grundbuch 14 enthält fast ausschließlich nach dem Ende des Untersuchungszeitraums angelegte Blätter. Die Grundbücher 1, 7 und 10 enthalten nahezu sämtliche Höfe und fast kein Erbeland oder andere Kleinbesitzungen; letztere konzentrierten sich in den restlichen zehn Grundbüchern.

Die meisten Höfe – soweit es sich nicht um Erbeland handelte – wurden mit der Hausnummer bezeichnet, daneben dominierte die Benennung „Colonie" (z. B. „Bergmanns Colonie zu Stocklarn"). Keine Spur findet sich in den Hypothekenbüchern von der in der Soester Börde bei Gemeinheitsteilungen angewandten Unterscheidung nach Voll-, Halb-, Viertel-, Achtelschulzen einerseits und Brinksitzern andererseits, also Alt- und Neusiedlern.[84] Abbildung 4.3 stellt dar, wie sich die in den Grundbüchern

[84] Vgl. das Gemeinheitsteilungsverfahren im Borgeln benachbarten Berwicke, „Teilung der den

Abbildung 4.4: Grundlastenablösung in Borgeln, 1830–1866

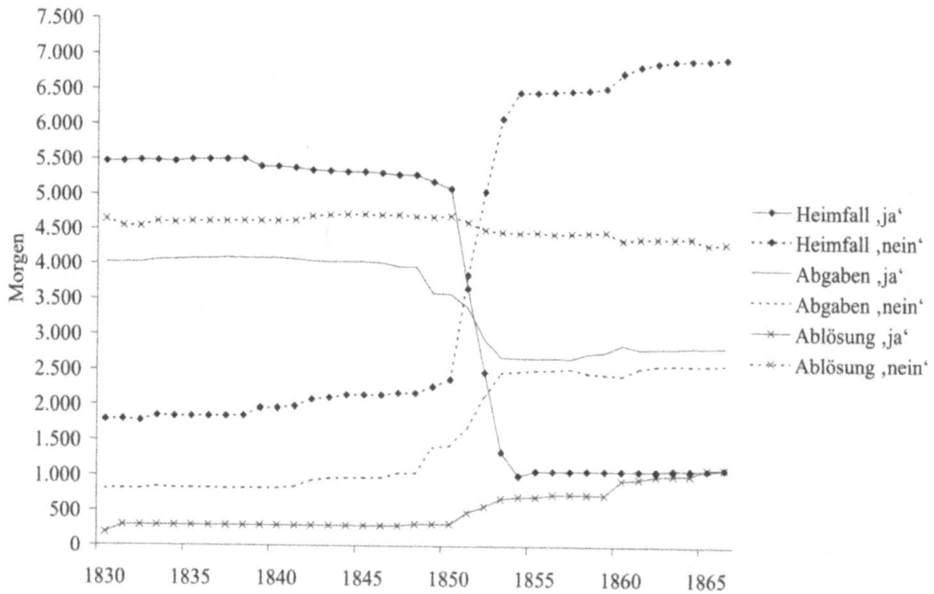

Anm.: Zur Berechnungsweise siehe Text. Quelle: Hypothekenbücher Borgeln und Datenbanken 2006.

verzeichnete Fläche im Lauf der Zeit entwickelte. Die Grundbücher 1, 7 und 10 enthielten den Großteil der Fläche, mindestens 4.100 Morgen. Erbeland im Sinne von Parzellen, deren Besitzer einen auf einem anderen Folium verzeichneten Hof besaß, machte maximal 540 Morgen aus; die Grundbücher 2–6, 8–9 und 11–14 enthielten im Übrigen noch weiteren Kleinbesitz. Auf Erbeland und anderen Kleinbesitz entfielen also fast 80 Prozent der Grundbuchblätter; dabei umfassten diese unter 20 Prozent der zwischen 1830 und 1866 in den Grundbüchern verzeichneten Gesamtfläche.

Die Struktur der in Borgeln bestehenden grundherrschaftlichen, kommunalen und kirchlichen Rechtsansprüche auf bäuerliches Land zeichnet sich durch eine starke Rolle des (in Löhne und Oberkirchen kaum präsenten) Fiskus sowie eine Vielzahl von auch bürgerlichen und bäuerlichen Berechtigten aus. Von der kleinen Stätte Blumroth 8 waren z. B. Handdienste an die Colonien Bimberg, Maaß, Klauke und Dirks zu entrichten, ein erneuter Beleg dafür, dass Colonate als eigene juristische Personen galten.[85] Ungewöhn-

---

Eingesessenen der Dorfschaft Berwicke in der Soester Börde zugehörigen Gemeinheit" 1821–1824, StAMS, Landesamt für Agrarordnung (Aufsichtsakte: Nr. 1139; Urteil: Nr. 1142; Rezess: Nr. 1140). In diesem Fall waren von den 32 Beteiligten je 16 Schulzen und 16 Brinksitzer. Die Schulzen wurden meist nur mit Nachnamen (weil das Recht an die Höfe gebunden war), die Brinksitzer jedoch mit Vor- und Zunamen bezeichnet.

85 LastID 1139.

lich sind die Fälle, in denen z. T. der Unterschicht zugehörige Handwerker grundherrschaftliche Rechte ausübten. Der Soester Schreiner Königs bezog jährlich neben Geldabgaben ein Huhn von Schillers Hof, ein weiteres Huhn von Löers Colonie sowie acht Hühner, ein Schwein und dreizehn Mütte Hafer von Trottenborgs Colonie. Der Leineweber Michel Reinecke teilte sich mit seinen vier Geschwistern jährlich drei Hühner und das Sechstel einer Obsternte von Rudacks kleiner, nur den Hofraum und kaum zwei Morgen Garten umfassender Stätte. Der Großteil der stadtbürgerlichen Grundherren waren allerdings Pastoren, Beamte und Kaufleute.

Freikäufe und Ablösungen von Höfen kamen im Kirchspiel Borgeln und der Soester Börde schon vor dem 19. Jahrhundert vor. Freilassungen von Eigenbehörigen mitsamt ihren Kindern und Höfen erfolgten in der Börde bereits im 17. Jahrhundert.[86] Es gibt zudem Hinweise auf eine breitere Ablösungsbewegung, die etwa zu Beginn des letzten Viertels des 18. Jahrhunderts einsetzte.[87] Der Berwicker Hof Brotte löste sich bereits im Jahr 1774 durch Freikauf von Nehlen.[88] Zu Beginn des 19. Jahrhunderts nutzten Abgabenpflichtige die Möglichkeit, den Garbenzehnten abzulösen oder in eine Geldrente umzuwandeln.[89]

Eine grafische Auswertung der Datenbank (Abbildung 4.4) zeigt, dass die Hochphase der Ablösungen in Borgeln um 1850 bis 1854 lag. Formelle Ablösungen im Sinne von Umwandlungen bestehender Lasten in Rentenpflichten waren dabei relativ selten. Es wurden aber in dieser Zeit die meisten Heimfallrechte und viele Abgabenpflichten gelöscht. Seit den 1850er Jahren, mit einem Schwerpunkt 1861, erfolgte eine Reorganisation der Grundbücher: Die zahlreichen kleinen Erbeland-Folien wurden mit den Haupthöfen zusammengeschrieben.

4.5 Grundherrliche Rechte und ihre Konsequenzen

Hatten Abgaben aller Art, Heimfallrechte oder die Eigenschaft eines bestimmten Grundstücks als Erbeland einen messbaren Einfluss auf die Teilhabe am Bodenmarkt? Wenn das der Fall war, dann muss unbelastetes Land mehr Eigentumsveränderungen erfahren haben als belastetes Land. Um diese Frage zu beantworten, muss man also die Umsatzraten des grundherrschaftlich belasteten Bodens und der unbelasteter Flächen ermitteln und miteinander vergleichen. Es geht dabei nicht allein um die den Eigentümer wechselnde Fläche einer bestimmten Kategorie (auf eine bestimmte Art belastet oder nicht belastet), sondern um das Verhältnis, rechnerisch: den Quotienten, des tatsächlich

---

86 Witzig, Rechtsverhältnisse, S. 4, 30.
87 Ebd., S. 4.
88 Festausschuß und die Vereine des Ortsteiles Berwicke, Berwicke, S. 78.
89 Geck, Beschreibung, S. 394–395.

Tabelle 4.10: Abgabepflichten des Altbesitzers und jährliche Mobilitätsraten (Prozent) des Bodens bei Käufen, 1830–1866

Periode	1830–9	1840–9	1850–9	1860–6	Gesamt
Löhne					
Mobilitätsrate belastetes Land	1,01	3,34	2,21	1,18	1,94
Mobilitätsrate unbelastetes Land	2,33	5,15	3,33	1,63	3,11
Differenz	1,32	1,81	1,12	0,45	1,17
Anzahl belastetes Land	49	97	85	33	264
Anzahl Fälle	73	160	177	69	479
Oberkirchen					
Mobilitätsrate belastetes Land	1,75	1,98	1,18	0,47	1,35
Mobilitätsrate unbelastetes Land	6,4	1,47	1,39	2,28	2,88
Differenz	4,65	–0,51	0,21	1,8	1,54
Anzahl belastetes Land	46	78	90	38	252
Anzahl Fälle	85	147	173	133	538
Borgeln					
Mobilitätsrate belastetes Land	0,37	0,23	0,44	0,32	0,34
Mobilitätsrate unbelastetes Land	0,51	1,41	0,96	0,46	0,83
Differenz	0,13	1,18	0,52	0,15	0,49
Anzahl belastetes Land	5	34	26	16	81
Anzahl Fälle	62	130	110	90	392

Quelle: Datenbanken 2001.

den Eigentümer wechselnden Landes zur gesamten Fläche der betreffenden Kategorie, die allenfalls den Eigentümer wechseln könnte. Es wurde daher für jede einzelne Eigentumsveränderung ermittelt, wie viel Land im betreffenden Untersuchungsgebiet im selben Jahr abgabenbelastet oder heimfallpflichtig war, und wie viel Land nicht abgabenbelastet bzw. nicht heimfallpflichtig war (diese Daten liegen auch den Grafiken in diesem Kapitel zugrunde). Mit dieser Fläche wurde dann der Umfang der jeweiligen Eigentumsveränderung in ein Verhältnis gesetzt. Man weiß also für jede Eigentumsveränderung, wenn sie heimfallpflichtiges Land betraf, einen wie großen Prozentsatz des im jeweiligen Jahr heimfallpflichtigen Landes sie umfasste – und entsprechend, wenn sie nicht heimfallpflichtiges Land umfasste, abgabenpflichtiges oder nicht abgabenpflichtiges; in Borgeln wurde ebenso mit dem Erbeland verfahren. Wenn man sie aufsummiert und auf Jahre umrechnet, ergeben sich aus diesen Prozentsätzen jährliche Raten der Bodenmobilität für das belastete und für das unbelastete Land. Diese werden in Tabelle 4.10 und den darauf folgenden Tabellen dokumentiert.

Abgabenpflichten und Heimfallrechte lassen sich auf zwei verschiedenen Wegen feststellen – beim Käufer / Erwerber und beim Verkäufer / Abgeber der betreffenden Parzellen. In den Grundbüchern ist nämlich bei Eigentumswechseln, die nur einzelne Parzellen umfassen, nicht direkt ersichtlich, ob das Land im gedachten Augenblick des Eigentümerwechsels noch belastet oder unbelastet ist. Eigentümerwechsel stehen in der ersten Rubrik jedes Grundbuchfoliums, die Belastungen des ganzen Foliums und einzelner Parzellen stehen dagegen in der zweiten und dritten Rubrik. Es geht aus den Einträgen der ersten Rubrik nicht hervor, ob eine bestimmte Parzelle mit ihren Lasten oder ohne ihre Lasten übertragen wird, und daher besteht in den Datenbanken auch auf der Ebene der Eigentumswechsel keine Verknüpfung mit Belastungen. Ob Land belastet ist, kann daher einerseits beim Altbesitzer dieses Landes festgestellt werden – wenn es nämlich von einem Folium wegverkauft wird, auf dem Abgaben oder Heimfallrechte lasten – oder andererseits beim Neubesitzer, d.h. wenn es auf einem belasteten Folium zugeschrieben wird. Die jährlichen Raten der Bodenmobilität wurden daher getrennt berechnet, je nach dem ob das jeweilige Grundbuchblatt des Verkäufers oder des Käufers belastet oder unbelastet ist.

Entscheidend für die Interpretation der Tabellen ist die Differenz zwischen den Mobilitätsraten des belasteten und des unbelasteten Landes: Falls grundherrschaftliche Lasten einen Einfluss auf die Mobilität des Bodens bei Käufen, Erbschaften oder Übergaben hatten, dann sollte die Mobilitätsrate des unbelasteten Landes höher sein als die des belasteten Landes.

Zunächst sei der Einfluss von Abgaben aller Art auf die Mobilität des Bodens betrachtet. In der Regel ist der Anteil der im Rahmen von Käufen zirkulierenden Fläche dann deutlich höher, wenn keine Abgaben auf dem abgebenden oder annehmenden Grundbuchblatt haften. Mit anderen Worten, Abgabenpflichten aller Art drückten die Wahrscheinlichkeit, dass Land ver- oder gekauft wurde, deutlich herab. Im Lauf der Zeit glichen sich die Mobilitätsraten des belasteten und des unbelasteten Landes tendenziell an – die Differenz der Mobilitätsraten, also der Überschuss an Mobilität der nicht belasteten Flächen, nahm in allen drei Untersuchungsgebieten ab, was auf eine geringe Bedeutung der ab den 1850er Jahren noch weiterbestehenden Abgaben für die freie Verkäuflichkeit des Landes hindeutet.

Der Überschuss an Mobilität nicht belasteter Flächen ist meist etwas ausgeprägter, wenn man Transaktionen mit solchen Grundstücken betrachtet, die aus der Käufer-Perspektive, also beim Neu-Besitzer belastet waren (Tabelle 4.11). Das deutet darauf hin, dass nicht nur die grundherrschaftlichen Rechte am abgebenden oder verkauften Grundstück selbst Eigentumsveränderungen erschwerten. Es scheint vielmehr auch und gerade die grundherrschaftliche Bindung der Käufer-Grundstücke Eigentumswechsel weniger wahrscheinlich gemacht zu haben. Das ist merkwürdig: Eine Hemmung der Bodenmobilität durch grundherrschaftliche Belastungen der abgebenden Grundstücke – wozu Teilungsverbote und Konsensrechte der Grundherren gehören können – ist aufgrund der Rechtslage zu erwarten, und in dieselbe Richtung müsste sich die Notwendigkeit auswirken, dass die Eigentümer nicht mehr belasteter Flächen durch Verkäufe Geld für die Ablösegelder aufbringen. Aber warum sollte ein Grundherr Einspruch dagegen erheben, dass das Land, an dem er Rechte hat, vergrößert wird? Hier ist eher über die Motivation der Käufer nachzudenken. Die Mobilitätsrate des belasteten Landes setzt sich zusammen aus Käufen ganzer Grundstücke und einzelner Parzellen. Getrennte Analysen zeigen, dass besonders bei Käufen einzelner Parzellen die Besitzer belasteter

Tabelle 4.11: Abgabepflichten des Neubesitzers und jährliche Mobilitätsraten (Prozent) des Bodens bei Käufen, 1830–1866

Periode	1830–9	1840–9	1850–9	1860–6	Gesamt
Löhne					
Mobilitätsrate belastetes Land	1,12	3,12	1,77	1,1	1,78
Mobilitätsrate unbelastetes Land	2,65	6	4,08	1,99	3,68
Differenz	1,53	2,88	2,31	0,89	1,90
Anzahl belastetes Land	57	79	48	22	206
Anzahl Fälle	87	177	185	82	531
Oberkirchen					
Mobilitätsrate belastetes Land	1,74	1,86	0,97	0,91	1,37
Mobilitätsrate unbelastetes Land	7,55	2,24	1,93	1,8	3,38
Differenz	5,81	0,38	0,97	0,89	2,01
Anzahl belastetes Land	44	51	35	35	165
Anzahl Fälle	99	164	194	140	597
Borgeln					
Mobilitätsrate belastetes Land	0,37	0,07	0,52	0,16	0,28
Mobilitätsrate unbelastetes Land	0,53	1,89	0,93	0,57	0,98
Differenz	0,16	1,82	0,4	0,41	0,70
Anzahl belastetes Land	4	7	28	19	58
Anzahl Fälle	62	133	111	90	396

Quelle: Datenbanken 2001.

Grundstücke weniger aktiv waren. Ein Teil der Akteure besaß sowohl belastete als auch unbelastete Grundstücke. Wenn es die Option gab, unbelastete Grundstücke durch Käufe zu vergrößern, war es möglicherweise wenig attraktiv, belastetes Land zu erwerben oder um unbelastete Parzellen zu erweitern.

Betrachten wir nun im Gegensatz zu den kaufförmigen Transaktionen die Erbschaften und Übertragungen, also diejenige Art von Transaktionen, die am ehesten zum Modell einer nicht-marktförmigen, grundherrschaftlich organisierten Zirkulation des Bodens passen. Von einer größeren Mobilität der nicht herrschaftlich gebundenen Flächen kann hier keine Rede sein: Durchgängig übersteigt die Mobilitätsrate des belasteten Landes die des unbelasteten bäuerlichen Eigentum.

Nur in Borgeln und Löhne bestanden Heimfallrechte. Der Gesetzgebung zufolge war mit dem Heimfallrecht in Ostwestfalen ein gutsherrschaftliches Obereigentum verbunden; es ermöglichte ein absolutes Vetorecht der Gutsherren gegen jeden Verkauf und erzwang nach der Deklaration von 1833 den geschlossenen Erbgang unabhängig von den Intentionen der Gutsherren. Es wäre insofern zu erwarten, dass Heimfallrechte eine noch stärkere Bremse gegen die Teilhabe am Bodenmarkt ausmachten als Abgaben generell. Tatsächlich halten sich die Differenzen in der Mobilität des durch Heimfallrechte gebundenen und nicht gebundenen Bodens bei den Käufen in beiden Orten aber

Tabelle 4.12: Abgabepflichten und jährliche Mobilitätsraten (Prozent) des Bodens bei Erbschaften und Übergaben, 1830–1866

	Altbesitzer			Neubesitzer		
	Löhne	Ober-kirchen	Borgeln	Löhne	Ober-kirchen	Borgeln
Mobilitätsrate belastetes Land	3,41	4,37	5,04	3,42	4,4	5,06
Mobilitätsrate unbelastetes Land	2,27	3,16	2,95	2,32	3,25	2,96
Differenz	–1,14	–1,21	–2,1	–1,1	–1,15	–2,1
Anzahl belastetes Land	99	143	124	99	142	132
Anzahl Fälle	163	362	472	169	392	483

Anm.: Zur Berechnungsweise siehe den Text. Quelle: Datenbanken 2001.

ziemlich genau im Rahmen dessen, was auch bei den Abgaben generell festgestellt wurde: Ungebundenes Land war in Borgeln 0,5 bis 0,6, in Löhne 1,7 bis 1,8 Prozent pro Jahr mobiler als durch Heimfallrechte gebundenes – bei Abgaben generell hatten die entsprechenden Werte 0,5 bis 0,7 bzw. 1,2 bis 1,9 Prozent betragen.

In Borgeln bremsten Abgaben und Heimfallrechte die Bodenmobilität in Form von Käufen weit weniger als in Löhne und in Oberkirchen – die Mobilitätsraten des belasteten und des unbelasteten Landes differierten, wie gezeigt, nur um etwa einen halben Prozentpunkt. Erheblich gravierender war der Einfluss, den die Zugehörigkeit des jeweiligen Grundbuchfoliums zur Gruppe derjenigen Grundstücke ausübte, die im ersten, siebten und zehnten Grundbuch verzeichnet waren, also in der Regel nicht zum Erbeland oder dem übrigen Kleinbesitz zählten. Die in den Hof-Grundbüchern verzeichneten Grundstücke wiesen, was die Zirkulation auf dem Wege des Kaufes betrifft, eine Mobilitätsrate von null bis zu einem halben Prozent pro Jahr auf, die in den Erbeland-Grundbüchern verzeichneten Grundstücke dagegen eine Rate von bis zu vier Prozent. Der Effekt war, wie Tabelle 4.14 zeigt, bei Erbschaft und Übergabe genau

Tabelle 4.13: Heimfallrecht und jährliche Mobilitätsraten des Bodens bei Käufen, 1830–1866

	Altbesitzer		Neubesitzer	
	Löhne	Borgeln	Löhne	Borgeln
Mobilitätsrate belastetes Land	0,76	0,23	0,77	0,21
Mobilitätsrate unbelastetes Land	2,47	0,72	2,58	0,82
Differenz	1,72	0,49	1,82	0,61
Anzahl belastetes Land	13	41	14	12
Anzahl Fälle	479	392	531	396

Anm.: Zur Berechnungsweise siehe den Text. Quelle: Datenbanken 2001.

Tabelle 4.14: Eintrag in den Nicht-Erbeland- und den Erbeland-Grundbüchern in Borgeln und jährliche Mobilitätsraten des Bodens bei Käufen sowie bei Erbschaften und Übergaben, 1830–1866

	Kauf		Erbschaft / Übergabe	
	Altbesitzer	Neubesitzer	Altbesitzer	Neubesitzer
Rate GB 1,7,10	0,37	0,24	4,65	4,66
Rate andere GB	1,35	2,07	2,49	2,52
Differenz	0,98	1,82	–2,17	–2,14
Anzahl GB 1,7,10	157	90	124	135
Anzahl Fälle	392	396	472	483

Anm.: Zur Berechnungsweise siehe den Text. Quelle: Datenbanken 2001.

umgekehrt: Die jährliche Mobilität in dieser Form überstieg bei den Hof-Grundstücken die des Erbelandes um durchschnittlich mindestens einen Prozentpunkt.[90]

Nun besteht zwischen grundherrschaftlichen Rechten und der Eintragung in einem der Hof- bzw. Erbeland-Hypothekenbücher ein enger Zusammenhang. Zu Beginn des Untersuchungszeitraums waren 93 Prozent der in den Hypothekenbüchern 1, 7 und 10 verzeichneten Flächen abgabenbelastet, aber nur 11 Prozent der Fläche in den übrigen Büchern. Ab etwa 1849 erhöhte sich der Anteil des freien Hoflandes auf 16 Prozent, im Lauf der 1850er Jahre auf über 30 Prozent; ab den späten 1850er Jahren tauchten dann einzelne abgabenbelastete Kleinbesitzungen in den Erbeland-Grundbüchern auf, die dort bis zu 17 Prozent der Fläche ausmachten. Heimfallbelastetes Land fand sich sogar ausschließlich in den Hof-Parzellen. Die drei Größen ‚Abgaben', ‚Heimfall' und ‚Land in den Nicht-Erbeland-Grundbüchern 1, 7 und 10' sind also stark miteinander korreliert. Von diesen drei Größen übte die Zugehörigkeit zum Nicht-‚Erbeland' oder ‚Hofland', ausgedrückt in der Eintragung in bestimmten Grundbüchern, den deutlich stärksten hemmenden Einfluss auf die Mobilität des Bodens aus.[91] Es scheint also die Qualität des Landes als traditionell familiär transferiertes Hofland bzw. frei verteilbares Erbeland unabhängig von den jeweils noch bestehenden gutsherrschaftlichen Bindungen das Kalkül der bäuerlichen Akteure beeinflusst zu haben. Mit anderen Worten, nicht die konkreten rechtlichen Überreste der Grundherrschaft, sondern die Zugehörigkeit der Parzellen zu den traditionellen Höfen behinderte den Kauf und Verkauf von Land am stärksten.

90 Die für die Bodenmobilität des Erbelandes geschätzten Werte erscheinen dabei leicht konservativ – in der Datenbank wurden bei 85 von 1.130 Transaktionen Bewegungen von Erbelandparzellen mit zu den Transaktionen des Haupt-Hofes hinzugeschrieben; die Mobilitätsrate der Hof-Grundstücke wird dadurch rechnerisch leicht erhöht.

91 Die Entwicklung der 1850er Jahre, als mehr und mehr Hof-Land abgabenfrei und im Zuge der Reorganisation der Grundbücher auch mehr Erbeland bzw. Kleinbesitz mit abgabenbelasteten Parzellen in dasselbe Folium geschrieben wurde, spielt hier keine Rolle, in den 1840er Jahren sind die Differenzwerte besonders hoch.

Einerseits deuten die Ergebnisse dieses Kapitels also darauf hin, dass grundherrschaftliche Rechte einen tatsächlich hemmenden Einfluss auf die Ausbildung von Bodenmärkten hatten – die Bodenmobilität in Form von Käufen war in allen Orten deutlich geringer, wenn auf dem Land Abgaben bzw. Heimfallrechte lagen. Insofern ist es plausibel, eine marktentwickelnde Wirkung des durch die Agrarreformen angestoßenen institutionellen Wandels, insbesondere der Grundentlastung, anzunehmen. Andererseits scheint in Borgeln auch die bereits vergangene – und, wie die in den 1860er Jahren einsetzende Umorganisation der Hypothekenbücher zeigt, obsolete – Eigenschaft von Grundstücken, zum traditionellen und ehemals gutsherrschaftlich gebundenen Hofland zu gehören, eine immobilisierende Wirkung unabhängig von den aktuell bestehenden grundherrschaftlichen Rechten auszuüben. Es käme also darauf an, die jenseits der Gutsherrschaft weiterbestehenden Motivationen der bäuerlichen Akteure zu verstehen, zumindest mit einem Kernbestand ihrer Höfe nicht am Markt teilzunehmen.

Kapitel 5: Zugang zu Land

5.1 Problemstellung

Wie Gérard Béaur argumentiert, bestand im Ancien Régime ein „marché foncier éclaté", ein zersplitterter Bodenmarkt.[1] Ein wichtiger Aspekt dieser Zersplitterung besteht darin, dass nicht jeder in gleicher Weise zum Bodenmarkt der untersuchten Gemeinden Zugang hatte. Im folgenden Kapitel soll es um diese Beobachtung und um die Folgerungen gehen, die aus ihr zu ziehen sind: Waren die Zugangskosten zu hoch, handelte es sich um eine Art Oligopol, war der Bodenmarkt mit anderen Märkten zu sehr verbunden, oder war das gar kein Markt?

Von der Wirtschaftsanthropologie inspirierte Historiker sind oft nicht einverstanden mit der Rolle, die in ihrer Sicht dem Markt von neoklassischen Ökonomen zugeschrieben wird. Ein relativ schlichtes Argument besagt, dass der idealtypische, vollkommene Markt in der historischen Realität kaum vorkommt. Ein ebenso schlichtes Gegenargument betont, dass in der ökonomischen Diskussion durchaus nicht der vollkommene Markt als alleinige Marktform postuliert wird – es gibt etliche Schwundstufen des Marktes, bis hin zum aus nur zwei Akteuren bestehenden Mindestmarkt. Insbesondere hebt die Transaktionskostenökonomie die Annahme eines kostenlos für alle zugänglichen Marktes auf. Douglass North hält deshalb in seiner Polemik gegen Polanyi[2] dessen Kategorien Reziprozität und Umverteilung als Alternativen zum Marktbegriff letztlich für überflüssig: Märkte, wenn auch nicht dem ursprünglichen Modell des vollkommenen Marktes entsprechende, seien immer schon der wichtigste Weg gewesen, Güter zirkulieren zu lassen, und im 19. Jahrhundert sei nur das Aufkommen preisbildender Märkte neu gewesen.

Für Historiker stellt sich die Frage, welcher Marktbegriff nützlich ist, um Unterschiede zwischen empirisch beobachtbaren Vorgängen zu fassen. Der immer schon überall

---

1 Béaur, Le marché foncier éclaté.

2 North, Markets.

vorkommende, aber kaum definierte nichtpreisbildende Markt Norths hilft hier nicht weiter – dass man alle möglichen Varianten von Austausch ‚Markt' nennen kann, mag zutreffen, erklärt aber nicht, weshalb sie sich unterscheiden. Durchaus nützlicher ist der von North verworfene neoklassische Marktbegriff, auch wenn es sich dabei um einen historisch kaum vorkommenden Idealtyp handelt. Dieser Ansatz führt zur Frage nach Abweichungen vom Idealmarkt, also nach Marktformen und Marktunvollkommenheiten. Für das vorliegende Kapitel bedeutet das: Es ist zu fragen, ob sich die Käufer oder Verkäufer jeweils in einer Monopolstellung befanden, etwa weil es sich beim Boden um ein nicht hinreichend homogenes Gut handelte, und ob die Zugangskosten zum Bodenmarkt für bestimmte Akteure besonders hoch oder besonders niedrig waren. In diese Reihe gehört auch die im Kontext von Marktversagen seltener diskutierte Frage, inwiefern der Bodenmarkt mit anderen Märkten und Handlungssphären verknüpft ist (Bardhan).[3] Denkbar ist es allerdings auch, dass der neoklassische Marktbegriff auf den überwiegenden Anteil der beobachtbaren Transaktionen auch in verdünntester und eingeschränktester Form weniger gut passt als Polanyis Kategorien von Umverteilung und Reziprozität.

5.2 Akteure

Zunächst sei nach den Akteuren gefragt, deren Marktauftritte bzw. Transaktionen wir beobachten können. Ungebundene Einzelpersonen machten nur einen Teil dieser Akteure aus (Tabelle 5.1). In Löhne bestanden die Akteure bei Erbschaften, Übergaben und Käufen gleichermaßen aus Einzelpersonen und Ehepaaren, in Oberkirchen spielten Ehepaare dagegen keine Rolle. Vor allem bei (Intestat-)Erbschaften, aber auch bei Käufen waren Geschwistergruppen stark vertreten. Diese agierten nicht als gemeinsame Betriebsführer, vielmehr wurde im Rahmen eines mehrstufigen Erbgangs das Ausscheiden Einzelner aus einer Geschwistergruppe über einen Kaufvertrag organisiert. In Oberkirchen machten Geschwistergruppen, z. T. um andere Personen ergänzt, 60 Prozent der Empfänger von Erbschaften aus (gemessen in Reinertrag: 120 Fälle mit 2.571 Talern). Geschwistergruppen und erweiterte Geschwistergruppen verkauften und übergaben ihr Land fast immer an einzelne Mitglieder der Gruppe selbst, ein Geschwister mit seinem Ehegatten oder eine Teilgruppe der jeweiligen Erbengemeinschaft (nur 9 Prozent der Verkäufe und 2 Prozent der Übergaben von Erbengemeinschaften gingen nicht an deren Mitglieder). Vereinzelt schieden auch Einzelne im Rahmen von Übertragungsverträgen aus der Geschwistergruppe aus, bevor diese ganz aufgelöst wurde. Zum Beispiel erbten nach dem Tod des Johann Ferdinand Lorenz Hennecke-Cordes im August 1832 zunächst alle zehn Kinder gemeinsam die etwa 300 Morgen, die dieser in der Oberkirchener Ge-

---

[3] Bardhan, Interlocking factor markets.

Tabelle 5.1: Zusammensetzung der Empfänger von Erbschaften, Übergaben und Käufen nach Einzelpersonen, Ehepaaren und Geschwistergruppen (Prozent)

		Löhne	Oberkirchen	Borgeln
Erbschaft	Einzelperson	67	40	24
	Ehepaar	24	0	6
	Geschwister	2	28	5
	Geschwister und andere	5	31	45
	andere	2	0	21
Übergabe	Einzelperson	38	77	78
	Ehepaar	59	8	20
	Geschwister	1	11	1
	Geschwister und andere	1	4	0
	andere	2	0	0
Kauf	Einzelperson	58	77	75
	Ehepaar	34	5	22
	Geschwister	1	17	0
	Geschwister und andere	2	0	1
	andere	5	1	2

Quelle: Datenbanken 2006.

meinde Sorpe besaß. Im Juli 1837 kaufte der Sohn Johann Franz Anton den Anteil seiner Schwester Anna Maria Elisabeth; im September 1841 die Anteile dreier weiterer Geschwister, im Mai 1849 erwarb er den Anteil seiner Schwester Anna Maria und im August die Anteile der übrigen Geschwister.[4] In Borgeln gelangten über Kauf und Übergabe fast immer Einzelne und Paare an Land; Erbschaften dagegen gingen typischerweise an Gruppen, die aus Geschwistern und dem überlebenden Elternteil zusammengesetzt waren.

Tabelle 5.2 zeigt für den Teilbereich der Käufe unter nicht nahe verwandten Partnern, wie klein die Zahl der den Bodenmarkt mehrfach nutzenden Personen war: Ein gutes Drittel aller Landeigentümer nahm nie am (eng definierten) Marktgeschehen teil, der größte Teil der anderen nur sporadisch. Man wird eher von großer Marktmacht der wenigen Verkäufer als von einer auf wenige Käufer beschränkten Nachfrage sprechen wollen. In Oberkirchen entfielen allein auf den Schultheiß Nückel 33 Transaktionen; Nückel hatte aus einem vom Onkel übernommenen mittleren Bauernhof in Winkhausen einen Großgrundbesitz gemacht. Der Ortsvorsteher Imort (50 Transaktionen) hatte keinen Hof geerbt, sondern als Kommerziant (und zeitweise Holzschuhmacher) Geld für sukzessiven Landerwerb angespart. Auf Zugang zu Nückel und Imort, die auch zu den größten Kreditgebern in ihren Gemeinden gehörten, kam es an, wenn man Land brauchte. In Borgel kamen ähnliche Dorfpatrone nicht vor; für eine Häufung von Transaktionen sorgte umgekehrt die Auflösung eines einzelnen großen Hofes (der Dierks-Colonie).

4 Datenbank Oberkirchen, EID 689–693.

Tabelle 5.2: Anzahl der Marktauftritte als Käufer und Verkäufer

Löhne	Verkäufe									
Käufe	0	1	2	3	4	5	< 11	< 21	21 +	Summe
0	85	41	15	4	3	1	3	0	0	152
1	49	28	7	3	2	1	3	0	1	94
2	14	5	5	5	0	1	0	0	0	30
3	8	4	1	3	2	1	0	0	0	19
4	2	2	0	1	1	0	1	0	0	7
5	1	1	0	0	0	0	1	0	0	3
< 11	1	1	1	2	0	0	0	1	0	6
< 21	1	1	0	0	0	0	0	0	1	3
Summe	161	83	29	18	8	4	8	1	2	314
Mehr als fünfmal als Verkäufer oder als Käufer auftretend:										6%
Weder als Verkäufer noch als Käufer auftretend:										27%

Borgeln	Verkäufe									
Käufe	0	1	2	3	4	5	< 11	< 21	21 +	Summe
0	190	57	14	4	2	2	4	1	0	274
1	97	19	4	2	0	1	0	1	1	125
2	25	10	1	0	0	1	0	0	0	37
3	10	2	0	0	0	1	0	0	0	13
4	4	2	0	1	0	0	1	0	0	8
5	2	0	0	0	0	0	0	0	0	2
< 11	5	2	1	0	0	0	0	0	0	8
< 21	0	0	0	0	0	0	0	0	0	0
Summe	333	92	20	7	2	5	5	2	1	467
Mehr als fünfmal als Verkäufer oder als Käufer auftretend:										4%
Weder als Verkäufer noch als Käufer auftretend:										41%

Oberkirchen	Verkäufe									
Käufe	0	1	2	3	4	5	< 11	< 21	21 +	Summe
0	211	66	16	2	6	0	3	1	0	305
1	89	24	7	6	1	0	2	0	0	129
2	34	9	3	2	0	0	3	1	0	52
3	15	4	2	0	1	0	0	0	0	22
4	4	0	0	2	0	0	0	0	0	6
5	3	1	0	0	1	0	0	0	0	5
< 11	4	0	0	0	1	0	0	0	0	5
< 21	0	0	0	0	0	1	0	0	1	2
Summe	360	104	28	12	10	1	8	2	1	526
Mehr als fünfmal als Verkäufer oder als Käufer auftretend:										3%
Weder als Verkäufer noch als Käufer auftretend:										40%

Quelle: Datenbanken 2006 (nur Transaktionen unter nicht nahe verwandten Männern).

5.3 Unauflösbare Einheit Hof?

Neben der geringen Zahl der Akteure könnte eine weitere Zugangsschranke für den Bodenmarkt darin bestehen, dass (zeitgenössischen Ideologien folgend) der Bestand von Höfen kulturell so stark sanktioniert war, dass allenfalls soziale Außenseiter (‚Güterschlächter') einen von ihnen erworbenen Hof aufzuteilen bereit waren. Das könnte bedeuten, dass die völlige Zerschlagung eines Hofes nicht vorkam, oder strenger, dass die Hofgrößen über die Zeit hinweg stabil blieben.

In Löhne steht ein Feldregister von 1745 zur Verfügung, aus dem Flächenangaben in Morgen ersichtlich sind.[5] Wenn man diese in Beziehung setzt einerseits zu den Flächen derselben Höfe bei der frühesten im Grundbuch erfassten Übergabe, meist in den 1820er Jahren, und andererseits zu der Fläche, die diese Höfe laut dem Kataster von 1830 umfassten, dann zeigt sich ein durchschnittlicher Anstieg der Hofgröße um 158 Prozent (bis zur Erfassung im Grundbuch) bzw. 195 Prozent (bis 1830). Mit anderen Worten, in den 85 Jahren bis zum Beginn unseres Untersuchungszeitraums wuchs der durchschnittliche Hof auf das Dreifache. Bei neun der 83 im Feldregister von 1745 verzeichneten Höfe sank allerdings die Fläche zumindest zeitweise; zwei davon verschwanden ganz (Tabelle 5.3). Der durch ein rapides Wachstum der individuell bewirtschafteten Flächen zu Lasten der kollektiv bewirtschafteten Gemeinheiten gekennzeichnete Kontext in Löhne deutet also auch nicht darauf hin, dass die bäuerlichen Besitzer nach Stabilität von Hofgrößen strebten.[6] Eher war Vergrößerung das Ziel; die völlige Auflösung von kleineren alten Höfen war dabei durchaus möglich.

Zwischen 1830 und 1866 waren die Größen der untersuchten Grundstücke ebenfalls in Bewegung. Anstelle einer statistischen Darstellung seien nur diejenigen Löhner Fälle genauer betrachtet, in denen ein größeres Grundbuchgrundstück (von mehr als zwanzig Morgen) entweder vollständig oder bis auf einen Rest von bis zu einem Fünftel verschwand. Ermittelt wurden neun solche Fälle. Drei davon sind als Umschreibungen auf ein neues Grundbuchblatt erklärbar. Löhne-Königlich 7 wurde z. B. vom Schwiegersohn der Hofbesitzer für 3.300 Taler gekauft und unter Übernahme der Schulden auf ein neues Grundbuchblatt umgeschrieben – ein innerfamiliärer Kauf, keine Zerschlagung des Hofes.[7] Es bleiben sechs Fälle.

Bemerkenswert ist zunächst der Fall des Hofes Löhne-Beck 4, der von über 28 Morgen im Jahr 1845 auf viereinhalb Morgen 1866 reduziert wurde. Der Hof war zunächst

---

5 Vgl. oben Tabelle 5.1.

6 Was Mitte des 20. Jahrhunderts durchaus als Ziel bäuerlichen Wirtschaftens gesehen wurde: „Vornehmstes Ziel des westfälischen Bauern war und ist es, seine eigene Versorgung zu sichern, deshalb den Bestand seines Hofes zu halten", Müller-Wille, Westfalen, S. 91.

7 Löhne königlich 7, GB 1 – fol. 7 (59), umgeschrieben auf GB 3 – fol. 103 (EID 351). Die weiteren Fälle: Löhne königlich 27, GB 1 – fol. 27 (189); Umschreibung zu GB 1 – fol. 56 (315). Löhnebeck 16, GB LöB1 – fol. 16 (121), übertragen nach GB 4 – fol. 176.

Tabelle 5.3: Höfe mit zwischen 1745 und der Erfassung in Grundbuch oder Kataster sinkender Fläche in Löhne

Haus-Nr.	Fläche 1745 (Morgen)[a]	Morgen Grundbuch[b]	Jahr[c]	Zunahme seit 1745 (%)	Morgen Kataster 1830	Zunahme seit 1745 (%)
Beck 8	18	13	1838	–30	32	78
Beck 35	1	5	1826	365	0	–100
Königlich 2	39	29	1794	–25	20	–49
Königlich 7	52	45	1852	–13	60	15
Königlich 8	32	27	1858	–14	37	16
Königlich 27	31	17	1844	–45	41	32
Königlich 25	11	0		–100	0	–100
Königlich 34	2	0		–100	0	–100
Königlich 31	10	3	1830	–68	4	–60

Anm: a) Feldregister, StAMS Krieg- und Domänenkammer Minden, 531–536. b) Fläche bei erster in Grundbüchern fassbarer Komplettübergabe. c) Jahr der ersten in Grundbüchern fassbaren Komplettübergabe. – Quellen: Siehe Anm. a) und Datenbanken 2001.

im Besitz von Cord Henrich Schäfer (OFBID 2030) und seiner Frau Anna M. E. Grabbert (OFBID 2029); die beiden hatten 1798 geheiratet. Cord Henrich starb 1820. Seine Witwe übertrug den Hof 1821 an ihren Sohn Friedrich H. W. Grabbert mit dessen Frau Anna M. I. Bögeholz, ließ sich aber Leibzuchts- und Nießbrauchsrechte eintragen.[8] Nach dem Tod der Mutter im Jahr 1834 nahmen Friedrich und Anna erhebliche Hypotheken auf: 1838 1.200 Taler zu 4,5 Prozent Zinsen von David Wilhelm und Friedrich Arnold Kroenig, 1840 100 weitere Taler – das entspricht den Zinsen für zwei Jahre – vom Bielefelder Handlungshaus Kroenig, 1842 225 weitere Taler von David Wilhelm und Johanne Friederike Kroenig.[9] Wofür die Kredite verwendet wurden, ist unbekannt. Eine ausstehende Verpflichtung, Friedrich Grabberts jüngstem Bruder einen Brautschatz zu zahlen, war bereits 1836 gelöscht worden; diese umfasste an Bargeld nur 100 Taler, dazu einen halben Brautwagen, einen Sack Roggen sowie Kuh, Schwein, Ehrenkleid und Bett.[10]

1845 traten Friedrich und Anna Grabbert den Hof – ohne dass ein Preis genannt würde – an Ernst Friedrich Wilhelm Meier aus dem benachbarten Obernbeck und dessen Frau Catharina Möhlmann ab.[11] Weder die Verwandtschaftsbeziehung zu Meier noch die Motivation dieses Rückzugs – ob sie nicht mehr wirtschaften konnten, nicht mehr wollten oder nicht mehr sollten – sind bekannt; die beiden waren erst 46 bzw. 48 Jahre alt. Friedrich Grabbert wurde danach als Leibzüchter auf seinem früheren Hof bezeichnet,

8 LastID 1012.

9 LastID 417–419. Zur Familie Kroenig gehörten Bielefelder Kaufleute; Heinrich Wilhelm Kroenig wurde als „Geheimer Obertribunalsrath in Berlin“ bezeichnet.

10 LastID 416.

11 EID 888.

und für beide wurde ein Leibzuchtsrecht auf dem Hof Löhnebeck 4 eingetragen.[12] Anna starb 1855 in Löhne an Krebs, immer noch mit der Wohnortsangabe „Löhnebeck 4"; Friedrich starb außerhalb von Löhne; Kinder hatten die beiden nicht. Die neuen Besitzer bekamen bis 1849 drei Töchter, die alle drei im Taufbuch mit dem Namen des Hofes, Grabbert, bezeichnet wurden. Sie verschwanden dann aber wieder aus den Löhner Quellen.

Auf dem verschuldeten Hof wurde weiterhin Bargeld gebraucht. Im Januar 1847 verkaufte Meier im Januar 1847 eine Parzelle für 40 Taler an Carl Henrich Imort; noch im November kaufte er dann von Imort zwei andere für 50 Taler.[13] Der Kommerziant und Ortsvorsteher Imort stellte also kurzfristig Geld zur Verfügung, das er nicht hypothekarisch, sondern durch Eigentumsrechte absicherte. Dabei machte Imort ein gutes Geschäft: Er kaufte für 40 Taler eine Parzelle mit dem Reinertragswert von 2,28 Talern und verkaufte für 50 Taler Land mit dem Reinertragswert von 1,13 Talern. Im Februar desselben Jahres wurde eine Hypothek von 126 Talern für den Herforder Kaufmann Michael Daniel Ganz eingetragen, der Geld aus ausstehenden Forderungen an die Köln-Mindener Eisenbahn vorgestreckt hatte.[14] Es folgen im selben Jahr weitere 100 Taler von Ganz und 150 Taler, zu 5 Prozent verzinst, von Manchen Weinberg. Die Kaufleute Weinberg war in Herford ansässig; ihre Vornamen (Manchen, Sara, Alexander) deuten darauf, dass sie Juden waren. Im Januar 1848 ließ das Land- und Stadtgericht Herford schließlich die ungerade Summe von 76 Talern 12 Silbergroschen und vier Pfennigen Gerichtskosten hypothekarisch absichern; worum es in dem offenbar verlorenen Prozess ging, geht aus dem Grundbuch nicht hervor. Etwa gleichzeitig stellte Manchen Weinberg weitere 100 Taler zur Verfügung. Es folgt eine Hypothek für 27 Taler Kosten und Portoauslagen zugunsten von Ludwig Beckhaus, einem in Löhne mehrfach auftretenden Rechtsanwalt und Justizrat. Im Februar 1848 wurden weitere Prozesskosten abgesichert: Michael Daniel Ganz ließ 22 Taler 15 Sgr. 4 Pf. „Judikat und Kosten" eintragen; der Mindener Kaufmann Ludolf Heinrich Vogeler tat dasselbe mit 35 Talern. Im Juni 1848 stellte Manchen Weinberg einen erneuten Hypothekarkredit von 100 Talern zur Verfügung. Im Oktober ließ Alexander Benedix Weinberg eine kleine Summe (13 Taler) „Judikat und Kosten" hypothekarisch absichern; es folgen 98 Taler von Johann Heinrich Dreyer, einem Dienstknecht in Elverdissen (möglicherweise ausstehender Lohn), und 300 Taler „Kaution zur Sicherheit für diverse Verpflichtungen" zugunsten von Alexander B. Weinberg. Im November 1848 werden 49 Taler für Michael Daniel Ganz eingetragen; es folgen sieben Taler für Mandats-Gebühren und Kosten eines Zahlungsbefehls von Henrich Wilhelm Imort (eingetragen am 22.2.1849). Alexander Weinberg und Carl Henrich Imort ließen weitere Kleinbeträge (2 plus 8 Taler) aus Gerichtskosten und Zahlungsbefehlen eintragen. Im Juli 1849 trat erstmals eine Frau als Kreditgeberin auf: die Ehefrau

---

12 LastID 1013, nie gelöscht.

13 EID 218 (Preis pro Taler Steuerertrag: 12,9 Reichstaler) und EID 1104 (Preis pro Taler Steuerertrag: 44 Reichstaler).

14 LastID 420; die folgenden Lasten haben die LastIDs 421–438.

Dorothee Wilhelmin Sortriede aus Herford mit 150 Talern. Im November 1849 folgte erneut die Gerichtskasse Herford mit weiteren 2 Talern, 28 Groschen und 1 Pfennig Gerichtskosten.

Am 15. Dezember 1849 kaufte Alexander Benedix Weinberg, also einer der Gläubiger, den Hof für 2.555 Taler.[15] Die Datenbank verzeichnet das alte Besitzer- und nunmehrige Leibzüchterpaar Grabbert, nicht Meier, als Abgeber. Das Preisniveau lag mit 42 Talern pro Taler Reinertrag in derselben Größenordnung, die in den 1840er Jahren bei Komplettkäufen von Höfen üblicherweise gezahlt wurde (im Mittel 54 Taler, bei einer hohen Standardabweichung von plus / minus 63 Talern). Der Preis entsprach ziemlich genau der Summe der aufgelaufenen Hypothekarschulden, bis zu diesem Zeitpunkt 2.590 Taler, und diese wurden in den folgenden Jahren ausnahmslos getilgt. Zuerst wurden im April 1850 die Ansprüche des Dienstknechts Dreyer, der Ehefrau Sortriede, der Imorts sowie zum Teil die der Weinbergs, des Kaufmanns Ganz und des Gerichts gelöscht. 1854 und 1855 wurden Renten- und Zehntansprüche der Güter Steinlake und Beck sowie restliche Ansprüche des Kaufmanns Ganz gestrichen; schließlich 1856 und 1857 der erste große auf dem Besitz lastende Hypothekarkredit der Kaufleute Kroenig sowie die restlichen Ansprüche Alexander Weinbergs und der Gerichtskasse.[16]

Parallel zu den Löschungen der alten Kredite verkaufte Alexander Weinberg Land. Für 80 Taler erwarb noch im Januar 1850 Manchen Weinberg zwei Parzellen, die er 1856 für 212 Taler an die Hannoversche Eisenbahn weiterverkaufte.[17] Die meisten Käu-

---

15 Dies ist der einzige nachweisbare Fall, in dem in unseren Untersuchungsgebieten jüdische Kaufleute einen Hof erwarben und aufteilten. Dass ein ähnlicher Fall in Borgeln vorkam, ist möglich, aber nicht überprüfbar: Der bei Abraham Neukircher verschuldete Dirkshof wurde um 1841 weitgehend (bis auf die Gebäude und wenige Restparzellen) verkauft; einzelne Parzellen wurden von verschiedenen Borgelner Colonen erworben. Es geht aus dem Grundbuch aber weder hervor, an wen der Großteil der Flächen verkauft wurde, noch wer danach als Verkäufer einzelner Parzellen auftrat (nur die Nummer der Grundakten ist angegeben; diese sind inzwischen aber anders sortiert). Jüdische Hypothekarkreditgeber traten in Borgeln häufiger auf als in Löhne und Oberkirchen. Es gibt aber nur wenige Fälle, in denen sie auch Landeigentum erwarben: Herz Stern, Handelsmann in Hovestadt und Rentier in Soest (Borgeln GB 7 – fol. 73 (21); laut GB 7 – fol. 100 (135) auch Lotterie-Einnehmer, laut GB 3 – fol. 98 (292) auch Gutsbesitzer) kaufte 1842 die kleine Stätte Blumroth 9 und verkaufte sie 1843 als Ganzes weiter. 1846 verkaufte er einen Acker und 1851 für 1.000 Taler vier große Parzellen Wiesland. Jacob Rosenberg, Handelsmann zu Soest (GB 5 – fol. 287 (211): zu Oestinghausen) trat 1835 als Käufer einer Ackerparzelle auf, die er sofort weiterverkaufte; im selben Jahr verkaufte er auch eine Erbpacht weiter. Ausschließlich als Verkäufer einzelner Parzellen (zusammen mit Neukircher) trat Markus Rosenberg auf. In Oberkirchen war der Winterberger Handelsmann Abraham Winterberger der einzige jüdische Kreditgeber, der sich bei einer Subhastation als einer von mehreren Landkäufern beteiligte.

16 Im Februar 1850 erfolgte eine „Kaufgelderbelegungsverhandlung“, bei der die Gerichtskasse, Manchen und Alexander Weinberg weitere Forderungen in Höhe von 178 Talern festschrieben (LastID 438). Diese Hypothek wurde 1857 ebenfalls gelöscht, zu diesem Zeitpunkt waren die „Kaufgelder“ also vollständig „belegt“ (durch Rückzahlung der verschiedenen Hypotheken abbezahlt).

17 EID 250 und 520.

fer waren aber Löhner Bauern mit 20 bis 50 Morgen Landbesitz; auch der Landrat und Gutsherr Borries kaufte zwei Parzellen. Ein Teil der Käufer (Imort, Borries, Eschedor) kultivierte das erworbene Ödland oder baute darauf in den folgenden Jahren ein Haus. Insgesamt handelte es sich um elf Verkäufe von 1850 bis 1865, 19 Morgen Land gegen Zahlungen von zusammen 1.912 Talern (das Preisniveau entsprach wieder etwa dem dieses Jahrzehnts). Der Rest des Hofes – acht Morgen mit den Gebäuden – wurde 1865 für 2.020 Taler von Alexanders Witwe Sara Weinberg an Gottlieb Markmann verkauft, einen Neubauern, der zuvor nur ein Haus mit etwas Heide (1866 in Acker umgewandelt) besessen hatte. Auch diese 2.020 Taler waren kein ungewöhnlicher Preis. Markmann konnte den Hof nicht sofort bezahlen; 1.600 Taler Kaufgelder blieben als Hypothek bestehen und wurden erst 1904 gelöscht. Markmann übernahm 1865 zudem die noch auf dem Hof liegenden Lasten: Spanndienste und Eier für Pfarrer und Küster, dazu die Leibzuchtsrechte der früheren Eigentümer Anne Boegeholz und Friedrich Grabbert – mindestens der Witwer dürfte zu diesem Zeitpunkt also noch gelebt haben. Die Erlöse aus den Verkäufen summierten sich auf 3.932 Taler, überstiegen also den Kaufpreis von 2.555 Talern um weniger Geld, als Sara Weinberg dem letzten Käufer des Hofes stundete. Berücksichtigt man nur die bis 1865 effektiv gezahlten Gelder, dann machte die Familie Weinberg also ein Verlustgeschäft.

Waren die Weinbergs also ‚Güterschlächter'? Formal mag das zutreffen: Der Hof verlor den Großteil seines Landes. Wenn dem Hof im Sinne eines bestimmten Bestandes an Land und Gebäuden ein Wert an sich zukam, dann wurde dieser beschädigt. Andererseits ermöglichte Alexander Weinberg, indem er das Eigentum vorübergehend selbst übernahm, eine Umschuldung: Kurzfristige Forderungen wurden beglichen und der verkleinerte Hof, weitgehend auf langfristiger Kreditbasis, einem Neubauern zur Verfügung gestellt. Man kann also auch sagen, dass der Hof – im Sinne des Betriebes, nicht der Gesamtfläche – gerettet wurde. Die markttheoretisch-darwinistische Vorstellung einer ‚Bewegung des Bodens zum besseren Wirt' mag in der Regel nicht überprüfbar sein, denn wir können nicht objektiv entscheiden, welche Wirte besser und welche schlechter sind.[18] Wir wissen auch nicht, wofür die von den Ehepaaren Grabbert und Meier aufgenommenen Kredite verwendet wurden – vielleicht für sinnvolle und unumgängliche Zwecke. Eine Wertung, wonach sie ‚schlechte Wirte' und der Neubauer Markmann – der schon in sein erstes Stück Ödland viel Arbeit investiert und es in Ackerland umgewandelt hatte – ein ‚besserer Wirt' war, scheint aber zumindest nicht ganz absurd.

Andere Verkleinerungen bestehender Höfe liefen weniger komplex ab. Löhnebeck 5, ein Hof von 1839 noch 44 Morgen, war bei verschiedenen örtlichen und regionalen Honoratioren verschuldet, angefangen mit Fräulein Diederichs in Herford, dem evangelischen

[18] In der klassischen Entwicklungstheorie gelten als ‚bessere Wirte' die kapitalstarken Gutsbetriebe im Gegensatz zu (klein)bäuerlichen Betrieben; für eine kritische Diskussion siehe Kopsidis, Marktintegration, S. 3–21.

Konsistorialrat Dr. Hanff in Minden, dem Ortsvorsteher Imort und dem Landrat Borries. 1842 wurden diese Schulden gelöscht und sechs Löhner Bauern – darunter Imort – stellten bis 1844 eine neue Hypothek von 760 Talern zur Verfügung. Bereits 1840 hatten erhebliche Landverkäufe eingesetzt, 28 Morgen wurden an 13 verschiedene Colone verkauft. 1843 kam es schließlich zur Subhastation; J. Dietrich Osterhage kaufte für 535 Taler die letzten 8 Parzellen. Auch hier ist nicht sicher, dass die zum Zweck der Umschuldung eingesprungenen Geldgeber aus dem Erlös des Verkaufs bezahlt werden konnten; andererseits waren die meisten unter ihnen als Käufer an der Aufteilung des Hofes beteiligt. Was ‚Güterschlächtern' vorgeworfen wird, war also auch Praxis Löhner Bauern.

Seit den 1820er Jahren stark verschuldet war auch der Hof Löhne-Königlich 2, das Hepersche Colonat: 400 Taler von einem Herforder Kirchenfunktionär, 50 Taler von der Armenkasse in Löhne, 80 Taler von Carl Henrich Imort, 250 Taler von einem Oberbecker Colonen Moenermann – hier wurde als Zinszahlung die Nutzung von Hepers Wiesen vereinbart –, schließlich wurden 60 Taler Abfindung für die Tochter hypothekarisch gesichert; vereinbart wurden jährliche Raten von 10 Talern.[19] 1829 hatte der Hof noch 29 Morgen umfasst, bis 1854 blieben davon noch 1,3 Morgen. Zu den Käufern gehörte eine gutes Dutzend Löhner Bauern, darunter auch Carl Henrich Imort.

Carl Henrich Imort spielt in den übrigen drei ermittelten Fällen von verschwindenden Grundstücken eine noch stärkere Rolle. Löhnebeck 47 umfasste fast 75 Morgen.[20] Dies war Heideland mit zwei Hausplätzen, das der Gutsherr Borries an Imhof für 34 Taler jährlich vererbpachtete; Imort verkaufte die Erbpachtverträge an verschiedene Neubauern weiter. Dreckmeyers Colonat, Löhne-Königlich 35, wurde von Imort 1832 gegen Übernahme der Schulden und eine Zugabe von 100 Talern gekauft.[21] Dreckmeyer hatte den Hof erst 1827 von seinem Vater übernommen und 1828 Catharine Schalk aus Bünde geheiratet. Für den Verkauf sind zwei Interpretationen möglich: Einerseits starb Dreckmeyer erst 32jährig im Dezember 1833 an der „Auszehrung", vermutlich also einer chronischen Krankheit. Es ist möglich, dass er körperlich schon 1832 nicht mehr in der Lage war, den Hof zu bewirtschaften. Andererseits waren die Schulden nicht unerheblich: Brautschätze bzw. eine Abfindung für das Anerbenrecht von je 100 Talern für fünf Geschwister, seit 1821 150 Taler bei der Kirche, 1827 50, 1828 weitere 300 Taler bei Imort, ebenfalls 1828 der ungerade Betrag von 52 Talern 5 Silbergroschen 2 Pfennigen bei einem Herforder Handelsmann (das deutet auf nicht beglichene Rechnungen von Konsumgütern); schließlich sprang Dreckmeyer 1829 trotz seiner eigenen Finanzknappheit mit einer Bürgschaft von 400 Talern für den Müller Christian Schalk, vermutlich seinen Schwager oder Schwiegervater ein, der bei dem Gutsbesitzer von Puttkammer zu Övelgönne verschuldet war. Imort übernahm den Hof mit einem Flächenbestand von etwa 20

19 GB 1 – fol. 2 (14).

20 GB LöB1 – fol. 47 (271).

21 EID 154, GB 1 – fol. 35 (237); die Hausnummer (ohne Haus) ging mit drei Parzellen von etwa 7 Morgen über auf das Grundbuchblatt GB 2 – fol. 94 (273).

Morgen, vier einzelne Verkäufe in den Jahren 1832 bis 1840 summierten sich auf 15 Morgen und einen Erlös von 644 Talern. Zumindest falls die Bürgschaft jemals fällig geworden sein sollte (1850 wurde sie auf ein anderes Grundbuchblatt übertragen und gelöscht) und wenn die (1843 gelöschten) übrigen Schulden bezahlt wurden, war das ein ausgesprochenes Verlustgeschäft.

Löhnebeck 8, der Hof von Johann Trampe und Anne Rahe, war schließlich mit 300 Talern nicht hoch verschuldet.[22] Imort kaufte ihn 1833 für 1.000 Taler, und die Altbesitzer verschwanden aus dem Kirchspiel. Auf ihre Motive gibt es keine Hinweise; anscheinend gab es attraktivere Optionen, als einen Hof zu besitzen.[23] Die folgende Auflösung des Hofes – Imort reichte einen Teil für über 200 Taler zwischen 1838 und 1839 sukzessive an einen Sohn weiter und gliederte 1847 den Rest seinem eigenen Grundstück Löhne-Königlich 49 an – erfolgte auf dem Wege von Umschreibungen und innerfamiliären Verkäufen.

Imorts Agieren macht deutlich, dass der Respekt vor dem Bestand eines Hofes bei einem der wichtigsten, erfolgreichsten und bestens vernetzten Funktionsträger der bäuerlichen Gesellschaft in Löhne nicht größer war als bei einem städtischen Kaufmann und ‚Güterschlächter' wie Alexander Weinberg. Seine Karriere wirft zudem generell Zweifel auf die Vorstellung, es hätten in Westfalen die Höfe die Lebensläufe determiniert, es sei also der Hof wichtiger gewesen als das Individuum.

Das beginnt damit, dass Imorts Ressourcen nicht im Erbgang erworben wurden. Weder er selbst, der 1782 geborene älteste Sohn von Johann Heinrich (Gerd) Imort und Maria Clara Meyer, noch seine Frau waren Hoferben. 1811 hatte er die 1790 geborene Anne Catharine Marie Louise Brinkmann geheiratet; erste Berufsangaben in den Kirchenbüchern bezeichnen ihn 1814 bei der Geburt eines Sohnes als „Kommerzianten", 1817 als „Heuerling und Holzschuhmacher auf Löhne-Königlich 27", 1820 als „Kommerziant und Colon in Löhne 48" und im August 1822 als Ortsvorsteher, wohnhaft in Hausnummer 48. Wenn diese Angaben zutreffen, dann deuten sie auf mehrere mögliche Einkommensquellen: Handel (denkbar wäre etwa eine Beteiligung am Hausierhandel mit Leinen), Arbeit für Bauern als Heuerling, die Produktion von Holzschuhen sowie möglicherweise Arbeit als Müller. Die Hausnummer 48, mit der Imort im Kirchenbuch auch weiterhin bezeichnet wurde, war die des Wohnhauses bei der Windmühle, für das der erste Grundbucheintrag erst 1837 vorliegt (EID 194). Möglicherweise besaß Imort also zuvor zeitweise die Mühle. Andererseits kann der Pfarrer die Hausnummer 48 verwechselt haben: Im Januar 1822 kaufte Imort das Grundstück Löhne-Königlich 49. Dort wohnte er, bis er 1854 an „Altersschwäche" starb.

Imort war zeitweise (1834–1837) der Colon mit der größten Landfläche in Löhne. Die größte von ihm besessene Fläche betrug 107 Morgen im Jahre 1837. Gemessen in

---

22 GB LöB1 – fol. 8 (67). Erst 1847, nach der Aufteilung des Hofes, erging ein mit 600 Talern kostspieliger Ablösungsrezeß.

23 Unter den Amerikaauswanderern sind sie nicht nachzuweisen. Eickmeyer, Amerikaauswanderer.

Taler Reinertragswert lag er nie an der Spitze; maximal war sein Land 147 Taler Reinertrag wert – es gab noch drei reichere Colone. Imort war der Besitzer der meisten Grundbuchgrundstücke (maximal 5 gleichzeitig), vor der Kreisgerichtskasse und den Kaufleuten Weinberg der mit Abstand größte Vermittler von Hypothekarkrediten (47 Kredite mit 1995 Talern; Manchen Weinberg vergab 7 Kredite mit 561 Talern), er trat in 86 Eigentumsveränderungen als Abgeber auf (das ist mehr als doppelt so oft wie die nächstfolgende natürliche Person, Hermann Ventker), er erwarb Land in 63 Transaktionen (übertroffen nur von den Eisenbahnen), und mit den anderen 857 im Untersuchungszeitraum aktiven Landbesitzern verbanden ihn insgesamt 8.302 Verwandtschaftsbeziehungen, übertroffen nur von drei anderen Personen. Imort dominierte also das Geschehen in Löhne ähnlich wie Caspar Nückel dies in Oberkirchen tat; in Borgeln gab es keine entsprechende Figur.

Imorts großer Landbesitz kam in den Jahren zwischen 1822 und 1834 zusammen, und zwar auf zwei verschiedenen Wegen. Einerseits erwarb er große Flächen an Land minderer Qualität. 1825 finanzierte er die Gemeinheitsteilung vor, indem er über sechs Morgen Ackerland und etwas Weide zu Finanzierung der Teilungskosten ersteigerte (EID 1564). Im folgenden Jahr überließ der Landrat und Becker Gutsherr Borries ihm fast 75 Morgen (EID 1195) zur Erbpacht, einen Teil dieses Landes verkaufte er ihm wenig später auch als Eigentum (EID 1345). Dies sind die in den Jahren 1830 bis 1845 an andere Erbpächter weitergereichten Parzellen. Ob Imort das Land zuvor selbst nutzte oder kurzfristig verpachtete, ist nicht festzustellen.

Der andere Weg, auf dem Imorts Besitz wuchs, war der meist parzellenweise Ankauf von Land, und zwar überwiegend von den genannten Höfen, die sich in dieser Zeit auflösten. Seit 1824 trat er auch regelmäßig als Verkäufer auf. Den Grundstein zu Imorts Besitz machte der 1822 erworbene Hof Löhne-Königlich 49 aus – eine neueingerichtete Hausnummer, bestehend zunächst aus Haus, Garten und Holz, einem halben Morgen Wiese und weniger als einem Morgen Acker. Zusammen waren das kaum mehr als drei Morgen; der Reinertragswert betrug allerdings fast genauso viel wie die später vom Gutsherrn Borries erworbene große Heidefläche. 1827 kam ein ganzer Hof hinzu, das Colonat Botterbusch (Löhnebeck 13, EID 1221) für 1.000 Taler. Imort vergrößerte diesen Hof durch weitere Parzellen und verkaufte ihn 1847 für 100 Taler an seinen seit 1839 verheirateten Sohn Carl Friedrich Wilhelm. Dieser verzichtete dafür auf seine Erbschaft (EID 1116). Weiteres Land wurde 1828 hinzugefügt (EID 1219, 212 und 548). Bei zwei dieser Transaktionen handelt es sich um Käufe von der Witwe Anna Margaretha Ilsabein Steffen (OFBID 6224), die einen Teil ihres Hofes Löhne-Königlich 7 an verschiedene Käufer verkaufte. In einer anderen Transaktion kaufte Imort Land von Margaretha Elisabeth Brackmann (OFBID 564). Die Witwe hatte den verschuldeten Hof Löhnebeck 6 im selben Jahr geerbt und verkaufte einen Teil dieses Landes an verschiedene Bauern; nach der Übergabe an den Sohn 1840 kam es 1843 zur Subhastation. Es handelt sich also wieder um den Erwerb von Land aus einem Colonat, das in einem Prozess der Auflösung begriffen war. 1833 kaufte Imort dann einige Parzellen von Hermann Heinrich Heeper, von denen vier seinem Hof hinzugefügt wurden (EID 219); auch dieses Colonat, Löhne-Königlich 2, löste sich in dieser Zeit auf. Im selben Jahr kaufte Imort für 1.000 Taler den kaum verschuldeten Hof Löhnebeck 8 (EID 1111), dessen Besitzer aus Löhne abwanderten.[24] Den von 52 Morgen auf 12 Morgen reduzierten Hof verkaufte Imort 1838 für 100 Taler an seinen seit 1835 verheirateten Sohn Johann Carl Heinrich Imort.[25] Außerdem half er seinem Sohn bei der Ablösung der gutsherrlichen Lasten: Die Kapitalabfindung von 600 Talern wurde 1847 gemeinsam bezahlt. 1845 legte Johann Friedrich Carl Imort die Höfe Löhnebeck 8 und Löhnebeck 6 zusammen, von nun an firmierte er unter der Hausnummer Löhnebeck 6. 1837 und 1840 kaufte Carl Henrich Imort erst eine Parzelle (EID 667), dann auch Garten, Haus und Hof von Hermann Heinrich Ventker (EID 1245). Ventker hatte seinen Hof 1821 geerbt, verkaufte in den Jahren 1837–1844 aber sein ganzes Land.

Die Beispiele ließen sich fortsetzen. Imort, dessen Unterschrift auf jeder Ausfertigung der Katasterfortschreibungen zu finden ist und der 1848 als Löhner Wahlmann für die Wahlen zur preußischen Nationalversammlung bestimmt wurde, war an der Aufteilung von Höfen weit stärker beteiligt als der Außenstehende Alexander Weinberg. Er nutzte das von ihm zusammengekaufte Land, um seine in Löhne gebliebenen Kinder – sieben von neun erreichten das Erwachsenenalter; eine Tochter blieb unverheiratet oder heiratete in einer anderen Kirchengemeinde – jeweils mit einem Hof zu versorgen. Der reichgewordene ‚weichende Erbe' hatte nicht nur seinen eigenen Lebenslauf nicht vom Erbgang determinieren lassen. Er nutzte Höfe – deren Bestand er nach Belieben hin- und herschob – auch instrumentell, um den Lebenslauf all seiner Kinder, nicht nur des ‚Anerben', zu erleichtern.

5.4 Module auf dem Bodenmarkt? Faktormärkte als Spiegel von Nutzungssystemen

Zugangsschranken können sich auch aus der Struktur der agrarischen Betriebe ergeben. Möglicherweise bildeten bestimmte Komplexe von Parzellen unterschiedlicher Nutzungsarten funktionale Einheiten, die nicht leicht sukzessive in kleinen Einheiten erworben werden konnten. Indem man die laufende Kombination und Rekombination von Land beobachtet, kann man also versuchen, die Struktur des agrarischen Nutzungssystems besser zu verstehen. Ulrich Pfister hat ein Verfahren entwickelt, das aus der Verteilung der miteinander und unabhängig voneinander verkauften Parzellen unterschiedlicher Nutzungsarten auf die Zusammengehörigkeit bestimmter ‚Module' des agrarischen Nutzungssystems schließt.[26] Das Verfahren ist sehr einfach, insofern es die Fläche oder Anzahl

---

24 Kaufvertrag: StAD, D 23 B, Nr. 50399, S. 164.

25 Kaufvertrag: StAD, D 23 B, Nr. 50399, S. 67.

26 Pfister, Marchandise et don, S. 6–18; G. Fertig/Pfister, Gift or commodity.

Tabelle 5.4: Assoziationsmatrix: Häufigkeit des gemeinsamen Verkaufs von Kulturarten in Löhne, 1830–1866

	Haus	Acker	Garten	Wiese	Wald	Weide	Misch
Haus	$23^{-3,73}$	$99^{0,03}$	$53^{4,43}$	$29^{0,52}$	$52^{0,50}$	$75^{0,28}$	$20^{0,54}$
Acker		$189^{0,66}$	$48^{1,36}$	$98^{0,91}$	$93^{0,44}$	$173^{1,40}$	$43^{0,35}$
Garten			$8^{2,22}$	$31^{0,91}$	$32^{0,62}$	$39^{1,01}$	$8^{1,47}$
Wiese				$29^{1,78}$	$43^{0,14}$	$63^{0,85}$	$23^{0,56}$
Wald					$54^{0,89}$	$68^{0,96}$	$23^{0,15}$
Weide						$128^{0,54}$	$37^{0,24}$
Misch							$16^{1,75}$

Quelle: Datenbanken 2001.

der miteinander transferierten Parzellen ignoriert: Es wird nur betrachtet, wie häufig zwei Arten von Land – Haus und Acker, Acker und Garten, Wiese und Weide usw., also jede mögliche Kombination – zusammen in einem Kaufakt vorkommen (man kann es also auch in Kontexten mit weniger detaillierten Informationen als im Westfalen des 19. Jahrhunderts einsetzen). Die resultierende Häufigkeitstabelle der Kombinationen von je zwei Kulturarten wird allerdings – insofern ist Pfisters Technik eine inferenzstatistische, den Zufall systematisch einbeziehende – mit den Häufigkeiten verglichen, die dann zu erwarten wäre, wenn Parzellen unterschiedlicher Kulturarten zufällig miteinander zu Transaktionen kombiniert würden. Der Vergleich erfolgt, indem die Abweichung zwischen den beobachteten und den zufällig aufgrund der (Rand-)Verteilung der einzelnen Kulturarten erwartbaren Werten berechnet und durch die Quadratwurzel des erwarteten Wertes dividiert wird.[27] Positive Superscripte bedeuten also eine positive Assoziation, negative eine negative. In den zugehörigen Grafiken werden starke positive (Superscript über 1) Kulturarten mit durchgezogenen Linien verbunden, etwas schwächere (ab 0,8) mit gestrichelten Linien, und es wird versucht, negative Assoziationen durch einen höheren Abstand auszudrücken. Um die Ergebnisse vergleichbar zu halten, wird im Folgenden Pfisters Technik verwendet. Anders als bei Pfister beschränkt sich die folgende Analyse jedoch nicht auf die Käufe; vielmehr werden neben den Käufen auch Übergaben analysiert. Es wäre durchaus möglich, auch nach den ‚Modulen' bei Erbschaften oder – unabhängig von Bewegungsdaten – im Bestand der Betriebe zu fragen.

Die für Löhne resultierende Assoziationsmatrix der Käufe deutet auf vier ‚Module', von denen zwei untereinander ebenfalls lose verbunden sind. Erstens wurden Haus und Garten überzufällig häufig zusammen gekauft. Das verweist auf die Rolle des Gartens für die im Haus stattfindende Reproduktion und auf die geschlechtsspezifische Arbeitsteilung zwischen Frauen und Männern: Zum Kochen (weibliche Haus-Arbeit) werden Gartenprodukte benötigt, zugleich wird sowohl Haus- als auch Gartenarbeit in erster Linie von Frauen geleistet. Das zweite Modul besteht in Acker und Weide, wobei der

27 Die Division führt dazu, dass die einzelnen standardisierten Abweichungen als Beiträge der einzelnen Zellen zur Teststatistik Chi-Quadrat interpretiert werden können.

Tabelle 5.5: Assoziationsmatrix: Häufigkeit der gemeinsamen Übergabe von Kulturarten in Löhne, 1830–1866

	Haus	Acker	Garten	Wiese	Wald	Weide	Misch
Haus	$27^{2,90}$	$68^{0,80}$	$39^{0,98}$	$32^{0,11}$	$50^{0,73}$	$62^{0,74}$	$6^{-1,07}$
Acker		$76^{0,58}$	$44^{0,02}$	$53^{0,18}$	$56^{0,44}$	$79^{0,55}$	$11^{0,34}$
Garten			$6^{3,63}$	$32^{0,49}$	$38^{1,05}$	$42^{0,30}$	$8^{0,56}$
Wiese				$32^{0,73}$	$42^{0,36}$	$48^{0,24}$	$10^{0,65}$
Wald					$36^{1,13}$	$53^{0,18}$	$8^{0,30}$
Weide						$60^{0,97}$	$10^{0,34}$
Misch							$5^{2,35}$

Quelle: Datenbanken 2001.

Acker auch mit Wiesen (lose) verbunden ist. Sowohl wertvolle Wiesen als auch fast wertlose Weiden können zusammen mit Äckern effizienter genutzt werden: Wiesen zur Produktion von Heu, indirekt von Dung; Weiden zur Ernährung von Zugvieh (Pferden) und in beschränktem Maße zum Plaggenstich. Als Restriktion – etwa in dem Sinne, dass der ebenfalls notwendige Erwerb von Weideland es schwieriger machte, kleine Parzellen Ackerland zu kaufen – sollte die Assoziation von Weide und Acker nicht interpretiert werden, denn Weideland war sehr billig. Auch zwischen Gärten und Wiesen besteht eine positive Assoziation. Die beiden höchstwertigen Arten von Land wurden also relativ oft zusammen in einer Transaktion gekauft, besonders wenn große Höfe den Besitzer wechselten. Wald und gemischte Parzellen scheinen schließlich in keinem funktionalen Zusammenhang mit anderen Bodenarten gestanden zu haben.

Soweit die ‚Module', soweit sie sich aus den Verkäufen ergeben. Auch Übergaben lassen sich mit derselben Technik analysieren, und falls die methodische Grundannahme

Abbildung 5.1: Schematische Darstellung der Assoziationen verschiedener Kulturarten beim Verkauf und bei der Übergabe von Parzellen, Löhne, 1830–1866

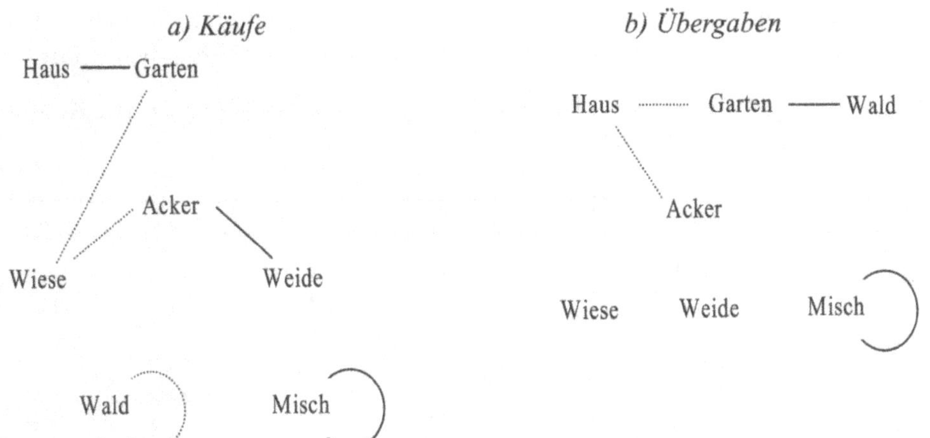

Anm.: Zum Verfahren siehe den Text, Quelle: Tabellen 5.4 und 5.5.

Tabelle 5.6: Assoziationsmatrix: Häufigkeit des gemeinsamen Verkaufs von Kulturarten in Oberkirchen, 1830–1866

	Haus	Acker	Garten	Wiese	Wald	Weide	Misch
Haus	$35^{2,79}$	$68^{0,14}$	$66^{4,62}$	$48^{0,25}$	$37^{1,24}$	$44^{0,18}$	$0^{0,00}$
Acker		$78^{0,23}$	$43^{0,31}$	$63^{0,07}$	$48^{0,86}$	$61^{0,94}$	$3^{1,81}$
Garten			$13^{2,46}$	$33^{0,37}$	$26^{0,83}$	$24^{1,17}$	$0^{0,00}$
Wiese				$48^{0,11}$	$49^{1,02}$	$37^{0,80}$	$0^{0,00}$
Wald					$43^{1,01}$	$43^{1,04}$	$1^{0,29}$
Weide						$36^{0,09}$	$1^{0,30}$
Misch							$0^{0,00}$

Quelle: Datenbanken 2001.

zutrifft, dass die laufende Kombination und Rekombination von Produktionsfaktoren auf dem Bodenmarkt Einblick in die Module des agrarischen Nutzungssystems bietet, sollten die Übergaben dasselbe Bild liefern – schließlich erfolgen auch über Übergaben bewusste, geplante Allokationen von Boden, auch sie sollten also die betrieblichen Einheiten widerspiegeln. Betrachtet durch den Spiegel der Übergaben, scheinen die betrieblichen Einheiten aber andere zu sein als bei den Käufen. Zwar gehören Haus und Garten wieder (abgeschwächt) zusammen, daneben schließen sich aber auch die Ackerflächen an die Häuser an. Wiesen und Weiden – auf dem Wege des Kaufes oft zusammen mit Äckern erworben – gehören nicht zum typischen um ein Haus arrangierten Modul bei der Übergabe.

Auf dem Wege des familiären Transfers wurden also vor allem Einheiten aus Haus, Acker, Garten und Wald übergeben. Wenn man später noch Ackerland dazukaufte, dann oft zusammen mit Wiesen und Weiden. Die bei den Käufen auffällige enge Verbindung von Haus und Garten ohne Ackerland passt zur neolokalen Haushaltsgründung von Neubauern und anderen Unterschichtshaushalten, während die eine stärkere Landausstattung mit sich bringenden Übergaben zum stammfamiliären Familiengründungsmuster der ländlichen Oberschicht passen. ‚Module' existierten also nicht schlechthin – aufgrund der landwirtschaftlichen Produktionslogik –, sondern abhängig von der Übertragungsart: Bei Übergaben zeichnet sich ein um das Haus zentrierter Komplex ab, für Käufer stand Ackerland aber auch dann zur Verfügung, wenn kein ganzer Hof erworben wurde.

Tabelle 5.7: Assoziationsmatrix: Häufigkeit der gemeinsamen Übergabe von Kultur-Arten in Oberkirchen, 1830–1866

	Haus	Acker	Garten	Wiese	Wald	Weide	Misch
Haus	$43^{4,09}$	$106^{1,38}$	$71^{1,93}$	$72^{0,95}$	$72^{0,15}$	$76^{0,24}$	$5^{0,39}$
Acker		$98^{0,98}$	$67^{0,14}$	$106^{0,66}$	$81^{0,49}$	$81^{0,57}$	$6^{0,36}$
Garten			$19^{3,34}$	$65^{0,57}$	$50^{0,29}$	$56^{0,47}$	$4^{0,11}$
Wiese				$72^{2,03}$	$81^{0,27}$	$77^{0,27}$	$6^{0,15}$
Wald					$67^{0,08}$	$74^{0,69}$	$6^{0,22}$
Weide						$65^{0,47}$	$6^{0,19}$
Misch							$2^{2,33}$

Quelle: Datenbanken 2001.

Tabelle 5.8: Assoziationsmatrix: Häufigkeit des gemeinsamen Verkaufs von Kulturarten in Borgeln, 1830–1866

	Haus	Acker	Garten	Wiese	Wald	Weide	Misch
Haus	$7^{0,93}$	$20^{0,17}$	$15^{1,85}$	$5^{0,54}$	$1^{1,05}$	$5^{0,27}$	$0^{0,00}$
Acker		$47^{1,57}$	$14^{0,97}$	$5^{1,04}$	$5^{0,13}$	$8^{0,89}$	$0^{0,00}$
Garten			$6^{0,94}$	$4^{0,08}$	$3^{0,27}$	$6^{0,30}$	$0^{0,00}$
Wiese				$5^{2,56}$	$1^{0,12}$	$3^{0,44}$	$0^{0,00}$
Wald					$2^{1,45}$	$2^{0,36}$	$0^{0,00}$
Weide						$5^{1,00}$	$0^{0,00}$
Misch							$0^{0,00}$

Quelle: Datenbanken 2001.

Auch in Oberkirchen treten Haus und Garten bei den Käufen oft zusammen auf. Wald ist anders als in Löhne stärker mit Wiesen und Weiden assoziiert. Das könnte auf die Lage der Wiesen und Weiden in den Oberkirchener Mittelgebirgswäldern zurückzuführen sein. Größere Waldflächen waren meist mit flussnahen Wiesen und flussferneren Weiden durchsetzt; die meisten Äcker befanden sich dagegen in der Nähe der Ansiedlungen. Kleinflächen an Wald waren anscheinend schwer zu bekommen – meist gehörten mehrere Waldparzellen zusammen, dazu Wiesen und Weiden. Ackerland wurde dagegen auch gekauft, ohne dass gleichzeitig andere Bodenarten erworben werden mussten (die wenigen Transaktionen zusammen mit „gemischten" Parzellen fallen nicht ins Gewicht, und die Assoziation mit Weideland ist nicht sehr stark).

Bei den Übergaben zeigt sich in Oberkirchen wie in Löhne ein ‚Modul' aus Haus, Acker, Garten, z. T. Wiesen; die anderen Landarten sind ohne Zusammenhang. Auch hier also

Abbildung 5.2: Schematische Darstellung der Assoziationen verschiedener Kulturarten beim Verkauf und bei der Übergabe von Parzellen, Oberkirchen, 1830–1866

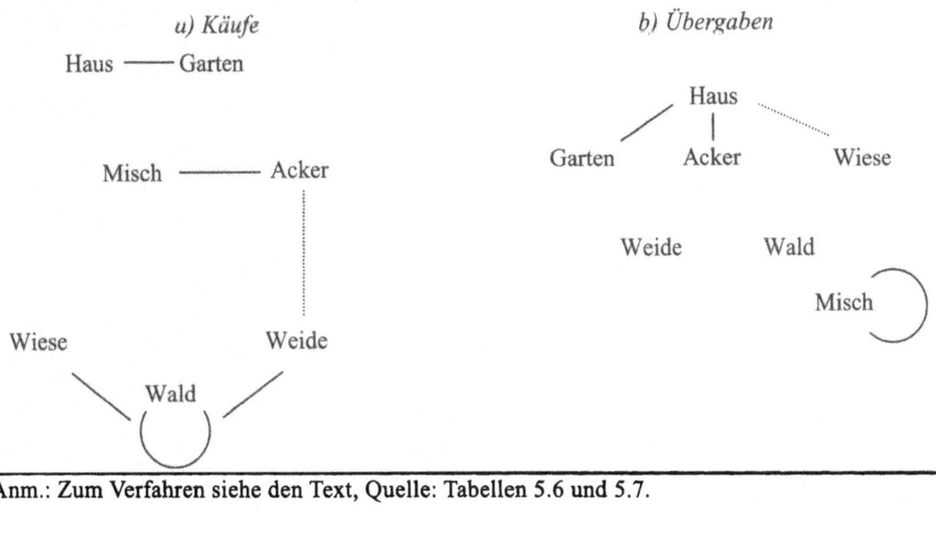

Anm.: Zum Verfahren siehe den Text, Quelle: Tabellen 5.6 und 5.7.

Tabelle 5.9: Assoziationsmatrix: Häufigkeit der gemeinsamen Übergabe von Kulturarten in Borgeln, 1830–1866

	Haus	Acker	Garten	Wiese	Wald	Weide	Misch
Haus	$42^{3,89}$	$110^{1,07}$	$87^{2,69}$	$15^{0,70}$	$33^{0,61}$	$70^{1,18}$	$1^{0,02}$
Acker		$142^{1,05}$	$80^{0,59}$	$40^{0,49}$	$39^{1,31}$	$75^{0,51}$	$1^{0,29}$
Garten			$26^{4,02}$	$29^{0,11}$	$33^{0,25}$	$64^{1,62}$	$1^{0,13}$
Wiese				$15^{0,16}$	$21^{1,25}$	$27^{0,10}$	$1^{0,83}$
Wald					$21^{0,77}$	$33^{0,66}$	$0^{0,00}$
Weide						$28^{2,96}$	$1^{0,20}$
Misch							$0^{0,00}$

Quelle: Datenbanken 2001.

wurden größere, um die Hofgebäude zentrierte funktionale Einheiten auf dem Wege des familiären Transfers übertragen, während kleinere Haus-Garten-Einheiten sowie den übernommenen Hof ergänzende Ackerflächen auf dem Wege des Kaufs erworben wurden.

In Borgeln schließlich ist das aus der Verteilung der Käufe entstehende Bild von ‚Modulen' besonders weit von dem entfernt, was man dort erwarten würde: Abgesehen von der für den Landkauf typischen Haus-Garten-Einheit stehen die einzelnen Arten von Land meistens in negativen Zusammenhängen – Acker wird mit Acker, Wald mit Wald, Weide mit Weide, Wiese mit Wiese zusammen gekauft. Allerdings sind die Fallzahlen hier sehr gering – in Borgeln spielten Landverkäufe die in unseren Untersuchungsgebieten deutlich geringste Rolle. Dass bei den Käufen keine umfassenderen funktionalen Einheiten beobachtet werden können, bedeutet also nicht, dass hier das agrarische Nutzungssystem einen besonders gut funktionierenden Bodenmarkt ohne schwierig erwerbbare Groß-‚Module' ermöglichte. Große und komplexe Einheiten wurden vielmehr auf dem Wege der Übergabe zusammen transferiert: Nirgends standen die Einheiten aus Haus, Acker, Garten und Weide in einem so engen Assoziationszusammenhang wie hier.

Abbildung 5.3: Schematische Darstellung der Assoziationen verschiedener Kulturarten beim Verkauf und bei der Übergabe von Parzellen, Borgeln, 1830–1866

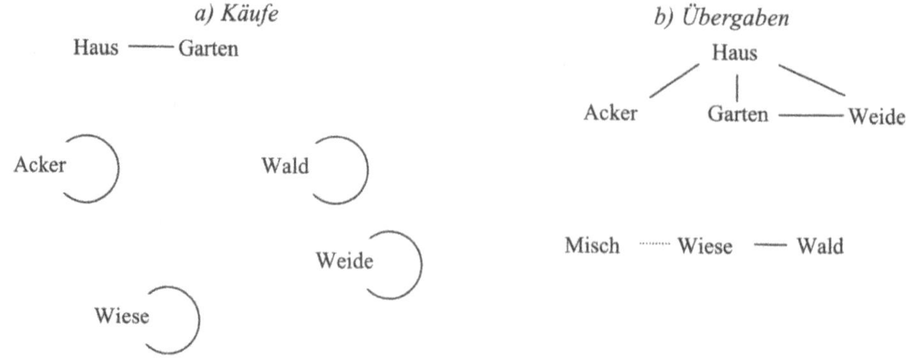

Anm.: Zum Verfahren siehe den Text, Quelle: Tabelle 5.8 und 5.9.

Zusammengenommen deuten die Ergebnisse in keinem der Untersuchungsorte darauf, dass sich die geschlossene Übergabe von Land und mögliche Hindernisse für den Bodenmarkt aus der Logik des agrarischen Nutzungssystems ergaben. ‚Module‘ – Höfe mit Garten und Acker, z. T. Wiese und Weide – gab es in allen drei Kirchspielen, und sie wurden weitgehend in dieser betriebswirtschaftlich sinnvollen Kombination übergeben. Es existierten aber überall auch Häuser mit Gärten, die von den jeweiligen Unterschichten gekauft werden konnten, und überall – in eingeschränktem Maße allenfalls in Borgeln – wurden Parzellen verschiedener Nutzungsart zu den ‚Modulen‘ hinzugekauft. Käufe auch von Einzelparzellen dienten also anderen Bedürfnissen als die geschlossenen Übergaben großer Betriebseinheiten; Kauf stand insofern in einem komplementären Verhältnis zum Transfer.

5.5 Nachbarschaftsbeziehungen und die räumliche Ausdehnung des relevanten Marktes

Wenn wir untersuchen, auf welche Weise der Zugang zu Land über den Markt eingeschränkt war, ist sodann der ‚relevante Markt‘ zu bestimmen, also der Kreis von gleichzeitig interessierten möglichen Käufern und Verkäufern. Dabei soll die Analyse auf einzelne Parzellen eingeschränkt werden, um den Verkauf ganzer Höfe in der Familie auszuschließen. Anders als landwirtschaftliche Produkte ist Boden nicht transportabel, daher ist der relevante Markt für Parzellen klein. Für einen Käufer sind einzelne Parzellen nur dann interessant, wenn sie sich in nicht zu großer Entfernung von seinem Hof befinden. Da Bürger benachbarter Gemeinden unter den Landbesitzern nicht selten waren (in Löhne 1830 z. B. 18 von 133 Grundsteuerzahlern), wäre es denkbar, dass wir mit den Kirchspielen eine zu kleine Einheit gewählt haben. Das ist jedoch offenbar nicht der Fall. In den Kirchspielen Borgeln und Löhne lagen die Höfe im Durchschnitt 1.700 bzw. 1.300 Meter voneinander entfernt, in Oberkirchen mehr als dreieinhalb Kilometer (Tabelle 5.10). Über diese mittlere Distanz hinweg wurden etwa 80 (Löhne) bis 100 Prozent (Oberkirchen) der Parzellenkäufe getätigt.

Auch wenn eine scharfe Abgrenzung des ‚relevanten Marktes‘ nicht möglich ist, umfasst das Kirchspiel also eine hinreichend große Gruppe von Akteuren. Auffällig ist, dass

Tabelle 5.10: Hofdistanzen und Parzellenkäufe

	Löhne	Oberkirchen	Borgeln
mittlere Distanz aller Höfe (Meter)	1.319	3.545	1.692
% der Parzellenkäufe über diese Distanz	79	98	89
50 % der Parzellenkäufe (Meter)	472	536	287
80 % der Parzellenkäufe (Meter)	1.494	1.638	407
90 % der Parzellenkäufe (Meter)	2.102	2.449	2.071

Quelle: Datenbanken 2006.

Tabelle 5.11: Fluren von Käufern und Verkäufern in Borgeln (Reichstaler Reinertrag)

	Flur des Käufers					
Flur des Verkäufers	2	3	4	5	7	Stocklarn 3
1	0	0	10	0	0	0
3	0	0	0	0	0	0
4	23	0	73	0	0	0
5	0	0	11	122	0	0
7	0	3	34	0	12	0
Stocklarn 3	0	2	0	0	0	66

Quelle: Datenbanken 2006.

Käufer und Verkäufer in Borgeln meist sehr nah beieinander wohnten: zu 80 Prozent nicht mehr als 400 Meter. Besonders in Borgeln wäre es also denkbar, dass sich der ‚relevante Markt' auf die nächstkleinere geographische Einheit, die Flur, beschränkte.[28] Tabelle 5.11 kombiniert die Flur von Käufern und Verkäufern in Borgeln. Nur 23 Prozent der Verkäufe fanden über Flurgrenzen hinweg statt. In Oberkirchen lag dagegen 40, in Löhne sogar 51 Prozent der Verkäufe außerhalb der Diagonale. Hier wäre eine Einschränkung des relevanten Marktes auf die Flur also zu restriktiv.

Ähnlich lässt sich die Lage der gehandelten Parzellen mit der der Käufer- und Verkäuferhöfe und die der besessenen Parzellen zu der der Besitzerhöfe in Beziehung setzen (Tabelle 5.12), und es lässt sich berechnen, wie groß der Anteil der Diagonale, also der Verkäufe innerhalb derselben Flur war. Eine sehr naheliegende Erklärung für die relativ kurzen Distanzen zwischen Käufern und Verkäufern besteht in der Annahme, dass Parzellen umso attraktiver waren, je näher sie an den Wirtschaftsgebäuden lagen. Zwar ist in der wirtschaftshistorischen Forschung argumentiert worden, dass Bauern geradezu ein Interesse an einer verstreuten Lage ihrer Parzellen hatten, um das Risiko von Schlechtwetterschäden und Pflanzenkrankheiten zu begrenzen; eine solche Streulage kann jedoch auch innerhalb einer Flur erreicht werden, in Westfalen typischerweise innerhalb einer ‚Esch', eines fruchtbaren Landstückes, an dem alle (Altsiedel-)Bauern beteiligt waren.[29] Das passt auch zu der Beobachtung, dass ein großer, zwischen 30 und über 70 Prozent liegender Anteil des Landbesitzes jeweils in derselben Flur wie die Hofgebäude gelegen war (Tabelle 5.12, Spalte 3–4).

[28] Ohne Fluren zu zählen, in denen keine Höfe lagen, umfasste Borgeln neun, Löhne sechs und Oberkirchen 26 Fluren.

[29] McCloskey, English open fields, interpretiert verstreuten Landbesitz als Versicherungsstrategie. Diese steht allerdings in Konkurrenz zu anderen Strategien der Risikominimierung: Fenoaltea, Medieval agriculture. Im frühneuzeitlichen Paderborn ging die Verbesserung der bäuerlichen Eigentumsrechte mit einem Übergang zur für die Bauern vorteilhaften Gemengelage einher: Lienen, Aspekte des Wandels. Wie Kopsidis, Marktentwicklung, S. 303–304 betont, verfügten in Westfalen vor allem Nachsiedler mit geringerem Status über arrondierte Höfe (‚Kämpe'); an der ‚Esch' hatten dagegen die Oberschichten ihren Streubesitz.

Tabelle 5.12: Anteil der nicht in derselben Flur wie die Wirtschaftsgebäude von Verkäufer, Käufer und Besitzer gelegenen Parzellen an allen verkauften bzw. besessenen Parzellen (Prozent des gesamten Steuerwertes)

Parzelle nicht in derselben Flur wie Hof des	Verkäufers	Käufers	Besitzers 1830/33	Besitzers 1866
Löhne	0,33	0,39	0,36	0,37
Oberkirchen	0,64	0,54	0,65	0,68
Borgeln	0,34	0,49	0,28	0,48

Anm.: Eingeschränkt auf lokalisierte Höfe im Untersuchungsgebiet. Basis Spalte 1 und 2: Käufe von Einzelparzellen, ohne Verkauf ganzer Höfe. Basis Spalte 3 und 4: Zum Hof gehörige Parzellen laut Kataster (Mutterrolle, Güterverzeichnisse und Güterauszüge), 1830 und 1866. Quelle: Datenbanken 2006.

Wenn diese Überlegung zutrifft, können wir erwarten, dass Verkäufer relativ häufig Parzellen abgaben, die nicht in derselben Flur lagen wie ihr Hof, und dass Käufer vor allem an Parzellen in ihrer eigenen Flur interessiert waren. Bemerkenswerterweise ist das aber nicht der Fall. Nur in Oberkirchen, wo angesichts der gebirgigen und weiträumigen Lage die Wegstrecken zwischen den Fluren besonders mühselig waren, bestand eine Tendenz, wonach der Bodenmarkt abseits vom Hof des Verkäufers liegende Parzellen zu einem näher gelegenen Käufer transportierte.[30] In Borgeln und in geringerem Maß auch in Löhne bestand sogar die umgekehrte Tendenz: Wer Land erwarb, nahm es durchaus in Kauf, wenn Parzellen entfernt lagen. Sowohl bei den Einzelparzellen als auch bei den Höfen waren die Käufer zudem in der Regel zahlreicher als die Verkäufer (Tabelle 5.13). Das bestätigt die in der Literatur weitverbreitete Auffassung, dass Kaufinteressenten eine schwache Position auf dem Bodenmarkt hatten und die Verkäufer das Geschehen bestimmten.[31] Auf der Ebene des ‚relevanten Marktes', auf einer Größenordnung zwischen Gemeinde und Flur, erscheint der Bodenmarkt deutlich weniger liquide, als es die Berechnungen in Kapitel 3 (Tabelle 3.3) nahegelegt haben. Es zeigt sich, dass Kaufinteressenten in der passenden Flur oder nahe dabei nur sehr selten Land angeboten wurde; der Verkäufer von Land in einer gegebenen Flur blieb meist über Monate oder Jahre ohne Konkurrenz. Für potentielle Käufer stellte sich also die Frage, wie sie einen Landbesitzer dazu bringen konnten, ihnen ein Stück Land zu überlassen. Geld reichte dazu nicht unbedingt aus. In Borgeln und Oberkirchen fanden die Käufer einen deutlich höheren Anteil an Verkäufern aus derselben Flur, als dem Anteil der von ihnen aus dieser Flur gekauften Parzellen entsprach. In Borgeln kamen 77 Prozent der Verkäufer aus derselben Flur, bei einem Anteil der aus derselben Flur gekauften Parzellen von nur 51 Prozent, in Oberkirchen 60 Prozent bei erwartbaren 46 Prozent, in Löhne waren dagegen nur 49 Prozent der Verkäufer Flur-Nachbarn, obwohl auf-

30 Auch hier war der Anteil der abgelegenen Parzellen an den Verkäufen aber nicht größer, als es sich aus der räumlichen Verteilung des Besitzes ergab (jeweils ca. 65 %).

31 Unter vielen anderen: Amalric, La propriété de la terre, S. 111–112.

Tabelle 5.13: Anzahl von Verkäufern und Käufern bei Parzellen- und Hofkäufen

	Parzellen		Höfe	
	Verkäufer	Käufer	Verkäufer	Käufer
Löhne	159	146	93	103
Oberkirchen	229	270	48	59
Borgeln	147	193	41	44

Quelle: Datenbanken 2006.

grund der Nähe der gekauften Parzellen 61 Prozent erwartbar wären. Die relativ kurzen Distanzen zwischen Käufern und Verkäufern spiegeln also nicht nur die Nähe zwischen Käufer und gekaufter Parzelle wieder, sondern auch die Nachbarschaftsbeziehungen, aus denen sich die Gelegenheit zum Kauf ergab.

Der Zugang zum Landbesitz scheint nach den bisherigen Analysen auf zwei Hauptpfaden erfolgt zu sein: einerseits durch die Hofübergabe an Sohn oder Tochter und durch die Heirat mit diesen, andererseits durch den Kauf von Parzellen und seltener ganzen Höfen auf einem eingeschränkten, wenig liquiden und durch ein Ungleichgewicht von Käufern und Verkäufern gekennzeichneten Bodenmarkt. Die starke und nicht allein durch eine Präferenz für nahegelegene Parzellen erklärbare Neigung, Land von nahegelegenen Verkäufern zu erwerben, deutet darauf hin, dass persönliche Beziehungen, und zwar in Borgeln und Oberkirchen solche der Nachbarschaft, den Käufern nützen.

Tabelle 5.14: Wiederholte und erwiderte Käufe

	wiederholt	erwidert	alle Käufe
Löhne	25	11	307
Oberkirchen	32	6	449
Borgeln	11	0	267

Anm.: Gezählt werden nur die auf einen vorherigen Verkauf zwischen denselben Partnern folgenden Käufe, ohne den ersten Verkauf. Nur Parzellenkäufe, nur natürliche Personen; Spalte 3 enthält die Gesamtzahl der diese Kriterien erfüllenden Käufe.
Quelle: Datenbanken 2006.

Eine weitere Variante nützlicher persönlicher Beziehungen könnte durch vorherige Landkäufe entstehen. Käufe wurden tatsächlich nicht selten zwischen denselben Partnern wiederholt oder erwidert, was angesichts der großen Zahl der Beteiligten nicht auf Zufall beruhen kann.[32] Aber insgesamt machten diese Transaktionen nur einen kleinen Teil des Marktes an Parzellenkäufen aus (Tabelle 5.14).

---

[32] Unter der Annahme, dass die Zahl der zwischen zwei Personen zustande kommenden Käufe nur von der Gesamtzahl der von ihnen getätigten Kauf- bzw. Verkaufsakte abhing (also der Unabhängigkeitsannahme), betrug z. B. in Löhne die Zahl der zwischen jeweils zwei Personen erwartbaren Kaufakte niemals mehr als 2 und nur 5 mal mehr als 1.

5.6 Transaktionen unter Verwandten und Nichtverwandten

Im Folgenden soll die Verwandtschaft als Zugangspfad zu Landkäufen auf einem nichtanonymen Markt untersucht werden.[33] In der historischen Bodenmarktforschung wird sie weit intensiver diskutiert als räumliche Nähe, weil sie mit dem auf theoretischer Ebene interessanten Konzept der Reziprozität verbunden ist, also mit einem Konzept, das (wie oben diskutiert) in Konkurrenz zu dem des Markttausches steht. Markttransaktionen bestehen in Verträgen, welche die in die eine und in die andere Richtung fließenden Güter eindeutig benennen. Gilt diese Eindeutigkeit auch innerhalb der Verwandtschaft, oder wird Außervertragliches implizit bei diesen Rechtsgeschäften immer vorausgesetzt?

Betrachten wir zwei willkürlich herausgegriffene Käufe (Abbildung 5.4): Zwei Löhner Parzellen mit einem Steuerwert von 5,1 Talern gingen 1835 vom 53jährigen Ortsvorsteher Carl Imort an den 21jährigen Carl Remmert, der gerade den großen Hof Löhne-Königlich Nr. 1 von seinem verstorbenen Vater geerbt hatte. Remmert zahlte für die Parzellen 180 Taler.[34] Im nächsten Jahr, 1836, verkaufte Imort zwei andere Parzellen mit einem Steuerwert von 5,4 Talern für 200 Taler an Heinrich Wilhelm Imort, seinen dritten Sohn.[35] Beides waren formell Markttransaktionen: Die getauschten Güter sind eindeutig benannt. Dennoch kann man jeweils die Frage stellen, ob es weitere Gaben und Gegengaben zwischen den Beteiligten gab, ohne die diese Käufe jeweils nicht zustande gekommen wären. Im Fall des Verkaufes vom Vater an den Sohn ist es ausgesprochen plausibel, eine solche Verknüpfung mit anderen Ressourcenflüssen anzunehmen – die Entscheidung, gerade vom Vater zu kaufen bzw. von allen Nachfragern auf dem Bodenmarkt gerade den Sohn auszuwählen, war sicherlich nicht nur von der Bodenqualität und den jeweiligen Preisvorstellungen abhängig. Möglicherweise zahlte Heinrich Wilhelm Imort die geschuldeten 200 Taler nicht einmal bar an seinen Vater, sondern ließ diese mit seinen Erbansprüchen verrechnen – in diesem Fall wäre die Transaktion mit einem späteren Transfer verknüpft. Ein Verkauf vom Vater an den Sohn kann Teil eines komplexen, aber klar spezifizierten Vorgangs sein, der mit der Übergabe des Hofes an einen Nachfolger und der Ausstattung aller Kinder mit Land endet. Es ist jedoch auch eine andere Interpretation möglich: Auch wenn der Erbgang anderweitig geregelt wird, kann es naheliegen, gerade vom Vater Land zu kaufen, weil zwischen Vater und Sohn über lange Zeit ein auf vielerlei Interaktionen beruhendes besonderes Vertrauensverhältnis besteht.

---

33 Zu Nachbarschaft im Sinne räumlicher Nähe sowie Patenschaft als selbst konstruierter Beziehung siehe demnächst auch die Dissertation von Christine Fertig sowie andere Publikationen des DFG-Projektes „Ressourcenflüsse und soziale Netzwerke".

34 Löhne, EID 5, ein weiterer Verkauf von Imort an Remmert in EID 3.

35 Löhne, EID 90.

Abbildung 5.4: Verwandtschaftsbeziehungen zwischen Imort (Verkäufer) und Remmert (Käufer)

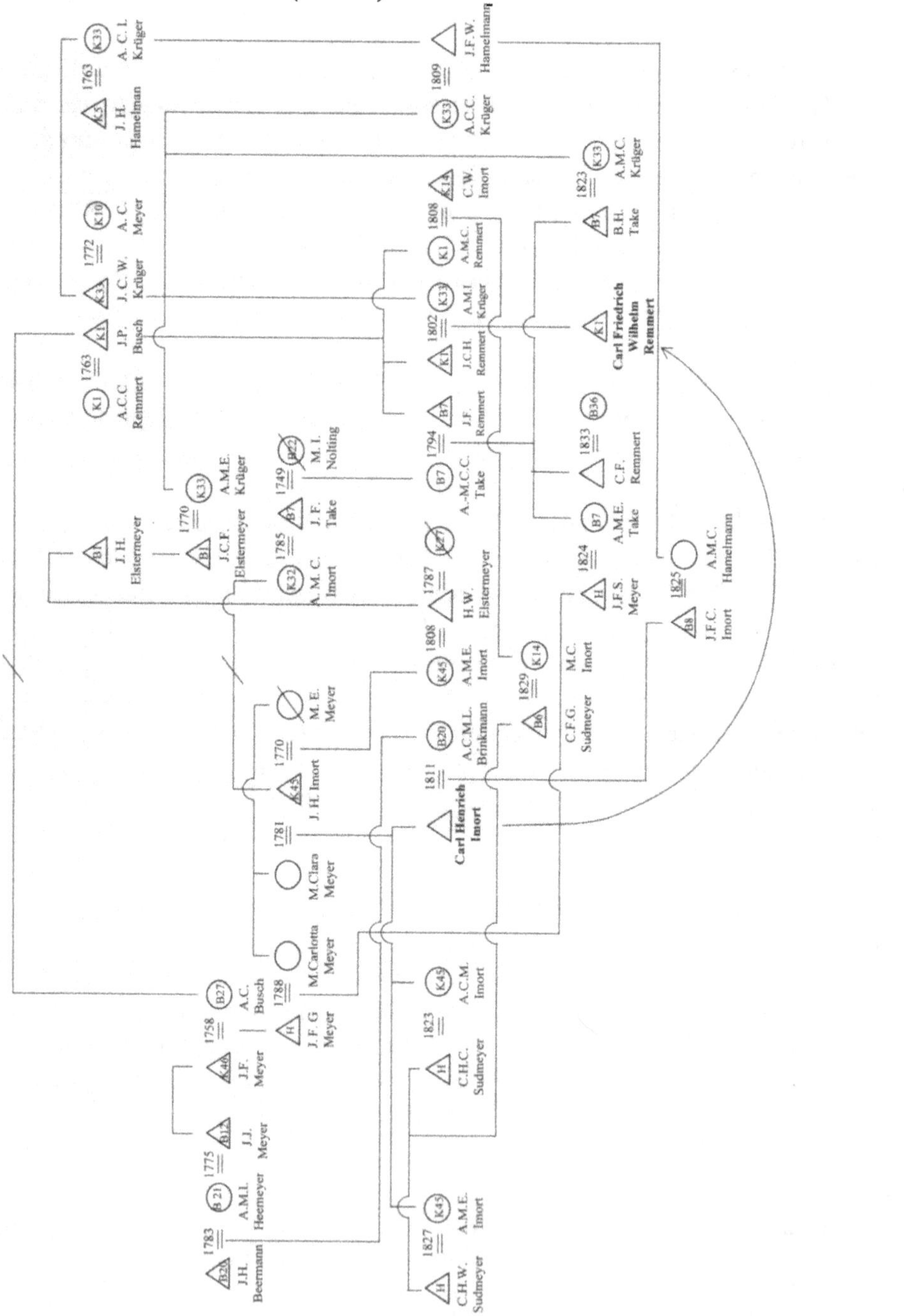

Quelle: Datenbanken 2001. Die Kürzel beziehen sich auf die Hausnummer des Hofes (K = Löhne Königlich, B = Löhnebeck, H = Heuerling ohne Hof).

Diese Überlegung legt nahe, dass zwei Typen von an einen bestimmten Kauf gebundenen weiteren Leistungen zu unterscheiden sind: Transfers und Reziprozitätsbeziehungen. Transfers sind unentgeltliche Leistungen. Beispiele für Transfers sind Rentenzahlungen, aber auch die Versorgung von kleinen Kindern und die Erbschaft. Transfers sind eindeutig benannt, und viele von ihnen sind auch berechenbar in dem Sinne, dass klar ist, unter welchen Umständen wie viel an wen geleistet werden wird. Im Rahmen von Reziprozitätsbeziehungen dagegen fließen Güter und Leistungen hin und her, ohne dass sie klar benannt oder anschließend bilanziert werden; es besteht nur eine Tendenz, sie mehr oder weniger langfristig direkt oder indirekt auszugleichen – eine Tendenz, die entscheidend dazu beiträgt, soziale Beziehungen auf Dauer zu stellen.

Die Argumentationsfigur der Reziprozität lässt sich aber nicht nur auf die enge innerfamiliäre Beziehung zwischen Vater und Sohn anwenden, sondern auch auf Transaktionen im weiteren Verwandtschaftsbereich. So könnte auch der Verkauf an Remmert – mit Imort vielfach entfernt verschwägert – auf wechselseitige Verpflichtungen zwischen zwei Verwandtschaftsgruppen hindeuten: Im selben Jahr nahm der älteste von Imorts Söhnen Anna Maria Catharina Hamelmann, eine Cousine von Remmert, zur Frau, und vier Jahre später heiratete dessen nächstjüngerer Bruder die nächstjüngere Schwester von Anna Maria Catharina Hamelmann.

Solche Fälle von Käufen, die nicht so sehr dem Familien- als vielmehr dem Verwandtschaftssystem zugehören, spielen eine zentrale Rolle in David Sabeans Argumentation, wonach es keine Auflösung von Familienbeziehungen durch die Entstehung von (Faktor-)Märkten gegeben habe.[36] Musste also, wer Land kaufen wollte, zu einer Familie gehören, die Heiratsplänen von Männern aus der Familie des Verkäufers zumindest keine Steine in den Weg legte? Remmert war schon bei seiner Geburt 1814 Teil von Imorts weitgespanntem Schwägerschaftsnetz: Imorts Stiefschwester war mit dem Onkel eines Schwagers von Remmerts Mutter verheiratet (Remmert war xZHBSWZS von Imort).[37] Remmert war zugleich der Enkel eines Stiefbruders von Anna Catharina Busch (OFBID 1146), der Frau, deren Sohn die Schwester von Imorts Mutter geheiratet hatte (MZHMxBSS, auch xMZHMxBSS, da Imorts Vater nacheinander zwei Schwestern geheiratet hatte); dieselbe Anna Catharina Busch war daneben die Frau eines Stiefonkels von Carl Imorts Frau Anne-Catharine Marie Louise Brinkmann (was Remmert von Geburt an zu Imorts WxFBWxBSS machte); schließlich war Remmerts Onkel mit der Stieftochter von Imorts Stieftante väterlicherseits verheiratet (Remmert also Imorts FxZxDHBS). Väterlicherseits, mütterlicherseits und über seine Frau war Carl Imort also schon mit Mutter und Vater von Carl Friedrich Wilhelm Remmert verschwägert, als dieser gerade erst geboren wurde; es hatten sowohl Frauen als auch Männer aus Imorts Verwandtschaft Verwandte von Remmert geheiratet. Weitere Verbindungen zwischen den beiden Ver-

---

36 Sabean, Property, production and family, S. 412: „The question is whether the market in land could be a mechanism for dissolving family relations."

37 Zur Darstellung von Verwandtschaftsbeziehungen als Kette von Kürzeln siehe ebd., S. XV oder in dieser Studie unten Anhang 1.

tragspartnern Imort und Remmert kamen im Lauf der Zeit dazu, immer durch neue Ehen – allerdings nicht die Remmerts selbst, der 1834 eine Zuwandererin geheiratet hatte. Am Ende des Untersuchungszeitraums verbanden die beiden Männer insgesamt 21 Schwägerschaften.

Was bedeutet Reziprozität in so einem Zusammenhang? Gemeint ist kein direktes zusätzliches Tauschgeschäft neben dem Verkauf von ein paar Morgen Land gegen 180 Taler – der junge Remmert hatte wohl kaum die Möglichkeit, aus Dankbarkeit gegenüber dem 53jährigen Imort eine weitere Heirat im beiderseitigen Verwandtenkreis zu vermitteln. Zudem war die Heiratsbalance zwischen den beiden Verwandtschaftskreisen einigermaßen ausgeglichen. Wichtig ist vielmehr, dass zwischen den Umgebungen der beiden Männer über Jahrzehnte hinweg Beziehungen herrschten, die von Gesprächsbereitschaft, gegenseitiger oder einseitiger Verpflichtung oder von Vertrauen geprägt gewesen sein könnten – und dafür sind die wechselseitigen Heiraten ein Indikator.[38] Es mag nun Zufall sein, dass es gerade zwischen zwei mehrfach verschwägerten Männern zu einem Landkauf kam. Wenn es aber kein Zufall war, wenn auch in Westfalen – ähnlich wie in Neckarhausen – die für den Kauf von Boden notwendige Kooperationsbereitschaft außerhalb der Verwandtschaft fehlte, dann muss man in der Tat darüber nachdenken, ob die Gesamtheit der über Käufe organisierten Eigentumswechsel wirklich als ‚Markt' zu bezeichnen ist. Es wäre – ähnlich wie beim oben diskutierten Verkauf vom Vater an den Sohn – dabei nicht der Inhalt des jeweiligen Kaufvertrags, es wäre wieder der Kontext, der eine Einstufung als Markttransaktion infrage stellt. Gleich, ob (im Fall Vater-Sohn) die enge persönliche Beziehung der beiden Beteiligten den Ausschlag gab oder ob ein Kauf nicht ohne ein weiteres Gefüge an familiären Allianzen zustandegekommen wäre: Es gibt eine Verknüpfung des jeweiligen Kaufes mit anderen Interaktionen zwischen den Beteiligten oder ihren Umfeldern.

Um diese Fragen zu klären, ist es hilfreich, Eigentumsveränderungen danach zu kategorisieren, ob die Beteiligten in engen oder weiteren verwandtschaftlichen Beziehungen standen.[39] Diese verwandtschaftlichen Beziehungen sind relevant, weil sie (wie anhand der eben diskutierten Verkäufe demonstriert) als Indikatoren anderer, mit dem jeweiligen Verkauf verknüpfter Transaktionen, Transfers und Allianzen gelesen werden können. Ich fasse die aus den Familienrekonstitutionen ermittelten Verwandtschaftsgrade zu vier Klassen zusammen:[40] (1) nahe Verwandte in einem Bereich, in dem Beziehungen von

[38] Zur Frage, ob Vertrauen ein sinnvolles Konzept bei der Analyse von Märkten ist, siehe G. Fertig, Xenophobie, sowie die Artikel von Ogilvie, Use and abuse of trust, und Guinnane, Trust: A concept too many, im selben Band des Jahrbuchs für Wirtschaftsgeschichte.

[39] Ihre Ermittlung in einer bis zu 7 Schritte in beliebige Richtung umfassenden Recherche wird im Anhang 1 näher erläutert.

[40] In einer früheren Fassung wurde mit insgesamt 10 Kategorien gearbeitet. Diese Einteilung folgte der Sabeans in seinem Kapitel über Verwandtschaft und den Verkauf von Landeigentum. Sabean, Property, production and family, Tabellen 16.2 (S. 374), 16.6 (S. 385–386), 16.11 (S. 392–393), 16.14 (S. 402–403), 16.16 (S. 406). In der vorliegenden Fassung habe ich einige dieser Kategorien zusammengefasst, und horizontale Beziehungen wurden als eigene Kategorie eingeführt.

Erbschaft und Unterhalt eine Rolle spielen können (einschließlich Cousins 1. Grades), (2) andere Blutsverwandte, also Abkömmlinge von verschiedenen Abstammungslinien, die vor mehreren Generationen durch eine Heirat verbunden waren; (3) Beziehungen, die über Ketten von Geschwisterschaft und Schwägerschaft innerhalb derselben Generation gestiftet werden, also etwas mit der Interaktion Gleichaltriger zu tun haben; (4) andere Formen von Stief- und Heiratsverwandtschaft, die jeweils auf Heiratsallianzen verweist. Daneben stehen (0) die unserer Kenntnis nach nicht Verwandten, (9) die nicht seltenen Fälle von sich überschneidenden Gruppen, in denen Käufer und Verkäufer also teilidentisch waren (z. B. weil nur ein zusätzlicher Eigentümer hinzutrat), und (99) Fälle von nichtüberlappenden Gruppen, in denen Verwandtschaftsbeziehungen nicht eindeutig ermittelt werden konnten, weil mindestens einer der Partner aus einer juristischen Person oder einer Gruppe bestand.[41]

Im Kapitel 3 sind jährliche Umsatzraten auf dem Bodenmarkt ermittelt und auf verschiedene Vertragsformen verteilt worden (Tabelle 3.3). In ähnlicher Weise lässt sich der Bodenumsatz auf verschiedene Stufen verwandtschaftlicher Nähe verteilt darstellen (Tabelle 5.15). Auffällig ist zum einen der in allen Orten große Anteil von Transaktionen im Rahmen des engsten Familienkreises. Erbschaften, diese vorwegnehmende Transfers oder zumindest mit innerfamilialen Transfers verbundene Verkäufe machten also knapp ein Drittel aller Transaktionen aus. Gewichtiger noch ist der Anteil von Transaktionen, bei denen mindestens einer der Eigentümer Eigentümer blieb. Eigentum bestand also sehr oft nicht aus individualisierten Verfügungsrechten, sondern aus der Teilhabe an einer Gesamthandsgemeinschaft[42]: darin, Teil eines Ehepaares zu sein, das gemeinsam den Hof bewirtschaftete, Teil einer Geschwistergruppe, die Land geerbt hatte, oder Teil einer Gemeinde, die die Marken kollektiv bewirtschaftete. Die Rede vom „Agrarindividualismus" (Marc Bloch)[43] des 19. Jahrhunderts kann man hier durchaus in Frage stellen. Gewiss, die Gemeinheiten wurden in Löhne aufgeteilt, und die in Oberkirchen und Borgeln häufigen Geschwistergruppen lösten sich oft bald nach ihrer Konstitution wieder auf. Eheliche Gütergemeinschaft und besonders das Anerbenrecht bestanden jedoch auch im 19. Jahrhundert. Ihre Logik beruht auf der Gesamthandsgemeinschaft: Tritt man in eine Ehe ein, so gehört einem nicht etwa ein bezifferbarer (z. B. dem Heiratsgut entsprechender)

---

41 Verwandtschaftsbeziehungen zu oder zwischen Gruppen wurden nur dann berechnet, wenn die Gruppe aus Ehemann und Ehefrau oder wenn sie aus Geschwistern bestand, nicht wenn es sich z. B. um Geschwister und eine weitere Person handelte, und auch nicht, wenn Verkäufergruppe und Käufergruppe sich überschnitten. Beziehungen des Ehemannes oder der Ehefrau einer Person wurden genauso kategorisiert wie Beziehungen dieser Person selbst. Soweit bei einer gegebenen Transaktion mehrere Beziehungsformen zutrafen, wurde der mit der engsten Verwandtschaftsbeziehung ausgewählt. Generell wurde Kategorie 3 (horizontale, über Geschwister vermittelte Beziehung) auch dann zugewiesen, wenn es außerdem noch andere Verwandtschaftsbeziehungen mittlerer Entfernung gab (aber nicht, wenn außerdem eine sehr enge Beziehung bestand, enger als Cousins 1. Grades).

42 Klassisch: Buchda, Gesamthandlehre.

43 Marc Bloch, L'individualisme agraire.

Tabelle 5.15: Jährlicher Bodenumsatz (in Prozent der Gesamtfläche), nach verwandtschaftlicher Beziehung, 1830–1866

	Löhne	Oberkirchen	Borgeln
überlappende Gruppen (9)	2,3	1,9	5,5
nah (1)	2,5	1,6	2,4
blutsverwandt (2)	0,1	0,1	0,1
horizontal (3)	0,1	0,0	0,1
andere (4)	0,7	0,3	0,5
nicht (0)	0,9	0,5	0,4
nichtüberlappende Gruppen (99)	0,4	0,8	0,6
Summe (wie in Tab. 3.3)	7,0	5,2	9,7

Anm.: Zur Berechnungsweise siehe den Text. Quelle: Datenbanken 2006.

Anteil am gemeinsamen Vermögen, man ist vielmehr gleichberechtigter Miteigentümer, und nach dem Ausscheiden eines der Partner kann der Übriggebliebene das gemeinsame Eigentum entweder allein – so in Löhne üblich – oder in fortgesetzter Gütergemeinschaft mit den Erben des Verstorbenen – so in Borgeln – weiterführen.[44] Die im 19. Jahrhundert gestärkte Erbanwartschaft des Anerben entspricht dieser Systemlogik: Bereits vor der Hofübernahme hat neben dem Besitzerpaar auch der Anerbe Rechte am Hof, die er mit der Hofübernahme aktualisiert. Erworben und abgegeben werden bei solchen Transaktionen Mitgliedschaften in Kollektiven, die intern – und eben bei der Aufnahme und dem Ausscheiden ihrer Mitglieder – nach Prinzipien der Verhandlung funktionieren, also in einer Weise, die dem ökonomischen Modell ‚Markt' – wo nicht verhandelt wird, sondern Angebote stumm angenommen oder abgelehnt werden[45] – diametral entgegengesetzt ist.

Betrachten wir mit Tabelle 5.16 nun gewissermaßen einen Ausschnitt aus Tabelle 5.15: die Verteilung der Käufe, also derjenigen Transaktionen, die – wie man zunächst vermuten könnte – den Bodenmarkt ausmachten. Die in Kapitel 3 in Tabelle 3.3 ermittelten jährlichen Umsatzraten auf dem Bodenmarkt waren dort auf Käufe und andere Vertragsformen aufgeteilt worden, mit dem Ergebnis, dass der Bodenmarkt in Löhne mit 2,5 Prozent pro Jahr am lebhaftesten, in Oberkirchen mit 1,6 Prozent ebenfalls recht ausgeprägt und in Borgeln mit 0,8 Prozent am wenigsten liquide erschien. Verteilen wir die Käufe auf die genannten Stufen von Verwandtschaft, ergibt sich ein etwas anderes Bild (Tabelle 5.16). Im Vergleich zu allen Transaktionen erscheint das Übergewicht von Transaktionen im Nahbereich deutlich reduziert. Käufe waren, soweit die Partner nicht familiär eng verbunden waren, ein wichtiger Weg, um an Land zu kommen. Dennoch: In

---

[44] Zu den in Löhne und Borgeln geltenden Formen von Gütergemeinschaft siehe oben Kapitel 4.

[45] Der zentrale theoretische Text zu ‚Exit' (Abwanderung als Grundprinzip des Marktes) im Gegensatz zu ‚Voice' (Widerspruch als Grundprinzip von Staatlichkeit) ist Hirschman, Abwanderung und Widerspruch.

Tabelle 5.16: Jährlicher Bodenumsatz bei Käufen (in Prozent der Gesamtfläche), nach verwandtschaftlicher Beziehung, 1830–1866

	Löhne	Oberkirchen	Borgeln
überlappende Gruppen (9)	0,2	0,5	0,1
nah (1)	0,8	0,3	0,1
blutsverwandt (2)	0,1	0,0	0,0
horizontal (3)	0,0	0,0	0,0
andere (4)	0,5	0,1	0,1
nicht (0)	0,6	0,5	0,4
nichtüberlappende Gruppen (99)	0,2	0,1	0,1
Summe (wie in Tab. 3.3)	2,5	1,6	0,8

Anm.: Zur Berechnungsweise siehe den Text. Quelle: Datenbanken 2006.

Oberkirchen und Löhne spielten auch bei den Käufen die Transaktionen im Nahbereich eine erhebliche Rolle. In Löhne wechselten in den 37 untersuchten Jahren 41 Prozent des Landes den Besitzer im Rahmen von Käufen, an denen teilidentische Gruppen, Kernfamilienmitglieder, Cousins 1. Grades etc. teilhatten, und 51 weitere Prozent im Rahmen von Käufen, bei denen verwandtschaftlich eher fernstehende oder nichtverwandte Personen beteiligt waren. In Oberkirchen zirkulierte ein kleinerer Teil des Landes in Form von Verkäufen; hier überwog der soziale Nahbereich mit 32 gegenüber 26 Prozent im Fernbereich, wieder bezogen auf die gesamte erfasste Fläche. Borgeln schließlich fällt aus dem Rahmen. Hier benutzten die Familien das Instrument des Kaufes kaum (7 Prozent des Landes wechselten so den Besitzer im ganzen Zeitraum von 1830 bis 1866), aber auch fernerstehende Akteure schlossen deutlich weniger Kaufverträge als in den beiden anderen Orten (23 Prozent).

Dass in Löhne der Bodenmarkt – wenn man alle Käufe anschaut – besonders stark ausgeprägt war, ging offenbar vor allem darauf zurück, dass hier das Instrument des Kaufvertrags auch im Umfeld des Erbgangs (und zwar besonders bei Verkäufen an Söhne und Schwiegersöhne, aber auch an Väter und Schwiegerväter sowie Schwäger) genutzt wurde. Aber auch bei den entfernteren Verwandten weist Löhne viele Käufe auf. Besonders in Oberkirchen spielten Erbengemeinschaften eine große Rolle; wenn man hier nur die entfernteren und die Nichtverwandten betrachtet, erscheint der Markt nicht mehr liquider als in Borgeln. Wenn wir das Umfeld des Erbgangs abkoppeln, ergeben sich für die drei Kirchspiele weiterhin deutlich unterschiedliche Umsatzraten: 1,5 Prozent pro Jahr in Löhne, 0,7 Prozent in Oberkirchen und 0,6 Prozent in Borgeln. Wir können damit zwei Muster unterscheiden: einen hohen, auch die entferntere Verwandtschaft umfassenden Umsatz in Löhne und einen niedrigen in den beiden anderen Gemeinden. Das ist auf den ersten Blick ein paradoxes Ergebnis, weil die in Bezug auf Land marktferneren Gemeinden Oberkirchen und Borgeln in vielen Aspekten äußerst unterschiedlich strukturiert waren, vom ehelichen Güterrecht über das allgemeine Wohlstandsniveau und die naturräumlichen Bedingungen bis hin zur Konfession.

Tabelle 5.17: Umsatzraten nach Marktdefinition

	Löhne		Oberkirchen		Borgeln	
	Fälle	Umsatzrate	Fälle	Umsatzrate	Fälle	Umsatzrate
Eigentumswechsel, davon:	900	6,9%	1.114	5,1%	996	8,9%
vertraglich	647	4,0%	862	3,3%	757	4,9%
Verkäufe	531	2,5%	603	1,6%	399	0,8%
außerhalb der Kernfamilie	429	1,5%	457	0,7%	348	0,6%
ohne juristische Personen	327	1,3%	391	0,7%	268	0,5%
ohne Häuser	233	0,4%	325	0,4%	235	0,4%

Anm.: Einträge ohne Veränderung des Eigentums werden nicht berücksichtigt, dadurch kommt eine leichte Abweichung zu den Summenangaben in Tabelle 3.3 zustande. Quelle: Datenbanken 2006.

Wenn man Schritt für Schritt immer engere Definitionen von Bodenmarkt gebraucht, dann ergeben sich als Schätzung der Bodenmobilität die in Tabelle 5.17 gezeigten Umsatzraten. Die folgenden Analysen werden vor allem auf den Bodenmarkt im Sinne der vierten Zeile bezugnehmen, also auf Verkäufe außerhalb der Kernfamilie. Wenn es um Verwandtschaftsbeziehungen geht, müssen wir aber auch Transaktionen mit juristischen Personen (der Eisenbahn, der Kirche, der Gemeinde) ausschließen, und wenn die Relation von Flächen und Landpreisen analysiert wird, müssen Grundstücke mit Häusern ausgeschlossen werden.

Die Größenordnung der ermittelten Umsätze liegt etwa im Rahmen der von Sabean für Neckarhausen berechneten und aus der englischen Literatur zusammengetragenen Angaben: In Neckarhausen umfassten die Bodenverkäufe maximal (in den 1820er Jahren) 3 Prozent der Fläche pro Jahr (bzw. 2 Prozent außerhalb der Kernfamilie), minimal (im frühen 18. Jahrhundert) etwa 1,2 Prozent pro Jahr. Englische Werte liegen zwischen 0,8 und 4,7 Prozent pro Jahr, wobei die Autoren jeweils versuchten, Übergaben und Erbschaften nicht zu zählen, Käufe von nahen Verwandten aber mit einbezogen.[46] Mit anderen Worten, die Unterschiede innerhalb Westfalens fallen auch im europäischen Vergleich ins Gewicht und bedürfen der Interpretation; ein – wie in Löhne – hoher Umsatz von Land konnte auch im Kontext eines Anerbensystems auftreten.[47]

Ein grundlegendes methodisches Problem bei Sabeans Verwandtschaftsanalyse besteht in seinem nur beiläufigen Umgang mit der Frage, ob in einer Gemeinde, in der die meisten

46 Sabean, Property, production and family, S. 407, 411. In meiner Studie über das baden-durlachische Göbrichen komme ich auf etwa 1,4% pro Jahr im frühen 18. Jahrhundert (G. Fertig, Lokales Leben, S. 286). Neuere Übersicht über Bodenumsatzraten aus europäischen Studien: van Bavel, Land market, S. 136; die meisten dort zitierten jährlichen Umsatzraten liegen zwischen ein und zwei Prozent.

47 Vielfach wurde argumentiert, dass Freiteilbarkeit den Bodenmarkt belebt; siehe z. B. Habakkuk, Family structure.

Tabelle 5.18: Verwandtschaftsbeziehungen bei simulierten Transaktionen (Prozent)

	Löhne	Oberkirchen	Borgeln
nah (1)	5	5	4
blutsverwandt (2)	8	9	4
horizontal (3)	6	3	3
andere (4)	45	36	32
nicht (0)	36	47	57
Summe	100	100	100

Anm.: Angegeben werden die Anteile von bis zum Ende des Untersuchungszeitraums zustandekommenden Beziehungsformen an zufällig simulierten Transaktionen zwischen tatsächlich auftretenden, in den Familienrekonstitutionen identifizierten Alt- und Neubesitzern in Prozent. Zur Berechnungsweise siehe auch den Text.

Personen miteinander verwandt waren, Verwandte an Interaktionen nur zufällig beteiligt waren, oder ob Verwandtschaft tatsächlich eine überzufällige oder überproportionale Rolle spielte. Im Folgenden soll daher die Verteilung von Käufen und anderen Eigentumswechseln über die verschiedenen Verwandtschaftsgrade verglichen werden mit einer Verteilung, wie sie sich zufällig ergeben hätte. Methodologisch gesehen ist das eine inferenzstatistische Fragestellung; die Differenz von erwarteten und tatsächlichen Verteilungen kann mit dem Chi-Quadrat-Test auf statistische Signifikanz geprüft werden.

Automatisch generiert wurde für jedes der drei Kirchspiele ein fiktiver Datenbestand, in dem jeder tatsächlich im Untersuchungszeitraum auftretende und in den Familienrekonstitutionen identifizierte Abgeber (einschließlich von Ehemännern als Teil von Ehepaaren) genau einmal eine Transaktion mit einem der tatsächlich auftretenden identifizierten Erwerber vornahm. Das bedeutet, dass unsere Simulation sich auf das tatsächlich in den drei Kirchspielen agierende Personal und auf unser jeweils unterschiedlich dichtes Wissen über dessen Verwandtschaft bezieht. Simuliert wird lediglich die jeweilige Wahl der Transaktionspartner, und künstlich festgelegt wird auch der Umfang der jeweiligen Kauf- und Verkaufs-Aktivitäten, nämlich dass jeder mit jedem gleich oft einen Vertrag schließt. Für alle so generierten Paare wurde dann in derselben Weise der Verwandtschaftsgrad berechnet, wie bei den tatsächlich beobachteten Paaren. Anders als bei den vorherigen Analysen wird weder bei den simulierten noch bei den tatsächlichen Verwandtschaftsbeziehungen beachtet, ob zum Zeitpunkt der jeweiligen Transaktion schon Verwandtschaft bestand. Das Ergebnis dieser Simulationsrechnung findet sich in Tabelle 5.18.

An einem von zufälligen Transaktionen bestimmten Bodenmarkt wären nahe Verwandte, z. B. Cousins 1. Grades, kaum beteiligt. In Löhne und Oberkirchen waren entferntere Blutsverwandte, z. B. Cousins 2. Grades, relativ häufig; sie hätten auf einem Zufallsmarkt zusammengenommen bis zu 9 Prozent der Transaktionen untereinander bestritten. Die in Löhne häufigste Beziehungsform war die der ‚anderen' affinalen Verwandten, also derjenigen einfach oder mehrfach verschwägerten Personen, die nicht (wie z. B. der Mann der Schwester der Ehefrau, WZH) zur engeren Familie gezählt werden.

In Tabelle 5.19 wird diese fingierte, aber auf das jeweils tatsächlich vorliegende Verwandtschaftsnetz bezogene Menge an möglichen Kontakten verglichen mit einer reduzierten Fassung der tatsächlich beobachteten Eigentumswechsel-Daten. Weggelassen werden dabei die Beziehungen von Gruppen und von nicht identifizierten Personen. Unberücksichtigt bleiben auch der Wert der jeweils den Eigentümer wechselnden Flächen sowie die Anzahl der zwischen zwei Akteuren im Lauf der Zeit vorkommenden Transaktionen. Sowohl im zufällig generierten Vergleichsdatenbestand als auch bei den tatsächlich beobachteten Transaktionen werden Verwandtschaftsbeziehungen unabhängig vom Zeitpunkt ihres Zustandekommens einbezogen. Insgesamt kommt es daher zu einer anderen Verteilung als in den vorhergehenden Tabellen. Ich gebe jeweils zuerst die tatsächlich zustande gekommenen Kaufbeziehungen an, dann die bei zufälliger Verteilung erwarteten und dann die sich daraus ergebende Abweichung nach oben oder unten in Prozent. Zum Beispiel kamen in Löhne 66 Käufe unter sehr nahen Verwandten vor, zufällig erwartet wurden 23 (genauer: 5,29 Prozent von 428 Käufen, also 22,63). Tatsächlich kam also das 2,92fache oder 192 Prozent mehr als erwartet vor. Von der zweiten Zeile an werden die erwarteten Werte etwas anders berechnet, nämlich ohne dass die im Nahbereich abgeschlossenen Transaktionen mitgezählt werden.[48] Die statistischen Tests beziehen sich nur auf die zweite und die darauf folgenden Zeilen, daher sind die Werte in der ersten Zeile eingeklammert.

Wenn wir eine unterschiedliche Verteilung von Käufen auf verschiedene Stufen verwandtschaftlicher Nähe beobachten, können wir dies auf mehrere Arten erklären. Man kann eine solche Beobachtung, um einen von Bourdieu geprägten Begriff aufzugreifen, generell als Form von ‚Sozialkapital' im Sinne des Zugangs zu Ressourcen über soziale Netze verstehen.[49] Sozialkapital wird in der sozialwissenschaftlichen Forschung sehr kontrovers bewertet und erklärt.[50] Ich werde in der folgenden Diskussion drei mögliche Erklärungen herausgreifen. Erstens könnte eine Bevorzugung von Verwandten bei Landverkäufen auf ein besonderes Vertrauensverhältnis zwischen ihnen hindeuten: Vertrauen zu Verwandten. Es ließe sich argumentieren, dass der Kauf einer Parzelle mit Transaktionskosten verbunden war, und zwar mit solchen im Bereich der Qualitätsmessung

---

48 Rechenweg in der ersten Zeile: Erwartete Käufe in Kategorie 1 = Anteil der simulierten Käufe in Kategorie 1 an der Anzahl aller Käufe von Kategorie 1, 2, 3, 4 und 0, multipliziert mit der Anzahl aller tatsächlichen Käufe von Kategorie 1, 2, 3, 4 und 0. Rechenweg ab der zweiten Zeile: Erwartete Käufe in der jeweiligen Kategorie = Anteil der simulierten Käufe in der jeweiligen Kategorie an der Anzahl aller Käufe von Kategorie 2, 3, 4 und 0, multipliziert mit der Anzahl aller tatsächlichen Käufe von Kategorie 2, 3, 4 und 0.

49 Bourdieu, Kapital (auf Französisch 1983 erschienen). Für eine in der ökonomischen Diskussion vielzitierte, anscheinend ohne Kenntnis von Bourdieus Begriffsprägung erfolgte Adaptation des Begriffs ‚social capital' siehe: Coleman, Social capital. Der wichtigste Kritiker eines verengt ökonomischen Verständnisses von Sozialkapital ist Portes, Social capital.

50 Für eine ausführliche Diskussion vgl. G. Fertig, Xenophobie.

Tabelle 5.19: Verwandtschaftsbeziehungen bei tatsächlichen und zufällig erwarteten Käufen

	Löhne			Oberkirchen			Borgeln		
	TA	ETA	Abw.	TA	ETA	Abw.	TA	ETA	Abw.
nah (1)	66	(23)	(+192)	97	(21)	(+354)	36	(13)	(+179)
blutsverwandt (2)	30	32	−6	46	35	+31	13	13	+1
horizontal (3)	24	23	+6	33	13	+156	21	10	+115
andere (4)	139	170	−18	129	141	−9	76	103	−26
nicht (0)	169	137	+23	168	187	−10	199	183	+9
χ^2 (DF=3)	13,15**			37,66**			21,31**		

Quelle: Datenbanken 2006. Verfahren: Alle Verkäufe von ganzen Höfen oder einzelnen Parzellen, ohne Berücksichtigung des Reinertrags. Verwandtschaftsbeziehungen am Ende des Untersuchungszeitraums. TA: Anzahl der (tatsächlichen) Transaktionen. ETA: Bei Unabhängigkeit erwartete Anzahl von Transaktionen. Abw.: Abweichung der tatsächlichen von den erwarteten Anzahlen in %. Werte in Klammern: siehe den Text.

und Vertragsdurchsetzung, mit anderen Worten: mit Fragen, die vom Vertragsabschluss aus gesehen in der Zukunft lagen. Die Qualität von agrarischen Nutzflächen zeigt sich ja letztlich erst bei der Ernte, und die Ernten fielen auch im 19. Jahrhundert noch höchst unterschiedlich aus. Zudem galt es, über den Abschluss des Kaufvertrags hinaus Eigentumsrechte zu sichern und zu klären – an vielen Grundstücken hafteten klärungsbedürftige grundherrliche Lasten. Bei fehlendem Eintrag ins Hypothekenbuch konnte der Verkäufer zudem versucht sein, das Grundstück noch nachträglich zu verpfänden. Vertrauen und Misstrauen konnten beim Grundstückskauf also durchaus eine Rolle spielen.

Eine zweite Erklärung bezieht sich auf den Vergangenheitsaspekt von Transaktionskosten: Die Anbahnung von Kontrakten, bevor überhaupt ein Vertrag zustande kam, könnte durch Verpflichtung gegenüber Verwandten beeinflusst sein. „Vielleicht ging es einfach gegen den Strich, Land außerhalb der Familie zu verkaufen"; vielleicht „gab es eine Art moralische Verpflichtung, auf einem lebhaften Bodenmarkt vor allem an Blutsverwandte zu verkaufen" (Sabean).[51] Man wandte sich also möglicherweise in aller Regel zunächst an Verwandte, wenn man Land abgeben konnte oder musste, mehr Land brauchte oder Geld in Land anlegen wollte. Das würde dazu führen, dass Informationen über mögliche Landkäufe den Familienkreis kaum verließen und eine Kontraktanbahnung unter Fernerstehenden deshalb sehr schwierig war. Ein solcher Befund ließe sich transaktionskostenökonomisch zwar beschreiben (es geht um die Kosten von Information); befriedigende Erklärungen müssten aber eher in der Begrifflichkeit der Wirtschaftssoziologie oder -ethnologie entwickelt werden.

Nach David Sabeans von der Ethnologie beeinflusster Sichtweise hatten nicht nur Kinder Ansprüche an ihre Eltern. Vielmehr wurden durch Formen entfernter Verwandt-

[51] Sabean, Property, production and family, S. 383, 387.

schaft Austauschsysteme konstituiert, in denen Produktionsmittel (wie Land) zirkulierten.[52] Diese Austauschsysteme seien nicht nur auf dem Bodenmarkt beobachtbar, sondern auch in anderen Bereichen von verwandtschaftlicher Praxis, vor allem bei der Wahl von Heiratspartnern. Sabean argumentiert, dass diese Systeme sich zudem änderten, in Neckarhausen von einem durch Schwägerschaft zu einem durch gemeinsame Abstammung bestimmten, was sich nur durch die systematische Beobachtung mehrerer Kooperationsfelder feststellen lässt. In manchen Phasen eröffneten Heiraten neue Kooperationschancen, in anderen kooperierten Blutsverwandte. Der Bodenmarkt existierte also innerhalb einer Welt, in der Rechte und Pflichten durch Verwandtschaft strukturiert wurden.[53] Auch in der englischen Diskussion über den ‚land-family bond' sind es vor allem Rechte und Pflichten, die die Verbindung von Land und Familie konstituieren.

Eine soziologische Erklärung für den Befund, dass bestimmte Informationen den engeren oder weiteren Familienkreis nicht verlassen, könnte an die Begrifflichkeit von Alejandro Portes[54] anschließen. Portes unterscheidet zwei Varianten von normativen Quellen sozialen Kapitals: internalisierte Werte und begrenzte Solidarität. Einerseits gibt es Menschen, die sich an Regeln halten, auch wenn davon nicht nur Mitglieder der eigenen Gemeinschaft profitieren. Woher eine Regel stammen sollte, dass das Land an die Verwandten verkauft werden muss, lässt sich für Westfalen nicht angeben.[55] Andererseits können sich Geschwister (oder auch Mitglieder derselben Klasse im marxschen Sinne) auf eine ‚brüderliche' Art und Weise behandeln, nicht weil sie das jedem gegenüber so täten, sondern weil sie gemeinsame Erfahrungen teilen. Das Bevorzugen der eigenen Gruppe würde also auf gemeinsame Erfahrungen zurückgehen, die ein Bewusstsein von Rechten und Pflichten generierten. Dieser Erklärungsvariante zufolge würden nicht so sehr die Enkel und Urenkel desselben Groß- oder Urgroßvaters einander bevorzugen, sondern Mitglieder von miteinander verbundenen Gruppen derselben Generation.

Eine dritte mögliche Erklärung verweist auf Beziehungen, die keinen Tauschcharakter haben. Die Familie kann – im Unterschied zur weiteren Verwandtschaft – als derjenige Bereich verstanden werden, innerhalb dessen Erbschaft, Unterhalt und unbezahlte Dienstleistungen fließen – verpflichtend nicht nur aufgrund gemeinsamer Erfahrungen,

---

52 Ebd., hier S. 413–414; siehe auch Levi, Il mercato. Sabean, Kinship in Neckarhausen. Siehe dazu auch die Rezension von Jon Mathieu, Sabean über die Geschichte und sich selbst.

53 Sabean, Property, production and family, S. 413.

54 Portes, Social capital.

55 Für Losungsrechte Verwandter wie in Württemberg (Sabean, Property, production and family, S. 351–353) fanden sich im westfälischen Material für das 19. Jahrhundert keine Belege. Im Herzogtum Westfalen wurde das „Reconsolidationsrecht" des „Besitzer[s] der Sohlstätte" 1809 zusammen mit der Geschlossenheit der Höfe explizit aufgehoben, Scotti, Sammlung, Bd. 3 (1831), S. 464–473 / Nr. 360, Zitat § 4 S. 465, ohne dass bei dieser Gelegenheit Losungsrechte von Verwandten, Markgenossen oder Mitzinsern erwähnt worden wären. Blutsverwandtschaft wurde allerdings (taktisch) im Kontext der Grundherrschaft durchaus als Argument angeführt, wenn es um die Auswahl des richtigen Hofnachfolgers ging (Schlumbohm, Lebensläufe, Familien, Höfe; S. 506–524).

sondern aufgrund etablierter sozialer Praxis und gesetztem Recht: Verpflichtung innerhalb der Familie. Mittelfristig gesehen, sind Eltern und Kinder in wechselseitige Verpflichtungen eingebunden; langfristig fließen Ressourcen aber netto von den Eltern zu den Kindern. Das ist keine Markttransaktion, und ihr Zustandekommen hängt nicht davon ab, wie hoch die Anbahnungs- oder Durchsetzungskosten von Kontrakten sind. Diese Art von Erklärung ist im Unterschied zu den ersten beiden Hypothesen geeignet, um eine Bevorzugung der engsten Familienangehörigen im Unterschied zur weiteren Verwandtschaft verständlich zu machen.

Die Ergebnisse in Tabelle 5.19 sind mit der zuletzt genannten Hypothese leicht vereinbar. In allen drei Gemeinden hatten die nahen Verwandten (Kategorie 1) eine massiv erhöhte Chance auf Landkäufe, davon (nach Wert des Landes gerechnet) zu 58 Prozent Söhne und Schwiegersöhne und zu 20 Prozent Geschwister und Schwäger. Die absoluten Häufigkeiten fallen rasch ab, sowie dieser Bereich überschritten ist: 49 Verkäufe an Söhne, 52 an Geschwister und Schwäger, aber nur 10 an Cousins 1. Grades und 7 an Neffen. Vertrauen auf eine leichtere Vertragsdurchsetzung scheint dafür keine starke Erklärung zu sein. Weshalb sollte schon gegenüber dem Cousin oder Neffen nicht durchzusetzen sein, was beim Bruder oder Schwager konfliktfrei einzufordern war? Plausibler ist ein ‚land-family bond' oder eine Verknüpfung von Kauf und Erbgang. Das spricht dafür, in der weiteren statistischen Analyse nur noch auf die Verteilung der Transaktionen im Bereich jenseits der nahen Verwandten zu achten. Entsprechend sind die (nicht eingeklammerten) unteren Zeilen in Tabelle 5.19 berechnet. Alle Angaben und die statistischen Tests sind wie oben erläutert berechnet, beziehen sich jeweils auf einen verkleinerten Datensatz ohne die engsten Beziehungen. Mit anderen Worten, es geht hier nicht um die Frage, ob z. B. entferntere Blutsverwandte mehr kauften als es bei einer zufälligen Verteilung aller Käufe zu erwarten wäre (mit dem Ergebnis: nein, denn sie bekamen viel weniger als die nahen Verwandten), sondern ob sie mehr kauften, als es bei einer zufälligen Verteilung all derjenigen Käufe zu erwarten wäre, die tatsächlich unter nicht sehr nahe verwandten Partnern abgeschlossen wurden.

Aber auch nach dieser Berechnung wurden Blutsverwandte (Kategorie 2) auf dem Bodenmarkt in Löhne und Borgeln offenbar nicht bevorzugt. In Oberkirchen dagegen ergibt sich eine Bevorzugung um knapp ein Drittel. Das ist zwar angesichts der mäßigen Fallzahlen nicht sehr massiv. Aber angesichts der dort geltenden ehelichen Gütertrennung und der für Katholiken geltenden Eheverbote unter auch entfernteren Blutsverwandten lässt sich dieses Ergebnis durchaus so deuten, dass Angehörige von Abstammungslinien hier einen Anspruch auf Land hatten, der sich auf dem Bodenmarkt niederschlug. In Oberkirchen blieb Land in der Abstammungsfamilie, wenn es vererbt wurde, und weder konnte es durch Heirat an andere Linien fallen, noch konnten Blutsverwandte Land durch Heirat für die Linie zurückgewinnen. Möglicherweise leistete der Bodenmarkt für Blutsverwandte hier also etwas, das das Heiratssystem nicht leisten konnte.

Eine ebenfalls kleine, aber markante Gruppe sind die horizontal Verschwägerten (Kategorie 3), also eine Art von Kontakten, die sich eher aus der Peer Group Gleichaltriger ergeben als aus langfristigen Allianzen zwischen Familiengruppen. Beziehungen innerhalb derselben Generation boten in Oberkirchen und Borgeln mehr als doppelt so viel Gelegenheit zum Landkauf wie erwartet. Das galt aber nicht für Löhne. Dort war das Landangebot offenbar weniger knapp, und es wurde weniger von kooperierenden Gruppen monopolisiert als in den anderen beiden Orten. Andere Verwandte (4) und Nichtverwandte (0) sind im Unterschied zu den eben besprochenen Beziehungsarten sehr häufig. Auffälligerweise wurden Nichtverwandte durchaus nicht gemieden. In Löhne bekamen sie sogar häufiger Land als die eigentlich zahlreicheren anderen Verwandten. Es war also nicht wichtig, in irgendeiner vagen Weise Teil des lokalen Beziehungsnetzes zu sein, und man kann die untersuchten Gemeinden hinsichtlich des Bodens nicht als verschlossen gegenüber Außenstehenden beschreiben. Mit anderen Worten: Der nützliche Aspekt von verwandtschaftlichen Beziehungen bestand nicht darin, kein Fremder zu sein, sondern in konkreten Beziehungen der Blutsverwandtschaft oder Schwägerschaft. Die entsprechend privilegierten Beziehungen machten freilich nur einen kleinen Teil des gesamten Bodenmarkts aus.

5.7 Abschlussdiskussion

Wie marktförmig war also der Bodenmarkt in den drei untersuchten Orten? Der Blick auf die institutionellen Formen zeigt zunächst, dass die Akteure keinen Mangel an Wegen litten, auf denen Eigentumswechsel klar und eindeutig vereinbart und vollzogen werden konnten. Seit der Einrichtung des Urkatasters in den 1820er Jahren waren Parzellen eindeutig benennbar und in ihrem Wert beziffert. Der Bodenmarkt war eher überformalisiert: Kataster- und Grundbucheinträge, schriftliche und – selten – mündliche Verträge boten verschiedene Optionen, gültige Eigentumsveränderungen herbeizuführen. Grundbücher und Kataster wurden – vor allem in Borgeln, am wenigsten in Oberkirchen – konsequent und relativ zügig genutzt. Eigentum war aber nicht das einzige relevante Verfügungsrecht. In der deutschsprachigen ökonomischen Diskussion wird ‚property rights‘ meist ungenau mit ‚Verfügungsrechte‘ übersetzt. Verfügen im Sinne der betriebswirtschaftlichen Nutzung kann der Eigentümer allerdings nur dann, wenn er (oder sie) zugleich den Nießbrauch innehat. Neben der formellen, schriftlichen, auf Papier festgehaltenen Zirkulation des Eigentums erfolgte – das zeigten Löhner Beispiele – eine in der Regel informelle, mündliche und unserer Beobachtung entzogene Zirkulation des Verfügungsrechts im familiären Rahmen.

Die Abgrenzung der Transaktionen nach dem Inhalt der jeweiligen Vereinbarungen, vor allem nach Kriterien von Leistung und Gegenleistung, erwies sich als nicht trivial. Der Großteil der Eigentumsveränderungen lässt sich den Kategorien Erbschaft, Übergabe ‚inter vivos‘ und Kauf zuordnen. Eine perfekte Trennung zwischen Erbschaft und Übergabe sowie Übergabe und Kauf ist jedoch nicht möglich. Erbschaften enthalten Elemente von unentgeltlichem Transfer (von Gestorbenen auf die Lebenden), aber auch von Leistung und Gegenleistung (unter potentiellen und tatsächlichen Erben). Auch

Übergaben – zunächst als vorgezogene Erbschaft interpretierbar – lassen sich von Käufen nicht scharf trennen. Übergaben können nicht als Teil eines Bodenmarktes im ökonomischen Sinne gelten – sie sind eingebettet in familiäre Beziehungen von nicht klar spezifizierten Leistungen und Gegenleistungen, dienen als funktionales Äquivalent zu unentgeltlichen familiären Transfers, und niemand hat die Möglichkeit, sich Land entweder vom einen oder vom anderen Anbieter übergeben zu lassen. All das kann aber auch für solche Eigentumswechsel gelten, die als Käufe etikettiert wurden. Wenn wir aus der Masse der Eigentumsveränderungen die Marktauftritte im Sinne der ökonomischen Theorie herausschälen wollen, müssen wir also die Beziehungen der Akteure untereinander betrachten.

Eine Abgrenzung von Transaktionen im sozialen Nah- und Fernbereich erscheint nun durchaus möglich. Bevor man die einzelnen Akteure auf ihre Nähe und Ferne hin betrachtet, ist freilich die Frage zu stellen, ob die Akteure denn Einzelne sind. In Westfalen war Eigentum in der Regel – auch dort, wo einzelne Männer als Eigentümer benannt sind – kollektiv: Paar- und Erbengemeinschaftseigentum. Die Zirkulation von Ressourcen im Familiensystem funktionierte über das Eintreten in und das Ausscheiden aus Gemeinschaften. Diese Eigentumsveränderungen sowie Transaktionen innerhalb der Kernfamilie machten die Mehrheit aller Eigentumswechsel aus; schränkt man den Blick auf die Käufe ein, fallen sie immer noch erheblich ins Gewicht. Käufe unter Nichtverwandten, auch mit nicht in den jeweiligen Kirchenbüchern stehenden Personen kamen dennoch durchaus vor. Die Unterschiede zwischen den untersuchten Kirchspielen waren dabei gravierend: Von den drei Orten war Löhne derjenige, der am ehesten der Vorstellung eines lebhaften Bodenmarktes entsprach. Dort war der durch Käufe erfolgende Umsatz an Land pro Jahr am höchsten, und zugleich war der Anteil der verwandtschaftlich Fernerstehenden an den Käufen hoch. In Oberkirchen war bei geringeren Umsätzen der Anteil der engeren Familie relativ hoch, in Borgeln schließlich wurde am wenigsten Land gekauft und verkauft, wobei die engere Verwandtschaft diesen Kanal praktisch überhaupt nicht nutzte.

Wie ist nun die eingangs gestellte Frage nach einer für die weitere Untersuchung brauchbaren Taxonomie zu beantworten? Können wir herausfiltern, welche Transaktionen zum Bodenmarkt gehörten? Klar ist, dass Erbschaften und Übergaben nicht dazugehören, und zwar aus unterschiedlichen Gründen: Erbschaften, weil sie Transfers sind, Übergaben, weil sie Elemente von Transfers enthalten (z. B. das Auszahlen der Geschwister) oder mit diesen verbunden sind. Weit weniger trivial ist die Aufgabe, innerhalb der Käufe zu differenzieren. Käufe sind nie Transfers, sie können allerdings – wie Übergaben – Elemente von Transfers enthalten. So kann man aus einem besonders niedrigen Preis (‚Freundschaftspreis‘) schließen, dass sich in einem Kaufakt ein Preisnachlass und damit eine Schenkung, ein Transfer verbirgt. Diese Strategie haben wir bislang noch nicht verfolgt. Genauso wie Übergaben können Käufe zudem mit Transfers verbunden sein – es kann also sein, dass nicht ihr Inhalt, wohl aber ihr Kontext dem Modell des unpersönlichen Marktes widerspricht. Zwei mögliche Indikatoren können auf eine solche Verbindung hindeuten. Erstens kann man aus einem bestehenden engen, kernfamiliären Verwandtschaftsverhältnis schließen, dass aller Wahrscheinlichkeit nach irgendwelche Transfers – auch wenn man sie nicht benennen kann – stattgefunden haben. Wir haben in diesem Kapitel diese Strategie eingesetzt; Käufe zwischen Eltern und Kindern oder unter Miterben sind vermutlich nicht als reine Markttransaktionen zu erklären. Und zweitens könnte man versuchen, die mit dem jeweiligen Kaufakt verbundenen Transaktionen zwischen denselben Beteiligten zu identifizieren und zu benennen – ein relativ aufwendiges Vorgehen, das jedoch prinzipiell möglich ist, auch wenn innerfamiliäre Transfers, etwa Unterhaltsleistungen, nur ausnahmsweise über Grundbücher erfassbar sind.

Auf andere Grenzen stößt der Versuch einer taxonomischen Einteilung von Transaktionen in Markt und Nicht-Markt, wenn Markttransaktionen nicht nur von Transfers, sondern auch von Reziprozitätsbeziehungen abgegrenzt werden sollen. Gewiss – Käufe sind keine Geschenke im Sinne von Marcel Mauss; man bezahlt für das Land.[56] Aber sie können verpflichten, Dankbarkeit hervorrufen oder aufgrund von Verpflichtungen zustandekommen. Sie sind in diesem Fall also von Reziprozitätsbeziehungen nicht isoliert, was sich übrigens auch von der Erbschaft und den wechselseitigen Dankbarkeitsbeziehungen zwischen Eltern und Kindern sagen lässt.[57] Der Versuch, die jeweilige Einbettung einer bestimmten Transaktion in durch Reziprozitätsbeziehungen strukturierte Verwandtschaftsnetze herauszuarbeiten, muss freilich stärker als im Fall der kernfamiliären Transfers spekulativ bleiben. Zudem schließt die Strategie, Transaktionen innerhalb bestimmter Verwandtschaftsbeziehungen für ‚Reziprozität' und damit Nicht-Markt zu erklären, zu kurz: Auch bei zufälliger Verteilung, also wenn Verwandtschaft ganz irrelevant wäre, wäre ein gewisser Anteil an Transaktionen innerhalb der Verwandtschaft durchaus zu erwarten. Reziprozität zu verstehen bedeutet vielmehr, den gesamten Kontext von langfristig verpflichtenden Transaktionen in den Blick zu nehmen. Ein Teil der neueren ökonomischen Forschung neigt sogar dazu, Reziprozität und Vertrauen ganz generell als Voraussetzung für Marktbeziehungen zu sehen, wenn institutionelle Sicherungen von Eigentumsrechten wenig ausgebildet sind. Mit anderen Worten, wir sind an dieser Stelle am Ende eines taxonomischen Untersuchungsansatzes angelangt. Es kann im Folgenden nicht mehr darum gehen, bestimmte Transaktionen aus dem Markt und andere aus den Reziprozitätsbeziehungen herauszudefinieren. Stattdessen soll versucht werden, bei allen Käufen zu fragen, welchen Funktionen und Logiken sie folgten.

---

56 Mauss, L'échange dans les sociétés archaïques.

57 Vgl. mit anderer Akzentuierung die Argumentation von Pfister, Entre marchandise et don, insbesondere S. 2: Immobilien seien insofern eine Gabe im Sinne von Mauss, als sie eine diffuse Einheit darstellten, die sich nur teilweise von anderen Akten des sozialen Austauschs, z. B. der Frauen, differenziere. – Reziprozität innerhalb der Erbschaftsbeziehung betont Kennedy, Theory of inheritance.

Kapitel 6: Der Bodenmarkt und die Zeit

6.1 Problemstellung

Bis zu dieser Stelle wurden die drei Arten des Eigentumswechsels in erster Linie danach charakterisiert, ob sie unentgeltlich waren, welche Akteure an ihnen beteiligt waren, und in welcher Beziehung diese standen. Eine Vertiefung dieser Diskussion wird möglich, indem wir sie analytisch in zeitliche Verläufe einbetten. In Anlehnung an Grundkategorien der Demographie sollen dabei zwei Dimensionen von Zeit unterschieden werden: die ‚individuelle Zeit' des persönlichen Lebenslaufes und die ‚historische Zeit' der Zugehörigkeit zu Alterskohorten, die nacheinander zu Akteuren werden.[1] Die Trennung zwischen diesen beiden Dimensionen von Zeit ist für viele Techniken der modernen demographischen Forschung konstitutiv. Abbildung 6.1, ein ‚Lexis-Diagramm', illustriert diese Unterscheidung: Die diagonalen Linien trennen Alterskohorten, also Gruppen von Menschen, die durch einen gemeinsamen Geburtszeitraum definiert sind und sich zusammen in die Zukunft bewegen. Die senkrechten Linien trennen dagegen historisch gleichzeitig anwesende Akteure. Waagerecht wird das Lebensalter aufgetragen. Transfers von den Alten zu den Jungen (oder umgekehrt) kreuzen die Linien, die zwischen den Alterskohorten verlaufen, verteilen also die zu einem bestimmten historischen Zeitpunkt vorhandenen Güter zwischen den durch gleichzeitige Geburt definierten Gruppen um. Dagegen dient das Sparen dazu, den Konsum von Ressourcen innerhalb derselben Gruppe auf einen späteren Zeitpunkt zu verschieben, was in der Abbildung als diagonal verlaufender Pfeil sichtbar wird.[2] Wie der ökonomische Demograph Ronald Lee deutlich gemacht hat, unterscheiden sich Systeme der Reallokation von Ressourcen danach, ob sie die Wirtschaftsleistung einer gegebenen Zeitperiode ‚konservativ' unter den Alterskohorten umverteilen, oder ob sie die Ressourcen der einzelnen Individuen und Alterskohorten

1 Hareven, Family time and historical time, S. 64–87; dies., Synchronizing time, S. 82–167.

2 Zum Konzept des Lexis-Diagramms siehe Willigan/Lynch, Historical demography, S. 205–206.

Abbildung 6.1: Lebenszeit und historische Zeit bei Transfers und Sparen (Lexis-Diagramm)

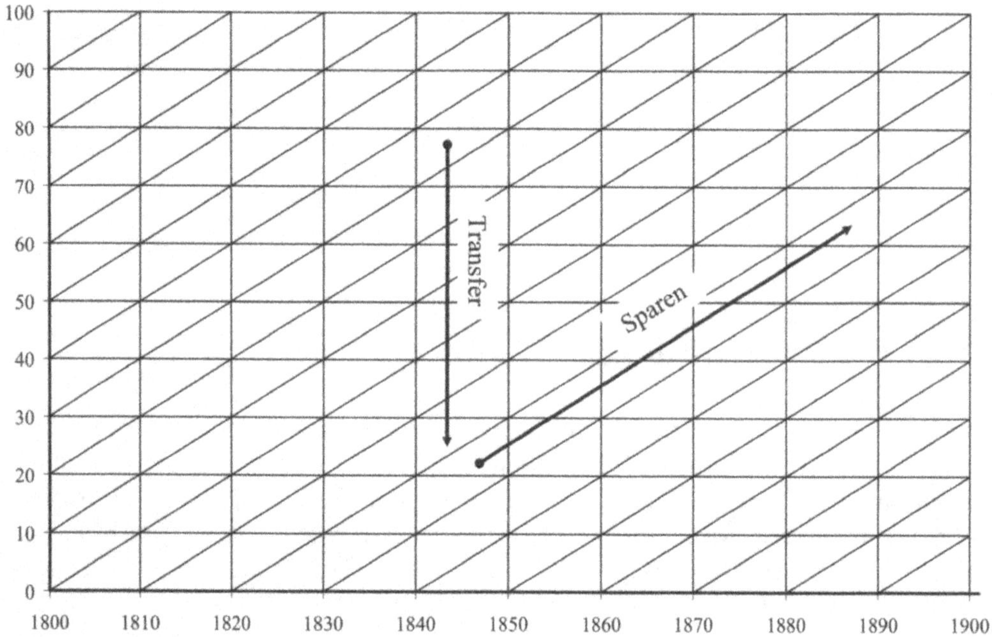

‚kompetitiv' über Zeitperioden hinweg verschieben. Transfers gelten als ‚konservative' Allokationssysteme, d. h. Nullsummenspiele unter allen gerade jetzt Lebenden; Sparen und Investitionen sind dagegen ‚kompetitive' Systeme, bei denen eine Verzinsung erfolgt.[3]

Eigentumswechsel können für die Beteiligten beides leisten. Der Erwerb von Land kann eine Transferleistung der Eltern darstellen (eine vorgezogene Erbschaft oder die Unterstützung eines Kindes, das sich aus der alltäglichen Konsumgemeinschaft löst), er kann aber auch eine Investition für die eigene Zukunft bedeuten, den Erwerb von Kapital für die nächsten Jahre und eine Aufbewahrungsmöglichkeit für die zum Kauf aufgewendeten Gelder. Einerseits können also Ressourcen von der Eltern- auf die Kindergeneration verschoben werden, andererseits können Menschen ein und derselben Generation versuchen, über ihre Lebenszeit hinweg den notwendigen Konsum sicherzustellen, auch in Phasen, in denen ihre Erwerbsfähigkeit stark abgesunken ist. Für unsere Fragestellung kommt es darauf an, zwischen diesen beiden Funktionen zu unterscheiden.

---

[3] Lee, Intergenerational transfers, S. 20–25. Kredit ist nach Lee sowohl ‚konservativ' als auch ‚kompetitiv'.

6.2 Junge Käufer, alte Verkäufer?

Dabei liegt zunächst die bereits diskutierte Möglichkeit auf der Hand, dass ein guter Teil nicht nur der Übergaben und Erbschaften, sondern auch der Käufe zur Ausstattung der jüngeren Generation diente. David Sabean hat beobachtet, dass bei miteinander verwandten Transaktionspartnern in Neckarhausen die Altersdifferenzen zwischen den (meist jüngeren) Käufern und den (meist älteren) Verkäufern ab dem späten 18. Jahrhundert zunahmen. Anfangs gehörte die Mehrheit der Käufer derselben Generation wie die mit ihnen verwandten Verkäufer an, später gehörte die Mehrheit einer späteren Generation an. Kaufkontrakte waren demnach „supplemental to the inheritance process"[4]; sie ermöglichten einen gegenüber dem Intestaterbrecht besser steuerbaren Ressourcenübergang zwischen den Generationen. In Westfalen spielte das Intestaterbrecht nun keine dem württembergischen Fall vergleichbare Rolle. Neben den vertraglich geregelten Übergaben wurde ein (wenn auch mit unseren Quellen nicht quantifizierbarer[5]) Teil der Erbschaften testamentarisch gesteuert. Dennoch können Altersdifferenzen zwischen Käufer und Verkäufer darauf hindeuten, dass sich in der Form des Kaufvertrags tatsächlich Transfers zwischen den Generationen verbergen. Tabelle 6.1 gliedert die Transaktionen ähnlich wie in Tabelle 4.8 derart auf, dass wir von einer sehr laxen Definition des Bodenmarkts (alle Eigentumswechsel) zu einer sehr strengen (nur Käufe außerhalb der Kernfamilie) fortschreiten. Angegeben werden hier allerdings nicht Werte für immer kleiner werdende Kreise (erst alle Eigentumswechsel, dann nur die vertraglichen, dann nur die Käufe), sondern für die Ringe, die zusammen die Kreise bilden (also erst alle nicht vertraglichen Eigentumswechsel, dann alle vertraglichen ohne die Käufe usw.).

Es zeigt sich, dass in unseren Untersuchungsgebieten Käufe in der Regel nicht die Weitergabe von Besitz an eine jüngere Generation organisierten, jedenfalls nicht in gleichem Maße wie nicht vertragsgesteuerte oder unentgeltliche Transaktionen. Bei den vertraglichen, aber nicht kaufförmigen Transaktionen betragen die Altersabstände bis über 25 Jahre. Der Kauf als Organisationsform des intergenerationellen Ressourcenübergangs scheint vor allem in Löhne vorgekommen zu sein. In Borgeln dagegen wur-

---

4 Sabean, Property, production and family, S. 408.

5 Der Anteil der durch Testamente gesteuerten Erbfälle machte im tecklenburgischen Kirchspiel Lienen in unserem Untersuchungszeitraum etwa 17% aus: Evers, Ländliche Familienstrategien, insbesondere Tab. 20 und 21, S. 118–119. In unseren Untersuchungsorten konnte er dagegen einstweilen noch nicht ermittelt werden. In Borgeln wurden im Nachfolgeprojekt „Transfers" 65 Testamente erfasst, die Zahl aller erfassten Generationenübergänge im Untersuchungszeitraum dieses Projekts betrug 200, davon sind nur 16 mit Testamenten verknüpft. Viele Testamente bezogen sich also auf Erbfälle, bei denen kein Hof zum Nachlass gehörte oder bei denen die Erblasser oder Empfänger nicht als Hofbesitzer erfasst sind. Genauere Angaben sind von der in Vorbereitung befindlichen Dissertation von Volker Lünnemann zu erwarten.

Tabelle 6.1: Durchschnittliche Altersabstände zwischen Alt- und Neubesitzer in Jahren nach Kirchspiel und Transaktionsform, 1830–1866

	Löhne		Oberkirchen		Borgeln	
	Fälle	Abstand	Fälle	Abstand	Fälle	Abstand
nicht vertraglich	253	9,9	252	11,2	239	1,9
vertraglich ohne Käufe	116	25,6	259	12,8	358	16,8
Käufe in Familie	102	13,6	146	6,8	51	1,6
Käufe außerhalb der Familie	429	4,3	457	–0,1	348	0,5
alle Eigentumswechsel	900	12,6	1.114	9,4	996	8,6

Anm.: Transaktionsformen angelehnt an Marktdefinitionen wie in Tabelle 4.8. Die Altersabstände wurden berechnet als Differenz zwischen dem Alter des Altbesitzers abzüglich des Alters des Neubesitzers in Jahren. Bei der Berechnung der durchschnittlichen Altersabstände wurden die Fälle nach dem Steuerwert der übertragenen Flächen gewichtet.

de Land im Wesentlichen zwischen ungefähr gleichaltrigen Akteuren gehandelt, und zwar auch innerhalb der Familie. Das passt zu der Beobachtung, dass in Borgeln die Käufe einen besonders geringen Teil des Umsatzes an Land ausmachten. Mit anderen Worten: Die Tatsache, dass in Löhne der Bodenmarkt besonders liquide zu sein scheint, könnte darauf zurückzuführen sein, dass dort die Transaktionsform des Kaufes eine stärkere Funktion bei der Neuverteilung des Landes zwischen den Generationen hatte; Eigentum hatte also primär die von den Reformern (auch) gewünschten Auswirkungen auf die Eltern-Kind-Beziehungen.

6.3 Bodenmarkt, Lebens- und Familienzyklus

Soweit das auf Generationenbeziehungen, also auf Transfers zielende Argument. Eine andere Deutung betont die Rolle des individuellen Lebenszyklus für den Kauf und Verkauf von Land: Gérard Béaur hat bei seiner Analyse des Bodenmarkts in einem französischen Untersuchungsgebiet gezeigt, dass die von ihm untersuchten Weinbauern in jungen und mittleren Jahren eher als Käufer und im höheren Alter eher als Verkäufer auftraten. Seine Methode bestand darin, die in bestimmten Altersklassen gekauften und verkauften Mengen an Land zu berechnen, also das Altersprofil von Käufen und Verkäufen. Béaur sieht drei mögliche Motive dafür, in Land zu investieren: den Erwerb von Produktionsmitteln, die Ausstattung der Kinder und die Absicherung des Alters.[6] Es ist allerdings eine empirische Frage, ob das letztere Motiv eine bedeutende Rolle in vormodernen ländlichen Gesellschaften spielte.

6 Béaur, Cycle de vie, S. 257–288; ders., Bodenmarkt, S. 247–267.

Ähnliche Überlegungen, erweitert um schichtenspezifische und familienzyklische Differenzierungen, haben Ulrich Pfister, Volker Lünnemann und ich anhand von Zürcher und westfälischem Datenmaterial zwischen 1993 und 1999 in drei Vorstudien zum hier vorgestellten Projekt angestellt.[7] Die Grundidee unserer Analysen bestand darin, dass der Zugang zu funktionierenden Faktormärkten und damit zu Kredit und zu in Land angelegten Ersparnissen lebenszyklische Einkommensstrategien ermögliche. Wo dies nicht gelinge, müsse der Konsum dem Einkommen folgen, was zu demonstrativem Konsum und Altersarmut führe: Wenn Einkommen hoch sind, kann nicht gespart werden und alles wird ausgegeben; wenn sie niedrig sind, fehlen die Ersparnisse. Das ist nun freilich eine in dieser Form nicht Béaur zuzuschreibende ökonomistische und modernisierungstheoretische Engführung seines Arguments, die zur Tendenz der neueren historischen Bodenmarktforschung sehr konträr liegt. Es wird damit nämlich zum einen behauptet, dass ein Ausgleich von ungleichen Erwerbschancen zwischen den Generationen nur durch ‚kompetitive' Systeme im Sinne Lees[8] geleistet werden könne. Gaben zwischen den Generationen werden dagegen eher als Problemindikator denn als mögliche Problemlösung gesehen. Gegen Pfister, Fertig und Lünnemann ließe sich also einwenden, dass lebenszyklische Einkommensstrategien auch in der Nutzung anderer Systeme als des Bodenmarktes bestehen könnten. Möglicherweise waren Transfers, Gaben, dem Markt ja überlegen, und möglicherweise diente die Nutzung des Marktes, wo sie vorkam, ja auch ganz anderen Zwecken. Zum anderen macht das in unseren Vorstudien entwickelte Argument eine Aussage über das Verhältnis von Marktentwicklung und sozialen Beziehungen: Märkte machen Transfers tendenziell überflüssig. Die Pointe von Sabeans Neckarhausen-Studie liegt gerade darin, diese modernisierungstheoretische Aussage zurückzuweisen: „Kinship and contract were not sequentially ordered".[9] Es lohnt sich also, die in unseren Vorstudien verfolgten Hypothesen kritisch zu überprüfen.

Der ‚life cycle theory of saving'[10] liegen zwei Annahmen zugrunde: eine Theorie des opportunitätskostenbestimmten Konsumverhaltens und eine Theorie der Markt-

---

7 Pfister, Entre marchandise et don; Lünnemann, Bodenmarkt und Familie; G. Fertig/Pfister, Gift or commodity.

8 Lee, Intergenerational transfers, S. 20–25.

9 Sabean, Property, production and family, S. 432.

10 Ghez/Becker, Allocation of time and goods; Modigliani, Life cycle hypothesis, S. 41–75. Das Argument Modiglianis gehört in den Kontext der Auseinandersetzung mit Keynes: Nach Keynes sind wir „langfristig alle tot"; lebenszyklische Einkommensstrategien erklären demgegenüber, weshalb Akteure sich dennoch an langfristigen Einkommenserwartungen orientieren. Eine alternative, auf Transfers abhebende theoretische Perspektive wurde eröffnet durch den klassischen Artikel von Samuelson, Consumption-loan, in dem für eine Modellwelt ohne Kapitalbildung und Kinder die Überlegenheit von Transfers über die Nutzung des Kreditmarktes nachgewiesen wurde. Eine Schwäche von Modiglianis Theorie liegt in seiner Tendenz, Transfers von Eltern an Kinder zu Lebzeiten definitorisch auszublenden, siehe Kotlikoff, Intergenerational transfers. Zur Lebenszyklus-Hypothese als historischem Forschungsgegenstand Sutch, All things reconsidered. – Siehe

nutzung zur Lösung von Konsumbedürfnissen. Erstens wird behauptet, dass die Entscheidung, in einer bestimmten Lebensphase viel oder wenig zu konsumieren, in nutzenmaximierender Weise unter Berücksichtigung entgangener Einkommenschancen geschieht. Der Konsum wird derart über den Lebenszyklus verteilt, dass man vor allem in denjenigen Phasen seine Zeit konsumierend verbringt, in denen die marginale Arbeitsproduktivität gering ist. Zu konsumieren lohnt sich dann, wenn man Zeit hat, weil man ohnehin nicht viel verdienen könnte. Daraus ergibt sich ein inverses Verhältnis von Konsum und Produktion. Gegen diese Annahme stehen allerdings die Ergebnisse einer breiten ethnographischen Forschungsliteratur: In allen untersuchten Gesellschaften wird in denjenigen Altersstufen mehr konsumiert, in denen der Arbeitsertrag hoch ist.[11] Auch wenn diese Annahme eines opportunitätskostenbestimmten Konsumverhaltens wohl generell empirisch unzutreffend ist, ergeben sich jedoch auch dann Diskrepanzen zwischen Arbeitsertrag und Konsummöglichkeit, wenn die Konsumbedürfnisse mehr oder weniger konstant bleiben und nur die Arbeitskapazität im Lauf des Lebens schwankt. Die zweite Annahme der ‚life cycle theory of saving' besagt, dass diese Differenzen mithilfe von Ersparnissen ausgeglichen werden. Ersparnisse unterscheiden sich von Transfers, weil sie verzinslich sind, d. h. sie erbringen einen Ertrag über die Zeit hinweg, gleich ob sie direkt im Haushalt investiert werden (z. B. durch Landkäufe) oder ob sie an Dritte (z. B. die Sparkasse) verliehen werden, welche für diesen Kredit einen Zins zahlen.

Der Schluss vom Altersprofil der Käufe und Verkäufe auf die Möglichkeit und Unmöglichkeit lebenszyklischer Einkommensstrategien weist zwei Probleme auf. Eine erste Schwäche der Argumentation liegt darin, dass hier Transfers als mögliche Kompensation lebenszyklischer Einkommensdefizite nicht systematisch einbezogen werden; wie Ron Lee zeigt, ergibt sich das lebenszyklische Profil des Konsums aus (Arbeits-)Einkommen, Ersparnissen, Krediten und eben Transfers.[12] Selbst wenn alte Leute oder einkommensschwache junge Familien keinen Zugang zu Faktormärkten haben, folgt daraus also zunächst nur, dass sie in Land angelegte Ersparnisse und Kredite nicht nutzen können, um ihre altersspezifischen Einkommensdefizite auszugleichen. Transfers über das Armenwesen oder innerhalb der Familie schließt das nicht aus. Die für Borgeln und Oberkirchen nachweisbare starke Verbreitung von Mehrgenerationenhaushalten[13] und die in allen Gemeinden üblichen vertraglichen Vereinbarungen zwischen Eltern und Kindern bei der Übergabe zeigen deutlich, dass die Unterstützung

auch: Pfister, Rural factor markets; ders., Household economy, S. 220–222.

11 Untersucht wurden neben den USA Gesellschaften verschiedenster Entwicklungsstufen, angefangen mit Jägern und Sammlern im Amazonas (Kaplan, Theories of fertility sowie Dodds u. a., Review of time allocation data); über extensive Landwirtschaft (Stecklov, Intergenerational resource flows) und intensive Landwirtschaft (Mueller, Economic value of children). Daten zu den USA und zusammenfassende Diskussion bei Lee, Intergenerational transfers.

12 Ebd., insbesondere Abbildung 2.

13 Siehe oben Tabelle 2.9.

Abbildung 6.2: Altersprofil des Erwerbs und der Abgabe von Land sowie deren Saldo, alle Untersuchungsgebiete, 1830–1866

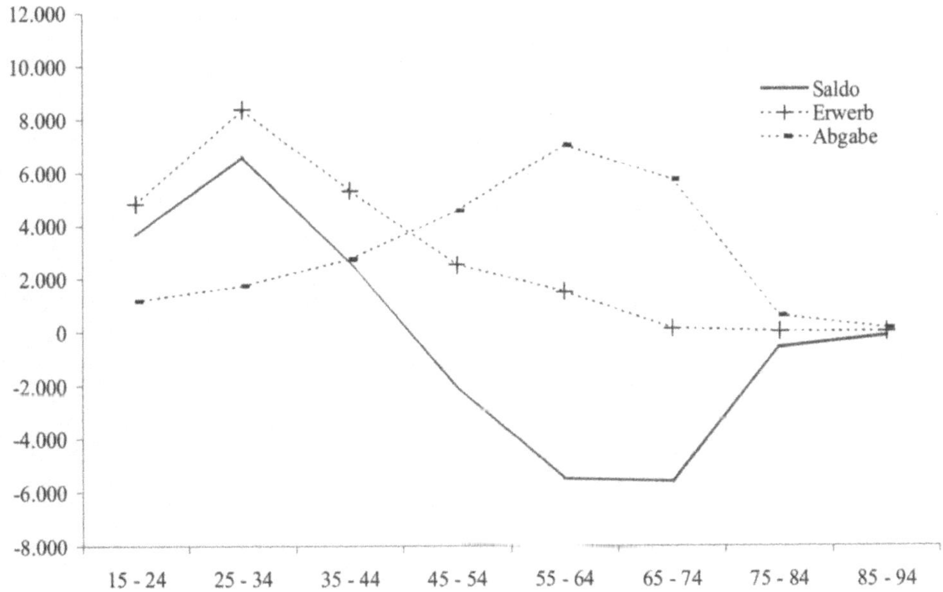

Anm.: Angegeben wird der gesamte Steuerwert (in Reichstalern) der in 10jährigen Alterskohorten erworbenen und abgegebenen Flächen sowie die Differenz (Saldo) aus Erwerben und Abgaben.

junger Ehepaare durch die Elterngeneration und umgekehrt verbreitet war. Es wäre also absurd, anzunehmen, dass bei einer schwachen Ausprägung von Faktormärkten keine lebenszyklischen Einkommensstrategien zur Verfügung stünden.

Das zweite Problem von Béaurs Analyse – wie auch unserer Argumentation von 1999 – hat ebenfalls mit der Rolle der Transfers zu tun. Zentral für Modiglianis Hypothese ist die Annahme, dass Ersparnisse von ihren Eigentümern selbst verbraucht und nicht in intergenerationellen Transfers weitergereicht werden. Das ist eine empirische Frage. Sabean argumentiert nun, dass „selling a plot to a child, or giving it to him or her with the stipulation of support could amount to the same thing".[14] Das bedeutet, dass es eine unscharfe Grenze gibt zwischen dem Markttausch (nach Béaur bzw. Modigliani: Land kaufen, später Land an Nachfrager auf dem Bodenmarkt verkaufen, Kaufpreis in Geld umsetzen) und dem ebenfalls lebenszyklische Einkommensstrategien ermöglichenden System familiärer Transfers (nach Sabean: Land kaufen, später Land an eigenes Kind weiterreichen, von familiären Unterhaltsleistungen dieses Kindes leben). Zwischenformen der beiden Reallokationssysteme könnten etwa darin bestehen, dass

[14] Sabean, Property, production and family, S. 376.

Abbildung 6.3: Altersprofil des Besitzes von Land, alle Untersuchungsgebiete, 1830–1866

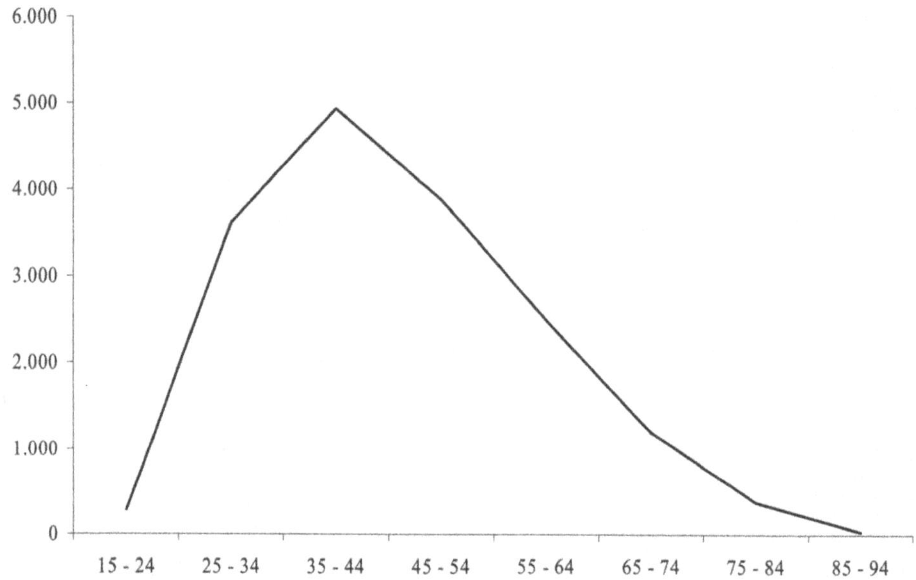

Anm.: Es wurde für jeden männlichen Grundbesitzer und jedes Jahr zwischen 1830 und 1866 ermittelt, ob er im betreffenden Jahr Land besaß und wie alt er war. Die Ergebnisse wurden für jede Altersklasse aufsummiert (z. B. gab es in den 37 Jahren des Untersuchungszeitraums durchschnittlich 4.936 / 37 = 133 Landbesitzer in der Altersklasse von 35 bis 44 Jahren).

Land an die (unterhaltsverpflichteten) eigenen Kinder verkauft wird, wobei der Preis nicht notwendigerweise dem Marktwert entsprechen oder überhaupt tatsächlich ausbezahlt werden muss.[15] Die Altersprofile von Käufen und Verkäufen würden in diesem Fall – also wenn Käufe Transferleistungen überlagerten oder verdeckten – nicht grundsätzlich anders aussehen als die von Béaur beobachteten: Jüngere Menschen würden Land kaufen, ältere Menschen würden Land verkaufen. Aus dem Altersprofil der Käufe und Verkäufe allein kann man also nicht schließen, ob diese Transferleistungen oder die Investition und Desinvestition von Ersparnissen organisieren. In der nun folgenden Analyse der Altersprofile wird daher die Dimension der verwandtschaftlichen Beziehungen mit einzubeziehen sein.

Betrachten wir nun die Altersprofile aller Erwerbe und Abgaben in unseren Untersuchungsgebieten, also der Summe von Käufen, Erbschaften und Übergaben. Ich gehe dabei in dieser Studie anders vor als einerseits Béaur, andererseits Pfister, Fertig / Pfister und Lünnemann. Béaur betrachtet die „pourcentages d'individus actifs pour

[15] Ein solches System untersucht Zeitlhofer, Besitztransfer.

chaque classe d'âge"[16]; d. h. er legt die Altersverteilung der Weinbauern zugrunde, die insgesamt in der Lage wären, auf dem Bodenmarkt aufzutreten, und tabuliert dann den Prozentanteil derjenigen, die tatsächlich kaufen oder verkaufen, an der Gesamtstärke ihrer Altersklasse. Das ist ein sinnvolles Verfahren, weil es die Altersverteilung aller Landbesitzer berücksichtigt; es ignoriert allerdings den Umfang der jeweiligen Transaktionen. Pfister, Fertig/Pfister und Lünnemann teilen dagegen die tatsächlich in Kaufkontrakten aktiv werdenden Besitzer nach ihrem Alter beim ersten ‚Marktauftritt' ein, summieren die Transaktionen dieser Besitzer und berechnen dann den durchschnittlichen Wert dieser Summen pro auftretendem Besitzer, ohne den Umfang der insgesamt vor Ort anwesenden Landbesitzerschaft der jeweiligen Altersgruppe zu berücksichtigen. Die Ergebnisse sind schwer interpretierbar.[17] Ich summiere an dieser Stelle dagegen die Steuerwerte der transferierten Flächen und teile sie einerseits nach dem Alter des Abgebers, andererseits nach dem des Erwerbers zum jeweiligen Zeitpunkt ein. Die Ergebnisse werden dann durch den Umfang der entsprechenden Altersklasse unter den Landbesitzern dividiert. Das Verfahren vermeidet die mit unserer früheren Methode verbundenen Verzerrungen und erbringt zugleich aussagekräftigere Ergebnisse als das von Gérard Béaur, weil es den Wert der erworbenen oder abgegebenen Grundstücke berücksichtigt und nicht bloß ihre Anzahl.

Um die Untersuchungstechnik deutlich zu machen, wurden in der Abbildung 6.2 sowohl die Erwerbe als auch die Abgaben von Land eingetragen. Aus ihrer Differenz ergibt sich ein (als durchgehende Linie sichtbarer) positiver oder negativer Saldo. Auf eine Aufgliederung nach Untersuchungsgebieten wird verzichtet. Wie schon Abbildung 6.2 zeigt, geht offenbar viel Land an die relativ jungen, bis 44jährigen Landbesitzer; Abgaben von Land erfolgten dagegen in zunehmendem Maße von den älteren Besitzern, wobei im hohen Alter nur wenige Transaktionen erfolgten und daher auch eine geringere Landfläche bewegt wurde. Die folgenden Analysen werden sich jeweils auf den Saldo beziehen, nicht auf das Profil von Erwerb oder Abgabe. Allerdings sagt auch der Saldo nicht viel über die Neigung von Akteuren eines bestimmten Alters aus, Land zu erwerben oder abzugeben. Er berücksichtigt nämlich nicht, wie viele Landbesitzer der jeweiligen Altersgruppe es überhaupt gab. Diese Risikopopulation wird in Abbildung 6.3 dargestellt. Landbesitzer waren offenbar meist im mittleren Alter, die meisten in der Altersklasse bis zu 44 Jahren, was zum Verlauf des Erwerbssaldos gut passt.

---

16 Béaur, Cycle de vie, S. 282 und öfter.

17 Das in unseren Vorstudien gewählte Verfahren hat den sehr kontraintuitiven Effekt, dass Käufer großer Grundstücke das Ergebnis der Durchschnittsberechnung erhöhen, Käufer kleiner Grundstücke es senken, Käufer von gar keinen Grundstücken demgegenüber es aber wieder erhöhen. Zudem wird die Alterszunahme der Akteure nach ihrem ersten Marktauftritt ignoriert, was die Technik für Analysen längerer Zeiträume unbrauchbar macht.

Abbildung 6.4: Altersprofil (Saldo) des Erwerbs und der Abgabe von Land in Reichstaler Steuerreinertragswert pro Landbesitzer und Jahr, nach Transaktionsform, alle Untersuchungsgebiete, 1830–1866

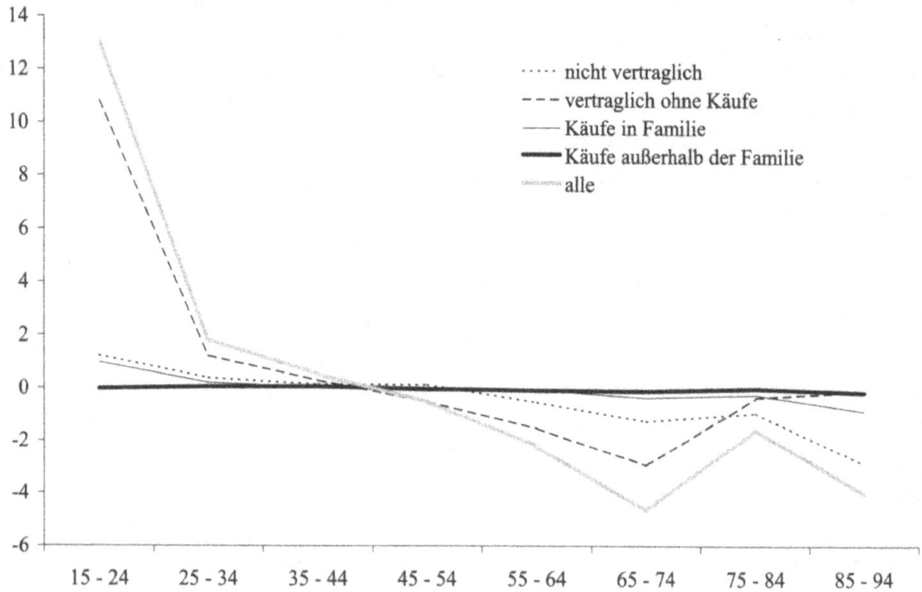

Anm.: Zur Berechnungsweise siehe Anm. zu Abbildungen 6.2 und 6.3 sowie den Text. Der Steuerreinertragswert kennzeichnet Fläche und Bodenqualität der Grundstücke.

Die Form des Saldos in Abbildung 6.2 ist markant: Einsetzen bei Null, steiler Anstieg, steiler Fall, Wiederanstieg bis Null. In Abbildung 6.4 taucht derselbe Saldo, nunmehr umgerechnet in Werte pro Landbesitzer und Jahr, als Graph „alle" wieder auf: Anfangs wird viel erworben, dann mit ca. 40 Jahren nichts mehr, danach wird immer mehr abgegeben. Die übrigen Linien in Abbildung 6.4 gliedern diesen Saldo nach denselben Transaktionsformen wie in Tabelle 6.1 auf. Es wird also danach differenziert, wie die betreffenden Transaktionen vonstatten gingen: nichtrechtsgeschäftlich (z.B. Erbschaften, Heiraten), rechtsgeschäftlich außerhalb von Kaufverträgen (z.B. Übergaben), auf dem Wege des innerfamiliären oder des außerfamiliären Kaufvertrags. Es zeigt sich dabei, dass die lebenszyklischen Profile des Erwerbs und der Abgabe von Land in Westfalen in erster Linie durch Übergaben bestimmt wurden. Erbschaften erfolgten – plausiblerweise – primär zu Lasten älterer Landbesitzer; dass sie bei Jüngeren nicht wirklich anzukommen scheinen, liegt daran, dass der typische Empfänger einer Erbschaft kein Individuum mit klarer Altersangabe ist, sondern eine juristische, Person eine (oft aus überlebendem Ehegatten und Kindern zusammengesetzte) Erbengemeinschaft. Käufe in der Familie weisen eine schwache Tendenz auf, ebenfalls Land von den Alten zu den Jungen zu transportieren. Wenn man also das

Abbildung 6.5: Familienzyklisches Profil des Besitzes von Land, alle Untersuchungsgebiete, 1830–1866

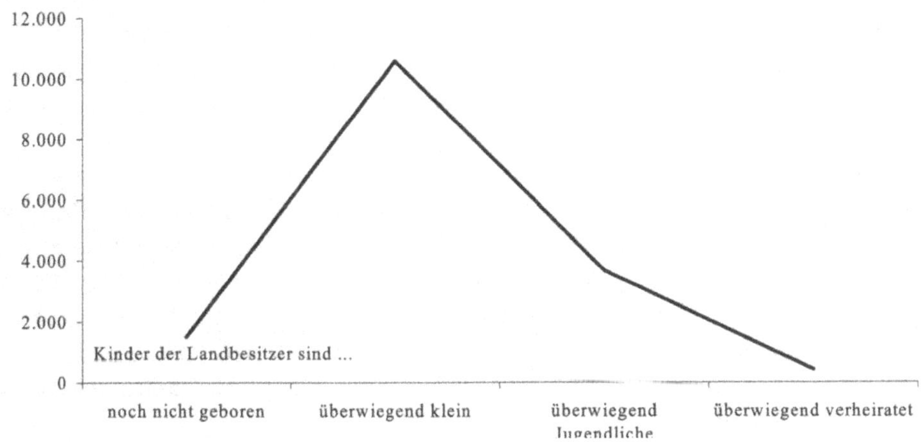

Anm.: Gezeigt wird die Anzahl von Jahren, die Landbesitzer ohne Kinder, mit überwiegend unter 14jährigen Kindern, mit überwiegend über 14jährigen, aber unverheirateten Kindern und mit überwiegend verheirateten Kindern in allen drei Gemeinden 1830–66 präsent waren (z. B. gab es in den 37 Jahren des Untersuchungszeitraums durchschnittlich 1.498/37 = 40 kinderlose Landbesitzer). Nicht berücksichtigt wird der tatsächliche Aufenthaltsort der Kinder (z. B. im Gesindedienst). Siehe auch Anm. zu Abbildung 6.3.

Profil aller Käufe ohne Berücksichtigung des Verwandtschaftsgrades betrachtet, kommt man zum Ergebnis, dass der Lebenszyklus einen Einfluss hatte. Für Käufe außerhalb der Familie gilt das aber keineswegs, das Altersprofil ist bei diesen Markttransaktionen im strengsten Sinne völlig flach.[18] Das gilt für alle drei Gemeinden.

Wenn der Kauf von Boden als eine Anlage von Ersparnissen für das Alter diente, dann also nur im Bereich der Kernfamilie. In diesem Bereich sind andere Motive für Käufe durch Junge, Verkäufe durch Alte anzunehmen als die Verwendung des Bodens als eine Art anonyme Sparkasse – eben die von Sabean angesprochenen Arrangements, in denen jemand an eine Person verkauft, die ihm gegenüber zum Unterhalt, zu Transferleistungen verpflichtet ist. Zudem konnte in Borgeln und Oberkirchen gerade in der Altersphase um 35 auch häufig von miterbenden Geschwistern Land ge-

---

[18] Ein lebenszyklisches Profil von Sparen und Entsparen findet sich auch nicht, wenn nach Besitzgröße differenziert wird. Lünnemann kommt dagegen zum Ergebnis, dass die mittleren Besitzklassen (Kötter) den Bodenmarkt zum Sparen und Entsparen nutzten (Lünnemann, Bodenmarkt und Familie, S. 111–113). Mit ähnlichen Ergebnissen, bezogen auf Weber mit kleinem Landbesitz, auch Pfister, Rural factor markets.

kauft werden. Mit anderen Worten: Im Untersuchungsgebiet wurden die lebenszyklischen Unterschiede in der Nachfrage nach Land nicht über den Bodenmarkt ausgeglichen, sondern praktisch ausschließlich über das Familiensystem. Dabei spielten Übergabeverträge die gewichtigste Rolle, daneben die Erbschaft von Todes wegen und in kleinerem Umfang der Verkauf von Land innerhalb des engsten Familienkreises. Offenbar brauchten die westfälischen Bauern den Bodenmarkt nicht, um für ihr Alter vorzusorgen. Es bleiben die beiden anderen von Béaur genannten Motive, nämlich der Erwerb von Land zur Steigerung der betrieblichen Produktion und zur besseren Ausstattung der Kinder.

Die Analyse hat deutlich gemacht, dass das von Béaur und anderen analysierte Muster lebenszyklischer Salden von Kauf und Verkauf im Wesentlichen auf Prozesse in der Kernfamilie zurückgeht. Wenn die Verwandtschaftsbeziehung zwischen den Akteuren nicht berücksichtigt wird, produziert das Verfahren also optische Täuschungen: Was wie eine Nutzung des Bodenmarktes zum Zweck der Altersversorgung durch Kapitalbildung – also unter Vermeidung von Transferleistungen, so lautet ja die Pointe von Modiglianis These – aussieht, reflektiert nur die Rhythmen von Transfers in der Kernfamilie.

Eine etwas andere Perspektive bietet die Untersuchung des Familienzyklus. Ein von Daniel Thorner aus Alexander Čajanovs[19] Theorie bäuerlicher, nicht über Arbeitsmärkte verfügender Gesellschaften entwickeltes Argument besagt, dass Familienhaushalte Arbeitsaufwand und Konsumbedarf in ein Gleichgewicht zu bringen versuchen.[20] Der Arbeitsaufwand wird dabei nicht in Beziehung zum individuellen Einkommen oder zu den Opportunitätskosten der Arbeit gesetzt, sondern zum Gesamteinkommen und zum Gesamtbedarf der wirtschaftenden Gruppe. Es können verschiedene Phasen im Entwicklungszyklus einer Familie unterschieden werden, in denen der Konsumbedarf oder die Arbeitsfähigkeit besonders ausgeprägt ist. Das Anwachsen von Höfen ist in dieser Sicht als Reaktion auf eine zunehmende Zahl familiärer Arbeitskräfte (und gleichzeitig von Konsumenten) interpretierbar. Ergänzend könnte man (mit U. Pfister) annehmen, dass eine große Zahl von nichtarbeitsfähigen Kindern eher zu gesteigerten Arbeitsanstrengungen und zum Notverkauf von Land führt.[21]

Die (männlichen) Erwerber und Abgeber von Land werden daher im Folgenden nach vier Phasen ihres jeweiligen Familienzyklus eingeteilt: junge, noch kinderlose Familien[22], Familien mit überwiegend noch nicht arbeitsfähigen Kindern unter 14 Jahren[23] sowie Familien mit verheirateten Kindern[24]. Nicht alle Landbesitzer passen

---

19 Thorner, Chayanov's concept of peasant economy; Čajanov, Wirtschaftssysteme.

20 Vgl. auch Netting, Ecological change and continuity.

21 Pfister, Rural factor markets.

22 Ohne solche Landbesitzer, die über vierzig Jahre alt sind.

23 Die Zahl der Kinder von Familien in dieser Kategorie soll mindestens so groß wie die der unverheirateten über 14jährigen sein.

24 Die Zahl der verheirateten Kinder von Familien in dieser Kategorie soll größer als die der unver-

in diesen Ablauf: Ältere Kinderlose werden nicht untersucht.[25] Die Darstellung der Risikobevölkerung, also der Landbesitzer (Abbildung 6.5), zeigt zunächst, dass Landbesitz und das Aufziehen von Kindern in der untersuchten Gesellschaft zusammengehörten. Wer noch keine Kinder hatte, tauchte kaum unter den Landeigentümern auf; wessen Kinder verheiratet waren, hatte sich in der Regel aufs Altenteil zurückgezogen. Die Gruppe der Eltern mit jugendlichen Kindern, die also in der Lage wären, zur Familienökonomie als Arbeitskräfte positiv beizutragen, war relativ klein.

Die in Abbildung 6.6 präsentierten familienzyklischen Saldi des Landerwerbs wiesen wieder ein ähnliches Muster auf wie die auf das Lebensalter bezogenen in Abbildung 6.4: Die Käufe außerhalb der Kernfamilie, also der Bodenmarkt im engeren Sinne, hatten keinerlei familienzyklische Funktion im Sinne eines Abwechselns von Sparen und Entsparen. Auffällig ist die der Theorie zuwiderlaufende leichte Zunahme von Landkäufen in der letzten Phase. Auch bei den Haushalten von Eltern mit überwiegend arbeitsfähigen Kindern zeigt sich keine Tendenz, aufgrund eines günstigen Verhältnisses von Arbeit und Konsum Land hinzu zu erwerben. Das ist wenig überraschend, weil in Westfalen arbeitsfähige Kinder zumindest der Unterschichten nicht unbedingt im Haushalt ihrer Eltern blieben. Vielmehr arbeiteten, wie Volker Lünnemann aufgrund von Volkszählungsdaten aus dem münsterländischen Beelen gezeigt hat, die Kinder der Armen als Knechte und Mägde in den Haushalten der Reichen.[26]

6.4 Bodenmarkt und konjunkturelle Zeit

Von Jahr zu Jahr schwankende, kontinuierlich ansteigende oder fallende Verkaufsraten von Land sind vor allem im Zusammenhang mit der veränderlichen Ertragslage der Landwirtschaft zu interpretieren. Dabei wird in der Forschung die Interessenlage möglicher Verkäufer von Land betont: Schlechte Ernteergebnisse konnten Bauern dazu zwingen, den Betrieb aufzugeben oder in Notverkäufen zu verkleinern; ähnliches gilt für allzu reiche Ernten, die eine Baisse der Getreidepreise zur Folge hatten. Andererseits konnte es gerade für Nebenerwerbslandwirte unklug sein, Land zu verkaufen, das als Basis der Selbstversorgung diente und vor gewerblichen Krisen schützte. In der Literatur werden unterschiedliche Muster von Agrarkrisen diskutiert: Subsistenzkrisen vom ‚alten Typ‘, die durch lokale Missernten ausgelöst wurden, Agrarkrisen durch Überproduktion und niedrige Preise, Hungerkrisen bei hoher Produktion in marktintegrierten, aber an ‚entitlements‘ armen Regionen. Die westfälische Landwirtschaft des 19. Jahr-

heirateten über 14jährigen sein.

25 Es handelt sich um nur 4 % der Risikobevölkerung von Landbesitzern.

26 Lünnemann, Bodenmarkt und Familie S. 68–81.

hunderts war nun nicht von häufigen schweren Agrarkrisen geplagt, sondern insgesamt durchaus in der Lage, mit steigenden Erträgen eine wachsende Bevölkerung zu ernähren. Als schwierige Zeiten gelten einerseits die 1820er Jahre mit ihren guten Ernteerträgen und niedrigen Verkaufserlösen für die Landwirte, andererseits die Jahre 1817, 1830 und 1847 als einzelne Hungerkrisenjahre.[27] Analysen des demographischen Verhaltens haben gezeigt, dass in Westfalen hohe Getreidepreise für Teile der Bevölkerung durchaus positive Auswirkungen hatten, etwa häufigere Heiraten ermöglichten.[28] Andererseits zeigt die im mittleren 19. Jahrhundert wieder einsetzende Empfindlichkeit der Todesfälle in Bezug auf Getreidepreise, dass schlechte Ernten und hohe Preise durchaus noch viele Menschen in Not bringen konnten (Kapitel 2). Von der Seite der Käufer gesehen, die die Rhythmen des Markts freilich kaum bestimmen konnten, war die langanhaltende Krise des Heimgewerbes mit zwischen 1790 und 1850 fallenden Textilpreisen (Kapitel 2, Abbildung 2.2) eher Anreiz zum Kauf als zum Verkauf von Land.

Auch wenn man im protoindustriellen Löhne anders als in Tecklenburg nicht von einer Reagrarisierung aufgrund des Niedergangs der Heimgewerbe sprechen kann, spielte doch – das lässt sich an den veränderten saisonalen Mustern der Hochzeitsfeiern ablesen – Ernte- und Feldarbeit in ganz Westfalen eine zunehmende Rolle.

Eine kontrollierte Methode, um einzelne Krisenjahre zu ermitteln, besteht im Abgleich der Preise mit der Sterblichkeit. Ich habe für 34 westfälische Kirchspiele die trendbereinigte, auf im Oktober beginnende Erntejahre bezogene Sterblichkeit von Nicht-Säuglingen geschätzt.[29] Wenn sowohl die lokale Sterblichkeit als auch die regionalen Roggenpreise den Durchschnittswert der vorherigen und folgenden fünf Jahre überstiegen, und das Produkt dieser Übersteigung mehr als 20 Prozent ausmachte (also z. B. jeweils 40 Prozent, oder 20 Prozent mehr Sterblichkeit bei verdoppeltem Preis), dann stufe ich das entsprechende Jahr für diesen Ort als Krisenjahr ein. Im Untersuchungszeitraum war nur das Jahr 1847 eine mit 16 Orten westfalenweit wirksame Hochpreis- und Sterblichkeitskrise in diesem Sinne. In Oberkirchen galt dasselbe für die Jahre 1831 und 1856, in Löhne nur für das Jahr 1855 (eine Ruhr-Epidemie), und in Borgeln war nur das Jahr 1847 auffällig. In den folgenden Grafiken sind die westfalenweit auffälligen demographischen Krisenjahre markiert. Abbildung 6.6 zeigt deutlich, dass das Volumen auf dem Bodenmarkt unter den Nichtverwandten von den benannten Krisen nicht beeinflusst wurde, dass es keinen Trend zu einer stärkeren Mobilisierung des Bodens gab und dass die äußerst stark variierenden jährlichen Umsatzraten von wenigen Einzelereignissen bestimmt wurden. Der Spitzenwert von

---

27 Vgl. mit sehr unterschiedlichen Ansätzen: Wischermann, Hungerkrisen; Bass, Hungerkrisen.

28 G. Fertig, Marriage and economy, S. 256; Küpker, Nischentransfer, S. 126, mit gegenläufigen Trends: In Westfalen insgesamt nahm der Anteil der Landeigentümer an der Bevölkerung ab, daher hatten hohe Getreidepreise einen anfangs positiven, später negativen Effekt auf die Heiratsraten; die ursprünglich vom Leinengewerbe geprägten Teile Tecklenburgs dagegen erfuhren eine Deindustrialisierung mit dem umgekehrten Resultat.

29 Methode: Weir, Markets and mortality; vgl. oben Kap. 2, Abb. 2.1.

Abbildung 6.6: Familienzyklisches Profil des Erwerbs und der Abgabe von Land in Reichstaler Steuerreinertragswert pro Landbesitzer und Jahr, nach Transaktionsform, alle Untersuchungsgebiete, 1830–1866

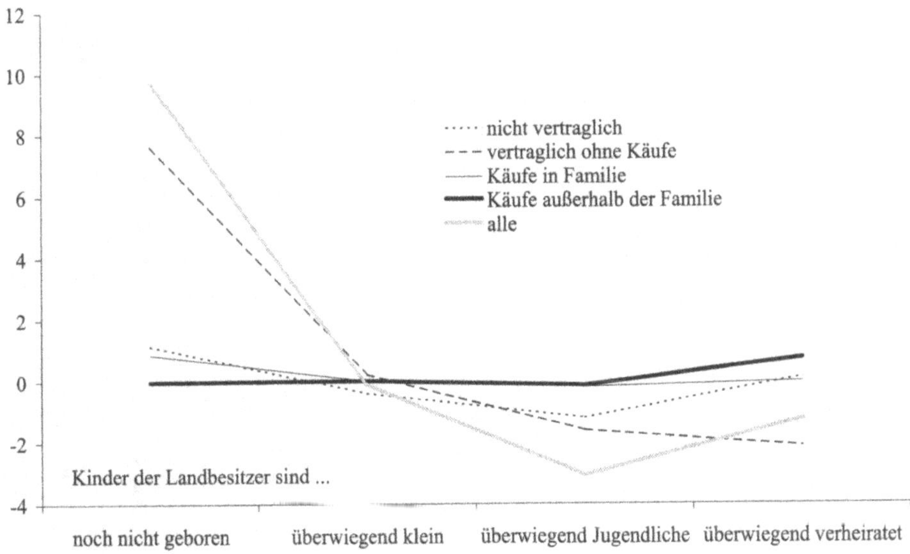

Quelle: Datenbanken 2006.

1843 in Löhne geht etwa zu drei Vierteln darauf zurück, dass der Ortsvorsteher Carl Imort ein großes Colonat für 4.000 Taler kaufte und für dieselbe Summe weiterverkaufte, wobei die Hälfte der Kaufgelder für einige Jahre als Hypothek stehenblieb. In Borgeln wurde im Jahr 1859 die verschuldete Lammerts-Colonie an den Gutspächter Franz Amecke aus Schweckhausen verkauft, was den entsprechenden Spitzenwert erklärt.[30]

Ein ganz anderes Bild ergibt sich, wenn wir die Preisentwicklung unter den Nichtverwandten im Zeitverlauf analysieren. Auch hier ist kein Einfluss der Krisenjahre erkennbar, und auch hier sind die jährlichen Schwankungen erheblich; ich werde sie im folgenden Kapitel formal näher analysieren. Sehr deutlich ist allerdings der Aufwärtstrend der Bodenpreise. Als diesen Trend bestimmender Faktor kann allenfalls für Borgeln die verbesserte betriebliche Ertragslage der Landwirtschaft angenommen werden. Allerdings war der Aufwärtstrend in Löhne deutlich stärker als in den beiden anderen Orten. Das deutet darauf hin, dass vor allem die gesteigerte Nachfrage nach Land für Familien der Unterschichten die Preise nach oben trieb.

---

30 Löhne EID 1094 und 1095, LastID 411; Borgeln EID 1266.

Abbildung 6.7: Umsatzraten auf dem Bodenmarkt unter Nichtverwandten, einschließlich Höfe und Häuser, ohne juristische Personen, in Prozent der Gesamtfläche 1830–1866

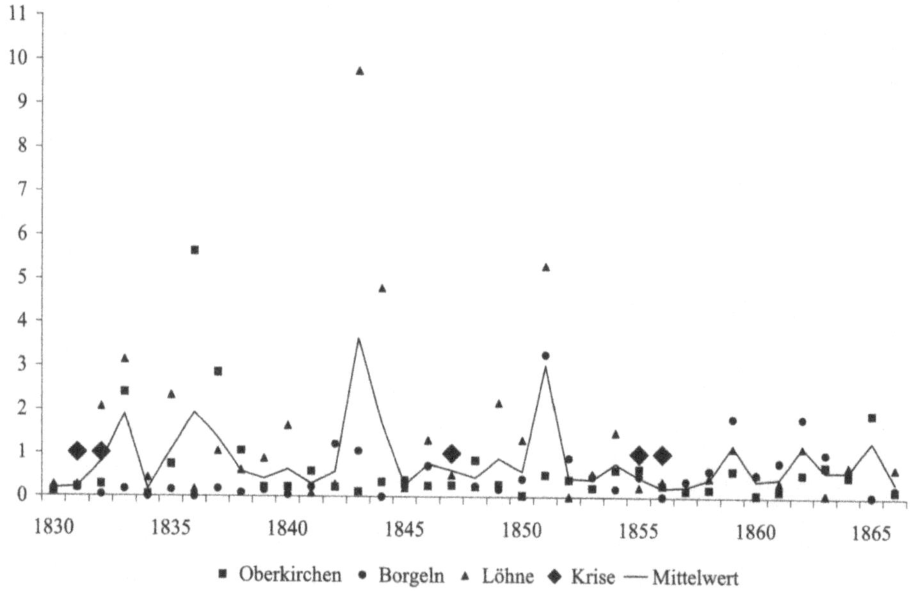

Anm.: Die Umsatzraten beziehen sich auf die Gesamtfläche auf dem Bodenmarkt der betreffenden Gemeinde, d. h. alle jemals im Untersuchungszeitraum mit Eigentumswechseln verknüpfte Parzellen, in Reichstaler Ertragswert. Krisenjahre: siehe den Text.

6.5 Event History: ein Regressionsmodell

In den letzten Jahren ist besonders das auf individuelle Lebensläufe zugeschnittene Verfahren der ‚Event History Analysis' in der historischen Forschung zunehmend verwendet worden.[31] Ähnlich wie in anderen Formen der Regressionsanalyse wird der Einfluss unabhängiger Variablen auf das Eintreten bestimmter Ereignisse im Lebenslauf geschätzt. Als ein solches Ereignis können wir auch den Erwerb oder Verkauf von Land verstehen. Dabei geht es nicht um die Menge des Landes, sondern nur um die Frage, wann es zu einer Transaktion kommt. ‚Event History Analysis' modelliert Geschwindigkeiten im menschlichen Lebenslauf. Die beiden hier betrach-

[31] Für Beispiele siehe u. a. Gutmann/Alter, Family reconstitution, und mehrere Beiträge im selben Band; van Bavel, Family control.

teten Arten von Ereignissen, Kauf und Verkauf von Parzellen, werden daraufhin betrachtet, ob sie gewissermaßen schneller oder langsamer auf die untersuchten Menschen zukamen. Man betrachtet die Anzahl von Ereignissen pro Zeitabschnitt (technisch ausgedrückt: ‚Hazard-Raten'), vergleichbar etwa einer in Kilometern pro Stunde ausgedrückten Fahrtgeschwindigkeit. Wie andere demographische Verfahren beruht die ‚Event History Analysis' auf der Unterscheidung von Zähler und Nenner, hier: von Ereignishäufigkeiten im Zähler und Risikopopulation im Nenner (beim Geschwindigkeitsmaß km/h: zurückgelegte Kilometer dividiert durch gefahrene Stunden). Diese biographischen Geschwindigkeiten werden dann einer Regressionsanalyse unterzogen. In den Tabellen wird als Ergebnis der Regressionsrechnung jeweils ein Beschleunigungs- bzw. Verlangsamungs-Faktor (technisch: der ‚Hazard-Quotient') präsentiert. Dabei bedeutet der Wert 1, dass sich das ‚Tempo', die ‚Hazard-Rate', durch den jeweiligen Einflussfaktor nicht verändert. Ein höherer Wert ist als Beschleunigung, ein niedrigerer als Abbremsen zu lesen: Z.B. bedeutet der Wert von 1,22 in der Zeile „erstes Kind" von Tabelle 6.2, dass bei einer Erhöhung der unabhängigen Variablen um eine Einheit (hier: von dem Moment an, in dem die bevorstehende Geburt des ersten Kindes Lebensplanungen beeinflussen kann) um 22 Prozent schneller Land gekauft wird.

Diese Beschleunigungsfaktoren beziehen sich auf sämtliche Personen, bei denen das betreffende Ereignis auftreten kann, die ‚Risikopopulation'. Es werden daher jeweils alle Personen untersucht, die am Ort Land besaßen. Nicht erfasst werden Zeitabschnitte, die vor dem 1.1.1830 oder nach dem 1.1.1866 beginnen. Im Unterschied zu Regressionsverfahren, die die Zeitdauer nicht berücksichtigen, verzerrt das Ausscheiden von Personen nach dem Eintreten des untersuchten Ereignisses (z.B. dem Tod, der Heirat, aber auch der ersten Landtransaktion) nicht die Schätzung. Entwickelt wurde das Verfahren für einmalige Ereignisse, beispielsweise in medizinischen oder technischen Untersuchungen der Lebensdauer von Patienten oder Bauwerken. Der überwiegende Teil der unabhängigen Variablen besteht aus Ereignissen im individuellen Lebenslauf (mit dem Wert 1, wenn diese vorliegen, sonst 0): eine Kette von ‚Dummy'- (d.h. ja/nein-) Variablen zur Modellierung des Alters, die Anzahl der lebenden Geschwister, die (maximale) Hofgröße, Erstschwangerschaft, Anzahl der verheirateten Kinder. In diese jeweils auf die betrachtete Person bezogenen[32] Ereignisketten werden Zeitreihen hineingefädelt, die sich jeweils auf das ganze Untersuchungsgebiet beziehen: trendbereinigte Roggen-, Leinen- und Kartoffelpreise.[33] Alle Daten

---

32 Landerwerb ist hier immer der der betrachteten Person, nicht der ihrer Ehepartner, das Zeugen von Kindern bezieht sich aber auf Vater und Mutter.

33 Roggen- und Kartoffelpreise sind Oktoberpreise des nächsten Marktorts (Herford, Soest, Eslohe; fehlende Werte für Soest und Eslohe mithilfe von Einfachregressionen aus Werten für Hamm geschätzt), ermittelt aus Amtsblättern der Regierungen Arnsberg und Minden sowie StAMS, Oberpräsidium, Zeitungsberichte der Regierungen Arnsberg und Minden. Für die Leinenpreise wurde aufgrund von Tecklenburger, Minden-Ravensberger und Osnabrücker Angaben (StAMS, Kriegs-

Abbildung 6.8: Durchschnittspreise (einzelne Jahre und 11jähriger gleitender Mittelwert) für Boden unter Nichtverwandten (in Vielfachen des Grundsteuerreinertrags), 1830–1866

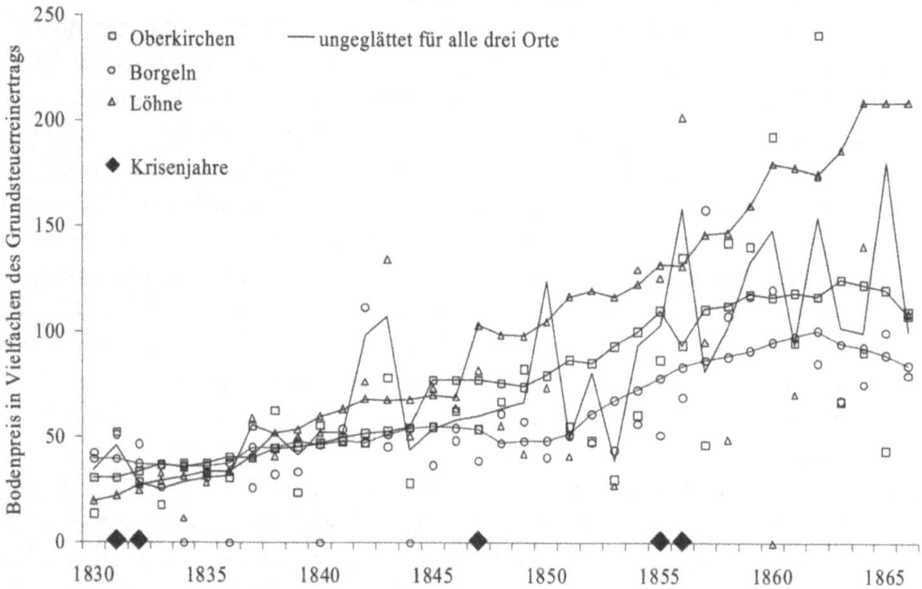

Anm.: Preise für Parzellenkäufe ohne Höfe und Häuser. Dargestellt werden für die drei einzelnen Orte sowohl jährliche Durchschnitte als auch (in Form von Linien mit demselben grafischen Symbol) 11jährige gleitende Durchschnitte, sowie für alle Orte zusammen ein ungeglätteter jährlicher Durchschnittswert (in Form einer Linie ohne grafische Symbole). Krisenjahre: siehe den Text.

sind tagesgenau, nur die Preisdaten werden jeweils am 15. Oktober für das ganze Jahr modifiziert.[34]

Für die Organisation der Daten bedeutet der Übergang zur Ereignisdatenanalyse, dass eine andere Untersuchungsebene gewählt und rechnerisch konstruiert werden muss, der Zeitabschnitt (‚spell'). Aus den Lebens- und Bodenmarktdaten wurde eine Vielzahl von kleinen Zeitabschnitten, die sich jeweils auf eine Person beziehen. Eine der Untersuchungseinheiten besagt z. B., dass zwischen dem 15. und 20. Februar 1833 Carl Henrich Imort in Löhne fünf lebende Geschwister und sechs lebende Kinder hat-

und Domänenkammer Minden, Nr. 108 und Nr. 134–158; Schlumbohm, Land-family bond, S. 630–632; Mooser, Ländliche Klassengesellschaft, S. 482) ein durchgehender Indikator konstruiert. Dies war möglich, weil alle Preisreihen in Prozent ihres 11jährigen gleitenden Durchschnitts ausgedrückt und dadurch Maße und Währungen rechnerisch irrelevant wurden.

34 Die aufwendige Datenmanipulation wurde mit SAS programmiert, die Event History Analysis nutzt die SAS-Prozedur PHREG. Gerechnet wurde eine Cox-Regression. Für Ties wurde die Efron-Methode gewählt. Einführung in das Verfahren: Allison, Survival analysis.

te. Letztere waren noch alle unverheiratet. Die Kartoffelpreise waren normal, aber der Roggen kostete 25 Prozent mehr als sonst. Imort war ein reicher Mann, der im Laufe seines Lebens ein Mehrfaches des durchschnittlichen Landbesitzes erwarb. Der untersuchte Zeitabschnitt begann, als eine von Imorts Schwestern starb und sich also die Zahl der lebenden Geschwister änderte, und er endete, als Imort einen halben Morgen Land kaufte. Allein in Löhne haben wir etwa 11.000 Zeitabschnitte wie diesen, von denen etwa 250 damit enden, dass die betreffende Person Land erwarb. Gefragt wird nun, welche Merkmale solcher kleiner Zeitabschnitte dazu beitragen konnten, dass der Moment des Landkaufs rascher eintrat: hohe Roggenpreise, oder viele lebende Schwestern (und Brüder), oder Reichtum, oder irgendeine andere der erfassten unabhängigen Variablen. Die Größe der gekauften Parzelle wird bei dieser Art der Analyse nicht beachtet. Es kann sowohl aus Sicht des Verkäufers (was beschleunigt Verkäufe?) wie des Käufers (was beschleunigt Käufe?) gerechnet werden. Das Verfahren wurde ursprünglich entwickelt, um die Lebensdauer, also die Zeit bis zum Eintreten eines einmaligen Ereignisses zu analysieren. Eine unkorrigierte Verwendung aller, auch wiederholter Landtransaktionen als abhängiger Variable würde zu unbrauchbaren Signifikanztests führen, da dieselbe Person dann mit mehrfachen Ereignissen in die Analyse einginge. Ich habe daher eine geschichtete Zufallsstichprobe aus allen Bodentransaktionen der jeweiligen Marktkategorie (außerhalb und innerhalb der Kernfamilie) gezogen, in die nur eine Transaktion pro Akteur einging. Käufe und Verkäufe wurden dabei getrennt analysiert.

Die Analyse ermöglicht es, Arbeitshypothesen zu mehreren Dimensionen von Zeit simultan zu prüfen. Zentral sind dafür zunächst die in Tabelle 6.2 präsentierten Ergebnisse, die sich auf den Bodenmarkt im engeren Sinne, also unter nicht nahe verwandten Akteuren beziehen. Die Orte mit ihrem generell etwas unterschiedlichen Umsatz sowie die Hofgröße habe ich als unabhängige Größen konstant gehalten, um zu unverzerrten Ergebnissen für die übrigen Variablen zu kommen (wer viel Land hat, kann viel Land verkaufen, aber auch erwerben). Theoretisch relevant sind drei andere Variablenkomplexe. (1) Wenn der Kauf und Verkauf von Land einer Anpassung an die jeweilige Arbeitskapazität im Sinne Čajanovs diente, würden wir erwarten, dass Alter oder Familienphase bei Kauf und Verkauf in unterschiedliche Richtungen wirkten. Das ist nicht der Fall. Die Ergebnisse zum Lebensalter sind generell nicht sehr signifikant, scheinen aber darauf hinzudeuten, dass es ein Mindestalter (25) und ein Höchstalter (65) für die Marktteilnahme gab. Elternschaft und Anzahl der Kinder beschleunigten sowohl Kauf wie Verkauf von Land. (2) Eine Beziehung von Bodenmarkt und Subsistenzkrisen[35] würde sich in über 1,0 liegenden Hazardquotienten für die Preise von Lebensmitteln niederschlagen. Schlechte Ernten, hohe Preise und niedrige Einkommen würden zu Notverkäufen von Land besonders bei den mittleren und unteren Schichten führen. Das Gegenteil ist offenbar der Fall: In Zeiten hoher Getreidepreise, aber auch

[35] Vgl. Lorenzen-Schmidt, Verlaufsmodell.

Tabelle 6.2: Verlaufsdatenanalyse von Marktauftritten, Transaktionen außerhalb der Kernfamilie

		Käufe		Verkäufe	
		$Pr>\chi^2$	HQ	$Pr>\chi^2$	HQ
Orte					
	Löhne (Referenz)		1,00		1,00
	Oberkirchen	0,069	**1,27**	0,660	0,94
	Borgeln	0,978	1,00	0,007	**0,65**
Lebensalter					
	15–19	0,944	0,00	0,960	0,00
	20–24	0,022	**0,59**	0,004	**0,43**
	25–29 (Referenz)		1,00		1,00
	30–34	0,500	1,13	0,756	1,07
	35–39	0,347	1,20	0,779	1,07
	40–44	0,279	1,22	0,643	1,10
	45–49	0,932	0,98	0,620	0,88
	50–54	0,514	1,15	0,888	0,96
	55–59	0,330	0,77	0,615	1,14
	60–64	0,271	0,71	0,783	1,09
	65–69	0,020	**0,00**	0,095	**0,00**
	70-	0,021	**0,00**	0,173	0,47
Geschwister		0,056	**0,98**	0,034	**1,03**
Hofgröße		0,009	**1,001**	<,0001	**1,002**
erstes Kind		0,173	1,22	0,517	1,12
Kinder		0,691	1,02	0,076	**1,08**
verheiratete Kinder		0,015	**0,81**	0,035	**0,83**
Roggenpreis		<,0001	**0,58**	0,000	**0,61**
Leinenpreis		0,047	**0,51**	0,035	**0,44**
Kartoffelpreis		0,304	0,83	0,121	0,73
likelihood ratio χ^2 (21 DF)		<,0001	143,3	<,0001	131,8
Ereignisse		426		329	
Personen		1.435		1.435	
Zeitabschnitte		54.226		54.116	

Anm.: Behandlung von Überlappungen nach Efron. Berechnet mit SAS PROC PHREG. Fettdruck von Hazardquotienten (HQ), die auf 10%-Niveau signifikant sind. Abhängige Variable: Parzellenkauf/-verkauf außerhalb der Kernfamilie, nur ein mithilfe von Zufallszahlen ausgewählter Kauf/Verkauf pro Person. Population at risk: alle männlichen Landbesitzer im Untersuchungszeitraum.

Tabelle 6.3: Verlaufsdatenanalyse von Marktauftritten, Transaktionen innerhalb der Kernfamilie

		Käufe		Verkäufe	
		$Pr>\chi^2$	HQ	$Pr>\chi^2$	HQ
Orte					
	Löhne (Referenz)	0,611	1,13	0,154	1,43
	Oberkirchen	0,139	0,67	0,176	0,68
	Borgeln	-	1,00	-	1,00
Lebensalter					
	15–19	0,252	0,42	0,977	0,00
	20–24	0,200	0,61	0,080	**0,31**
	25–29 (Referenz)	-	1,00	-	1,00
	30–34	0,805	0,93	0,810	0,90
	35–39	0,094	**0,54**	0,380	1,42
	40–44	0,020	**0,44**	0,424	1,36
	45–49	0,492	0,79	0,670	1,20
	50–54	0,436	0,74	0,967	1,02
	55–59	0,304	0,63	0,407	1,44
	60–64	0,046	**0,12**	0,769	1,16
	65–69	0,978	0,00	0,676	0,75
	70-	0,975	0,00	0,323	0,44
Geschwister		0,000	**1,08**	0,266	1,03
Hofgröße		0,001	**1,002**	0,002	**1,001**
erstes Kind		0,131	1,53	0,307	1,41
Kinder		0,328	1,08	0,172	1,10
verheiratete Kinder		0,128	0,76	0,587	1,06
Roggenpreis		<,0001	**0,38**	0,003	**0,49**
Leinenpreis		0,020	**0,21**	0,549	0,68
Kartoffelpreis		0,969	1,01	0,912	1,04
likelihood ratio χ^2 (21 DF)		<,0001	88,8	<,0001	69,7
Ereignisse		124		115	
Personen		1.423		1.423	
Zeitabschnitte		53.498		53.485	

Anm.: Behandlung von Überlappungen nach Efron. Berechnet mit SAS PROC PHREG. Fettdruck von Hazardquotienten (HQ), die auf 10%-Niveau signifikant sind. Abhängige Variable: Parzellenkauf/-verkauf innerhalb der Kernfamilie, nur ein mithilfe von Zufallszahlen ausgewählter Kauf/Verkauf pro Person. Population at risk: alle männlichen Landbesitzer im Untersuchungszeitraum.

Tabelle 6.4: Deskriptive Statistiken zur Verlaufsdatenanalyse

	Mittelwert oder Anteil	Standard-abweichung	Mini-mum	Maxi-mum
Orte				
Oberkirchen	39%		0	1
Borgeln	36%		0	1
Löhne	25%		-	-
Lebensalter				
15–19	4%		0	1
20–24	13%		0	1
25–29	13%		-	-
30–34	15%		0	1
35–39	10%		0	1
40–44	13%		0	1
45–49	8%		0	1
50–54	7%		0	1
55–59	6%		0	1
60–64	5%		0	1
65–69	3%		0	1
70-	3%		0	1
Geschwister	4,80	4,36	0	20
Hofgröße (Taler Reinertrag)	38,06	86,44	0	1.708
erstes Kind	70%		0	1
Kinder	1,19	1,44	0	8
verheiratete Kinder	0,43	1,03	0	8
Roggenpreis	1,28	0,47	0,49	1,91
Leinenpreis	1,00	0,15	0,71	1,35
Kartoffelpreis	1,00	0,29	0,51	1,89

Anm.: Angaben beziehen sich auf den Datensatz zu Verkäufen innerhalb der Familie. Die anderen Datensätze weisen nur marginal abweichende Werte auf.

von hohen Preisen anderer auf dem Land produzierter Güter (Leinen) wurde gerade nicht Land, sondern wurden diese Güter auf den Markt gebracht. Landverkäufe lohnten sich dagegen dann, wenn Geld durch den Verkauf von Produkten kurzfristig nur schwer beschafft werden konnte. (3) Wenn (wie Sabean es annimmt) Verwandtschaft als Vermittler von Marktzugang eine wichtige Rolle spielte, dann könnte u. a. die Zahl der lebenden Geschwister einen positiven Einfluss haben und Kaufgelegenheiten vermitteln. Merkwürdigerweise scheinen Geschwister aber Käufe (knapp signifikant) zu bremsen und Verkäufe (signifikant) zu befördern.

Tabelle 6.3 zeigt eine Verlaufsdatenanalyse zu den Käufen und Verkäufen innerhalb der Kernfamilie. Die Ergebnisse sind (wenn auch nicht immer signifikant) ähnlich wie die aus Tabelle 6.2. Nur in zwei Punkten gibt es auffällige Unterschiede: Erstens stoppte die Präsenz von verheirateten Kinder nicht die Verkäufe. Das ist nicht überraschend, da an die eigenen Kinder nach deren Eheschließung nicht selten Land verkauft wurde. Zweitens bremste eine hohe Zahl von Geschwistern Käufe nicht, sondern machte sie signifikant wahrscheinlicher. Offenbar kaufte, wer viele Geschwister hatte, sein Land vor allem von diesen, sodass Personen mit vielen Geschwistern weniger dazu neigten (oder weniger dazu veranlasst waren), Land von Verkäufern aus dem entfernteren Verwandtschaftsumfeld zu mobilisieren.[36]

6.6 Abschlussdiskussion

Zeit als Analysekategorie macht es möglich, mögliche Zwecke wirtschaftlicher Transaktionen zu diskutieren und zu testen. Umverteilung und Markttransaktionen (bzw. ‚konservative‘ und ‚kompetitive‘ Systeme) können aus demographischer Sicht unterschiedlichen Handlungszielen zugeordnet werden: Wer Markttransaktionen unternimmt, möchte einen angemessenen Gegenwert für die eingesetzten Güter erhalten, und so weit die Transaktion (etwa der Landkauf) eine Investition darstellt, soll sie darüberhinaus verzinst werden. Netto verlassen Ressourcen bei Markttransaktionen also nicht die Kohorte ihrer Eigentümer, sie werden allenfalls zeitlich in die Zukunft verschoben (oder auf Kosten zukünftigen Konsums mobilisiert). Transfers dagegen können in ihrem Nettobetrag aus Sicht der beteiligten Alterskohorten positiv oder negativ sein, sie können zur Unterstützung der Kindergeneration auf Kosten der Eltern dienen (oder umgekehrt), und ihre Summe bleibt zu einem gegebenen historischen Zeitpunkt konstant. Der überwiegende Teil aller Landtransaktionen waren Transfers.

---

36 Zu explorativen Zwecken wurden auch Interaktionen zwischen den Orten sowie der Hofgröße einerseits, den anderen unabhängigen Variablen andererseits berechnet. Da die Ergebnisse im Wesentlichen nicht signifikant waren, verzichte ich darauf, sie tabellarisch zu präsentieren.

Wozu diente der mehr oder weniger kleine Rest an Käufen? Nur in Löhne wurde überwiegend von Alt an Jung verkauft, was als Transferstrategie gedeutet werden kann – aber auch als eine der marktgestützten Alterssicherung. Aus der Analyse der lebenszeitlichen Profile ergab sich jedoch, dass Käufe innerhalb der Familie – und zwar der Kernfamilie, also im von formellen Ansprüchen auf Unterhalt und Erbschaft bestimmten Bereich – ähnliche Funktionen wie Übergaben und Erbschaften einnahmen. Im Bereich der untereinander zu Unterhalt verpflichteten und erbberechtigten Personen folgten die lebenszeitlichen Rhythmen der Käufe denen der Übergaben und Erbschaften; im Übrigen war das Lebensalter für die Teilnahme am Bodenmarkt nicht relevant. Das Ergebnis ist insofern überraschend und ein wenig paradox, als man aus der Diskussion über die ‚life cycle hypothesis of saving' (Modigliani) hätte ableiten können, dass ein stark lebenszyklisch geprägtes Profil der Käufe einen Indikator für eine Spar-Funktion des Bodenmarktes darstellt: der Boden als eine unpersönliche Art Sparkasse, die gerade von der Notwendigkeit befreit, Transfers von Verwandten anzunehmen. In unserer Analyse sind die lebens- und familienzyklischen Profile im Bereich des nicht von Transfers überlagerten Marktes besonders flach; ausgeprägte Profile sind dagegen am ehesten als Folge verdeckter Transfers, nicht von Spartätigkeit zu deuten. Ausgeprägt ist die Tendenz, auf dem Bodenmarkt in derselben Lebensphase aktiv zu werden, und zwar kaufend und verkaufend, in der man noch unverheiratete Kinder hatte. Landverkäufe waren also keine Anpassungsstrategie an die Familiengröße, sondern gehörten wie das Kinderbekommen und -aufziehen in die Lebensphase des aktiven Wirtschaftens.

Kurzfristige Agrarkrisen führten nicht zu einer Mobilisierung des Bodens. Die Verlaufsdatenanalyse zeigt im Gegenteil, dass hohe Preise von Agrarprodukten dazu führten, dass weniger Land auf den Markt kam. Westfälische Landbesitzer hatten während des agrarischen Aufschwungs im 19. Jahrhundert nicht unter so schweren Erntekrisen zu leiden, dass diese Verschuldung und Verkauf ausgelöst hätten, und Preisschwankungen führten lediglich dazu, dass gerade diejenigen Güter verkauft wurden, die im Moment gerade einen relativ hohen Erlös erzielten – in Jahren mit hohen Getreidepreisen Getreide, und Land allenfalls dann, wenn Getreide relativ billig war. Diese Beobachtung bestätigt, dass das Verhalten der Verkäufer und nicht die Nachfrage die Rhythmen auf dem Bodenmarkt bestimmte und somit Verkäufer weit schwieriger zu finden waren als Käufer; Zugang zu Verkäufern konnte etwa über Geschwisterbeziehungen erfolgen.

Familiäre Umverteilung machte also nicht nur den Großteil aller Landtransaktionen aus, sie bestimmte auch das Geschehen auf dem (eingeschränkten) Bodenmarkt. So war der Landmarkt kein funktionales Äquivalent zu Finanzintermediären, keine Ersatzsparkasse, die den Rekurs auf die Familie überflüssig machte. Er diente nicht den Interessen jeder einzelnen Alterskohorte für sich, sondern trug dazu bei, dass Land ohne ausbalancierte Gegenleistung zwischen den Kohorten immer wieder neu verteilt werden konnte.

Kapitel 7: Die Preisbildung

7.1 Vorüberlegungen

„Aber war es wirklich ein Markt?"[1] Giovanni Levi stellt diese Frage bei seiner Analyse der Bodenzirkulation im piemontesischen Dorf Santena sehr viel expliziter als David Sabean. Die Analyse Levis ist zentral für das Thema dieser Untersuchung – nicht viele Bodenmarkt-Studien nehmen wie die seine die Variabilität von Preisen in den Blick, unterscheiden zwischen Verwandten, Nachbarn und Außenstehenden, und stellen dabei die ökonomisch-anthropologische Frage nach Markt, Reziprozität und familialen Transfers.[2]

Was für Giovanni Levi ein ‚wirklicher Markt' bedeutet, lässt sich aus seiner Argumentation nur indirekt ablesen. Er betont, dass „man die ökonomischen Verhaltensweisen unmöglich rein formal lesen kann, so als wäre jeder Wechsel eines Grundstücks ausschließlich in Termini der Maximierung ökonomischer Vorteile zu interpretieren. In Wirklichkeit enthüllt sich hinter diesem scheinbaren Marktmechanismus [...] das Problem der Ressourcen, der Macht, des Überlebens, der Solidarität, der Erhaltung und Veränderung der Beziehungen und der bestehenden sozialen Werte. Mit all dem kann die Tendenz, die eigene ökonomische Position zu maximieren, einhergehen, sie kann aber auch in Kontrast dazu geraten."[3] Levi beobachtet eine erhebliche Schwankung der Bodenpreise und sieht darin ein Indiz dafür, dass der Markt für landwirtschaftlich genutzten Boden nicht „mit homogen fluktuierenden Preisen" ausgestattet sei, also nicht

---

1 Levi, Erbe, S. 86.

2 Levi, Il mercato, S. 155–156. Freilich ist Levis Text nicht immer transparent; weit mehr als Sabean geht es ihm (so der Schlusssatz des Buches) darum, eine „konfuse Vielfalt [...] vor unseren Augen vorbei" ziehen zu lassen; der Befund großer Variationen scheint Levi wichtiger zu sein als deren einmal bei Polanyi und Sahlins, dann bei Čajanov und Geertz entlehnten sozialwissenschaftlichen Erklärungen. Man vergleiche die theoretischen Diskussionen im Preis-Kapitel von Levi, Erbe mit den entsprechenden Abschnitten in Levi, Il mercato.

3 Levi, Erbe, S. 87.

„in der Lage wäre, die Bewegungen von Angebot und Nachfrage direkter auszudrücken“[4].

Dieses Argument Levis zielt im Grunde auf das Fehlen von Marktintegration, auf eine Fragmentierung des Bodenmarktes nach sozialer Nähe. Handlungspläne, also Angebot und Nachfrage verschiedener Akteure werden danach nicht miteinander verglichen und in Preisen ausgedrückt, denn der Preis wird von der sozialen Beziehung bestimmt. Die Preise sind chaotisch, weil sie sozial festgelegt sind und weil es alles andere als gleichgültig ist, ob man von einem Nahe- oder Fernstehenden kauft. In der Sprache der neoklassischen Ökonomie würde man davon sprechen, dass der Bodenmarkt nicht preisbildend oder nicht integriert ist und dass es daher wenig Sinn ergibt, ihn überhaupt als einen Markt im ökonomischen Sinn zu betrachten.[5] Wo die Preise zu stark divergieren, kann man Levis Frage, ob „es wirklich ein Markt“ war, also durchaus stellen.

Im Zuge seiner empirischen Analyse entwickelt Levi in Anlehnung an Karl Polanyi und Marshall Sahlins eine Typologie von Reziprozitätsbeziehungen, die durch je nach sozialer Beziehung unterschiedliche Preisniveaus gekennzeichnet sind. Sahlins unterscheidet zunächst generalisierte Reziprozität, bei der es nicht unbedingt darauf ankommt, dass eine Leistung durch eine genau passende Gegenleistung ausgeglichen wird.[6] Das Konzept passt zum Begriff des generalisierten Austauschs bei Claude Levi-Strauss: Man ‚gibt‘ (z.B. Geschenke oder, in der oft als androzentrisch kritisierten Sichtweise der klassischen Sozialanthropologie, Frauen) irgendwohin, und wenn alle das tun, wird irgendwann auch etwas zurückkommen.[7] Diese Form von Austausch – so Giovanni Levi – wäre bei der Zirkulation von Boden unter Verwandten zu erwarten, und eigentlich sollten die Preise in diesem Fall besonders großzügig bemessen, also niedrig sein.

Balancierte Reziprozität nach Sahlins (ähnlich wie die ‚restringierte Reziprozität‘ in der Verwandtschaftsanalyse von Levi-Strauss) bedeutet dagegen einen unmittelbaren und angemessenen Ausgleich. Giovanni Levi erwartet diesen bei Nachbarn. Das Konzept liegt sehr viel näher an dem des Marktes, man kann sich fragen, weshalb hier überhaupt von Reziprozität im Sinne von längerfristigen gegenseitigen Verpflichtungsbeziehungen gesprochen wird.[8] Außenstehende traten in Santena ebenfalls als Käufer auf. Ihnen

---

[4] Ebd., S. 88.

[5] Marshall, Principles of economics; North, Institutionen, vgl. oben Kap. 1; Kopsidis, Agrarentwicklung, S. 139 plädiert demgegenüber dafür, „für die vergleichende historische Analyse“ nicht das utopische Konzept des vollkommenen Marktes, sondern „das Konzept des vollständigen Marktes mit voll ausgebauter Infrastruktur und Institutionen für anonyme Tauschprozesse“ zu benutzen. Der ländliche Bodenmarkt des 19. Jahrhunderts war sicherlich in diesem Sinne auf der institutionellen Ebene vollständig, selbst wo es weder zu nennenswerten Tauschprozessen noch zu Preisbildung kam.

[6] Levi, Erbe, S. 95; Sahlins, Stone Age economics.

[7] Levi-Strauss, Structures of kinship; vgl. die Diskussion bei Sabean, Kinship, S. 16–18.

[8] Levis Reziprozitätsbegriff scheint den des ökonomischen Marktes mit zu umfassen: „Eine verallgemeinerte Reziprozität zwischen Verwandten hinterlässt nur Spuren, die denen einer gleich-

Tabelle 7.1: Anteil von Käufen mit unvollständigen Steuerangaben, von ganzen Güterkomplexen sowie von Haus- und Hofparzellen an allen Käufen

	Anteile	Löhne	Oberkirchen	Borgeln	alle
Steuerangabe unvollständig	an Fallzahl	5	15	13	11
	an Steuerwert	33	16	1	19
	an Fläche	31	24	12	25
ganze Güterkomplexe	an Fallzahl	23	12	12	16
	an Steuerwert	71	54	24	53
	an Fläche	72	41	24	46
Haus / Hof	an Fallzahl	20	21	8	17
	an Steuerwert	60	58	24	51
	an Fläche	57	43	23	44
Summe	an Fallzahl	31	33	24	30
	an Steuerwert	75	66	25	60
	an Fläche	76	60	37	62

Quelle: Datenbanken 2006. – Gesamtsumme ohne Überschneidungen.

gegenüber erwartet Levi ‚negative Reziprozität' im Sinne von Marshall Sahlins. Hier werden Beziehungen um der einseitigen Vorteilsgewinnung willen eingegangen; Levi erwartet daher zunächst, dass diesen Außenstehenden sehr hohe Preise abverlangt wurden.

Levis empirische Verfahren bestehen in der optischen Prüfung von Streudiagrammen der Preise über die Zeit hinweg, zunächst insgesamt und dann getrennt nach Verwandten, Nachbarn und Außenstehenden. Im Buchtext findet sich zudem der Hinweis auf optische Trendanalysen, die jedoch grafisch nicht präsentiert werden.[9] Die Ergebnisse zeigen das Gegenteil des erwarteten Musters – also nicht etwa einen mit der sozialen Entfernung zunehmenden Preis, aber auch keine Preishomogenität, wie sie auf einem integrierten Bodenmarkt zu erwarten wäre, sondern mit der Entfernung fallende Preise. Den im „familialen Milieu" oft hohen Preis deutet Levi als „Abschluss einer Reihe von Leistungen, die [...] untergründig verlaufen".[10] Mit anderen Worten, in der Familie kommen oft Verknüpfungen von Verkäufen mit anderen Transaktionen vor – Levi schildert etwa den Fall einer Frau, die ihrem Schwiegersohn gegenüber im Lauf von neun Monaten Schulden von 265 Lire für Lebensmittel, einen Pelz, Medizin und Steuern angesammelt hatte und diese nun nach längerem Drängen seinerseits beglich, indem sie

gewichtigen Reziprozität, eines unpersönlichen Austauschs von Gütern, gleichen". „[U]npersönliche[r] Austausch" definiert hier also „gleichgewichtig[e] Reziprozität", Levi, Erbe, S. 100. Auf derselben Seite findet sich widersprüchlicher Weise allerdings das Argument, auch bei der „gleichgewichtigen Reziprozität" sei die Beziehung „personalisiert".

9 Ebd., S. 102: „In Grafik 2 wird eine Tendenzkurve [...] gezogen"; diese Kurve fehlt aber in der Grafik auf S. 93.

10 Ebd., S. 100.

ihm für einen „exorbitanten Preis" eine kleine Wiese verkaufte.[11] Man mag sich allerdings fragen, inwiefern die Gelegenheit, der Schwiegermutter einen besonders hohen Preis zahlen zu dürfen, einen Ausgleich darstellt für die vorher an dieselbe Schwiegermutter gegebenen Kredite. Eher dürften die für den Schwiegersohn ungünstigen Kreditverträge und der ihn ebenfalls benachteiligende Kaufvertrag die Tatsache reflektieren, dass er für ihren Unterhalt verantwortlich war. Der ungewöhnlich teure Wiesenkauf wäre in diesem Fall nicht, wie Levi ihn deutet, als Ausdruck von Reziprozität zu verstehen, sondern eher als Ausdruck der Tatsache, dass die Beziehung von Käufer und Verkäuferin durch eine Beziehung von Unterhaltspflichtigem und Unterhaltsempfängerin überlagert wurde. Der teure Wiesenkauf drückte also Transfer- oder Redistributions-Verpflichtungen aus, nicht Reziprozität.

Niedrige Preise dagegen wurden von Außenstehenden gezahlt, das waren in Santena die dörflichen Adligen und die Stadtbürger. Levi interpretiert den Verkauf von Land an diese Notabeln als eine Art von „denaturiert[er]" Caritas, eingebettet in Klientelbeziehungen, arrangiert „durch eine Art gegenseitige Erpressung"[12]: Die Käufer können als hilfeleistende Patrone auftreten, bekommen aber nur unbedeutenden Landbesitz dafür, den niemand sonst haben will, und zahlen unterdurchschnittliche Preise.[13] Auffällig erscheint, dass in Levis Perspektive nicht – wie bei Sabean – die Käufer von Land in der Rolle des Bittstellers auftreten, sondern die Verkäufer.

7.2 Preisschwankungen in den westfälischen Untersuchungsgebieten

Im Folgenden soll das von Levi gestellte und am Beispiel Santenas nicht wirklich geklärte Problem mit formalen Methoden der Preisanalyse untersucht werden. Die datenbankgestützte Analyse der Preisbildung für Land bezieht sich zunächst auf alle Käufe, auch solche innerhalb der Familie. Sie stellt aber andere Voraussetzungen an das analysierte Material als die bisherigen Auswertungen. Nicht immer werden Preise angegeben, und oft umfassen die Transaktionen nicht nur Land, sondern auch Häuser und Rechte Dritter. Generell sind die unterschiedlichen Qualitäten von Gebäuden in den Katasterunterlagen nicht optimal erfasst; in einem Oberkirchener Inventar wird beklagt, den Wert des stark verfallenen Hauses könne man nur über den Preis des verwendeten Holzes zu rekonstruieren versuchen.[14] Immer wenn mit einem Kauf auch der Erwerb eines Hauses verbunden ist, enthält der im Grundbuch bzw. Kataster genannte Preis nicht nur die

[11] Ebd., S. 99.
[12] Ebd., S. 101.
[13] Levi gibt hierfür keine Beispiele.
[14] StAMS, Grundakten Fredeburg, Nr. 898.

Tabelle 7.2: Mittelwerte, Standardabweichungen, Minima und Maxima der Preise pro Taler Reinertrag, ohne Käufe ganzer Güterkomplexe, Häusern und Hof räumen und Käufe von Flächen mit unbekanntem Steuerwert, nach Ort und Periode

Orte	Daten	1830–39	1840–49	1850–59	1860–66	Gesamt
Löhne	Mittelwert	38	80	122	194	101
	Standardabw.	30	67	126	220	125
	Minimum	0	5	3	39	0
	Maximum	154	353	783	1.200	1.200
	Fallzahl	50	89	87	33	259
Oberkirchen	Mittelwert	35	77	104	121	88
	Standardabw.	29	94	111	134	106
	Minimum	7	6	0	8	0
	Maximum	140	554	889	750	889
	Fallzahl	46	80	103	53	282
Borgeln	Mittelwert	36	48	67	87	60
	Standardabw.	19	111	61	37	80
	Minimum	13	2	18	50	2
	Maximum	128	1.074	493	245	1.074
	Fallzahl	33	92	70	51	246

Quelle: Datenbanken 2006.

Gegenleistung für den Erwerb der Flächen, auf die sich die ermittelten Steuerwerte beziehen, sondern auch für den Erwerb eines Hauses. Bei der weiteren Preisanalyse werden daher die Käufe von Häusern und zugehörigen Parzellen ausgeblendet. Die Preisanalyse bezieht sich also nur auf die Zirkulation einzelner Parzellen, nicht auf den selteneren Verkauf ganzer Betriebseinheiten, von ‚Höfen', ‚Stätten' oder auch nur Häusern mit Gartenland.

Problematisch sind auch Fälle, in denen nur für einen Teil der Parzellen der Steuerwert bekannt ist. Bei den bisherigen Analysen wurden solche Fälle mit einbezogen; fehlende Reinertragswerte einzelner Parzellen wurden so behandelt, als wären sie gleich Null. Das war insofern ein sinnvolles Vorgehen, als es dort darauf ankam, den Anteil der verschiedenen Übertragungsarten an der Gesamtzirkulation des Bodens abzuschätzen. Vereinzelt fehlende Angaben zum Steuerwert einiger Parzellen verzerren das gewonnene Bild dieser Relationen nicht so sehr, wie ein Weglassen der betreffenden Transaktionen, die in Löhne einen Anteil von 10 Prozent, in den beiden anderen Orten von 20 Prozent an allen Eigentumsveränderungen ausmachten. Bei der Analyse der Preise ist der Steuerwert hingegen die entscheidende Determinante. Hier werden Transaktionen daher nicht einbezogen, wenn auch nur eine einzige der jeweils in einem Kaufakt übertragenen Parzellen nicht mit ihrem Reinertragswert in den Katasterunterlagen dokumentiert ist. Wie Tabelle 7.1 zu entnehmen ist, umfassen die bei der Preisanalyse nicht berücksichtigten Transaktionen zusammengenommen knapp ein Drittel der Käufe, allerdings in

Abbildung 7.1: Preise in Talern pro Taler Steuerwert, Löhne

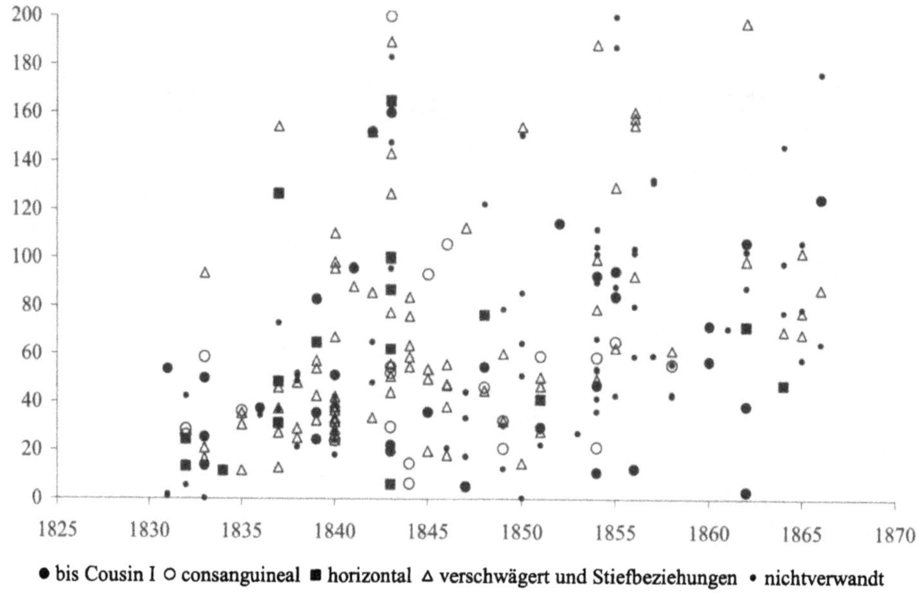

Anm.: Für die Berechnungsweise siehe den Text.

Oberkirchen über die Hälfte und in Löhne sogar drei Viertel der in Käufen zirkulierenden Flächen.

Trotz dieser Einschränkungen bleiben die Preisvereinbarungen der westfälischen Landeigentümer ausgesprochen heterogen. Vor allem in der zweiten Hälfte des Untersuchungszeitraums überstiegen die Standardabweichungen in den einzelnen Orten und Zeitabschnitten oft den Wert des im Mittel pro Taler Steuerwert gezahlten Preises (Tabelle 7.2). Die zentrale Frage der folgenden Analysen lautet: Wie sind diese Streuungen zu erklären? Levi behauptet für Santena, dass Verwandtschaft zur Erklärung solcher Streuungen etwas beiträgt. Eine mögliche, von Levi selbst zumindest im Buch jedoch allenfalls angedeutete Lesart von Levis Material hat Ulrich Pfister vorgestellt. Diese Lesart besagt: Verwandtschaft bzw. Reziprozitätsbeziehungen führen zu Abweichungen von der Preishomogenität, die auf integrierten Märkten für vergleichbare Güter zu erwarten wäre.[15]

---

15 Pfister, Marchandise et don, S. 1 meint, dass Levi zufolge „la variabilité des prix se réduit avec la distance sociale croissante". Diese Aussage wird von Levi nicht getroffen; dieser argumentiert nur, die Preisniveaus sänken mit der sozialen Distanz. Pfisters Lesart kann sich aber einerseits auf die Aussage Levis stützen, „[e]ine schnelle Zirkulation des Bodens auf dem Markt, ein stark zersplitterter Grundbesitz mit relativ homogener Qualität und das Fehlen formalisierter juristischer Hemmnisse für den Besitzwechsel: das sind die Elemente, die eigentlich einen unpersönlichen Markt und eine gewisse Gleichförmigkeit der Preise vermuten lassen; tatsächlich aber ist eine starke Streuung der Einheitspreise zu beobachten." (Levi, Erbe, S. 96). Danach müsste Levi eigentlich in großer

Abbildung 7.2: Preise in Talern pro Taler Steuerwert, Oberkirchen

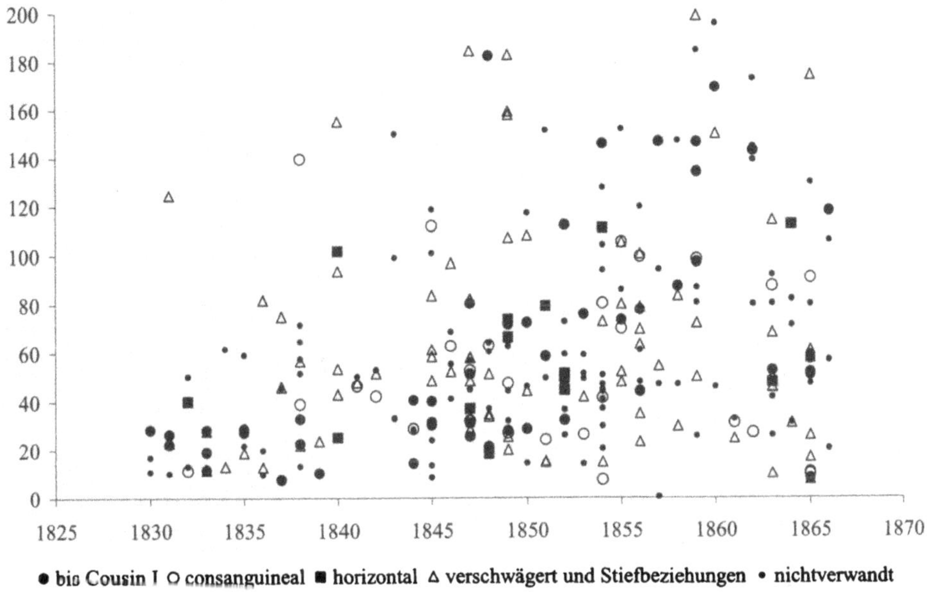

Anm.: Für die Berechnungsweise siehe den Text.

Man könnte daran anschließend argumentieren, dass ein Preisaufschlag für Fernstehende die Kosten der Vertragsanbahnung und -durchsetzung reflektiert, dass diese also von den Verkäufern auf die Käufer überwälzt wurden. Aufgrund der Ergebnisse von Kapitel 4 wäre eine solche Interpretation auch in unserem Untersuchungsgebiet durchaus denkbar, da sich in Westfalen die Zugangschancen zum Kauf von Boden je nach Verwandtschaftsverhältnis unterschieden.

Versuchen wir nun, analog zu Giovanni Levis Vorgehen die Preise bei Käufen in unseren drei Untersuchungsorten graphisch darzustellen. Für jeden der Untersuchungsorte wurden die bei den einzelnen Käufen vereinbarten Preise in Talern eingetragen, dividiert durch den Steuerwert in Talern Reinertrag. Vereinzelt vorkommende Preise von über 200 Talern pro Taler Reinertrag wurden in den Grafiken weggelassen, da sie das Gesamtbild verzerren und unübersehbar gestalten. Dasselbe gilt für solche Käufe, die Haus- und Hofgebäude mit umfassten. Anders als Levi präsentiere ich die verschiedenen

sozialer Nähe eine größere, unter Fernstehenden eine geringere Streuung der Preise erwarten; er entwickelt dieses Argument aber nirgends. Andererseits ergibt sich aus Levis Grafiken eine mit der sozialen Distanz abnehmende Spannweite der Preise (d.h. der Abstand zwischen Maximal- und Minimalpreis pro Tagwerk Land sinkt). Möglicherweise entsprachen dem auch die nicht ermittelten Streuungen (Standardabweichungen); in diesem Fall wäre Pfisters Rekonstruktion von Levis Argument nicht ganz unplausibel.

Abbildung 7.3: Preise in Talern pro Taler Steuerwert, Borgeln

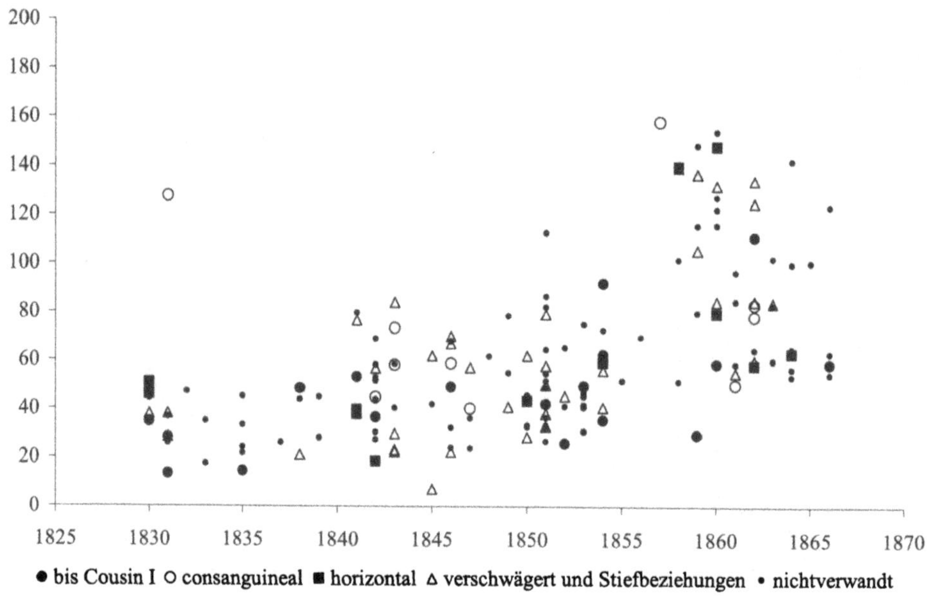

Anm.: Für die Berechnungsweise siehe den Text

Stufen sozialer Nähe jeweils innerhalb derselben Grafik, aber mit unterschiedlichen Symbolen.

Von der bereits im vorigen Kapitel (Abbildung 5.7) erkennbar gewordenen Tendenz zu steigenden Landpreisen abgesehen, ähnelt das Bild dem von Levi im Santena des späten 17. Jahrhunderts ermittelten: Auch in Westfalen variierten die Preise heftig. Diese Beobachtung ist insofern bemerkenswert, als in den untersuchten Gebieten jeweils Katasterbücher vorhanden waren, die für jede Parzelle einen Schätzwert nannten. Die Akteure hätten sich an diesen Schätzwerten orientieren können, zumal sie – das zeigen Fälle, in denen beim Aufnehmen eines Übergabevertrags Katasterauszüge beigebracht wurden – durchaus Zugang zu Zweitschriften des Katasters hatten. Zudem wurde der Kataster jährlich in jeder Gemeinde fortgeschrieben.

Der optische Vergleich von Streudiagrammen ist ein Verfahren, das den Forscher zu Schlussfolgerungen aus ungefähren Eindrücken zwingt. In Levis Grafiken scheint die Lage der jeweils höchsten und niedrigsten Datenpunkte die von ihm entwickelte Interpretation zu bestätigen: Verwandte zahlten etwa 70 bis 500 Lire pro Tagwerk, Nachbarn 30 bis 350, Außenstehende 10 bis 300. Die Streuungen und in ihrer Folge die Überlappungen zwischen den Stufen sozialer Nähe sind jedoch erheblich. In den westfälischen Kirchspielen zeigen die Preise ein noch weit chaotischeres Bild, und mit bloßem Auge sind keine systematischen Unterschiede zwischen Verwandten und anderen erkennbar.

Tabelle 7.3: Die 20 häufigsten bei Käufen vereinbarten Preishöhen

Reichstaler	Löhne	Oberkirchen	Borgeln
5	10	1	3
10	7	6	0
20	14	5	1
25	9	2	4
30	10	11	4
40	11	15	1
45	6	10	2
48	3	11	3
49	21	16	3
60	4	9	4
80	9	5	2
90	3	6	5
100	17	13	3
125	5	2	6
150	6	5	8
200	22	4	10
250	5	3	5
300	8	6	4
400	14	6	5
500	11	5	3
Summe runde Preise	299	215	191
Anteil runde Preise (%)	0,75	0,55	0,60
alle Preise	398	390	321

Quelle: Datenbanken 2006.

Zu einem Teil mag die Heterogenität der Preis-Steuerwert-Relationen darauf zurückzuführen sein, dass Preisvereinbarungen oft relativ grob gefasst wurden, was das Aushandeln erleichterte (oder ökonomisch gesprochen: Transaktionskosten bei der Vertragsanbahnung senkte). Die am häufigsten vorkommenden 20 Preise unter den insgesamt erfassten 1.109 Preisangaben bei Käufen werden in Tabelle 7.3 präsentiert; es handelt sich – mit Ausnahme der knapp unter 50 liegenden Werte; ein Preis von 50 Talern wurde wegen der Stempelgebühren vermieden – durchwegs um runde Zahlen. Am ehesten neigten die Borgelner, am wenigsten die Löhner dazu, feiner abgestufte Preise zu vereinbaren. Insgesamt war der Anteil der durch 5 teilbaren Preise mit 75 Prozent dort deutlich am höchsten, wo die Nutzung der Institution Kauf am weitesten verbreitet war, in Löhne.

7.3 Auf dem Wege zu einem formalen Modell der Preisbildung

Wenn man einzelne Fälle von besonders teuren oder billigen Landkäufen näher[16] betrachtet, ergibt sich daraus keine generelle Antwort auf die Frage, weshalb die Landpreise so massiv variierten. Das Material ermöglicht aber immerhin einige weitere Überlegungen darüber, wie eine formale Analyse von Landpreisen aussehen sollte. Im Einzelfall gibt es offenbar immer wieder besondere Umstände, die einen extremen Preis erklären können – Probleme der Quellen, besonders eingeschränkte Rechte der Landeigentümer, Umstände, denen man mit einiger Mühe jeweils im Einzelnen nachspüren könnte. Jedes Modell muss mit solchen zufälligen Variationen rechnen; eine Glättung des Datenmaterials bis zu dem Punkt, an dem die Preise den Steuerwert des Landes genau wiedergeben, ist unrealistisch. Statistische Regressionsmodelle, die die Existenz von zufälligen Schwankungen explizit annehmen, sind also inhaltlich angemessen. Die beobachteten Werte liegen sehr weit auseinander – wir haben es mit Fällen zu tun, in denen hunderte von Talern für den Reinertragstaler gezahlt wurden, und anderen, in denen Bruchteile eines Talers gezahlt wurden. Die Verteilung der Preisrelationen ist dabei nach oben hin weit gestreut, während am unteren Ende der Abstand zwischen kleinen und durchschnittlichen Preisen nicht besonders groß ist. Für den Zweck von Regressionsanalysen sind die Werte daher so zu transformieren, dass die Verteilung einer Normalverteilung stärker angenähert wird – sonst erhalten einzelne Extremwerte ein zu hohes Gewicht.

Auffällig häufig sind Fälle, in denen für relativ kleine Parzellen hohe und für große Flächen niedrige Preise gezahlt wurden. In der Forschung zu städtischen Grundstücksmärkten ist dieser Effekt bekannt; er deutet auf die Transaktionskosten bei der Teilung von Land hin (‚Plattage‘ oder ‚negative Plottage‘): Große Flächen sind deshalb billiger, weil es aufwendig ist, sie auf eine brauchbare Größe zu verkleinern; als ‚Plottage‘ wird der gegenteilige Fall bezeichnet, in dem kleinere Flächen billig, weil ohne zusätzliches Land noch nicht optimal nutzbar sind.[17] Das Vorkommen von ‚Mengenrabatten‘ oder

[16] In einer früheren Fassung dieses Textes habe ich dies ausführlich getan: G. Fertig, Bodenmarkt, S. 119–123.

[17] Colwell/Sirmans, Prices; Chicoine, Farmland values; Isakson, Vacant land. – Innerhalb unserer Arbeitsgruppe wurde dagegen aber auch die (von mir nicht geteilte) Auffassung vertreten, dass durch den ‚Mengenrabatt‘ die Transaktionskosten beim Besitzwechsel (im Gegensatz zur Aufteilung) von Land deutlich würden, also die Fixkosten der Marktnutzung. Träfe diese Analyseidee zu, dann wäre es möglich, aus dem Ausmaß der ‚Plattage‘ auf die zwischen sozial näher- oder fernerstehenden Marktteilnehmern unterschiedlich ausgeprägte Vertrauensbasis zu schließen. Unterschiede je nach Art der Beziehung kann man aber auch direkt auf der Ebene des Preisniveaus, also anhand von ‚Freundschaftspreisen‘, einem vergünstigten Überlassen von Land an Nachbarn oder Verwandte, beobachten. Die Hypothese, dass die bei kleinen Flächen überproportional hohen Preise etwas mit Fixkosten der Marktnutzung zu tun habe, lässt sich mithilfe eines Regressionsmodells testen, in das nichtlogarithmierte Preise und Steuerwerte eingehen sowie (als zusätzliche

‚Plattage' deutet darauf hin, dass nicht Bodenzersplitterung, sondern zu große Parzellen eine effektive Landnutzung einschränkten. Um den ‚Plattage'-Effekt zu berücksichtigen, muss man die Größe der übertragenen Fläche als unabhängige Variable mit in die Analyse einbeziehen.

Diese Überlegungen führen zusammen dazu, im Folgenden die Daten einer Regressionsanalyse in logarithmisierter Form zu unterziehen. Genau dies wird in wirtschaftswissenschaftlichen Analysen der Preisbildung bei heterogenen Gütern auch getan; das einschlägige Verfahren wird als ‚hedonische Regression' bezeichnet.[18] Mein Verfahren unterscheidet sich nur darin vom Standardfall der hedonischen Regression, dass nicht nur Qualitäten der Güter, sondern auch der Beziehung zwischen den Transaktionspartnern als unabhängige Variablen abgebildet werden.

Gehen wir zunächst von einem einfachen Modell aus:

(1) $\text{Preis} = e^{\alpha} \times \text{Steuerwert}^{\gamma} \times e^{\varepsilon}$

Eine einfache algebraische Umformung ergibt die mit Regressionsverfahren leicht zu schätzende Formel:

(1a) $\ln(\text{Preis}) = \alpha + \gamma \times \ln(\text{Steuerwert}) + \varepsilon$

Wir nehmen also an, dass (1) der Preis in einem konstanten Verhältnis e^{α} zum Steuerwert steht, dass (2) mit zunehmendem Steuerwert der erworbenen Fläche der Preis zusätzlich sinken (bzw. steigen) kann, d.h. dass es einen Mengenrabatt (bzw. Mengen-Aufschlag) geben kann, ausgedrückt durch einen vom Wert 1 nach unten (bzw. nach oben) abweichenden Exponenten γ, und dass (3) der Preis um einen zufälligen Faktor e^{ε} mit dem Mittelwert $e^0 = 1$ schwanken kann.[19] Das einfache Modell kann durch weitere unabhängige Variablen ergänzt werden, die jeweils die Höhe von e^{α} verändern, so den Zeittrend τ.[20] Da die Fallzahl angesichts der großen Streuung nicht sehr groß ist und uns an dieser Stelle

---

unabhängige Variable) das Quadrat des Steuerwertes. Wenn Fixkosten der Marktnutzung eine Rolle spielen, ist bei dieser Regression eine positive Konstante zu erwarten; ermittelt wurde aber eine nicht signifikant von Null unterschiedene negative Konstante und ein negativer Parameter für den quadrierten Steuerwert, was auf Fixkosten von ungefähr Null hindeutet und ansonsten die Plattage-Hypothese erneut bestätigt. Generell läge allerdings in zwischen Nahe- und Fernerstehenden unterschiedlich hohen Transaktionskosten keineswegs die einzig denkbare Erklärung für ein Bevorzugen Nahestehender (dies ist das zentrale Thema in G. Fertig, Xenophobie; vgl. auch oben Kap. 4).

18 Klassisch: Rosen, Hedonic prices.

19 Die Zahl e ist die Basis des natürlichen Logarithmus, ca. 2,72. – Warum wird nicht einfach ohne Verwendung von mühsam nachvollziehbaren logarithmischen Umformungen eine einfache Regression geschätzt: $\text{Preis} = \alpha + \gamma \times \text{Steuerwert} + \varepsilon$? Zwei Gründe sprechen dagegen: Einerseits ist es unsinnig, die Existenz dieses Parameters α anzunehmen – warum sollte bei einem Steuerwert bzw. einer Fläche von Null ein von Null um den Betrag α unterschiedener Preis bezahlt werden? Andererseits sind die nicht-logarithmierten Preise und Steuerwerte nicht normalverteilt; das Logarithmieren nähert die Verteilungen einer Normalverteilung hingegen zumindest stark an.

20 Wegen der multiplikativen Form der Gleichung nicht möglich wäre die folgende Spezifikation: $\text{Preis} = e^{\alpha} \times \text{Steuerwert}^{\gamma} \times \tau \times \text{Zeittrend} \ldots \times e^{\varepsilon}$. τ und α wären bei dieser Spezifikation nicht getrennt voneinander schätzbar.

Tabelle 7.4: Hedonische Regression von Landpreisen, Modell 2

Variable	Parameter	Schätzwert	Standardfehler	T/F	Pr > |t|
Konstante	α	3,87	0,08	45,93	<0,0001
Zeit	τ	0,03	0,00	11,47	<0,0001
Löhne	λ	–0,23	0,07	–3,02	0,0026
Oberkirchen	o	–0,40	0,07	–5,54	<0,0001
Ln(Reinertrag)	γ	0,66	0,02	246,84	<0,0001

Anm.: R^2: 0,68; korrigiertes R^2: 0,67; F: 348,12; Pr > F: <0,0001; N: 670. Die einzelnen Regressionskoeffizienten wurden (wie üblich) mit einem T-Test mit der Nullhypothese geprüft, dass der jeweilige Koeffizient 0 betrage, mit Ausnahme des Koeffizienten für den logarithmierten Reinertragswert. Dieser wurde mit einem F-Test auf die Nullhypothese geprüft, dass der Koeffizient 1 beträgt. Die Variable „Zeit“ wurde berechnet als Verkaufsjahr minus 1830. Quelle: Datenbanken 2006.

Unterschiede zwischen den Gemeinden nicht interessieren, werden alle drei Orte gleichzeitig in einem Modell ausgewertet und 0 / 1-Indikatoren (‚Dummies‘) für zwei von ihnen einbezogen:[21]

(2) $$\text{Preis} = e^{(\alpha + \tau \times \text{Zeit} + \lambda \times \text{Löhne} + o \times \text{Oberkirchen})} \times \text{Steuerwert}^{\gamma} \times e^{\varepsilon}$$

algebraisch umgeformt

(2a) $$\ln(\text{Preis}) = \alpha + \tau \times \text{Zeit} + \lambda \times \text{Löhne} + o \times \text{Oberkirchen} + \gamma \times \ln(\text{Steuerwert}) + \varepsilon.$$

Aus den Werten in Tabelle 7.4 kann man ablesen, dass pro Reichstaler Ertragswert von Land um 1830 etwa 32 (Oberkirchen, $e^{(3,87-0,40)}$), 38 (Löhne, $e^{(3,87-0,23)}$) bzw. 48 (Borgeln, $e^{3,87}$) Reichstaler Kaufpreis bezahlt wurden, und dass die Werte bis 1866 jährlich um 3 Prozent stiegen ($e^{0,03} = 1,03$).[22] Die Schätzung gilt für kleine Parzellen mit einem Steuerwert von einem Taler.[23] Bei einer Verdoppelung der Steuerwertes (einer Erhöhung um 100 Prozent) erhöhten sich die Preise nur um 66 Prozent – das heißt, dass die Preise bei relativ kleinen Transaktionen höher lagen als bei größeren; es gab also einen Mengenrabatt bzw. einen ‚Plottage‘-Effekt. Die Werte der ‚Prozent erklärten Varianz‘ (R^2) liegen um 67 Prozent; trotz der starken Preisschwankungen und des bei der optischen Analyse ins Auge fallenden chaotischen Bildes der Preise kann das einfache Modell die einzelnen Datenpunkte also relativ gut vorhersagen.

Das in Tabelle 7.5 beschriebene Modell bezieht sich auf insgesamt 670 Käufe aus allen drei Orten. Die folgenden Analyseschritte werden jeweils zusätzliche unabhängige Variablen einbeziehen, die z. T. nicht für alle 670 Fälle vorliegen. Zunächst sei eine mögliche alternative Erklärung für eine hohe Preisvariabilität diskutiert. Land weist nicht

---

21 Interaktionsanalysen zeigen in der Regel keinen signifikanten Unterschied zwischen den Gemeinden, für getrennte Analysen vergleiche (ohne Zeittrend) auch G. Fertig, Xenophobie.

22 Separate Zeittrends für die drei Gemeinden sind nicht signifikant, im Unterschied zu dem Bild, das sich auf der einfachen in Abbildung 5.7 präsentierten Durchschnittsberechnung ergibt und das auf einen in Löhne besonders starken Preisanstieg hindeutet.

23 Weil an diesem Punkt der Datenverteilung auch gilt: $\text{Steuerwert}^{\gamma} = 1$.

nur eine bestimmte Größe und einen bestimmten Reinertrag auf; es kann auch mit dinglichen Rechten anderer belastet werden – vom Nießbrauch über Erbanwartschaften und grundherrschaftliche Abgabenpflichten bis hin zur Hypothek. Man kann vermuten, dass unterschiedliche Belastungen von Grundstücken sich in der Preisbildung niederschlagen. Hypotheken sind aber in zweifacher Weise für die empirische Analyse problematisch. Erstens sind Hypotheken Pfandrechte zur Sicherung bestehender Forderungen; sie verweisen also auf Forderungen, die mit der Hypothek selbst nicht unmittelbar identisch sind. Aus der Hypothek ist dabei nicht erkennbar, ob eine einmal pfandrechtlich gesicherte Forderung zu einem bestimmten Zeitpunkt weiterhin besteht. Als Gläubiger kann man eine Hypothek nicht einlösen, wenn die zugrundeliegende Forderung bereits abbezahlt ist; sie verschwindet freilich nicht, sondern verwandelt sich im Zuge der Abzahlung in ein zusätzliches dem Eigentümer zustehendes dingliches Recht, die Eigentümergrundschuld. Dieser Prozess der Abzahlung ist in den Hypothekenbüchern nicht dokumentiert. Daten über Hypotheken sind also nur als Verlaufsdaten fassbar; der Gesamtbestand der für ein Grundstück jeweils bestehenden Hypothekarschulden ist nie bekannt. Zweitens gelten für Hypotheken keine normalen algebraischen Rechenregeln. Einerseits lassen sich Hypotheken nicht einfach addieren. Parzellen können wieder und wieder mit Hypotheken belegt werden, die den Verkaufswert der Parzelle in der Summe übersteigen. Zum Zuge kommen die Gläubiger jeweils in der Reihenfolge der Belastung; die letzten gehen ggf. leer aus. Auch dividieren lassen Hypotheken sich nicht: Wenn eine Parzelle, die zu einem belasteten Grundstück gehört, verkauft wird, dann haften sowohl die verkaufte Parzelle als auch die beim ursprünglichen Grundstück verbliebenen Flächen weiterhin in voller Höhe für die Gesamtschuld; es ist in das Belieben des Gläubigers gestellt, bei Nichtbedienung der Schuld die eine und / oder die andere Parzelle versteigern zu lassen.[24] Mit anderen Worten, die Höhe der potentiell geltend zu machenden Belastung ist nicht klar spezifiziert, sondern beliebig – ein weiteres Beispiel für die begrenzte Anwendbarkeit des Standardmodells individualisierter ‚property rights' in einem Rechtssystem, das starke Elemente von Gesamthand und Gesamtschuld nicht nur als traditionelle Überreste enthält.

Es ist also durchaus möglich, dass Hypotheken und andere Belastungen von Grundstücken zu einem chaotischen Bild der Preisbildung beitragen, ohne dass dies mit einem Reziprozitätscharakter von Käufen etwas zu tun hätte. Ein solcher Befund wäre nicht mit dem Mangel an Anonymität des Marktes zu erklären (worauf Levis Argument zielt), wohl aber zu einem gewissen, hier aus den genannten Gründen empirisch nicht weiter untersuchbaren Grade mit dem Mangel an Individualität und klarer Spezifikation der jeweils ausgetauschten Verfügungsrechte. Diese Überlegung kann auch zur Interpre-

24 Vgl. aber das Gesetz vom 18. April 1841 über den erleichterten Austausch einzelner Parzellen von Grundstücken, Hartmann, Hypotheken-Ordnung, S. 169–170: Beim Austausch von Parzellen zum Zweck der Arrondierung wurde ein vereinfachtes Ausscheiden der Parzellen aus dem „Realverband" des belasteten Grundstücks auch ohne Zustimmung der Hypothekengläubiger ermöglicht.

Tabelle 7.5: Hedonische Regression von Landpreisen unter Berücksichtigung der hypothekarischen Belastung, Modell 3

Variable	Parameter	Schätzwert	Standardfehler	T / F	Pr > |t|
Konstante	α	3,87	0,08	46,05	<0,0001
Zeit	τ	0,03	0,00	11,22	<0,0001
Löhne	λ	–0,23	0,07	–3,08	0,0021
Oberkirchen	o	–0,40	0,07	–5,54	<0,0001
Ln(Reinertrag)	γ	0,66	0,02	280,2	<0,0001
Hypotheken (in 1.000 Taler)	ω	0,25	0,14	1,85	0,0644

Anm.: R^2: 0,68; korrigiertes R^2: 0,68; F: 250,69; Pr > F: <0,0001; N: 670. Zu Verfahren und Quelle siehe den Text und Anm. zu Tabelle 7.4.

tation von Levis Beispiel herangezogen werden. Die Spekulation erscheint nicht ganz abwegig, dass nicht die räuberische Gesinnung („negative Reziprozität") der außenstehenden wohlhabenden Käufer erklärt, weshalb sie für die ihnen in Notsituationen überlassenen marginalen Flächen besonders niedrige Preise zahlten, sondern die von Levi nicht erfasste hypothekarische Belastung dieser Parzellen – möglicherweise gerade bei denselben Akteuren, die das Land schließlich kauften: Wenn ich für ein Stück Land bereits einen Hypothekarkredit zur Verfügung gestellt habe und es danach selbst kaufe, werde ich dem Vorbesitzer nicht gleich viel Geld zahlen wie für ein unbelastetes Grundstück. Eine Spekulation, die anhand des knappen von Levi präsentierten Materials für sein Untersuchungsgebiet nicht überprüfbar erscheint – das von Levi referierte Beispiel des Schwiegersohns, der eine überteuerte Wiese kaufte, weist sogar genau in die entgegengesetzte Richtung. Sie stimmt aber mit unseren westfälischen Daten überein. Zwar kam es selten, in Borgeln sogar nur einmal vor, dass jemand Land kaufte, auf das er bereits eine Hypothek besaß; am häufigsten agierte so der Löhner Kommerziant und Ortsvorsteher Carl Imort, eine zentrale Figur in den lokalen Klientelarbeziehungen. In den 14 ermittelten derartigen Fällen (ohne Käufe ganzer Höfe, Hausparzellen oder Parzellen mit fehlenden Steuerwerten) betrugen die mittleren Preise pro Taler Reinertrag 58 Prozent (Löhne), 61 Prozent (Borgeln) und 93 Prozent (Oberkirchen) der sonst gezahlten Werte. Hypothekengläubiger zahlten ihren eigenen Schuldnern also deutlich weniger als das bei Käufen generell der Fall war. Dies muss nicht auf eine „Denaturierung" von ehemals bestehenden Wohltätigkeitspraktiken hindeuten, sondern ist durch Vorleistungen des Käufers erklärlich.

Die Überlegungen führen zu folgendem Modell:

(3) $\text{Preis} = e^{(\alpha + \tau \times \text{Zeit} + \lambda \times \text{Löhne} + o \times \text{Oberkirchen} + \omega \times \text{Hypotheken})} \times \text{Steuerwert}^{\gamma} \times e^{\varepsilon}$

algebraisch umgeformt:

(3a) $\ln(\text{Preis}) = \alpha\ \tau \times \text{Zeit} + \lambda \times \text{Löhne} + o \times \text{Oberkirchen} + \omega \times \text{Hypotheken} + \gamma \times \ln(\text{Steuerwert}) + \varepsilon$

Tabelle 7.6: Hedonische Regression von Landpreisen unter Berücksichtigung der Lage von Parzellen und Höfen, Modell 4

Variable	Parameter	Schätzwert	Standardfehler	T / F	Pr > |t|
Konstante	α	3,81	0,13	29,83	<,0001
Zeit	τ	0,03	0,00	8,28	<,0001
Löhne	λ	–0,39	0,10	–3,83	0,0002
Oberkirchen	o	–0,59	0,11	–5,34	<,0001
Ln(Reinertrag)	γ	0,65	0,03	133,29	<,0001
Flur Käufer	χ	0,26	0,12	2,23	0,0266
Flur Verkäufer	ϕ	0,33	0,12	2,66	0,0083
Flur beide	ψ	–0,54	0,17	–3,07	0,0024

Anm.: R^2: 0,72; korrigiertes R^2: 0,71; F: 104,75; Pr > F: < 0,0001; N: 299. Zu Verfahren und Quelle siehe den Text und Anm. zu Tabelle 7.4.

Trotz der eigentümlichen mathematischen Eigenschaften von Hypotheken wurde für alle Eigentumswechsel versucht zu ermitteln, in welchem Ausmaß die betreffenden Parzellen hypothekarisch belastet waren. Bei diesen eher experimentellen Berechnungsversuchen wurden Hypotheken jeweils proportional zum Steuerwert der einzelnen Parzellen auf diese verteilt (also dividiert, was nicht der juristischen Logik entspricht); es wurden die jeweils bis zum Vorjahr der jeweiligen Eigentumsveränderung aufgenommenen Hypotheken addiert und all diejenigen subtrahiert, die bis zum Jahr der Eigentumsveränderung gelöscht wurden. Das Vorgehen dient wie erwähnt nur explorativen Zwecken, und der Stand der hypothekarischen Belastung wird in den folgenden Analyseschritten nicht mehr berücksichtigt werden. Es ergaben sich dabei überraschenderweise für den Einfluss der hypothekarischen Belastung durchgängig positive, wenn auch nur schwach signifikante Parameter (Tabelle 7.5).

Tabelle 7.7: Hedonische Regression von Landpreisen unter Berücksichtigung der Entfernung zwischen den beteiligten Höfen, Modell 5

Variable	Parameter	Schätzwert	Standardfehler	T / F	Pr > |t|
Konstante	α	3,89	0,20	19,25	<0,0001
Zeit	τ	0,03	0,01	5,32	<0,0001
Löhne	λ	–0,36	0,15	–2,39	0,0177
Oberkirchen	o	–0,41	0,15	–2,72	0,0071
Ln(Reinertrag)	γ	0,69	0,03	79,92	<0,0001
Kilometer	κ	0,16	0,05	2,99	0,0032

Anm.: R^2: 0,76; korrigiertes R^2: 0,75; F: 121,42; Pr > F: <0,0001; N: 197. Zu Verfahren und Quelle siehe den Text und Anm. zu Tabelle 7.4.

Tabelle 7.8: Hedonische Regression von Landpreisen unter Berücksichtigung der Verwandtschaftsbeziehung und der Entfernung zwischen den beteiligten Höfen, Modell 6

Variable	Parameter	Schätzwert	Standard-fehler	T/F	Pr > |t|
Konstante	α	3,98	0,21	19,26	<0,0001
Zeit	τ	0,03	0,01	5,58	<0,0001
Löhne	λ	–0,39	0,15	–2,65	0,0088
Oberkirchen	o	–0,46	0,15	–3,04	0,0027
Ln(Reinertrag)	γ	0,70	0,03	80,77	<0,0001
nicht verwandt	ν	–0,14	0,11	–1,25	0,2113
engste Familie	η	–0,37	0,15	–2,5	0,0131
blutsverwandt	β	0,17	0,15	1,07	0,2839
horizontal	χ	–0,08	0,16	–0,49	0,6280
Kilometer	κ	0,15	0,05	2,87	0,0046

Anm.: R^2: 0,77; korrigiertes R^2: 0,76; F: 71,96; Pr > F: <0,0001; N: 199. Zu Verfahren und Quelle siehe den Text und Anm. zu Tabelle 7.4.

Mit anderen Worten, eine höhere hypothekarische Belastung ging mit einem (schwach signifikant) erhöhten Kaufpreis der jeweiligen Parzellen oder Grundstücke einher, nicht, wie es zu erwarten wäre und bei den direkt vom Gläubiger erworbenen Parzellen auch tatsächlich beobachtbar ist, mit einem reduzierten. Offensichtlich wurde beim Kauf also in der Regel nicht die auf dem Land lastende, wertmindernde Haftung für Schulden des Verkäufers übernommen. Soweit Hypotheken noch bestanden, dürfte es sich zu einem erheblichen Teil um abbezahlte, aber nicht gelöschte Hypotheken (juristisch: Eigentümergrundschulden) gehandelt haben. Daneben ist damit zu rechnen, dass die Haftung verkaufter Parzellen für Schulden des Gesamtgrundstücks vertraglich geregelt wurde und deshalb nicht in die Preisbildung einging. – Weshalb aber nun die Preiserhöhung für hypothekarisch belastete Flächen? Zwei Überlegungen scheinen möglich: Einerseits könnten die Verkäufer hochverschuldeter Grundstücke stark motiviert gewesen zu sein, einen hohen Preis zu erzielen, um die Schulden zu begleichen. Andererseits könnten gerade solche Flächen häufig als Pfand angenommen worden sein, die auch für Käufer besonders attraktiv waren und deshalb höher bezahlt wurden.

Bereits in Kapitel 4 wurde gezeigt, dass ein erheblicher Teil des Bodenmarktes sich innerhalb einzelner Fluren abspielte, dass es jedoch nur im bergigen Oberkirchen eine Tendenz des Bodenmarktes gab, Parzellen von entlegenen zu näher gelegenen Höfen zu bringen. Dies bestätigt die Vermutung, dass Kaufinteressenten eine schwache Position hatten und es in Kauf nehmen mussten, dass ihre neuerworbenen Parzellen nicht in der Nähe lagen. Zu dieser Interpretation passt die Vermutung, dass sowohl Käufer als auch Verkäufer Parzellen hoch bewerteten, die in ihrer Nähe lagen. Der Einfluss räumlicher

Tabelle 7.9: Hedonische Regression von Landpreisen unter Berücksichtigung der Verwandtschaftsbeziehung zwischen den beteiligten Höfen, Modell 6 ohne Kilometer (κ)

Variable	Parameter	Schätzwert	Standardfehler	T/F	Pr > |t|
Konstante	α	3,91	0,09	41,41	<0,0001
Zeit	τ	0,03	0,00	11,46	<0,0001
Löhne	λ	–0,23	0,08	-3,1	0,002
Oberkirchen	o	–0,40	0,07	–5,46	<0,0001
Ln(Reinertrag)	γ	0,67	0,02	243,47	<0,0001
nichtverwandt	ν	–0,06	0,07	–0,92	0,3598
engste Familie	η	–0,16	0,09	–1,71	0,0868
blutsverwandt	β	0,01	0,11	0,13	0,8944
horizontal	χ	–0,03	0,12	–0,24	0,8134

Anm.: R^2: 0,68; korrigiertes R^2: 0,67; F: 174,36; Pr > F: <0,0001; N: 670. Zu Verfahren und Quelle siehe den Text und Anm. zu Tabelle 7.4.

Nähe sowohl zum Käufer als auch zum Verkäufer müsste also positiv sein, wenn allerdings beide ihren Hof in derselben Flur hatten, müsste der Einfluss räumlicher Nähe wieder verschwinden. Modell 4 (Tabelle 7.6) benutzt ein Interaktionsmodell, um die Landpreise für 299 Käufe (davon knapp die Hälfte in Löhne) zu analysieren, bei denen festgestellt werden konnte, in welcher Flur der jeweils größte (genauer: wertvollste) Teil der gehandelten Parzellen und in welcher Flur die Höfe von Käufer und Verkäufer lagen.

(4) $\text{Preis} = e^{(\alpha + \tau \times \text{Zeit} + \lambda \times \text{Löhne} + o \times \text{Oberkirchen} + \chi \times \text{„Parzellen liegen überwiegend in der Käufer-Flur“} + \phi \times \text{„Parzellen liegen überwiegend in der Verkäufer-Flur“} + \psi \times \text{„Parzellen liegen überwiegend in der Käufer- und Verkäufer-Flur“})} \times \text{Steuerwert}^{\gamma} \times e^{\varepsilon}$

Die Ergebnisse sind hochsignifikant und entsprechen genau der Vorhersage.

(5) $\text{Preis} = e^{(\alpha + \tau \times \text{Zeit} + \lambda \times \text{Löhne} + o \times \text{Oberkirchen} + \kappa \times \text{Entfernung in Kilometern})} \times \text{Steuerwert}^{\gamma} \times e^{\varepsilon}$

Für einen Teil der Transaktionen ist bekannt, wie weit die Höfe auseinander lagen, zu denen die den Besitzer wechselnden Parzellen laut Hypothekenbuch gehörten.[25] Dabei geht es nicht um die Frage, wie wertvoll nahe am oder weit vom Hof liegende Parzellen für Käufer und Verkäufer waren. Die Hofentfernung ist vielmehr interessant, weil sich so zwei Aspekte von Transaktionskosten voneinander abgrenzen lassen: Anbahnung und Durchsetzung, Vergangenheit und Zukunft. Weiter entfernt lebende Nachbarn wissen weniger

[25] Die Höfe wurden von Eva-Maria Lerche lokalisiert und in einem geographischen Informationssystem erfasst. Die Zuordnung der einzelnen Transaktionen erfolgt nicht über die den Vertrag schließenden Personen, sondern über die Grundbuchblätter. Oft wurden Parzellen beim Verkauf erstmals ins Hypothekenbuch eingetragen, so dass der Hof des Verkäufers nicht lokalisiert ist. Im geographischen Informationssystem wurden nicht die einzelnen Parzellen, sondern nur die Höfe lokalisiert.

über die alltäglichen Arbeitsroutinen von Landverkäufern, gehen also mit dem Landkauf ein höheres Risiko bezüglich der Qualität des Bodens ein und sind deshalb möglicherweise nicht bereit, gleich viel wie besser informierte Käufer zu zahlen. Wenn die Qualitätsmessung (ein Aspekt der Vertragsdurchsetzung) eine starke Rolle spielt, ist also zu erwarten, dass die nächsten Nachbarn höhere Preise zu zahlen bereit sind. Umgekehrt bedeutet Nachbarschaft auch eine bessere wechselseitige Erreichbarkeit im alltäglichen Umgang, was die Anbahnung von Verträgen unabhängig von den Familienbeziehungen erleichtern kann und sich in niedrigeren Preisen niederschlagen könnte. Man kann diesen vergangenheitsbezogenen Teilaspekt von Transaktionskosten auch in einer nicht-ökonomistischen Sprache beschreiben: Günstige Preise für Nachbarn wurden möglicherweise auch aufgrund von „begrenzter Solidarität" (Alejandro Portes) zugestanden, also weil Nachbarn zu einer Gruppe gehörten, die dieselben Alltagserfahrungen teilte und sich deshalb untereinander großzügig verhielt.[26] Tabelle 7.7 zeigt, dass in der Tat die geographische Entfernung zwischen den beteiligten Höfen einen sehr deutlichen, und zwar steigernden, Einfluss auf den Preis hatte. Das bestätigt die zweite Hypothese: Nicht das Vertrauen auf die sich in Zukunft herausstellende Qualität des Landes, sondern die zwischen Nachbarn in der Vergangenheit gewachsene Zugänglichkeit wirkte sich stärker auf die Preise aus.

(6) $$\text{Preis} = e^{(\alpha + \tau \times \text{Zeit} + \lambda \times \text{Löhne} + o \times \text{Oberkirchen} + \nu \times \text{nicht verwandt} + \eta \times \text{engste Familie} + \beta \times \text{blutsverwandt} + \chi \times \text{horizontal verwandt} + \kappa \times \text{Entfernung in Kilometern})} \times \text{Steuerwert}^{\gamma} \times e^{\varepsilon}$$

Es bleibt die Frage nach der Verwandtschaft. In Kapitel 4 hatte sich zeigen lassen, dass verwandtschaftliche Beziehungen den Zugang zu Land durchaus erleichtern konnten, und zwar nicht nur im Zusammenhang mit familialen Transfers, sondern aufgrund von konkreten, vor allem über Geschwister und Eheleute derselben Generation vermittelten Beziehungen der Blutsverwandtschaft oder Schwägerschaft. Allerdings machten die Transaktionen der so verbundenen Partner keinen großen Teil des Landmarkts aus. Fehlende Verwandtschaftsbeziehungen zu potentiellen Verkäufern versperrten andererseits niemandem die Chance zum Landerwerb.[27] Die Tabellen 7.8 und 7.9 integrieren die bereits in Kapitel 4 diskutierten Stufen verwandtschaftlicher Nähe in das bisher erarbeitete Modell, einmal mit und einmal ohne Berücksichtigung der räumlichen Entfernung (Modell 6). Es werden die auch sonst verwendeten Stufen verwandtschaftlicher Beziehungen untersucht, als Referenzwert gelten die entfernteren Schwägerschaften und Stiefbeziehungen. Es zeigt sich, dass ein ‚Freundschaftspreis', also eine deutliche Verbilligung der verkauften Grundstücke, nur im engsten Familienkreis erkennbar ist und dass Verwandtschaft (oder Nicht-Verwandtschaft) im Übrigen für die Preise keine Rolle spielte.

---

26 Portes, Social capital, S. 8.

27 In G. Fertig, Xenophobie habe ich nach Verwandtschaft differenzierte Analysen von Landpreisen (sowie Landerwerbschancen, Kreditzugangschancen und Heiratschancen) präsentiert, deren Ergebnisse von den folgenden Tabellen leicht abweichen, vor allem da ich jetzt auch den Zeittrend in das Modell einschließe.

Die unter Nichtverwandten besonders niedrigeren Standardfehler weisen darauf hin, dass die Preisbildung im Bereich der Verwandtschaft tatsächlich chaotischer und weniger vorhersagbar ablief als unter sozial Fernerstehenden. Levis Interpretation (genauer: Pfisters Lesart Levis) passt hier also: Wir können annehmen, dass bei Verwandten der Preis eine lange Vorgeschichte hatte, die sich nicht nur in der kurzfristigen Leistung und Gegenleistung beim Kaufakt selbst erschöpfte. Diejenige Art sozialer Nähe, die jenseits des Umfeldes von Erbschaft und Unterhalt für unmittelbar geldwerte Vorteile sorgen konnte, lag jedoch offenbar in der räumlichen Nachbarschaft, nicht in der entfernteren Verwandtschaft. Mit anderen Worten, die Höhe des Preises scheint durch Prozesse der Redistribution, also der Verteilung von Ressourcen im Erbgang unter Nahestehenden beeinflusst und überlagert worden zu sein; Reziprozität ist nicht als Vertrauensverhältnis im weiteren Verwandtschaftskreis beobachtbar, sondern als Aspekt von nachbarschaftlicher Zugänglichkeit oder Solidarität.

7.4 Abschlussdiskussion

War es denn nun „wirklich ein Markt“, wenn in den untersuchten Kirchspielen Land auf dem Wege des Kaufes den Eigentümer wechselte? Klar ist, dass es sich nicht um einen integrierten Markt im Sinne des ‚law of one price‘ handelte, also dass er trotz der mit den Hypothekenbüchern vollständig ausgebauten Marktinfrastruktur die grundlegende Marktfunktion der Preisbildung nicht leistete. Viele Kaufpreise wichen sehr stark vom Erwartungswert ab. Dafür waren nicht die kleineren Differenzen zwischen verschiedenen Beziehungsformen verantwortlich, also die Preisnachlässe für die Kernfamilie und die generell etwas chaotischere Preisbildung im Bereich der näheren Verwandtschaft, sondern der erhebliche Rest an unerklärter Varianz. Zwar können die geschätzten Modelle immerhin bis zu drei Vierteln der Varianz erklären, was für empirische Studien nicht wenig ist. Aber dieser hohe Erklärungsanteil beruht im Wesentlichen auf den Reinertragswerten – wenn man das R^2 in den Regressionsgleichungen auf die einzelnen Variablen verteilt, z. B. anhand des semipartiellen R^2, dann beträgt der Erklärungsbeitrag des Reinertragswerts unter Konstanthaltung aller übrigen Variablen meist um 50 Prozent. Dagegen weisen andere Parameter, selbst wenn sie signifikant sind, meist R^2-Werte von allenfalls einem Prozent, der Zeittrend immerhin vier Prozent auf. In ökonomischer Sicht ist der große Erklärungsanteil des Reinertragswerts wenig überraschend – sie bieten die bestmögliche Annäherung, auch für die Akteure selbst, an den (diskontierten) erwartbaren Ertragswert des Landes, der den Preis determinieren sollte. Fraglich ist nur, weshalb der Reinertragswert die Preise nicht zu annähernd hundert Prozent bestimmte – schließlich erfasste er sowohl den Umfang als auch die Qualität der gehandelten Grundstücke. Offenbar war es nicht einfach, den Wert des Landes zu messen. Diese

Messprobleme (im weiteren Sinne: Informations- und Vertragsdurchsetzungskosten) stehen im Zentrum der folgenden Interpretation.

Ein Viertel bis die Hälfte der Preisvariationen bleibt rechnerisch unerklärt. Was ist es, das den Markt da überlagert? Dass – wie Levi argumentiert – die Heterogenität der Preise gegen einen wirklichen Markt und für ein System aus Reziprozitätsbeziehungen spreche, ist nicht zwingend. Ein wichtiger Schwachpunkt in Levis Argumentation liegt in der von ihm angenommenen homogenen Qualität des Grundbesitzes, die ihm die heterogenen Preise so überraschend erscheinen lässt. Boden ist nun einmal kein homogenes Gut, wie das etwa für Getreide gelten mag; in Westfalen variierten die Ernteerträge in Scheffel pro Morgen innerhalb der einzelnen Orte jeweils in der Größenordnung von 300 bis 400 Prozent. Das sind Qualitätsunterschiede, die in den Katastralsteuerwerten nur grob, nämlich mithilfe von drei bis vier Ackerklassen wiedergegeben werden. Um einen genau passenden Preis vereinbaren zu können, hätten Käufer und Verkäufer von Land also trotz der vorhandenen Katasteraufnahme einen großen Aufwand betreiben müssen, den sie sich – wie die meist runden Preise zeigen – meist sparten.[28] Sie hätten Voraussagen über die Reaktionsweisen pflanzlicher, tierischer und bakterieller Organismen unter stark wechselnden Bedingungen von Temperatur und Niederschlag machen, Säurewerte, Nährstoffgehalt und mechanische Verdichtung des Bodens abschätzen müssen.[29] Eine Alternative zu solchen empirischen Messungsversuchen könnte bei einer großen Häufigkeit von Transaktionen und einer Vielzahl von Marktteilnehmern der Preis selbst übernehmen.[30] Wessen Fingerspitzen und Nase nicht geschult genug sind, um die Qualität des Bodens zu ermitteln, kann – wenn die Gelegenheit zum Landkauf häufiger auftritt und viele Akteure ihre Informationen über guten und schlechten Boden in Angebots- und Nachfrageverhalten umsetzen – mit der Zeit herausfinden, welchen Preis der Markt für Ackerflächen in diesem oder jenem Gewann jeweils hergibt. Auf einem preisbildenden Markt würden also die Bodenpreise Informationen über den voraussichtlichen Ertrag des Bodens vermitteln.

Eine solche Vielzahl von Akteuren und Transaktionen gab es aber nicht: Käufe außerhalb der Kernfamilie kamen in jedem der drei Kirchspiele im Durchschnitt etwa einmal im Monat vor.[31] In den wenigen Fluren, die jeweils für einen potentiellen Käufer interessant waren, kam also nur einmal alle paar Monate Land auf den Markt. Die mangelnde Liquidität des jeweils relevanten Marktes und damit verbunden die große Markt-

---

28 Ähnliches Argument: Allen, Enclosure, S. 181–187.

29 Nicht umsonst ist die Bodenkunde ein eigenes agrarwissenschaftliches Fach und eine der Mutterdisziplinen der modernen formalen Stichprobentheorie. Auch unterhalb der Schwelle agrarwissenschaftlicher Verfahren müsste, wer nicht die Ernteerträge, Dung- und Aussaatmengen über Jahre hinweg kennt, zumindest Stichproben (im Wortsinne) der Humusschicht an mehreren Stellen der Parzelle abstechen und den Boden auf Sandgehalt, Geruch und Formbarkeit prüfen, um das angebotene Gut beurteilen zu können.

30 Hayek, Economics.

31 Siehe oben Tabelle 5.17: rund 400 Käufe pro Kirchspiel in 37 Jahren.

macht der Verkäufer verstärkte nicht nur die Messprobleme und damit die Transaktionskosten, sie stellte ein Problem für die jeweils mehreren Nachbarn innerhalb einer Flur dar, die zu einem gegebenen Zeitpunkt am Kauf interessiert waren. Wem Zugang zum gefragten Gut ohnehin nicht gewährt wurde, für den waren Schwierigkeiten der Informationsgewinnung und Qualitätsmessung (oder andere Transaktionskosten) ohne Bedeutung. Die neuere ökonomische Forschung neigt zwar dazu, Reziprozität oder soziale Netzwerke vor allem als Lösung für Transaktionskostenprobleme ins Spiel zu bringen.[32] Plausibler ist es, sie als Lösung für das Problem der mangelnden Liquidität, des außerhalb der Familiensystems weitgehend fehlenden Zugangs zu sehen.

Angesichts der Messprobleme kann der variable Charakter der Bodenpreise jedenfalls nicht weiter überraschen und nicht als Argument dienen, andere Austauschsysteme als den Markt am Werk zu sehen. Douglass North hat in Auseinandersetzung mit Polanyi argumentiert, dieser lege zu strenge Kriterien an den Begriff des Marktes: Jeder freiwillige vertragliche Tausch setze einen Markt voraus, die Mehrzahl all dieser Märkte selbst im 19. Jahrhundert habe aber keine preisbildende Funktion gehabt.[33] Polanyi steht in diesem Punkt nun freilich viel klarer auf dem Boden der ökonomischen Neoklassik als North. Ein Markt ist (nach Marshall) nicht als Gesamtheit der an einem Handelsort freiwillig abgeschlossenen Verträge definiert, sondern dadurch, „that the prices of the same goods tend to equality easily and quickly".[34] Ein System des Austausches, das keine Preise hervorbringt, müsste danach etwas anderes sein als das, was die neoklassische Ökonomie als Markt bezeichnet.[35]

Auch wenn man North dennoch darin folgen möchte, eine eigene Kategorie des nicht-preisbildenden Marktes einzuführen: Was wir hier haben, ist allenfalls ein dünner funktionsschwacher Restmarkt am Rande eines höchst leistungsfähigen von familialer Umverteilung dominierten Allokationssystems für das Gut Boden. Dabei ist es durchaus die Frage, was dem zugrunde lag: die Heterogenität und mangelnde Bemessbarkeit des gehandelten Gutes (aber wenn heterogene Güter nicht gehandelt werden könnten, gäbe es auch keinen Kunst- oder Buchmarkt), oder die oligopolistische Struktur eines Marktes, auf dem kaum jemand verkaufen und viele kaufen wollten.

Die je nach Verwandtschaftsbeziehung nur leicht variierende Preisgestaltung deutet darauf hin, dass dieser Restmarkt durch andere Distributionssysteme überlagert wurde, wenn auch in nur geringem Maße. Diese spielten also nicht nur bei den Erbschaften und Übergaben eine Rolle, sondern nahmen auch Einfluss auf die Käufe. Zu fragen ist dabei, ob – wie Levi meint – dieses andere System der Ressourcenverteilung in der Reziprozität liegt, oder ob es sich um in den einzelnen Tauschakten verborgene Akte der

---

32 U. a. Kopsidis, Agrarentwicklung, S. 179–182.

33 North, Institutionen, S. 43; North, Markets.

34 Marshall, Principles of economics, S. 324 (unter Rückgriff auf eine Formulierung von Cournot).

35 Ein Beispiel für ein nicht-marktförmiges Austauschsystem ist die Unternehmung: Coase, Nature of the firm, definiert die Firma als denjenigen Bereich von Austauschbeziehungen, über den der Marktmechanismus unterdrückt wird.

Redistribution, also unentgeltliche, durch Unterhalts- und Erbschaftsnormen bzw. die zentrale Autorität des hofbesitzenden Paares motivierte Transfers handelte. Auch die Analysen in Kapitel 5 (Tabelle 5.17) hatten darauf hingedeutet, dass das Fehlen verwandtschaftlicher Beziehungen die Chancen auf Landerwerb gegenüber einer zufälligen Verteilung nicht herabsetzte. Innerhalb des kernfamiliären Bereichs und unter Nachbarn (Tabelle 5.10) bestanden dagegen erhöhte Kaufchancen. Stärkere und systematisch interpretierbare Preisaufschläge oder –nachlässe ergaben sich ebenfalls dann, wenn der betreffende Kauf im Rahmen der Kernfamilie erfolgte – mit anderen Worten, innerhalb desjenigen Kreises, in dem auch redistributive Transaktionen erfolgten, sowie unter Nachbarn, unter denen „begrenzte Solidarität" (Portes) vermutet werden kann.

Die Ergebnisse dieses Kapitels deuten also darauf hin, dass es einen nicht-preisbildenden, wenig liquiden und damit für die Allokation von Land wenig relevanten Bodenmarkt gab. Die Rolle der Reziprozitätsbeziehungen bleibt zweifelhaft, während der Einfluss von innerfamiliären redistributiven Beziehungen gesichert erscheint. Preise und ihre Schwankungen lenken die Aufmerksamkeit zunächst auf den heterogenen Charakter des Gutes Boden. Die Schwierigkeit, seine Qualität zu messen und als Käufer auch zu erhalten, was gekauft zu haben man meint, legen nahe, dass in der ländlichen Gesellschaft der untersuchten Orte ein Vertrauensproblem bestand, das womöglich durch verwandtschaftliche oder nachbarschaftliche Netzwerke gelöst werden konnte. Eine solche Lösung trat jedoch nicht ein, wie (neben anderen empirischen Ergebnissen dieses Kapitels) die gering bleibende Bodenmobilität zeigt. Wie schon Kapitel 4 gezeigt hat, waren soziale Beziehungen genau in diesem Zusammenhang für den Erwerb von Land unverzichtbar: Gerade weil Land ein knappes und von wenigen angebotenes Gut war, woran Ver- oder Misstrauen nichts änderte, kam es auf die Anbahnung von Transaktionen viel stärker an als auf ihre Durchsetzung. Über Transfers und Solidarität wurde zugänglich, was Märkte nicht bereitstellen konnten.

Kapitel 8: Bäuerliche Kultur und bäuerliche Praxis

8.1 Problemstellung

In den untersuchten Gemeinden gab es entweder gar keinen nennenswerten Bodenmarkt, oder dieser erfüllte nicht diejenigen Funktionen, die in ökonomischer, besonders in einer am Property-Rights-Paradigma orientierten Sicht erwartet werden könnten. Letzteres gilt etwa für die Akkumulation von Vermögen über den Lebenszyklus (Kapitel 6), für die Preisbildung (Kapitel 7) und für die anzunehmende Wanderung des Bodens zu solchen Haushalten, die ihn landwirtschaftlich für die Marktproduktion und nicht nur zur Absicherung des prekären Eigenkonsums nutzten (Kapitel 2, Tabellen 2.1 und 2.5). Wie ist dieser Befund zu erklären?

In den vorhergehenden Kapiteln hat sich die Analyse auf die Frage konzentriert, wie Landbesitzer auf dem Bodenmarkt (oder an seinen nicht so marktförmigen Rändern) agierten, welchen Einflüssen und Begrenzungen dieses Agieren unterlag und welche Konsequenzen es hatte. Bekanntlich ist das, was Menschen tun, oft nur im Zusammenhang damit zu erklären, ob sie überhaupt präsent sind; daher waren passagenweise auch im weitesten Sinne demographische, Zähler und Nenner in den Blick nehmende Verfahren einzusetzen. Andererseits ist, was Menschen tun, nur dann als Handeln zu verstehen, wenn wir ihm über das Auftreten statistischer Zusammenhänge hinaus Sinn und Zweck zuschreiben können. Das Gelingen von gemeinsamem Handeln hängt zudem in gewissem Grade davon ab, dass es den Beteiligten einleuchtet. Hinter jeder der in den vorherigen Kapiteln untersuchten Modellannahmen steht eine Vorstellung von den möglichen, mehr oder weniger zweckrationalen, aber auch durch kulturelle Symbole kommunizierbar gemachten und sozial stabilisierten Handlungszielen der Akteure: Es könnte etwa darum gehen, kurzfristig das Einkommen zu erhöhen oder im Alter versorgt zu sein, sich von der Familie zu lösen oder sich gerade weiterhin auf sie verlassen zu können, es könnte aber auch jenseits von individueller Nutzenmaximierung darum gehen, sich an tradierten oder auch aufgrund gemeinsamer Erfahrungen erworbenen Werten zu orientieren. Müssen wir uns wirklich mühsam durch ein Gestrüpp von Tabellen arbeiten, um zu erfahren, was die westfälischen Bauern letztlich wollten und wie sich ihre bäuerliche Kultur von der einer modernen Marktgesellschaft unterschied? Wissen wir das nicht schon längst?

In einer kulturhistorischen Perspektive erscheinen die vom Historiker untersuchten Gegenstände primär (und bei den strengen Vertretern des Kulturalismus: ausschließlich) als Ergebnis symbolvermittelter Sinnzuschreibung und Kommunikation. Ein Problem dieses Ansatzes liegt darin, dass die Ebenen von (demographischer) Präsenz und (auch nichtkommunikativem) Handeln ausgeblendet werden können; ein weiteres darin, dass damit ein Standpunkt jenseits zeitgenössischer Binnenperspektiven schwieriger zu gewinnen ist. Beides sind Gründe, weshalb mir eine streng kulturalistische Geschichte des Bodenmarkts kaum schreibbar erscheint, auch wenn unbestreitbar Handeln umgekehrt ohne Verweis auf seinen Sinn nicht interpretiert werden kann. Strenger Kulturalismus fordert, Versuche einer „Rekonstruktion dessen, was eigentlich gewesen ist", zu unterlassen, und engt dadurch gegen die eigene Intention Kulturgeschichte auf eine sektorale Geschichte der „Erfahrungswelt" ein.[1] Es gibt aber nun einmal Faktoren (z. B. Preise), die sich auch außerhalb der Erfahrungshorizonte historischer Akteure, gewissermaßen hinter ihrem Rücken, durchsetzen können. Ich halte daher weiterhin die Forderung der analytischen Wissenschaftstheorie für richtig, wonach der Historiker sich als Beobachter begreifen und versuchen sollte, einerseits die Situationsdeutungen der historischen Akteure zu rekonstruieren, andererseits aber auch selbst eine Deutung der historischen Situation aus der Beobachterperspektive zu wagen.[2]

Die Frage ist also, woher denn wir ‚schon längst' und ohne die empirisch-statistischen Analysen wissen wollen, was die Bauern wollten. Gibt es eine von der Beobachtung bäuerlichen Handelns unabhängige Kenntnis über bäuerliche Kultur? Westfälische Bauern äußerten sich im 19. Jahrhundert nicht in der Art über den Markt, die Familie und die Verwandtschaft, dass wir ihre Selbstdeutungen eins zu eins in historische Interpretationen einbauen könnten. Sie äußern sich selbst heute, fragt man sie, nicht sehr direkt.[3] Sinn wird bäuerlichem Agieren in aller Regel von außen zugeschrieben. Während die „Sinnzuschreibungen" und „Geltungsbehauptungen" der Akteure selbst (auf die es in kulturhistorischer Sicht ankäme[4]) unserer Rekonstruktion bedürfen, stritten ihre Zeitgenossen schon im 19. Jahrhundert über konkurrierende Bilder vom Bauern. Ich unterscheide im Folgenden vier kulturelle, Sinn zuschreibende Modelle von bäuerlichem Bodenmarktverhalten, die es im Rückblick auf die Ergebnisse der bisherigen Kapitel abschließend zu diskutieren gilt: Netzwerke des Vertrauens, bäuerliche Marktfeindschaft,

---

1 Vgl. Flüchter, Konfessionalisierung, S. 226 (Zitate).

2 Vertreten etwa vom frühen Robert Berkhofer, Behavioral approach, S. 69–73. Zu Berkhofers Entwicklung von einem szientistischen zu einem mittlerweile strikt postmodernistischen Geschichtstheoretiker vgl. Haskell, Farewell to fallibilism.

3 Siehe die äußerst lesenswerte Interviewstudie von Baier u. a., Ohne Menschen keine Wirtschaft.

4 Stollberg-Rilinger, Einleitung, S. 12.

die Orientierung an der eigenen Abstammungslinie und die Hofidee. Es geht dabei nicht darum, nun auch Kultur als ein zusätzliches Analysefeld neben Lebenslauf, Preis oder Eigentum zu erschließen, sondern darum, die Ergebnisse unserer Untersuchung insgesamt zu verstehen.

8.2 Vertrauen

Mit dem aktuellen Diskussionsstand der Wirtschaftsgeschichte vertraute Leser werden eine Erklärung für die marginale, nicht der Property-Rights-Theorie entsprechende Rolle des Bodenmarktes in unseren Untersuchungsorten zunächst eher in den Kosten der Marktnutzung als in der Präsenz von nicht marktförmigen Austauschsystemen vermuten (sie also eher bei North als bei Polanyi suchen). Wenn Land nicht an alle gegeben wurde, sondern bevorzugt an Familie, Verwandte, Nachbarn, dann steht zu vermuten, dass für Transaktionen auf einem anonymen Markt das Vertrauen fehlte. Tatsächlich werden Netzwerke des Vertrauens in der aktuellen Forschung als Charakteristikum vorindustrieller Gesellschaften beschrieben. Dabei liegt ein Schwerpunkt der Interpretation auf dem, was Luhmann als „personales Vertrauen" bezeichnet, im Unterschied zum „Systemvertrauen" in anonyme Verfahren, ohne welches die gegenwärtige Gesellschaft nicht funktionieren würde.[5]

Ein großer Teil der empirischen Analysen in diesem Buch lässt sich als Versuch lesen, Sozialkapital als Indikator für die Rolle von personalem Vertrauen zu betrachten. Unter Sozialkapital wird mit Pierre Bourdieu die Zugänglichkeit von Ressourcen über die Teilhabe an sozialen Netzwerken verstanden.[6] Für personales Vertrauen mag es andere Indikatoren geben, etwa seine Thematisierung im zeitgenössischen Diskurs[7] oder die Existenz von besonders langfristigen Austauschbeziehungen unabhängig davon, ob die Partner zu denselben Netzen oder Gruppen gehörten. Sozialkapital ist nur eine von mehreren Formen, die Vertrauensbeziehungen annehmen können, und Vertrauen ist nur eine von mehreren möglichen Erklärungen für das Auftreten von Sozialkapital. Allerdings – und hier kommen Polanyis Begriffe ‚Redistribution' und ‚Reziprozität' ins Spiel – kann dieses Sozialkapital auch andere Quellen als Vertrauen haben. Vertrauen bezieht sich auf die Zukunft. In ökonomischen Diskussionskontexten wird Vertrauen meist als Aspekt der Beziehung zweier Transaktionspartner gesehen. Weil Information asymmetrisch ver-

---

5 Luhmann, Vertrauen.

6 Bourdieu, Kapital (auf französisch 1983 erschienen). Für eine in der ökonomischen Diskussion vielzitierte, anscheinend ohne Kenntnis von Bourdieus Begriffsprägung erfolgte Adaptation des Begriffs ‚social capital' siehe Coleman, Social capital.

7 Frevert, Vertrauen. Frevert sieht in Abgrenzung von sozialwissenschaftlichen Modellen einen besonderen kulturhistorischen Ansatz darin, die historischen und sozialen Bedeutungsdifferenzen von Vertrauen zu untersuchen.

teilt ist, ist für das Abschließen von Verträgen Vertrauen erforderlich. In der Sprache der Neueren Institutionenökonomik: Vertrauen erleichtert bestimmte Transaktionen, indem es deren Kosten senkt – und zwar die Kosten der (vom Augenblick des Vertragsabschlusses aus gesehen) zukünftigen Vertragsdurchsetzung, nicht die der Anbahnung oder des Vertragsabschlusses. Man wird z. B. möglicherweise eher denjenigen einen Kredit gewähren, die man gut kennt, weil man bei ihnen eher damit rechnen kann, dass nicht nur der gegenwärtige Teil des Kreditvertrags – die Auszahlung – zum Vollzug kommen wird, sondern auch die Rückzahlung. In dieser Sicht ist es entscheidend, dass Transaktionspartner einander nicht zu fremd sind und möglichst viel übereinander wissen. Vertrauen bedeutet dann, dass die Vertrauenden sich auf die eigene Fähigkeit zur Beherrschung des zukünftigen Verhaltens anderer verlassen.[8] Dies setzt eine Situation voraus, die der vielfach postulierten engen ‚Not- und Terrorgemeinschaft' des vorindustriellen Dorfes entspricht – einer Gesellschaft, in der soziale Beziehungen den Zugang zu überlebenswichtigen Ressourcen ermöglichen, weil man den Nahestehenden vertraut und die Fremden fürchtet, weil auf der Grundlage von Vertrautheit nicht (was auch denkbar wäre) Misstrauen, sondern Vertrauen erwächst, und weil die Vertrauten, die Nachbarn und Bekannten leichter kontrolliert und zum Objekt von Ereignisbeherrschung gemacht werden können. Diese Sicht steht in deutlichem Kontrast zur soziologischen Auffassung, der zufolge Vertrauen nicht nur persönlich, sondern auf Systeme gerichtet ist.

Aber möglicherweise ist die Zukunft die falsche Analyserichtung. Bei bestimmten, vertrauten Partnern kann die Anbahnung leichter fallen, ohne dass man ihnen besonderes Vertrauen entgegenbringt. In entlegenen und geographisch abgeschlossenen Gemeinden wird man vielleicht nur mit persönlich bekannten Menschen Kaufverträge über Grundstücke abschließen, weil andere gar nicht präsent sind. Das hat nichts damit zu tun, dass man ihnen misstrauen würde, wären sie denn da – sie finden einfach den weiten Weg nicht und wären am Bodenerwerb auch nicht interessiert. Demographische Präsenz ist also eine mögliche Erklärung für die Zugänglichkeit von Ressourcen über Netzwerke.

In einer systematischen Analyse der Quellen von Sozialkapital hat der Soziologe Alejandro Portes[9] zwischen zwei weiteren Typen von Motiven unterschieden, aus denen heraus Ressourcen bevorzugt an Vertraute gegeben werden können: Normenvollzug und Zweckrationalität. Zweckrational oder instrumentell ist es etwa, nur an Angehörige der eigenen Religionsgemeinschaft Kredite zu vergeben, weil diese im schlechtesten Fall mit Sanktionen der Glaubensbrüder zu rechnen haben. Portes spricht hier von „enforcable trust"[10]; Luhmann dagegen würde gerade hier nicht von Vertrauen sprechen, da erzwingbares Verhalten

---

8 Vertrauen im Sinne der Neueren Institutionenökonomik dient also konträr zu Luhmann eher der „Ereigniskontrolle" als der „Vergegenwärtigung von Zukunft". Luhmann, Vertrauen, S. 15.

9 Portes, Social capital.

10 Ebd., S. 8–9.

keine erhöhte „Toleranz für Mehrdeutigkeit" erfordert: Wo instrumentelle Ereignisbeherrschung sichergestellt werden kann, „ist Vertrauen unnötig".[11]

Als instrumentell stuft Portes auch Beziehungen von Gabe und Gegengabe ein, die lockerer und weniger direkt sind: etwa die großzügige Förderung von begabtem Nachwuchs der eigenen ethnischen Gruppe. Bei dieser indirekten Reziprozität wird nicht von den Beschenkten eine Gegenleistung erwartet, sondern von anderen Mitgliedern derselben Gruppe: Reziprozitätsbeziehungen, bei denen die Gegenleistung nicht immer direkt, nicht sofort, nicht in exakt passender Höhe und nicht mit völliger Sicherheit fließt.[12] Demographische Präsenz thematisiert Portes nicht, wohl aber Normausführung. Diese ist nach Luhmann „keine [...] Grundlage für das Entstehen von [...] Vertrauen"[13]. Sie kann aber nach Portes Sozialkapital erklären. Bestimmte Transaktionspartner können bevorzugt gewählt werden, nicht weil dies die (opportunitäts- und transaktions-)kostensparendste Option ist, sondern weil es im Wertesystem der untersuchten Gruppe nun einmal so vorgesehen ist. Während persönliches Vertrauen also als ökonomische Erklärung von Sozialkapital verstanden werden kann[14], steht mit dem Normvollzug eine soziologische Alternativerklärung zur Verfügung, die nicht auf Vertrauen und nicht auf ein ökonomisches Menschenbild rekurriert. Portes unterscheidet zwei Varianten dieser normativen Quellen sozialen Kapitals: internalisierte Werte und begrenzte Solidarität. Geschwister oder Mitglieder derselben Klasse im marxschen Sinne können sich etwa auf eine ‚brüderliche' Art und Weise behandeln, nicht weil sie das jedem gegenüber so täten, sondern weil sie gemeinsame Erfahrungen teilen. Andererseits gibt es Menschen, die grundsätzlich ihre Schulden zahlen und sich an Verkehrsregeln halten, auch wenn davon nicht nur Mitglieder der eigenen Gemeinschaft profitieren.

Für das Verständnis von Vertrauen eröffnet eine empirische Analyse von Sozialkapital zwei Optionen. Entweder es stellt sich heraus, dass die untersuchten Rechtsgeschäfte sich nicht (oder in geringerem Maße) unter Fremden abspielten. Möglicherweise kann das als Folge der gewichtigen Rolle, das persönliches Vertrauen in sozialen Netzwerken einnimmt, interpretiert werden, vielleicht liegt es aber auch daran, dass man die Partner in solchen Netzen besser kontrollieren kann, an Pflichtgefühlen gegenüber Verwandten oder an anderen Dingen. Oder wir finden heraus, dass Fremde im Grunde einen ebenso guten Zugang erhielten wie sozial Nahestehende. Dann ist erst recht Vertrauen wichtig, aber in anderer Weise: Man kann den Fremden vertrauen, weil Systemvertrauen besteht, etwa in Institutionen des Zivilrechts.

---

11 Luhmann, Vertrauen, S. 19.

12 So schildert Luhmann (ebd, S. 56) direkt reziproken Gabentausch als eine mögliche Form der Bildung von persönlichem Vertrauen.

13 Ebd., S. 52.

14 Dagegen erklärt Luhmann Vertrauen im Grunde als Voraussetzung für jegliches Handeln; er argumentiert damit handlungstheoretisch und nicht wie z. B. Coleman ökonomistisch. Ähnlich schon Simmel, Soziologie, S. 263.

Die Analysen zur Nutzung von Institutionen der Vertragssicherung (Tabellen 3.1 und 3.2) und zum Zugang zum Landerwerb (Tabelle 5.17) haben gezeigt, dass Institutionenvertrauen in Hypothekenbuch und Kataster sowie das Instrument des notariellen Vertrags, der Eventualitäten klar ausdifferenzierte und regelte, für den Abschluss der untersuchten Transaktionen in dieser bäuerlichen Bevölkerung weitaus wichtiger war als personales Vertrauen in Familie und Verwandtschaft. Wir konnten beobachten, dass Zugehörigkeit zu Verwandtschaftsnetzen in gewissem, wenn auch nicht allzu großem Maße mit erhöhten Chancen auf Teilhabe an marktvermittelten Ressourcenflüssen einherging. Mit anderen Worten: Soziales Kapital im von Bourdieu eingeführten Sinne einer Ressourcenvermittlung durch persönliche Beziehungen spielte in den untersuchten Gemeinden durchaus eine gewisse Rolle – es konnte manchen Landkauf ermöglichen, wenn auch nicht unbedingt Preise drücken. Personales Vertrauen bietet aber nur eine eingeschränkte Erklärung dafür. Vertrauen ist auf die Zukunft gerichtet, auf das, was der eine Partner schon wissen kann und der andere erst feststellen wird, auf Kontraktdurchsetzung und nicht auf Kontraktanbahnung. Transaktionen haben jedoch auch eine Vergangenheit und einen gegenwärtigen Kontext: Sie können auf langfristige Unterstützungsbeziehungen zwischen Eltern und Kindern reagieren, Solidarität zwischen ungleich ausgestatteten Geschwistern ausdrücken oder einen von mehreren Schritten in der Bewältigung eines Todesfalls ausführen. Soziales Kapital kann nicht nur instrumentelle, sondern auch normvollziehende Quellen haben: Wir können unsere Familien und Nachbarn unterstützen, weil wir damit Gegenleistungen motivieren bzw. weil wir sogar darauf vertrauen können, dass Familien und Nachbarschaften die Schuldner notfalls zur Gegenleistung zwingen werden – Reziprozität und erzwingbares Vertrauen. Wir können sie aber auch unterstützen, weil das gut so ist – weil es den Werten entspricht, die wir verinnerlicht haben, oder weil unsere Solidarität sich aufgrund gemeinsamer Erfahrungen auf gerade diese Gruppe richtet.[15] Beide Typen von Motivation kommen vor.

Soziales Kapital wird von einem Teil der aktuellen sozialwissenschaftlichen Forschung als Kollektivressource auf der Ebene ganzer Volkswirtschaften betrachtet. Die Weltbank versucht, dazu beizutragen, dass Länder möglichst viel davon entwickeln. Manche Autoren sehen soziales Kapital dagegen als potenziell schädlich an: Es mag den Zugehörigen nützen, aber es schadet den Ausgeschlossenen, es belastet erfolgreiche Gruppenmitglieder und nivelliert individuelle Erfolge.[16] In Westfalen scheinen soziale Netzwerke zumindest nicht geschadet zu haben. Die Menschen in den untersuchten Gemeinden verhielten sich gegenüber Nichtverwandten nicht besonders abweisend, und der lebhafte Bodenmarkt in Löhne ging mit einer leichten Bevorzugung von Fremden, genauer gesagt: Nichtverwandten einher. Der Erfolg der lokalen Ökonomien hing aber nicht von der Ausgestaltung ihrer Netzwerke ab, sondern von der Bodenqualität und von ihrer Integration in Produktmärkte. Ob Märkte generell, also auch für Land oder Kredit,

---

15 Portes, Social capital, S. 7.

16 Neben Portes siehe u. a. Ogilvie, Social Capital.

die dominierende Koordinationsweise waren, war für den Erfolg der Borgeler und das Überleben der Löhner und Oberkirchener nicht relevant. Soziale Beziehungen waren eine Ressource, die alternativ und ergänzend zu anonymen Märkten genutzt werden konnte. Sie stellten weder eine Vorbedingung noch einen historischen Gegenpol zum Markt dar.

8.3 Bodenmarkt- und Dismembrationsfurcht

„Jedesmal, wenn ich in das Blättchen sehe und eine zum Verkaufe angesetzte Stelle finde, tut mir das Herz im Leibe weh" – so klagte, angeblich, eine münsterländer Bäuerin in den 1860er Jahren gegenüber dem Schlossvikar und ‚Bauernführer' Neteler.[17] Ein negatives Werturteil gegen den Bodenmarkt macht seit dem 19. Jahrhundert einen Kern der öffentlich artikulierten Selbst- und Außendefinition der westfälischen Bauern aus. Dabei ging es vor allem um die Sorge, dass mit dem Verkauf auch die Auflösung und Parzellierung (‚Dismembration') der Betriebe einhergehe, nicht um die Orientierung der Produktion auf Eigenbedarf oder Getreidemarkt oder um die Nutzung von Arbeits- und Kreditmärkten.

Die Parzellierung von Bauernhöfen – im Erbgang, besonders aber zur Begleichung von Hypothekarschulden – war in Westfalen wie im Deutschland des 19. Jahrhunderts generell ein politisch umstrittenes Thema. In konservativer Sicht bestand eine wichtige politische Funktion des bäuerlichen Eigentums darin, dass es die Verantwortung der bäuerlichen Besitzer für den Staat stärkte; eine Argumentation, die auf den auch im 19. Jahrhundert viel rezipierten Osnabrücker Staatsmann Justus Möser zurückgeht und Anklänge an den possessiven Individualismus der angelsächsischen Staatstheorie zeigt. Besitz konstituiert hiernach Loyalität; insofern als der unbeschränkte Verkehr mit Grundstücken auch die Auflösung von bäuerlichem Besitz, Auswanderung und das Anwachsen landarmer und landloser Unterschichten ermöglicht, gefährdet er die Grundlagen des Staates. Mösers Argumentation wurde von führenden westfälischen Politikern des 19. Jahrhunderts wie dem ersten Oberpräsidenten der Provinz, Freiherrn Ludwig von Vincke, und dem Vorsitzenden des Provinziallandtags, Freiherrn vom Stein, übernommen. In der zeitgenössischen Erbrechtsdebatte galt Westfalen als Paradebeispiel einer von ‚Bauern der guten Art' geprägten Region, deren Praxis der ungeteilten Weitergabe von Höfen vor den Gefahren des Intestaterbrechts bewahrt werden musste. Gegenbild dieses ‚Bauern der guten Art' war einerseits der (nach Riehl ‚entartete') realteilende südwestdeutsche Kleinbauer, andererseits der Höfe aufkaufende und auflösende ‚Güterschlächter'.[18] In dieser Traditionslinie werden der Bodenmarkt, die Teilung von Höfen

---

17 Jürgens, Vereinigung, S. 176, unter Berufung auf Jacobs, Bauernführer, S. 13–14.

18 Riehl, Bürgerliche Gesellschaft, S. 75–89. Zu den ideologischen und administrativen Grundlagen

und die bäuerliche Kreditaufnahme als der bäuerlichen Gesellschaft wesensfremd abgelehnt.[19] Marktfeindschaft symbolisierte sich dabei in einer frühen Variante von modernem Antisemitismus. Dieser äußerte sich allerdings auf (zentral-)administrativer und akademischer Ebene weitaus deutlicher als auf lokaler und bäuerlicher.[20]

Die mehrfache Stoßrichtung der Dismembrationsfurcht wird in der Diskussion um das von Vincke angeregte und rasch gescheiterte Erbfolgegesetz sowie um den parallel dazu von ihm für vier ostwestfälische Landkreise durchgesetzten Ausschluss der Juden vom Bodenmarkt besonders deutlich. Vincke hatte vor seinem Amtsantritt als westfälischer Oberpräsident die Aufhebung der persönlichen Bindungen der Bauern im Oktoberedikt 1807 noch nachdrücklich begrüßt und die freie Zirkulation des Grundvermögens positiv bewertet; er forderte sogar ihre weitere Erleichterung durch Bestimmungen, die die Teilbarkeit von noch mit Diensten behafteten Grundstücken ermöglichten.[21] Auch gegenüber den Juden vertrat er zumindest in seiner ‚Schülerdisputation' halbwegs liberale Auffassungen (etwa dass sie „sehr viel nützen"[22]) und verlangte noch nicht wie später, „das Judentum in dem Juden zu vertilgen".[23] In Westfalen kehrten sich seine Auffassungen jedoch um. In einem stark an Argumente von Ernst Moritz Arndt und vor allem Möser angelehnten, als Flugschrift publizierten Gutachten an das Innenministerium[24] argumentierte Vincke in erster Linie mit den „moralischen und politischen Wirkungen" des Bodenmarktes, mit der Gefahr einer Mobilisierung nicht nur des Bodens, sondern auch des Charakters. Mobilität ist dabei der Bindung an die Heimat entgegengesetzt und als undeutsch, französisch und jüdisch konnotiert. „Was anders kann aber die Folge einer unbedingten Freiheit der Disposizion und des Wechsels [...] seyn, wo nach französischer Ungebundenheit jeder alles verkaufen, vertauschen, vererben, verpfänden, zerstückeln kann, als auch die Menschen wandelbar und flüchtig, unstätt und leichtfertig in Gesinnungen und Charakter zu machen? Wenn ein steter Wechsel

---

des westfälischen Bauernbildes vgl. die grundlegende Studie von Rouette, Der traditionale Bauer. – Zum antisemitischen Topos der ‚Güterschlächterei' siehe anhand von westfälischem Material Erb, Güterschlächterei; generell auch Strauss, Juden und Judenfeindschaft, S. 79.

19 Conze, Agrarreformen, S. 16 sieht in der „Güterschlächterei [...] die gefährlichste Form eines Beginns kapitalistischer Auflösung der ländlichen Ordnung überhaupt". Nach Conzes Lehrer Ipsen, Agrarverfassung, S. 37 kann „ländliche Gesellschaft" „niemals" aus „Bodenspekulation und Grundstücksmarkt" entstehen. Ein lokales Beispiel: Kolbus, Löhne, S. 38 betont die „Gefahr, in die Hände der Güterschlächter zu fallen, die nur danach strebten, die Besitzungen in ihre Hände zu bekommen, um sie dann zu parzellieren. Manch schöner Hof ist [...] auf diese Weise, auch hier in Löhne, zerschlagen [worden]."

20 Hierauf verweisen sowohl Aschoff, Judengutachten, als auch Erb, Güterschlächterei. Je näher ein Schreiber zur Provinzspitze stand, desto radikaler die antisemitischen Formulierungen.

21 Behr, Vinckes Einsatz, S. 328–331.

22 Aschoff / Schlautmann-Obermeyer, Vincke und die Juden, S. 290.

23 Ebd., S. 289.

24 Vincke, Bericht über die Zerstückelung der Bauerhöfe. Arndt und Möser werden u. a. im Vorwort ausführlich zitiert.

dem Menschen nichts Festes und Bleibendes mehr zeigt, wenn nichts mehr an feste Orte, Gewohnheiten und Sitten geknüpft ist, so wird auch nichts mehr die Liebe und Treue der Menschen an einander, an die Heimath, an das Vaterland binden. Leichtsinnig und landläufig[25] sinnet dann jeder nur auf schnellen Erwerb und augenblicklichen Gewinn; alle festhaltende Gediegenheit der sittlichen Haltung muß in dem krämerischen, jüdischen Verkehr mit dem Boden ihr Grab finden."[26]

In Vinckes Argumentation nimmt die Gefahr der Übervölkerung eine zum sittenverderbenden jüdischen Einfluss komplementäre Stellung ein: Den möglichen Einwand, die ‚Zerstückelung' könne eine Zunahme der Heiraten und der Bevölkerung erleichtern, wies er mit dem Argument zurück, ein Land könne „auch übervölkert seyn, und dann werden die Menschen wie anderes Ungeziefer und Geschmeis, das sich geschwind vermehrt und endlich wieder selbst auffrißt".[27] Dieselbe, Übervölkerungsfurcht und Antisemitismus verbindende Argumentation findet sich auch im Gutachten des westfälischen Landtags, das in Reaktion auf Vinckes Flugschrift verabschiedet wurde: „Die unbedingte Theilbarkeit der Bauern-Güter führt zur Übervölkerung, einem höchst unglücklichen Zustande der bürgerlichen Gesellschaft, der sie dem doppelten Fluche der kümmerlichen Existenz der Mehrheit und der Bettelei und sittlichen Verwilderung einer großen Zahl belastet; an jenen zehrt der wuchernde Jude, diese reifen für die den Verbrechern bestimmten Wohnplätze".[28] Die Forderung nach einer Wiedereinschränkung bäuerlicher Eigentumsrechte hatte also eine dreifache Stoßrichtung gegen den Markt, die Juden und die Jugend.

Die Gefahr der Auflösung von Höfen wurde – glaubt man der unter Historikern vorwiegenden Meinung – unter den westfälischen Bauern allgemein gesehen und gefürchtet. „Überall in Westfalen", so die kategorische Auffassung Teutebergs, wurde „die unbegrenzte Teilbarkeit der Höfe [...] ‚mit tiefer Traurigkeit' betrachtet".[29] Überall ist allerdings nirgends. Teutebergs Quelle liegt in einer Eingabe der tecklenburgischen und minden-ravensbergischen Stände und generell den Debatten des westfälischen Provinziallandtags: Hier wurde also für Bauern, nicht von Bauern gesprochen. ‚Bauernführer' Neteler war Pfarrer, Bauernvereinsgründer Schorlemer Adliger, und auf dem Titelblatt der bauernvereinsoffiziellen „Beiträge zur Geschichte des westfälischen Bauernstandes" blieb es dem preußischen König Friedrich-Wilhelm IV. überlassen, die Parallele zwischen landwirtschaftlichem Betrieb und politischem System zu ziehen: „Das Recht des Bauern auf seinen unteilbaren Grundbesitz ist mir ebenso heilig wie das des Königs auf seinen Thron".[30] In westfälischen Teilbarkeits-Debatte wurde von Verfech-

---

25 D. h. räumlich mobil.

26 Vincke, Bericht über die Zerstückelung der Bauerhöfe, S. 661–662.

27 Ebd., S. 662.

28 Zitiert nach Schepers, Erbfolge-Gesetz, S. 6.

29 Teuteberg, Agrarreform, S. 221 Anm. 124.

30 Kerckerinck zur Borg, Bauernstand, Titelblatt; der antidemokratische Kronprinz (und 1840–1861 König) Friedrich Wilhelm IV. hatte den Ausspruch bei einem Besuch in Münster 1838 getan.

tern der Unteilbarkeit von Anfang an als Argument ins Feld geführt, es herrsche in dieser Frage eine gewissermaßen nationale Einmütigkeit, und andere Meinungen existierten in Westfalen gar nicht.[31] Glaubt man das, so scheint die Forderung nach Unteilbarkeit der bäuerlichen Betriebe also so etwas wie ein öffentlich artikuliertes Westfalenbewusstsein, eine Provinzialidentität gestiftet zu haben. Nachdem die Vertreter des Standes der ländlichen Gemeinden sich 1826 gegen eine die Eigentumsrechte einschränkende Unteilbarkeit unbelasteten Grundeigentums ausgesprochen hatten, konterte Vincke, er kenne „die wahrhaft allgemeinen Wünsch[e] der Vertretenen" besser.[32] Eine solche Einigkeit unter den Bauern ist in der historischen Forschung nicht belegt worden. Es ist eine offene empirische Frage, in welchem Maße „überall in Westfalen" – für Bauern und Heuerlinge, Erben und Nichterben – Unteilbarkeit einen handlungsleitenden Wert darstellte.

In der westfälischen Forschung weniger stark als Vincke rezipiert wurde die liberaldemokratische Position in der Teilbarkeitsdebatte, vertreten vom Münsteraner Juristen Benedikt Waldeck, dem späteren Anführer der Fortschrittspartei in der preußischen Nationalversammlung von 1848.[33] Waldeck interpretierte die Einzelerbfolge als mögliche, wenn auch nicht zwingende Konsequenz aus der Unteilbarkeit von Bauerngütern.[34] Diese sah er durch ältere politische, gutsherrschaftliche und steuertechnische Verhältnisse verursacht, nach deren Wegfall eine gesetzliche Einschränkung der Dispositionsfreiheit der Landeigentümer nicht zu rechtfertigen sei. Die Ausbildung eines den neuen ländlichen Eigentumsverhältnissen angepassten Rechts erwartete Waldeck von einer Gesetzgebung, die sich an den in freier vertraglicher Vereinbarung geschlossenen Übertragungsverträgen orientierte: „Diese Verträge bilden das den jetzigen Verhältnissen anpassende Bauern-Recht. Dergleichen Instrumente kann die Gesetzgebung befördern, sie kann dieselben mit dem übrigen Rechtssystem in Einklang bringen, sie kann den dadurch rege gewordenen juristischen Bedürfnissen *folgen*. Aber solche Dispositionen unnöthig machen, oder ersetzen, wo sie nicht vorgekommen sind, das wird sie nie vermögen."[35] Waldecks Argumentation zielte darauf, bäuerliches Eigentum, nachdem es einmal geschaffen wurde, zu respektieren und weder auf dem Wege der ideologischen Mobilisierung (in der Terminologie von Jürgens: „freiwillige Vereinigung") noch gar auf dem von Vincke verfolgten Weg des „gesetzlichen Zwangs" den Willen der Eigentümer

31 „Westphalus Eremita" (d.i. Johann F. J. Sommer), ca. 1819 (nach Behr, Vinckes Einsatz, S. 334).

32 Ebd., S. 335–336.

33 Waldeck, Erbfolgegesetz. Zu Waldeck siehe die biographische Skizze von Botzenhart, Waldeck. Die Erinnerung an Waldeck, immerhin den auf nationaler Ebene führenden Demokraten Münsteraner Herkunft, wird in Westfalen erstaunlicherweise kaum gepflegt. Waldecks brillante Kritik am Erbfolgegesetz wird z. B. weder zitiert in dem sehr umfassend bibliographierten Artikel von Teuteberg, Agrarreform, noch in Jürgens, Vereinigung.

34 Waldeck, Erbfolgegesetz, S. 3–6; derselbe Punkt wird betont von Zeitlhofer, Besitztransfer, S. 110; Schlumbohm, Lebensläufe, S. 379.

35 Waldeck, Erbfolgegesetz, S. 16 (Hervorhebung von Waldeck).

in eine Richtung zu lenken, die von wohlmeinenden Stellvertretern eines in der öffentlichen Debatte stumm bleibenden Bauerntums vorgegeben wurde. Er gehörte damit zu den wenigen preußischen Politikern, die die „Doktrin vom beschränkten Untertanenverstand"[36] auch gegenüber den Bauern fallenließen.

Waldeck und Vincke stehen nicht nur politisch-konfessionell für kontrastierende Lager, sondern auch erkenntnistheoretisch und methodisch für unterschiedliche Herangehensweisen an die Analyse bäuerlichen Verhaltens – in diesem Fall: die in der Regel ungeteilte Hofweitergabe und insgesamt schwach ausgeprägte Nutzung des Bodenmarktes. Vincke ging davon aus, dass Bauern einer Norm folgten, und dass die Akzeptanz dieser Norm von deren gesetzlicher Absicherung abhing. In dem Augenblick, in dem das Abweichen von der Norm legalisiert wurde, war ihre Einhaltung gefährdet, zumal es Gegenkräfte gab, die die Norm zu erodieren drohten. Waldeck dagegen sah die Praxis der Hofübergabe als Resultat strategischer Entscheidungen der an Übergabeverträgen beteiligten Bauernfamilien. Abweichungen kümmerten ihn nicht, Rechtspraxis schuf in seinen Augen neues „Bauern-Recht" (wir könnten auch sagen: soziale Ordnung).

Vincke war ein trotz seiner legendären Volkstümlichkeit vor allem auf den Umgang mit Gleichgesinnten und im sozialen Rang etwa Gleichgestellten angewiesener Verwaltungsbeamter.[37] Die wichtigsten Medien, über die er seine Kenntnisse etwa über die protoindustriellen Regionen oder die kleinbäuerlichen Paderborner Kreise gewann, waren der schriftliche Bericht untergebener Behörden und die Zusammenkunft mit lokalen Verantwortungsträgern.[38] Solche Kommunikationsmuster sind geeignet, Pseudo-Evi-

---

[36] Dilthey, Allgemeines Landrecht, S. 197 (Bezug: Christian Wolff und seine Schule); siehe auch Hellmuth, Naturrechtsphilosophie, S. 175.

[37] Im nicht für die Öffentlichkeit bestimmten Tagebuch des Münsteraner Philologen Ferdinand Deycks hielt dieser nüchterne Reaktionen der Münsteraner Oberschicht auf Vinckes Tod fest: „Wenige, fast nur Beamte aus seiner Umgebung, beklagen seinen Tod. [...] Seine Schwächen allein, [...] die Vorliebe für seine oder seiner guten Freunde Ansichten, das ist das Einzige, was man ihm nachzusagen weiß [...]. Seine Bestattung ging ohne Sang und Klang vor sich." (Jakobi, Amtsverständnis, S. 220). Vinckes Volkstümlichkeit äußerte sich vor allem darin, dass er bei zufälligen Begegnungen mit Bauern sprach, ohne soziale Distanz zu signalisieren.

[38] Tatsächlich standen andere Informationsquellen dem Leiter einer Provinzialverwaltung kaum zur Verfügung. Auch im Zusammenhang mit der ‚Übervölkerung' der ostwestfälischen Kreise bestand Vinckes vielgelobtes Engagement zunächst darin, Berichte einzuholen und mit den Verantwortlichen vor Ort zu konferieren; die 1832 einberufene Beamtenversammlung schlug dann – sehr in Vinckes Sinne – einen ganzen Reigen von interventionistischen und staatsmalthusianischen Maßnahmen vor (Knackstedt, Fürsorge, S. 286). – Wie sehr die Textsorte des lokalen Beamtenberichts darauf gerichtet war, Anschlussfähigkeit zur Auffassung der jeweils höheren Instanz sicherzustellen, zeigen auch die 1824 eingeholten Berichte über die Juden im Regierungsbezirk Minden, die in Vinckes ‚Judenarbeit' von 1827 eingingen: In Rahden betonte der Landrat, dass die eigenen Juden zwar als redlich gälten, dies stelle jedoch eine „Anomalie" dar; Aschoff, Judengutachten, S. 138–139; Erb, Güterschlächterei, S. 336). – Generell lag eine wichtige Funktion von Berichten in der „retrospektiven Sinngebung" bereits getroffener Entscheidungen, Haas, Kultur der Verwaltung, S. 274.

denzen zu schaffen.[39] Waldeck war dagegen ein alltäglich mit jeweils unterschiedlich gelagerten Fällen konfrontierter Richter. Richter und Notare waren bei der Produktion von Verträgen und Testamenten teils in ihren Amtsstuben, teils auf dem Hof mit Bauern persönlich konfrontiert. Ihre Aufgabe bestand darin, die Intentionen der Bauern in eine juristisch haltbare Form zu bringen.

Die Ergebnisse dieser Untersuchung geben eher Waldeck als Vincke recht. Wenn einmal ein Hof aufgelöst wurde, dann konnten mögliche soziale Außenseiter (‚Güterschlächter' in der Sicht der älteren Forschung) daran ebenso gut beteiligt sein wie die hochangesehenen Spitzen der lokalen Gesellschaft (vgl. Kapitel 5). Bauern schlossen untereinander Verträge, in denen sie selbst dafür sorgten, dass ihre Höfe im Großen und Ganzen geschlossen weitergegeben wurden. Abweichungen vom vorwiegenden Muster sind jedoch nicht gewissermaßen kriminalitätshistorisch zu deuten, als ob sie einen Verstoß einzelner Akteure gegen allgemein anerkannte Normen dargestellt hätten. In der zivilrechtlichen Praxis geht es nicht um Norm und Abweichung, sondern um das Sicherstellen der von allen Partnern gewünschten Ergebnisse.

8.4 Vorfahren und Nachkommen

Weit verbreitet, und das durchaus nicht nur unter sozialkonservativen Autoren im Umfeld bäuerlicher Interessenvertretungen, ist die Vorstellung, dass Bauern sich ihrer Abstammungsfamilie verpflichtet sahen, also der zukünftigen Fortsetzung einer in der Vergangenheit etablierten Vater-Sohn-Abfolge, in die nur ausnahmsweise Töchter aufgenommen wurden. Bourdieu spricht in seiner vielzitierten Arbeit über Heiratsstrategien etwa davon, dass die „nécessité de maintenir à tout prix le patrimoine dans la lignée" unterschiedliche und scheinbar regelverletzende Lösungen erlaube.[40] Es gibt zwei wissenschaftliche Diskussionszusammenhänge, in denen diese Annahme näher getestet wird. In der englischsprachigen Forschung werden Bauern häufig als eine Art Amtsverwalter ihrer Abstammungsfamilie gesehen. Dagegen steht die Auffassung, dass besonders in England Individuen bereits früh weitgehende Verfügungsrechte über Land hatten. Empirisch werden diese Hypothesen vor allem anhand des ‚land-family-bond'

---

39 Ähnliches ließe sich über die zeitgenössische und selbst die moderne ethnologische Reiseliteratur sagen, in der Reisende wieder und wieder dieselben Auffassungen über die bereisten Gebiete reproduzieren, vgl. Lévi-Strauss, Traurige Tropen, S. 10; Neuber, Fremde Welt. Insofern ist der gängigen Auffassung, dass der vielgereiste Vincke „seine Provinz [...] kannte wie kein anderer" (Knackstedt, Fürsorge, S. 288), zu widersprechen. Eher ist die Erkenntnisproduktion auf Reisen so vorzustellen, wie es Vinckes Tagebucheintrag vom 11./13.4.1793 aus dem Paderbornischen nahelegt: „Fette Mönche und gutes Bier daselbst, vernünftiger Gastwirt voll Kenntnis des Landes" (Aschoff/Schlautmann, Vincke und die Juden, S. 291).

40 Bourdieu, Les stratégies matrimoniales, S. 1107.

diskutiert, dem Anteil des in der Abstammungslinie bleibenden Bodens über längere Zeiträume hinweg. Der zweite Diskussionsstrang, in dem die Abstammungslinie als handlungsleitender Wert empirisch sichtbar wird, besteht in der verwandtschaftsethnologischen Untersuchung von generationenübergreifenden Heiratsbeziehungen zwischen Familien, klassisch am Beispiel der Cousinenheirat. Dabei kommt es darauf an, dass Abstammungslinien durch Heiraten in ein wechselseitiges Schuld- und Austauschverhältnis von Gabe und Gegengabe treten; die Abstammungslinie wird also als generationenübergreifendes Subjekt mit informellen Schulden und Guthaben hypostasiert.

Von deutschen Historikern wurde die Annahme, bäuerliches Agieren habe auf einen ‚land-family-bond' gezielt, immer wieder kritisiert.[41] Wie Jürgen Schlumbohm gezeigt hat, war Blutsverwandtschaft ein potentielles Argument, das im Konfliktfall zur Begründung von Ansprüchen mobilisiert werden konnte.[42] Daraus folgt aber nicht, dass Bauern sich selbst verpflichtet sahen, bei der Auswahl von Hofübernehmern auf die Abstammung zu achten. Wenn wir Verbindungen zwischen Hofbesitzern, die den Hof selbst von ihren leiblichen Eltern bekommen hatten, und ihren Nachfolgern auf demselben Hof etwa 40 bis 60 Jahre später anschauen (Tabelle 8.1), dann stellen wir fest: Ein erheblicher Anteil der Höfe gelangte an Personen, die keine direkten Nachfahren der früheren Besitzer waren. Allerdings war der ‚land-family-bond' in unseren Untersuchungsorten deutlich stärker als im frühneuzeitlichen England, für das diese Frage in der Forschung intensiv diskutiert worden ist.[43] Am ehesten blieben Höfe in Oberkirchen in der Abstammungslinie, in den beiden anderen Orten nur in etwas mehr als der Hälfte der Fälle. Weitergaben von Höfen über zweite Eheschließungen (Ehenachfolger des Sohnes, Stiefsohn, zweiter Ehemann der Ehenachfolgerin der Tochter usw.) machten in Löhne und Borgeln etwa ein Fünftel, in Oberkirchen nur einen kleinen Teil der Verbindungen zu späteren Besitzern aus. Umgekehrt gelangten Nachkommen von seitlichen Blutsverwandten in Oberkirchen immerhin in 9 Prozent der Verbindungen in den Besitz des Hofes, dreimal so oft wie in Borgeln und Löhne.

Die in Borgeln und Löhne geltende Gütergemeinschaft zwischen den Eheleuten wirkte also einer Verbindung von Hof und Abstammungsfamilie entgegen. Hier konnte der Transfer von Höfen auf zwei Wegen erfolgen, die beide mit der gleichzeitigen Geltung von Eigentumsansprüchen zweier Personen, also mit Formen der Gesamthand zu tun hatten: über Singularsukzession (insofern der ‚Anerbe' im Sinne deutschrechtlicher juristischer Terminologie als Erbanwärter und damit Halter von Miteigentumsrechten zu verstehen ist) und über Wiederheirat (hier waren Ehemann und Ehefrau beide Eigentümer, gleich wer den Hof

41 Schlumbohm, Land-family bond; Rouette, Hofesbande.

42 Schlumbohm, Land-family-bond; Schlumbohm, Lebensläufe, S. 506–524.

43 Zu vergleichbaren Daten siehe z. B.: Sreenivasan, reply. Sreenivasan sieht eine hohe Kontinuität im Landbesitz von Familien (gegen MacFarlane), und begründet dies mit Anteilen von in der Familie weitergegebenem Land, die über einen Zeitraum von 50 Jahren bei etwas unter 40 % der Gesamtfläche lagen.

Tabelle 8.1: Verwandtschaftsbeziehungen der Vor- und Nachbesitzer von Höfen über einen Abstand von ca. 50 Jahren

	Löhne	Borgeln	Oberkirchen
Abkömmlinge	57	60	71
andere Blutsverwandte	4	3	9
Stiefverwandte	20	17	7
andere	20	20	13
Fallzahl	112	60	105

Berechnungsweise: Ermittelt wurden Beziehungen zwischen den 1750–1870 als Hofbesitzer erfassten Personen und den Vorbesitzern derselben Höfe im Zeitraum von 40–60 Jahren zuvor. Der Zeitpunkt des Hofbesitzes wurde jeweils anhand des Heiratsjahrs in der ersten Ehe bestimmt. Quelle: Datenbanken 2006.

eingebracht hatte). Dieses auf der juristischen Ebene leicht erklärbare Handlungsmuster war im 19. Jahrhundert politisch umstritten. An seine Stelle sollte eine Bindung von Hof und Blutslinie treten, die als bäuerliche Sitte erst konstruiert werden musste. Das Erbfolgegesetz von 1836 stellte nicht nur Unteilbarkeit sicher, sondern zwang zudem Witwen oder Witwer, die wieder heiraten wollten, den Hof an eines der Kinder aus erster Ehe abzugeben. Allerdings war es möglich, den politisch intendierten Schutz der Blutslinie durch Verkäufe zu umgehen. So kaufte der Löhner Leibzüchter Hamelmann 1844 seiner verwitweten Schwägerin (und Patin seiner Tochter) Clara den Hof ab, nur um ihn an ihren zweiten Ehemann weiter zu verkaufen.[44] Das Land in der Blutsfamilie zu halten, scheint also kein genuin bäuerliches Handlungsziel gewesen zu sein.[45]

Die Vorstellung, dass Abstammungslinien relevante Akteure waren, liegt auch verwandtschaftsethnologischen und –historischen Forschungen zugrunde, für die die Verbindung der Familie zum Boden keine wichtige Rolle spielt.[46] Die ursprünglich anhand des weiträumigen rituellen Gabentauschs in Melanesien entwickelte Argumentationsfigur der Reziprozität hat ihre wichtigsten Anwendungsfelder – von Giovanni Levis Versuch abgesehen – nicht bei der Analyse des Bodenmarktes gefunden, sondern bei der Untersuchung der Bildung von Verwandtschaftskreisen durch Heiraten. In David Sabeans Sicht war die durch Verwandtschaft konstituierte wechselseitige langfristige Verpflichtung ein wesentlicher Bestandteil der sozialen Integration von Klassen, wie sie in Deutschland vor allem im 19. Jahrhundert erfolgte. Klassenbildung funktionierte demzufolge über die zunehmende Kooperation von horizontalen Gruppen: Geschwistern, Cousins / Cousinen ersten und zweiten Grades. Ein wichtiger Indikator für diese Kooperation sind Eheschließungen unter Blutsverwandten, von Sabean in Anleh-

44 StAD, Grundakten Löhne 50397 fol. 66–68, fol. 90–92, fol. 96–98.

45 Rouette argumentiert für das westfälische Diestedde, dass sich die Bauern und Bäuerinnen erst im späten 19. Jahrhundert dem weit früher von Intellektuellen und Politikern erworbenen Bild angepasst hätten; Rouette, Hofesbande, S. 215.

46 Sabean, Kinship; vgl. auch Lipp, Verwandtschaft.

nung an Gérard Delilles Lévi-Strauss-Adaptation als Allianz zwischen Linien interpretiert. Sabean zufolge wurden Ehen dieser Art in Europa um 1800 „bei allen besitzenden Schichten üblich".[47] Delille sieht für die Zeit vor 1800 die Vermeidung von Blutsverwandtenehen als kennzeichnend, weshalb Familien systematisch Allianzen auf anderen Wegen (z. B. Ehen mit Verwandten von Stief-Verwandten) schlossen. Abstammungsgruppen sind danach also relevante Akteure, die eine Tendenz zum Wiederanknüpfen sehr entfernter Verwandtschaftsbeziehungen (‚bouclage' / ‚Umzingelung') zeigten, und diese Tendenz bewirkte mit der Lockerung kanonischer Heiratsverbote im 18. Jahrhundert auch ein zunehmendes Verfilzen im Bereich der engeren Verwandtschaft. Erst mit dem Aufkommen der Eugenik verschwanden diese Verwandtenehen wieder.[48]

Bei Sabean wird Wechselseitigkeit operationalisiert, indem er verschiedene Arten von Interaktionen – Landkauf, Bürgschaften, Patenschaften, Namenswahl, vor allem aber Heiraten – daraufhin betrachtet, wieweit Verwandte an ihnen beteiligt sind. Kern der Verwandtschaftsanalyse ist die des Heiratens – in derselben Generation konstituiert die Heirat affinale Verwandtschaft (Schwägerschaft), in den folgenden zieht sie Blutsverwandtschaft unter Cousins und Cousinen nach sich. Wiederholte Heiraten in aufeinanderfolgenden Generationen machen aus (entfernten) Cousins / Cousinen dann wieder Schwäger/-innen. Reziprozität bezieht sich in dieser Sicht auf den Austausch von Frauen oder Mitgiften. Die einzelne Heirat wird also als Gabe betrachtet – es wird eine Tochter bzw. ein nicht erbendes, mit einer Mitgift ausgestattetes Kind an eine andere Abstammungslinie gegeben, und über längere oder kürzere Zeit, auf direktem Wege (‚restringierter Austausch') oder über Dritte (‚generalisierter Austausch') erfolgt eine allerdings nicht erzwingbare Rück-Gabe. Ehen zwischen verwandten oder verschwägerten Personen implizieren insofern Reziprozität, als sie immer die Wiederholung von Verbindungen zwischen Abstammungslinien bedeuten. Vor dem 18. Jahrhundert bestand in Westeuropa das verwandtschaftsstrategische Hauptproblem der Eheschließung darin, einerseits die Heirat in verbotenen Graden, vor allem unter Blutsverwandten, zu vermeiden, andererseits dennoch systematische Allianzen einzugehen.[49] Solche Strategien involvieren sehr entfernte Verwandtschaftsbeziehungen (deutlich über den in dieser Studie erfassten Bereich von bis zu sieben Schritten hinaus). Seit dem 18. Jahrhundert und damit auch in unserer Untersuchungszeit spielten die kirchlichen Verbote der Blutsverwandtenehe eine stark eingeschränkte Rolle. In Preußen und damit auch in unseren Untersuchungsorten Borgeln und Löhne wurde ein Großteil der Verbote von Verwandtenehen unter Friedrich II. aus bevölkerungspolitischen Gründen aufgehoben.[50] Es

---

47 Sabean, Inzestdiskurse, S. 21.

48 Delille, Échanges matrimoniaux; Héritier, L'exercice de la parenté. Kritische Darstellung: Viazzo / Lynch, Strategy.

49 Delille, Échanges matrimoniaux.

50 Bestehen blieben nur die durch mosaisches Recht begründeten Verbote. Ranke, Preußische Geschichte, hier: Buch 7, Kap. 2, S. 285.

verbreiteten sich (auch mit unserem Material untersuchbare) Formen wie die Ehe zwischen Cousins / Cousinen zweiten und ersten Grades sowie Levirat und Sororat, also die Heirat mit dem überlebenden Ehepartner von Bruder bzw. Schwester.

Ein (auch von Sabean gesehenes) Problem der allianztheoretisch begründeten Verwandtschaftsanalyse besteht darin, dass Verwandte nicht nur aufgrund ihrer Einbettung in Linien von generationenüberspannender Tiefe füreinander wichtige und spannungsreiche Interaktionspartner sein können, sondern auch aufgrund von Beziehungen innerhalb derselben Generation. Die Pointe der Allianztheorie besteht ja gerade darin, dass Blutsverwandtschaft keine sehr lange haltbaren Beziehungen stiftet, und deshalb, indem man aus Cousins wieder Schwäger macht, aufgefrischt werden muss. Nicht Cousins, sondern Schwäger sind also die aktuell und manifest wichtigen Interaktionspartner; Blutsverwandte sind dagegen möglicherweise nur deshalb interessant, weil sie dem ‚sozialen Sinn der Akteure vage als passend erscheinen. Verwandtschaft hätte im 19. Jahrhundert, in der Blütezeit der Cousinenheiraten und der verwandtschaftsgetriebenen Klassenbildung, also möglicherweise eine ähnliche Rolle gespielt wie in heutigen säkularisierten Gesellschaften die elterliche Konfession oder die ebenfalls von den Akteuren kaum je explizit thematisierte ethnische Herkunft als Deutsch-Amerikaner oder Angelsachse unter weißen Amerikanern. Wenn diese Interpretation zutrifft, wird man empirisch bei der Analyse von Beziehungsdaten gar nicht unbedingt auf Cousins und andere Blutsverwandte als auffälligste Interaktionspartner stoßen, sondern vor allem auf Schwäger und andere durch Beziehungen in derselben Generation verbundene Personen. Genau diese Kategorie wurde in unseren Gemeinden (genauer: in Borgeln und Oberkirchen, also den Orten mit niedriger Umsatzrate) beim Zugang zu Landkäufen deutlich bevorzugt (Tabelle 5.17). Tabelle 8.2 vergleicht die dort und an anderen Stellen untersuchten Arten von Beziehungen dahingehend, wer bessere Chancen auf Heiratsverbindungen hatte. Grundsätzlich erscheinen für die Erklärung von Verwandtenehen drei Hypothesen denkbar: (1) demographischer Zufall, d. h. die gewählten Beziehungen entsprechen dem bei einem verwandtschafts-blinden Verhalten zu erwartenden Wert. (2) Verwandtenehen als strukturalistisch interpretierbare Austauschstrategie – dann müssten spezifische Verwandte (Cousins 1./2./3. Grades) in überzufälligem Maß gewählt werden; (3) ein selbstverstärkender Einfluss von Verwandtschaft als nicht durch Abstammung im Sinne von Lévi-Strauss strukturiertes soziales Interaktionsfeld – je mehr Beziehungen, desto höher die Heiratswahrscheinlichkeit, aber kein Austausch zwischen ‚Frauengebern‘ und ‚Frauennehmern‘.

Ähnlich wie beim Zugang zu Land und anders als bei der Preisbildung ist deutlich, dass Verwandtschaft für ihre eigene Reproduktion durch Heiratsverbindungen nicht irrelevant war, zumindest nicht in Borgeln und Oberkirchen. Allerdings lief die Richtung dieses Einflusses von Verwandtschaft nicht parallel zu dem auf Bodenmarkt oder Kredit.[51] Es ging also beim Bevorzugen oder Meiden bestimmter Arten von Verwandten

---

[51] Zu Verwandtschaft und Kredit siehe G. Fertig, Xenophobie, Tabellen 1–3, S. 74–75.

Tabelle 8.2: Heiratschancen von Verwandten

	Löhne		Oberkirchen		Borgeln	
	Abweichung	Fallzahl	Abweichung	Fallzahl	Abweichung	Fallzahl
nah (1)	(–17)	(4)	(–63)	(3)	(–16)	(4)
blutsverwandt (2)	+19	24	–9	34	+24	17
horizontal (3)	+26	9	+72	14	+113	12
andere (4)	–9	79	+17	139	–14	49
nicht (0)	+2	80	–19	95	–1	104
N	196		285		186	
Chi^2	1,93		12,39**		9,11*	

Anm.: Die nächsten Verwandten bis zu Cousins 1. Grades werden nur eingeklammert aufgeführt und nicht in die Berechnung für die weiteren Verwandtschaftskategorien einbezogen. Quelle: Datenbanken (2005). Verfahren: wie Tabelle 5.17.

nicht um eine gemeinsame Eigenschaft dieser Menschen, etwa ihre generelle Vertrauenswürdigkeit oder –unwürdigkeit.[52] Das Heiratssystem hatte eine eigene Logik, die nicht dieselben Probleme widerspiegelte wie die Beziehungen auf dem Bodenmarkt, und die eher von der Konfession als von der Agrarproduktion bestimmt war.

Deutlich ist die in Tabelle 8.2 sichtbare Präferenz für solche Heiratspartner, zu denen horizontale, innerhalb derselben Generation durch Geschwister und deren Ehepartner gestiftete Beziehungen bestanden. Beziehungen innerhalb der ‚Peer Group' von ungefähr gleichaltrigen, untereinander Cliquen bildenden Generation von zusammen aufwachsenden Jugendlichen scheinen sich also zumindest für einen Teil der Akteure auf die Partnerwahl ausgewirkt zu haben – ein Befund, der sich ohne Rekurs auf die Patrilinie verstehen lässt. Das gilt zumindest für Oberkirchen und Borgeln. Die Löhner scheinen bei Landverkäufen und Heiraten gleichermaßen verwandtschaftsindifferent gewesen zu sein; das auffälligste Muster bei den Löhner Ehen besteht in der Zunahme von Ehen mit der Schwester von Egos verstorbener Ehefrau (also einer Verstärkung von bereits bestehenden Beziehungen).

Im katholischen Oberkirchen wurden 1830 bis 1866 nahe Blutsverwandte, aber auch Nichtverwandte gemieden. Das passt zu Delilles These, wonach das kanonische Verbot von Blutsverwandtenehen eine Spannung erzeugte zwischen der Tendenz von Abstammungslinien, ihre Allianzen immer wieder zu erneuern, und der Notwendigkeit, die im katholischen Raum recht weit reichenden explizit verbotenen Grade zu vermeiden, sodass die fast schon nicht mehr Verwandten (z. B. Verwandte von Stief-Verwandten) als

52 Gegen Vertrauenswürdigkeit als Eigenschaft von Personen unabhängig vom Gegenstand des Vertrauens (also unabhängig von der Frage, was zu tun ich jemandem vertraue: dass er mir Geld zurückzahlen wird, ein guter Schwiegersohn sein wird, oder mein Land nicht überfallen wird) plädiert Guinnane, Trust.

Partner bevorzugt wurden. Wie (bislang unveröffentlichte) zeitlich differenzierte Analysen des Heiratsverhaltens in unseren Untersuchungsorten[53] zeigen, begannen die Oberkirchener gegen Ende des 18. Jahrhunderts, in geringem Maße Blutsverwandte zu heiraten. Auch wenn auf den ersten Blick eine Interpretation dieses Verhaltens als ‚bouclage'-Strategie denkbar erscheint, ist die Relevanz von Abstammungslinien für die Wahl von Ehepartnern auch in Oberkirchen nicht wirklich überzeugend nachweisbar. In der spätesten Heiratskohorte (1851–60) z.B. gab es zwei Ehen zwischen entfernten Blutsverwandten, einmal MFFBDSD (FAMID 557), d.h. die Patrilinien beider Partner hatten beide von einer dritten Linie Frauen ‚genommen', und einmal FFMZDSD (FAMID 2069), mit vier beteiligten Linien, ohne dass eine Beziehung von Gabe und Gegengabe zwischen Abstammungslinien erkennbar wäre. Mit anderen Worten, wenn Abstammung für die Wahl von Ehegatten relevant war, dann galt das nicht nur für Abstammung in männlicher Linie, sondern auch für die über Mütter, Groß- und Urgroßmütter vermittelte. Einzelne Akteure sind damit zahlreichen Linien gleichzeitig zuzuordnen.

Ein weiteres Problem der verwandtschaftsethnologischen Allianzhypothese soll anhand eines Beispieles für Cousinenheiraten diskutiert werden (Abbildung 8.1). Es handelt sich um eine Heirat mit einer Cousine zweiten Grades in Borgeln: die Ehe zwischen Johann Peter W.H. Dirks (OFBID 818, Blumroth Nr. 4) und Elisabeth Richthoff vom Hof Berwicke 3 (OFBID 1498), geschlossen am 16.4.1808 (FAMID 818). Elisabeth war seine MMBSD, also eine Enkelin des Bruders seiner Großmutter mütterlicherseits, zugleich seine MMBWZD, also die angeheiratete Nichte eines weiteren Bruders der Großmutter, und zudem noch seine MFFZSSD, also eine Cousine dritten Grades (Urenkelin einer Urgroßtante). Johann Peters Vater Dietrich Andreas (OFBID 1494) hatte insgesamt dreimal geheiratet. Die erste Ehe mit der Witwe Anna Clara Worthmann genannt Dirks (OFBID 1492) hatte ihn zum Colonen auf dem Dirkshof Blumroth 4 gemacht – ihr verstorbener Mann hatte den Hof mit in die Ehe gebracht, und sie reichte ihn nun an ihren zweiten Mann weiter. Dietrich Andreas heiratete nach dem Tode seiner ersten Frau nacheinander zwei Schwestern, die vom Hof Berwicke 1 stammten (OFBID 1495 und 1496). Die Frau, Elisabeth Richthoff, kam von einem Hof, Berwicke 3, der seit mindestens drei Generationen in männlicher Abstammungslinie weitergegeben worden war. Es gab hier also Berwicke 3, der Richthoff-Hof, eine Frau ab. Die engste Verwandtschaftsbeziehung zwischen den Eheleuten läuft über die Großmutter des Mannes (OFBID 2036). Diese wurde ebenfalls vom Richthoff-Hof ‚abgegeben' und zwar an den Hof Berwicke 1. Von diesem wiederum kamen die beiden Schwestern, die auf den Hof Blumroth 4 heirateten. Man kann diesen Fall formal nach Claude Lévi-Strauss als ‚generalisierte Reziprozität', eine Variante der Form MBD einstufen: eine Ehe, die die Ge-

[53] G. Fertig, Making of kinship, Tab. 3; diese Analysen waren auf landbesitzende Paare beschränkt. – Ob sehr entfernte Blutsverwandte in Oberkirchen tatsächlich als Heiratspartner bevorzugt wurden, muss an dieser Stelle offenbleiben, da hier nur Verwandtschaftsketten von bis zu 7 Schritten untersucht wurden.

Abbildung 8.1: Verwandtschaftsverhältnis Dirks / Richthoff (Borgeln 1808)

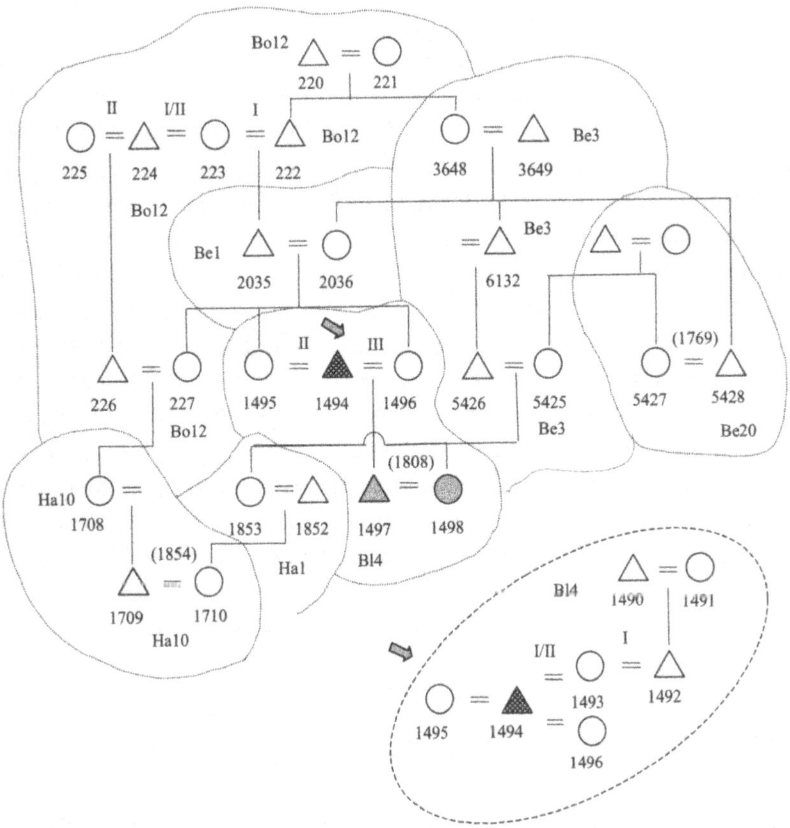

Anm.: Die im Text diskutierte Ehe von 1808 auf dem Hof Blumroth 4 ist grau markiert. Der Vater des Bräutigams (OFBID 1494) ist mit seinen drei Ehen separat gezeichnet. Die beteiligten Höfe werden mit geschwungenen Linien skizziert: Bo 12 = Borgeln 12, Be 1 = Berwicke 1, Be 3 = Berwicke 3, Be 20 = Berwicke 20, Bl 4 = Blumroth 4, Ha 1 = Hattropholsen 1, Ha 10 = Hattropholsen 10.

samtmenge der im System bestehenden ‚Schulden' erhöhte. Das setzt freilich voraus, dass auf lange Sicht derartige ‚Schulden' irgendwann beglichen wurden – eine schwer überprüfbare Annahme. Was bedeutet Reziprozität, wenn eine indirekte Gabe (von Berwicke 3 an Berwicke 1 an Blumroth 4) nicht etwa die langfristige Rückgabe, sondern eine erneute direkte Gabe in derselben Richtung (von Berwicke 3 an Blumroth 4) motiviert?

In allianztheoretischer Sicht ist Reziprozität ein Spiel zwischen Patrilinien. Auch wenn die verschiedenen Vorfahren des Mannes, über die seine Verwandtschaft zur Frau lief, sämtlich Vorfahren mütterlicherseits waren und schon insofern ihrerseits keine männliche Abstammungslinie bildeten: Patrilinien existierten in Borgeln durchaus – in unserem Beispiel etwa die der Frau (Berwicke 3). Andererseits wurden Höfe aber auch über Wiederheiraten weitergegeben, unter Übergehung der Kinder aus erster Ehe.[54] Der Großvater unseres Johann Peter W. H. Dirks, Anton Dahlhoff (OFBID 2035), heiratete z. B. seine patrilaterale Kreuzcousine (FZD) aus der Familie Richthoff (OFBID 2036); formal ein klassisches Beispiel für restringierte Reziprozität: In der ersten Generation wurde eine Tochter von den Dahlhoffs an die Richthoffs und in der zweiten eine von den Richthoffs an die Dahlhoffs ‚abgegeben'. Betrachten wir allerdings die Höfe, löst sich der Zusammenhang der Patrilinie Dahlhoff auf. Nicht Anton oder sein ebenfalls überlebender Bruder Jasper erbte den Hof Borgeln 12, den schon seine Großeltern väterlicherseits besessen hatten. Dieser ging vielmehr an den zweiten Mann seiner Mutter (Anton Krabbe gen. Dahlhoff, OFBID 224) und nach deren Tod an den Sohn dieses zweiten Mannes, den er mit einer zweiten Frau gezeugt hatte (Franz Dahlhoff, OFBID 226); dieser heiratete seinerseits eine Tochter von Anton Dahlhoff (also seine xBD). Auf demselben Wege der wiederholten Heirat war auch der Vater unseres Johann Peter W. H. Dirks in den Besitz von Blumroth 4 gekommen. Das der englischen ‚joint tenancy' ähnelnde, die horizontale Besitzweitergabe über Wiederheiraten ermöglichende gesamthänderische eheliche Güterrecht konterkarierte in Borgeln also die allianztheoretische Grundannahme, wonach Patrilinien auf gegenseitigen Ausgleich hin agieren. Wären Patrilinien überhaupt stark genug, um langfristig auf den Ausgleich von Heirats-‚Schulden' hinzuwirken, dann sollte man erwarten, dass diese Familienverbünde auch in der Lage wären, sich im Fall von Wiederheiraten im Besitz ihrer Höfe zu halten.[55]

8.5 Hofidee und Familienstrategien

Die bisherigen Überlegungen haben sowohl marktorientierte, individualistische, untersozialisierte Erklärungsansätze als auch überindividuelle, traditionalistische, übersozialisierte Modelle[56] als fraglich erwiesen. Das gilt sowohl für das Standardmodell der Property-Rights-Theorie, wonach Eigentum zu einer Entfaltung von Märkten und damit einer Bewegung von Faktoren dorthin führt, wo sie am produktivsten verwendet werden, als auch für die institutionalistische Standarderklärung dafür, dass Märkte sich nicht überall durchsetzen, nämlich dass es an Vertrauen oder an vertrauenswürdigen Institutionen fehlte. Andererseits deutet einiges darauf hin, dass die in der älteren Forschung verbreitete Annahme einer bäuerliches Verhalten kollektiv bindenden Tradition der moralischen Ablehnung von Bodenmärkten und der sozialen Distanz zu denjenigen Gruppen, die das anrüchige Geschäft der ‚Güterschlächterei' betrieben, ein zeitgenös-

54 Schlumbohm, Land-family bond; Rouette, Hofesbande.

55 Zur Schwächung von Ansprüchen der Blutsverwandten auf den Hof durch Wiederheiraten vgl. auch Iida, Wiederheiraten und Verwandtschaftsnetze.

56 Granovetter, Economic action.

sisch konstruiertes, bäuerliche Praxis aber nicht treffendes Figment darstellte. Die Zivilrechtspraxis der Parzellenkäufe und Hofübergaben ist nicht mit der Frage nach Norm (nämlich Bewahrung des geschlossenen Hofes) und Delikt (nämlich Verkauf und Dismembration) zu fassen, sondern (nach Benedikt Waldeck) als strukturbildende Vertragspraxis, die zwischen mehreren Beteiligten vermittelte. Schließlich ist auch die Annahme, die Abstammungsfamilie habe als überindividuelles Subjekt agiert und dabei langfristige Ziele der Weitergabe von Land und Bewahrung von Allianzen verfolgt, angesichts der Schwäche von Patrilinien in Westfalen fraglich.

In jüngerer Zeit ist das in der Geschichte von Haushalt und Familie lange Zeit sehr populäre Konzept der Familienstrategien von namhaften historischen Demographen (Engelen, Viazzo und Lynch) scharf kritisiert worden.[57] Diese Kritik wendet sich einerseits gegen die oft sehr vage und nur metaphorische Redeweise von Strategien, wo tatsächlich kaum mehr als statistische Muster herausgearbeitet werden (also etwa dort, wo im Durchschnitt spät geheiratet wurde, zu behaupten, dass Familien eine Strategie der Spätheirat verfolgten). Im Kern bezieht sich die Kritik jedoch darauf, dass die Rede von Strategien alltagssprachlich so verstanden wird, als beziehe sie sich auf rationales bewusstes Wahlverhalten. Engelen, Viazzo und Lynch halten es daher für sinnvoll, nur solche Verhaltensweisen als strategisch zu interpretieren, bei denen eindeutige Belege für bewusste Planung vorliegen. Dieses Argument halte ich für verfehlt. Ähnlich wie Literaturwissenschaftler Texte schon lange nicht mehr von der Intention des Autors her interpretieren, sondern vom Leser im Text her und damit von der Rezipientenseite, kommt es auch für die Deutung sozialer Praxis primär darauf an, ihre Anschlussfähigkeit und damit ihre Stabilität zu erklären. Nicht nur Personen reproduzieren sich, sondern auch Handlungsmuster und soziale Strukturen. Die Frage lautet also nicht: Was wollte der Colon Franz Westermann erreichen, wenn er außerhalb des engsten Familienkreises nie Land verkaufte, den Hof geschlossen an einen Sohn weitergab und seine anderen Kinder reichlich aussteuerte, sondern: Weshalb erschien Verhalten dieser Art weder dem Colon Westermann selbst noch denen, die mit ihm zu tun hatten, so abstrus, dass andere, zu unseren Theorien besser passende Verhaltensmuster sich durchgesetzt hätten? Sich intersubjektiv bewährende Handlungsmuster können also auch dann als strategisch interpretiert werden, wenn sie ungeplant (‚emergent') sind.[58]

Rationalität, also die Fähigkeit, eigenes Handeln als fundiert darzustellen und entsprechend zu kontrollieren, ist in dieser Perspektive nicht erforderlich.[59] Gleichzeitig er-

---

57 Das Konzept wurde zunächst eingeführt von Bourdieu, Les stratégies matrimoniales, und von Tilly, Individual lives. Vgl. auch die kontroversen Diskussionsbeiträge von Moch u. a., Family Strategy; Engelen, Labour strategies; Kok, Challenge of strategy; Viazzo / Lynch, Strategy.

58 Mintzberg, Patterns in strategy formation; Mintzberg / Waters, Strategies. Zur „sozialen Bedingtheit des Gedächtnisses" und damit einer auf Maurice Halbwachs zurückgehenden, für habitualisiertes strategisches Verhalten zentralen Kategorie siehe auch Assmann, Gedächtnis, S. 35.

59 In der familienhistorischen Forschung wird mit Strategien teilweise das Konzept einer „unconscious rationality" (Wrigley) verbunden; diese erscheint mir, nicht wegen des Verzicht auf Be-

scheint es für die Anschlussfähigkeit und Stabilität sozialer Praxis nicht relevant, ob sie auf Individuen, Paarbeziehungen, Herrschaftsbeziehungen, Familien oder Höfe Bezug nimmt. Das Individuum ist nicht die einzige denkbare Einheit, die nach eigenem Überleben und eigener Reproduktion strebt. So weisen Evolutionsbiologen unterhalb der Ebene des Individuums ein solches Streben etwa dem einzelnen Gen zu, und oberhalb dieser Ebene versuchen z. B. Staaten, ihren Bestand zu erhalten. In diesem Sinne ist Familienstrategie kein überflüssiges Konzept, das im Sinne eines ausschließlichen methodologischen Individualismus durch die rationalen, explizit geplanten und entsprechend belegten Strategien und Taktiken Einzelner zu ersetzen wäre.

Es stellt sich allerdings die Frage, ob die konkreten Vorstellungen von Familienstrategie, die in der historischen Forschung kursieren, auf die hier untersuchte Gesellschaft (und auf andere) wirklich passen. Verbreitet ist die Vorstellung, dass bäuerliche Familien ihre eigenen Interessen gegenüber den Kindern rabiat durchsetzten. Abwanderung wird etwa so interpretiert, dass die Familie um des eigenen Überlebens willen das abwandernde Kind „fallenlässt" (Moch).[60] In Bourdieus klassischer Pyrenäen-Studie gelten jüngere, nichterbende Söhne ohnehin als ‚strukturelle Opfer', aber auch die Erben müssen dort oft auf Ehe und eigenes Lebensglück verzichten, wenn der Vater der Heirat nicht zustimmt. Diese inhaltlichen Vorstellungen können, wie das westfälische Material zeigt, nicht pauschal auf bäuerliche Gesellschaften mit Einzelsukzession übertragen werden.

In diesem Zusammenhang erscheint es interessant, das vom westfälischen Volkskundler Dietmar Sauermann vorgeschlagene Konzept der ‚Hofidee' neu zu lesen.[61] Oberflächlich betrachtet handelt es sich um eine Variante der konventionellen Vorstellung, dass der Einzelmensch in der bäuerlichen Gesellschaft nichts wert sei. So zitiert Sauermann eingangs eine volkskundliche Dissertation von 1931 mit der Aussage, „Der Hof ist alles, der Mensch wenig, manchmal beinahe nichts".[62] Allerdings sieht Sauermann die ‚Hofidee' nicht als einziges Strukturprinzip, sondern als eines von zweien in der Konkurrenz zur ‚Familienidee'.[63] Auf die ‚Hofidee' konnte sich etwa der Hofeigentümer berufen, auf den höheren Status innerhalb der Familienhierarchie der Leibzüchter. Aufgrund der Spannung zwischen diesen beiden Prinzipien „griff man zum Vertragsrecht und schuf somit eine dritte Norm des menschlichen Zusammenlebens".[64] Spätere Arbeiten Sauermanns entfalteten das Argument eines im Lauf des 19. Jahrhunderts

---

wusstheit, sondern wegen des gleichzeitigen Festhaltens an Rationalität und damit Reflektiertheit, als ein Widerspruch in sich selbst. Wrigley, Fertility strategy.

60 Moch, Historians and family strategies, S. 114: „[T]he family increasingly jettisoned some of its members".

61 Sauermann, Hofidee. Für Übernahme des Arguments ‚Hofidee' siehe Imhof, Welten, S. 143; für Kritik Troßbach, Beharrung und Wandel; Rouette, Hofesbande, S. 191.

62 Sauermann, Hofidee, S. 58 (zitiert wird Helene Barthel).

63 Ebd., S. 59.

64 Ebd., S. 60.

zunehmenden Gewichts der Familienidee.[65] Liest man Sauermann genau, zeigt sich also, dass er geradezu einen Gegensatz von Verpflichtung der Abstammungslinie gegenüber und Verpflichtung dem Hof gegenüber postuliert, und – in Westfalen – ein Vorwiegen letzterer. Das Argument, dass der ungeteilte Hof auf dem Wege der Wiederheirat auch über die Grenzen von Abstammungslinien hinweg transferiert werden konnte, steht also nicht wirklich im Gegensatz zu Sauermanns ‚Hofidee'. Die Pointe liegt dabei nicht im quasi-totalitären Übergewicht des Hofes oder der Familie über die Einzelnen (besonders die Kinder), sondern im Spielraum, den die Existenz mehrerer ‚Ideen' oder (wie man Sauermanns heute weithin als terminologisch veraltet empfundenes Argument rekonstruieren könnte) Akteursebenen bot. In eine ähnliche Richtung geht das zentrale Argument von Christine Fertig in ihrer Analyse von Hofübergabeverträgen in Löhne: „In einem Hofübergabevertrag handelte es sich zum einen um Rechte, die sich auf Beziehungen zwischen Familienmitgliedern gründeten, zum anderen aber auf Beziehungen zu einem Hof."[66] Die Stätte oder das Colonat erscheint also als eine Einheit mit eigenen Interessen, als deren Sachwalter und Funktionsträger die bäuerlichen Besitzer auftreten. Wie Hermann Rebel an oberösterreichischen Beispielen der Frühneuzeit herausgearbeitet hat, agierten von der Grundherrschaft mit emphyteutischen Besitzrechten ausgestattete Bauern als deren Funktionsträger, nicht im eigenen Interesse. Der dem Hof verpflichtete Bauer ist also eine soziale, (grund-)herrschaftliche Konstruktion, deren Weiterexistenz in nicht mehr grundherrschaftlich geprägten Verhältnissen erklärungsbedürftig ist.[67] Wenn man versucht, von der schwer entscheidbaren Frage nach ‚Idee' oder sozialer Konstruktion abzusehen, bieten sich zwei Interpretationsmöglichkeiten. Einerseits kann man die Verpflichtung dem Hof gegenüber als bäuerliches Berufsethos im Weberschen Sinne deuten. Ein „Bauer von guter Art" (Riehl) dient der Sache ‚Hof' nicht anders als mancher Wissenschaftler der Wissenschaft oder mancher Politiker dem Gemeinwohl. Andererseits kann der Hof einfach deswegen verpflichten, weil er – wie wir auch am hier untersuchten Material gesehen haben – als Subjekt von Rechten, als juristische Person auftreten kann.

Anders als in Bourdieus Pyrenäen und im Alteuropa der älteren Volkskunde erscheinen in dieser Perspektive mehrere Akteure auf individueller und überindividueller Ebene als relevant für die Ausbildung von strategischem, d. h. sich zwischen den Akteuren und Akteursebenen bewährendem Handeln. Dass es nur den Hof und sonst niemanden von Bedeutung gab, ist gewiss eine unzutreffende Vorstellung. Aber es gab eben auch den Hof und nicht nur die Einzelnen. Als Ziel von Hof- und Familienstrategien kann damit gelten, zwar nicht den Hof um jeden Preis, auf Kosten der Familie oder der ‚weichenden Erben', zu erhalten, wohl aber eine Balance zwischen Hof, Familie, Eltern und Kindern (und im Ancien Régime: der Grundherrschaft) zu erreichen.

---

65 Sauermann, Bauernfamilien und Gesinde.

66 Ch. Fertig, Hofübernahme.

67 Rebel, Peasant Classes; Troßbach, Bauern, S. 94–95.

8.6 Schlussbemerkung

Mir sind drei Ergebnisse wichtig. Erstens: Marktgesellschaft vom Reißbrett ist (was die wenigsten überraschen dürfte) eine Fiktion, und das gilt auch für die ‚Bewegung des Ackers zum besten Wirt'. Die westfälischen ‚Ökonomen' bekamen ihr Landeigentum, aber sie nutzten den Bodenmarkt kaum. Land wurde zum großen Teil im Bereich von Eltern und Geschwistern umhergeschoben, Fernstehende wurden nicht gleichermaßen beteiligt. Wenn wir die Regressionsanalyse zu den Preisen genauer anschauen, dann sehen wir auch, dass die Preise zwar modellierbar, aber doch ziemlich chaotisch waren. Das ist einfach dadurch zu erklären, dass im Grunde nur alle paar Monate einmal eine Parzelle auf dem Markt war – der Markt war nicht liquide genug, um mittels eines funktionierenden Preismechanismus als Signalgeber zu funktionieren.

Zweitens: Die marktkritische sozialhistorische Forschung hat immer wieder Reziprozität als Kontrast zum unpersönlichen Markt in Stellung gebracht. Ich halte das für einen halben Irrweg. Nur halb: Reziprozität brauchen wir, um sinnvolle Lebenswege zu erzählen (und um sie selbst zu verfolgen). Sie ist aber wissenschaftlich schwer nachweis- und testbar. Die interessantesten und am genauesten formalisierten Versuche dazu beziehen sich auf Analysen von Heiratsallianzen in der Tradition von Lévi-Strauss. Heiraten sind aber nur ein mögliches Kooperationsfeld unter vielen. Unsere westfälischen Ergebnisse deuten bislang nicht darauf hin, dass mit formalen Methoden nachweisbare Heiratsallianzen zwischen Familiengruppen hier eine wichtige Rolle spielten. Klar erkennbar ist dagegen das immense Gewicht der Umverteilung: Erbschaft, Übergabe, Auflösung von Erbengemeinschaften sowie mit Unterhalt und Erbschaft in irgendeiner Weise verknüpften Verkäufe unter Eltern, Kindern und Geschwistern. ‚Reziprozität' weckt positive Assoziationen, lässt uns an eine Welt der Großzügigkeit, Freundschaft und Allianz denken (die freilich in ‚negative Reziprozität', Hass und Streit umkippen kann). ‚Umverteilung' weckt negative Assoziationen an Gleichmacherei und Autoritarismus: Das gab es im Realsozialismus, das brauchen wir nicht. Wir brauchen es doch: Redistribution wird es schon deshalb in jeder Gesellschaft geben müssen, weil wir besitzlos geboren werden und als Sterbende auch nichts mitnehmen können.

Drittens: Eine sehr einfache Großerzählung lautet, dass ‚früher' primäre Sozialbeziehungen (Familie, Nachbarschaft, Verwandtschaft) für alles genutzt wurden, und ‚später' sekundäre wie Markt und Staat. Eine Gegenthese lautet, dass man Familie und Verwandtschaft gerade in Phasen der Marktintegration braucht. Diese Studie zeigt dagegen, dass Markt, Redistribution und (wo sie denn fassbar ist) Reziprozität in gewissem Maß funktionale Äquivalente sind. Das heißt, dass man Ressourcen verschiedener Art entweder auf die eine oder auf die andere Weise zirkulieren lassen kann. Die Löhner zum Beispiel nahmen am Weltmarkt für Leinen teil, aber ihr Getreide reichte gerade einmal dafür, es selbst zu konsumieren. Kredite beschaffte der Dorfvorsteher Carl Imort nicht nur für seine zahllosen Verwandten. Boden wurde wenig gehandelt, aber (in Folge der Gemeinheitsteilungen) immer noch mehr als in Borgeln und Oberkirchen. Es scheint, dass Verwandte hier durchaus als Heiratspartner bevorzugt wurden, aber das erleichterte ihnen noch lange nicht das Kaufen von Land. Borgeln war dagegen als boomender Getreideproduzent in überregionale Märkte integriert; es gab einen ausgeprägten Arbeitsmarkt; Hypothekarkredite aus einem weiten Umfeld wurden in diesem reichen Dorf angelegt, und die Borgelner trugen viel Geld zur Sparkasse, ohne dass irgendein Patron vermittelte. Untereinander vergaben sie kaum Kredite, und den Bodenmarkt benutzten sie praktisch nicht. Oberkirchen steht wieder für eine andere Konstellation: ohne Sparkasse, ohne viel andere überregional gefragte Produkte außer der eigenen Arbeitskraft, mit einem einflussreichen internen Patron (Ortsvorsteher Caspar Nückel als wichtigster Landkäufer und Kreditgeber), mit einem Verwandtschaftssystem, in dem Blutsverwandte als Heiratspartner noch strikter vermieden wurden, aber in dem sie als Landkäufer durchaus bevorzugt wurden. Man brauchte Verwandte nicht für alles, und man brauchte den Markt nicht für alles. Was wie genutzt wurde, war keine Frage einer übergreifenden Mentalität im Sinne einer Subsistenz- oder Marktorientierung; es wurde gewählt, was passte. Es gibt keinen einheitlichen Pfad weg von der Familie und hin zum Markt, den Gesellschaften gehen müssen.

Anhang 1: Quellen, Metaquellen und Methoden

A1.1 Problemstellung

Ländliche Bodenmärkte bestehen im weiteren Sinne darin, dass Personen an Land gelangen, das sie für die landwirtschaftliche Produktion nutzen. Im engeren Sinne spricht man dabei von Märkten dann, wenn eher Preise eine bestimmende Rolle spielen als soziale Nähe. Um diesen Prozess – zunächst im weiteren Sinne – beobachten zu können, benötigen wir Informationen über Personen, über Boden und über das Gelangen an diesen Boden. Information über Personen heißt, sie benennen und wiedererkennen zu können. Information über Boden heißt – ganz entsprechend – ihn eindeutig bezeichnen zu können, bei Grundstücken etwa nach Größe, Nutzungsart und Lage. Information über das Gelangen an Boden meint, dokumentieren zu können, wie auf den Boden bezogene Verfügungsrechte von Person zu Person übergehen, etwa nach der Art des Vertrages und dem Preis, und in welcher sozialen Beziehung die Akteure zueinander standen. Nichts von dem ist selbstverständlich. Aus der Notwendigkeit, Personen, Boden und den Erwerb von Boden durch Personen zu beobachten, ergeben sich Konsequenzen für die Suche nach und die Bearbeitung von Quellen. Im Folgenden soll diskutiert werden, wie Personen, Boden, Erwerbsakte und deren Verknüpfung miteinander beobachtet und dokumentiert werden können. Dabei geht es nicht nur darum, die benutzten Quellen vorzustellen, sondern auch um den hier verfolgten Ansatz eines datenbankgestützten Forschungsprojektes, in dem für die drei Untersuchungsgebiete Informationen zu Familien (Kirchenbücher, Kirchenbuchverkartungen, Ortsfamilienbücher), zu landwirtschaftlichen Betrieben (Kataster, Fortschreibungsverhandlungen) sowie zu Hypothekarkredit- und Immobilienmärkten (Grund- und Hypothekenbücher) erfasst, miteinander in normalisierten relationalen Datenbanken verbunden und ausgewertet wurden.

Normalisierte relationale Datenbanken – das bedeutet die Arbeit mit einer Vielzahl von systematisch verknüpften Tabellen. Wie im Zuge der Projektarbeit rasch deutlich wurde, erforderte dieses Forschungsdesign eine grundlegende Abweichung von Formen der Arbeitsorganisation, wie sie in historischen Forschungsprojekten sonst üblich sind. Das Projekt kann also auch als Experiment mit dem Einsatz normalisierter relationaler Datenbanktechnik gesehen werden, wie sie in vergleichbaren geschichtswissenschaftlichen Forschungsprojekten im deutschsprachigen Raum bislang kaum eingesetzt worden ist. Allgemein verbreitet, auch im von mir koordinierten Vorgängerprojekt zur westfälischen Demographie, sind ‚lineare' Datenbanken (‚flat files'), die im Wesentlichen aus jeweils einer Tabelle bestehen. Bei größeren datenbankgestützten Projekten in der Geschichtswissenschaft dominiert mit Kleio ein sogenanntes semantisches Netzwerksystem, das in expliziter Abgrenzung zu relationalen Datenbanken konzipiert wurde.[1] Zur Philosophie von Kleio gehört die strikte Trennung von Datenaufnahme und Interpretation: Personen z. B. werden nachträglich identifiziert, nicht fallweise durch die Ersteller der Datenbank, sondern im Nachhinein durch die Interpretierenden. Datenbankstrukturen ergeben sich in Kleio-Projekten aus den Strukturen der einzelnen Quellengattungen, nicht aus denen der hinter diesen liegenden ‚Welt'. Implizit folgen auch die verbreiteten wenig aufwendigen ‚flat files' derselben Datenbankphilosophie: Im Vorgängerprojekt z. B. saßen Hilfskräfte an Kirchenbüchern und zählten die darin enthaltenen, durch die Struktur der Quelle vorgegebenen Einträge; der Hauptbearbeiter und ein Doktorand rechneten später mit den so erhobenen Daten. Die Entscheidung für die der deutschen historischen Wissenschaftskultur fremde relationale Datenbanklogik erzwingt einen radikalen Abschied von dieser Arbeitsweise. Die Strukturen unserer Datenbanken spiegeln nicht die Strukturen der untersuchten Quellen, sondern der untersuchten Sachen wider. Diese Erkenntnis gehörte zu den zentralen Überraschungen im Projektverlauf. Im Folgenden soll sie näher erklärt werden.

A1.2 Personen

Was tun wir eigentlich, wenn wir eine Person des 19. Jahrhunderts beobachten? Wenn wir als Historiker über einen Abstand von über 150 Jahren blicken, wobei wir in unseren Erkenntnismöglichkeiten stets auf einen begrenzten Bestand an Quellen verwiesen sind, sind uns Personen nicht so eindeutig erkennbar, wie wenn wir es mit unseren jetzt lebenden Mitmenschen zu tun haben. Personen liegen nicht einfach in Quellentexten vor, sondern werden durch unsere Leistung, sie zu erkennen und als Personen zu benennen, konstituiert – genauer gesagt: re-konstituiert, wieder-hergestellt, denn diese Personen hatten damals ja tatsächlich ein Leben außerhalb des Quellentextes. Unter der Rekonstitution von Personen soll also verstanden werden, verschiedene Informationen dersel-

[1] Das Konzept der quellenorientierten Datenverarbeitung wird z. B. erläutert von Nemitz, Datenvernetzung und Grassi, Quellennahe Datenverarbeitung.

ben Person zuzuordnen. Welche Informationen dies sind, folgt zunächst nur unseren Orientierungsbedürfnissen.

Nützlich für das Wiedererkennen von Personen aus dem 19. Jahrhundert sind regelmäßig vorkommende Ereignisse, Bezeichnungen und Beziehungen. (1) Zwei Ereignisse gehören zu jeder Person: Geburt und Tod, beide in Kirchenbüchern dokumentiert. Rekonstituierte Personen haben also eine zeitliche Dimension; es ist für uns nützlich, über die Lebenszeit einer Person Bescheid zu wissen, da wir ihr weitere Informationen sonst fehlerhaft zuordnen könnten. (2) Relevant sind auch Bezeichnungen von Personen: Namen. Vornamen wurden im Westfalen des 19. Jahrhunderts mit der Taufe vergeben, wobei jede Person in der Regel mehrere Vornamen trug und die Gesamtzahl der vorkommenden Vornamen begrenzt war. In anderen Quellen als dem Taufbuch wurden allerdings nicht genau diese Vornamen benutzt, sondern Rufnamen – meist ein oder zwei der Vornamen, gelegentlich auch vom Vater übernommene Ruf- oder Vornamen. Nachnamen lagen ebenso wenig fest. Sowohl Männer als auch Frauen konnten ihren Nachnamen wechseln. In der Regel wurde informell, als genannt-Name, der Name des Hofes angenommen, auf den der Ehemann oder die Ehefrau zog („Bölting genannt Schulze"); in Löhne dienten die Hausnummern als Namensergänzungen (z. B. „Imort 49"). Neben den jeweiligen elterlichen Nachnamen, wie sie im Taufbuch angegeben werden, ist also auch die Bezeichnung der von einer Person bewohnten Höfe relevant für unsere Chancen, sie wiederzuerkennen. (3) Die Instabilität der Namen verstärkt die Notwendigkeit, Personen informationstechnisch in Beziehungen einzubetten und über diese zu definieren. Mit der Geburt wird auch Elternschaft dokumentiert. Bei der Heirat werden die Beteiligten regelmäßig nicht nur mit ihrem Namen benannt, sondern auch mit dem Verweis auf ihre Eltern. Allianz und Blutsverwandtschaft sind also – unabhängig von ihrer inhaltlichen Relevanz für die Sozialstruktur der untersuchten Orte – wichtige Indikatoren für die Identität von Personen. Für die Stimmigkeit einer Rekonstitution von Personen nützt es also, nicht nur diese selbst anhand von Bezeichnungen und biographischen Rahmendaten zu rekonstituieren, sondern sie einzubetten in ihre Familienbeziehungen. Familienrekonstitutionsdaten bieten daher den besten Weg zu einer Erfassung von Personen über den Zeitraum ihres Lebens hinweg.

Das Vorhandensein von solchen Daten, in Kombination mit Quellen zum Landbesitz, war das entscheidende Kriterium für die Auswahl der zu untersuchenden Kirchspiele. Bei der Auswahl der Untersuchungsgebiete kam es darauf an, einerseits mit den vorhandenen, auch tatsächlich beschaffbaren und computertechnisch erfassbaren Beständen zu arbeiten, andererseits in diesem Rahmen möglichst institutionell und in ihrer agrarischen Dynamik kontrastierende Untersuchungsgebiete zu wählen. Für eine Analyse auf der Ebene einzelner Transaktionen ist die Identifikation der handelnden Personen erforderlich, für ihre Einbettung in die lebenszeitliche Dimension die Kombination verschiedener biographischer Daten derselben Person und für die systematische Analyse sozialer Nähe die Kenntnis von Verwandtschaftsnetzen. Diese drei Anforderungen, die mit zunehmenden technischen Ansprüchen verbunden sind, erfüllen nur Familienrekonstitutionsdaten.

In Westfalen gibt es nur eine begrenzte Zahl an solchen Datenbeständen; sie unterscheiden sich in Form, Zugänglichkeit und zeitlicher Tiefe.

Das von Manfred Schlien erstellte Löhner Ortsfamilienbuch lag bereits zu Beginn der Projektarbeit maschinenlesbar vor.[2] Die Erkenntnisinteressen des Autors waren in erster Linie auf Abstammung gerichtet (er wollte die Vorfahren seiner Frau ermitteln); daraus hatte sich jedoch eine weitgehend komplette Dokumentation der Löhner Familien entwickelt, mittlerweile einschließlich der Nachbarorte Gohfeld und Mennighüffen. In Schliens Arbeit sind nichteheliche Kinder, kleine Familien ohne Information über den Vater und männliche Zuwanderer nicht immer gut dokumentiert. Nichteheliche Kinder fehlen oft, wenn sie nicht am Ort heirateten oder wenn ihr Vater unbekannt ist. Männliche, eingeheiratete Zuwanderer werden oft ausschließlich mit dem Namen ihrer Frau bzw. des Hofes geführt; etliche Zuwanderer fehlen. Bei der Datenkorrektur war also darauf zu achten, Schliens Konzepte von Familie und Ortszugehörigkeit nicht ungeprüft zu übernehmen.

Zu Oberkirchen existiert ein unpubliziertes Ortsfamilienbuch in Form eines Typoskripts. Es erforderte eine größere Nachbereitung, vor allem da es keine Verknüpfungen zwischen den einzelnen Familien in Form von Familiennummern enthielt; die Originalkirchenbücher sind zu diesem Zweck aber (anders als in Löhne und Borgeln) bislang nicht benutzt worden.

Am unvollständigsten waren die in Borgeln erhobenen Daten. Dort lagen einerseits publizierte Höfebücher vor, andererseits eine Verkartung der Kirchenbücher.[3] Die Erkenntnisinteressen, die zu der Herstellung dieses für Historiker sehr wertvollen Bestandes an Meta-Quellen führten, unterscheiden sich erheblich von den privaten Beweggründen des Löhner Autors: Während dieser die Herkunft seiner Ehefrau erforschen wollte, ging es dem Borgelner Pfarrer und Soester Superintendenten Adolf Clarenbach darum, einen Anspruch des nationalsozialistischen Staates an die evangelische Kirche zu erfüllen. Dieser setzte die Kirchenbücher zum Zweck der Unterscheidung zwischen ‚arischen' und ‚nichtarischen', ‚vagabundierenden' und sesshaften Teilen der Bevölkerung ein; Clarenbach forderte, dass die westfälischen Pfarrer diese Anliegen durch die „Verkarteiung der Kirchenbücher" unterstützten, da sonst die Kirchenbücher in staatlichen Besitz übergehen könnten und „da wir als Glieder der Kirche auch Glieder des Volkes sind".[4] Clarenbachs Erkenntnisinteresse richtete sich in erster Linie auf die Hofbesitzer

2 Schlien, Familienbuch Löhne. 2001 ist eine Gohfeld, Mennighüffen und Löhne umfassende Neuauflage erschienen: Schlien, Kirchspiele Gohfeld, Löhne und Mennighüffen.

3 Die Erfassung hatte aufgrund von Benutzungsauflagen sehr zügig zu geschehen. Markus Küpker hat dafür gesorgt, dass auf die Datenbank gleichzeitig von zwei PCs zugegriffen werden konnte; nur dadurch konnten die Ausleihfristen eingehalten werden. Die Erfassung wäre ebenfalls nicht möglich gewesen ohne großzügige logistische Unterstützung durch Wilhelm Kohl und Norbert Giesler (Universitätsarchiv Münster). Der Kirchengemeinde Borgeln und dem Landeskirchlichen Archiv Bielefeld ist für die Ausleihe der Kartei zu danken.

4 Clarenbach, Verkarteiung, S. 2.

und auf den Zusammenhang von Hofweitergabe und Blutsverwandtschaft.[5] Bei der Korrektur waren entsprechende Fehlzuordnungen nicht selten aufzulösen.

A1.3 Boden

Der Boden bildet das Substrat des landwirtschaftlichen Produktionsprozesses. Im besten Fall wären wir in der Lage, eine Parzelle heute noch vor Ort auffinden zu können, die im 19. Jahrhundert den Eigentümer wechselte oder mit einer Hypothek belastet wurde. Dies setzt voraus, dass Informationen über die Lage einzelner Parzellen nach Länge und Breite geographisch referenziert sind. Entsprechend genaue Katasterpläne liegen zwar seit der Erstellung des Urkatasters der 1820er Jahre vor, die Georeferenzierung und parzellenweise Aufnahme dieser Pläne würde jedoch einen erheblichen Arbeitsaufwand bedeuten. Aufwendig wäre es insbesondere, die Teilungen und Zusammenlegungen von Parzellen nachzuhalten.

Eine weniger anspruchsvolle Möglichkeit besteht darin, Parzellen mit ihrer Nummer zu identifizieren. Diese bestand (und besteht) aus bis zu drei Teilen: einer Flurnummer (die eine grobe Orientierung über die Lage in einer von bis zu zehn Fluren innerhalb einer Katastergemeinde bietet), der eigentlichen, zum Teil als Bruch geschriebenen Parzellennummer und gegebenenfalls dem Buchstaben des Kulturart-Abschnitts (soweit innerhalb einer Parzelle z. B. Wiese und Acker nebeneinander lagen). Anhand dieser Nummer lassen Parzellen sich über die Zeit hinweg, also bei mehreren Transaktionen, identifizieren; in Kataster- und Hypothekenbüchern wird dabei jeweils die Flächengröße angegeben.

Verändern können Parzellen sich in mehrerlei Hinsicht, im Wesentlichen aufgrund von Eingriffen ihrer Eigentümer. Zunächst können Landeigentümer die Nutzungsart von Parzellen ändern. In Kataster- und Hypothekenbüchern wurde jeweils angegeben, ob es sich bei einer Parzelle zu einem gegebenen Zeitpunkt um Acker, Holz, Wiese, Weide usw. handelte. Diese Angaben dürften vor allem zu den Zeitpunkten der beiden Katasteraufnahmen zuverlässig sein, die in den 1820er und 1860er Jahren erfolgten. Daneben kann der Steuerwert von Parzellen sich ändern. Land wurde bei den Katasteraufnahmen in verschiedene Qualitätsklassen eingeteilt. Die Grundsteuer wurde nach dem Reinertrag bemessen, also dem nach Abzug aller betrieblichen Aufwendungen verbleibenden Ertrag, in den 1820er Jahren anhand von Musterparzellen in den sogenannten Wertschätzungsverhandlungen abgeschätzt. Für diesen Zeitpunkt können wir also nicht nur die Bodenqualität quantifizieren, sondern verfügen auch über eine detaillierte Beschreibung landwirtschaftlicher Arbeitsabläufe. Um 1866 erfolgte eine Neufestsetzung der Grund-

---

5 Ders., Familiengeschichte, S. 62–63: „Ausgangspunkt der ganzen vorliegenden Arbeit" sei die Frage, „inwieweit sich Familiengeschichte und Hofesgeschichte decken"; ein „einwandfreier Blutszusammenhang" über Jahrhunderte lasse sich aber nur bei einer Minderheit der Höfe feststellen.

steuer, hier sind allerdings keine Wertschätzungsverhandlungen erhalten. Zu den Rechten eines Landeigentümers gehört zudem die Neuparzellierung von Grundstücken. Soweit Parzellen neu aufgeteilt wurden, bleibt anhand der Flurnummer zumindest ihre ungefähre Lage in der Gesamtgemarkung erkennbar. Teilweise lassen sich auch Vorgänger- und Nachfolgerparzellen identifizieren, da bei Parzellenaufteilungen jeweils die alte Nummer (oder deren über dem Bruchstrich stehender Teil) unter dem Bruchstrich weitergeführt wurde.[6] Alle in dieser Studie untersuchten Transaktionen – sowohl die Eigentumswechsel beim Kaufen oder Erben von Land als auch die Hypotheken bei der Kreditaufnahme – sind mit benennbaren Parzellen verknüpft.

A1.4 Transaktionen und Rechte am Boden

Neben Personen und Parzellen sind Transaktionen – Eigentumswechsel und Belastungen von Grundstücken – Beobachtungsgegenstand dieser Studie. Zunächst seien Eigentumswechsel und – als Voraussetzung – Eigentum an Land diskutiert. Es gibt zwei Quellengattungen, über die Landeigentum fassbar werden kann: Kataster und Hypothekenbücher. Katasterbücher dienen der Besteuerung. Die Grundsteuer wurde im 19. Jahrhundert zentral festgelegt und auf die Provinzen und Gemeinden umgelegt. Der Kataster diente der gerechten Verteilung der Steuer unter den Gemeinden und ihren Einwohnern. Er erfasste zwar in der Regel die Landeigentümer als Steuerpflichtige, die Dokumentation von Eigentumsrechten war aber nur ein Nebeneffekt der Vermessung; der Kataster genoss keinen öffentlichen Glauben (d. h. im Konfliktfall konnten die Erwerber von Land ihre Gutgläubigkeit nicht mit dem Verweis auf den Kataster belegen).[7] Eigentumswechsel einzelner Parzellen konnten jährlich in Katasterfortschreibungsprotokolle (auch Mutations- oder Fortschreibungsverhandlungen genannt) eingetragen werden, oft mit mehrjähriger Verzögerung. Bei der Eintragung wurden die Nachnamen und (Steuer-)Artikelnummern der jeweiligen ‚Kontrahenten' (Vertragspartner) festgehalten, Nummern der Parzellen, Kontraktarten, Preise und Namen von Notaren sowie die Unterschriften der Kontrahenten, bei Analphabeten das Handzeichen.

Hypothekenbücher (heute: Grundbücher) dienten explizit der Dokumentation und Öffentlichmachung von Eigentum; ursprünglich zu dem Zweck, Hypothekengläubiger vor der Beleihung von Grundstücken zu schützen, auf denen schon Rechte Dritter hafteten. Sie erfassten bei ihrer Anlegung jeweils nur einen Teil der Gemarkung und wurden im Lauf des 19. Jahrhunderts schrittweise gefüllt – in Löhne etwa standen um 1830 von 3.200 Morgen steuerpflichtigen Landes nur 637 Morgen im Hypothekenbuch. Hypothekenbücher sind nach Grundbuchgrundstücken (Folien) organisiert. Ein steuer-

---

6 Zur Behandlung von Stamm- und Nachfolgeparzellen vgl. Güthe / Triebel, Grundbuchordnung, S. 62–64.

7 Kohl, Kataster, S. 92.

pflichtiger Eigentümer kann mehrere Grundstücke besitzen. Parzellen sind Teilgrundstücke und werden jeweils auf dem Titelblatt des (mehrere Einzelblätter, ‚Rubriken' umfassenden) Foliums benannt.

Die heutige Rechtslage verlangt im Falle des rechtsgeschäftlichen Erwerbs von Grundstücken einen Eintrag in das Grundbuch, damit Grundeigentum von einer auf eine andere Person übergeht; das schließt Kaufverträge und Erbauseinandersetzungen (z. B. die Auflösung einer Erbengemeinschaft) mit ein. Bei nicht durch ein Rechtsgeschäft zustande kommenden Eigentumswechseln, insbesondere durch den Tod des Eigentümers, ist der Eintrag im Hypothekenbuch dagegen lediglich als Berichtigung zu lesen und konstituiert kein Eigentum. Dasselbe gilt für Eigentumswechsel durch Hoheitsakte, z. B. Enteignungen. Neben Wechseln des Eigentums finden sich im Grund- oder Hypothekenbuch auch Umschreibungen von Parzellen von einem auf ein anderes Grundstück desselben Eigentümers sowie Feststellungen des Besitzes. Auch solche Vorgänge wurden datenbanktechnisch als Veränderungen des Eigentums erfasst. Da die historische Bodenmarktforschung sich im Grunde für Rechtsgeschäfte interessiert, sind diese Unterscheidungen (die von der Quellenstruktur nicht direkt angeboten werden) inhaltlich sehr wichtig.

Zu den Angaben im Hypothekenbuch, die bei Eigentumswechseln gemacht wurden, gehören – ähnlich wie in den Fortschreibungsverhandlungen – die Benennung der Akteure, der Parzellen und (oft) des Preises. Hypothekenbücher bieten eine ausführliche verbalisierte Beschreibung der den Eigentumswechseln zugrundeliegenden Vorgänge, etwa von Erbfällen oder Verträgen. Auch hier können der Zeitpunkt des Kaufvertrags und der des Eintrags erheblich voneinander abweichen. Da im Untersuchungszeitraum – anders als heute – der Eintrag ins Hypothekenbuch für die Wirksamkeit eines Eigentumswechsels nicht erforderlich war, vielmehr eine Übergabe des Landes als ausreichend betrachtet wurde, dokumentieren die Hypothekenbücher nur einen mehr oder weniger großen Teil der rechtswirksamen Eigentumswechsel; der Zeitpunkt der sachenrechtlich wirksamen Landübergabe dürfte – darauf deuten einzelne in den Grundakten vorliegende Kaufverträge hin – in der Regel nahe beim (regelmäßig dokumentierten) Zeitpunkt des Kaufvertrags gelegen haben.

Nicht nur das Eigentumsrecht an Grundstücken kann man an andere übertragen. Grundstücke können auch mit anderen dinglichen Rechten belastet werden. Belastungen bestehen in Hypotheken, Reallasten und Dienstbarkeiten. Die drei Kategorien von Belastungen unterscheiden sich in der Verpflichtung, die der Eigentümer des belasteten Grundstücks jeweils eingeht: Eine Zahlungsverpflichtung im Fall von Hypotheken, eine Verpflichtung zu einer aktiven Handlung im Fall von Reallasten (z. B. kann auf dem Grundstück die Verpflichtung lasten, Altenteiler mit bestimmten Mengen an Lebensmitteln auszustatten), eine Verpflichtung zum Dulden der Handlungen anderer bei Dienstbarkeiten (z. B. Wege- und Weiderechten). Das Zivilrecht des 19. Jahrhunderts erzwang keinen Agrarindividualismus; es stellte vielmehr Begriffe für auf mehrere Akteure verteilte dingliche Rechte zur Verfügung.

A1.5 Soziale Nähe

Eine Grundidee dieser Untersuchung besteht darin, die Häufigkeit bestimmter Transaktionen und die bei ihnen ausgehandelten Preise mit der sozialen Beziehung zwischen den Transaktionspartnern in Beziehung zu setzen. Ob die Kontrahenten sich nahe standen (z. B. Vater und Sohn) oder fern (z. B. entfernte Verwandte, Zuwanderer und Ortsansässiger), stellt also eine wichtige Eigenschaft der untersuchten Transaktionen dar. Soziale Nähe hat viele Aspekte, unter anderem Verwandtschaft, Patenschaft, Nachbarschaft; hier beschränke ich mich auf Verwandtschaft. Die Zugehörigkeit zu Verwandtschaftsgruppen gilt in der Forschung als wichtige Variable, die Entscheidungen – z. B. über Migration, Heirat oder den Verkauf von Land – in traditionellen Gesellschaften motivieren konnte. Sie ist allerdings empirisch nicht leicht fassbar; folgerichtigerweise ist Verwandtschaft in empirischen Studien zu Landbesitz und Familie selten systematisch untersucht worden. Wir können sie nicht aus den Hypothekenbüchern erheben; vielmehr ergibt sie sich aus der Kombination zahlreicher Kirchenbucheinträge über Heirat und Elternschaft. Die Pionierstudie von Sabean benutzt eine in der Sozialanthropologie verbreitete Terminologie für Verwandtschaftsbeziehungen von Personen. Diese soll an dieser Stelle erläutert werden; zugleich sollten die Verfahren deutlich gemacht werden, mit denen entsprechende Verwandtschaftsrelationen für alle Akteure in unserem Material ermittelt wurden.[8]

(1) Verwandtschaft ist mithilfe von Ketten zu beschreiben, die aus einzelnen Relationen bestehen (z. B. MBS, mother's brother's son, Cousin mütterlicherseits ersten Grades). Ein Verfahren zur Ermittlung der Verwandtschaftsketten muss bei den Definitionen und Kombinationsmöglichkeiten dieser einfachen Relationen ansetzen. Eine einfache Relation, z. B. ‚Mutter', wird in einer Tabelle mit zwei Variablen dargestellt: Name (oder Nummer) der Person, von der aus die Verwandtschaftsbeziehung betrachtet wird (‚Ego'), und Name (oder Nummer) der anderen Person (‚Alter'), also der Mutter. Eine verschiedene Relationen umfassende Tabelle hat entsprechend mindestens drei Variablen: Ego, Alter und die Art der Relation (z. B. ‚Mutter').

(2) In Tabelle A1.1 werden alle einfachen Relationen aufgeführt. Die Benennung der Relationen folgt der englischsprachigen Konvention. Nichteheliche Beziehungen wurden mit ehelichen gleichbehandelt. Stiefbeziehungen wurden in weitem Sinne definiert. Hier wäre auch eine Ausdifferenzierung nach früheren und späteren Ehen möglich gewesen: Unter einer Stiefmutter stellt man sich gemeinhin nicht die frühere, bereits verstorbene Frau des Vaters vor, sondern die, die er nach dem Tod der Mutter geheiratet hat; Stiefgeschwister können zudem von Halbgeschwistern unterschieden werden. All diese Stief- und Halbbeziehungen werden hier aber der Einfachheit halber gleich behandelt.

---

[8] Die in der historisch-anthropologischen Forschung verwendeten technischen Verfahren zur Ermittlung von Verwandtschaftsbeziehungen sind bislang – soweit nicht ohnehin manuell gearbeitet wird – nicht publiziert worden. Für die begriffliche Klärung in einer Informatikperspektive nützlich ist: Findler, Social and cultural anthropology, S. 367–377.

Tabelle A1.1: Einfache Relationen zwischen Verwandten

Kürzel	englisch	deutsche Bezeichnung (Erläuterung)
F	Father	Vater
xF	Stepfather	Stiefvater (späterer, auch früherer Ehemann der Mutter)
M	Mother	Mutter
xM	Stepmother	Stiefmutter (spätere, auch frühere Ehefrau des Vaters)
B	Brother	Bruder
xB	Stepbrother	Stiefbruder (Sohn von Stiefvater oder Stiefmutter in anderer Ehe, auch Halbbruder)
Z	Sister	Schwester
xZ	Stepsister	Stiefschwester (Tochter von Stiefvater oder Stiefmutter in anderer Ehe, auch Halbschwester)
S	Son	Sohn
xS	Stepson	Stiefsohn (Sohn von Ehemann oder Ehefrau in früherer, auch späterer Ehe)
D	Daughter	Tochter
xD	Stepdaughter	Stieftochter (Tochter von Ehemann oder Ehefrau in früherer, auch späterer Ehe)
H	Husband	Ehemann
W	Wife	Ehefrau

(3) Einfache Relationen lassen sich miteinander zu kürzeren oder längeren Ketten kombinieren. Aus einer Liste aller in einer Population bekannten Relationen F (also von verschiedenen Egos zu ihren Vätern) lassen sich auch alle Beziehungen zum FF (Vater des Vaters) ermitteln. Einige Kombinationen von Relationen sind aber redundant, da mit einfachen Relationen gleichbedeutend: Ein MS (Mutters Sohn) ist als B (Bruder) oder xB (Stiefbruder) knapper charakterisiert, ein DF (Tochters Vater) ist H (Ehemann), soweit nichteheliche Verbindungen datentechnisch wie Ehen behandelt werden.

(4) Aus Punkt (1) bis (3) ergibt sich, dass die in Tabelle A1.2 angegebenen Kombinationen erlaubt sind.

(5) Ketten sind nur dann sinnvoll, wenn sie dieselbe Person nicht mehrfach enthalten. Zum Beispiel kann es geschehen, dass eine Frau (Ego) einen Mann heiratet, der zugleich ihr Cousin (FBS) ist. Dann könnte man die Mutter dieser Frau nicht nur als ihre M, sondern auch als ihre FBSWM bezeichnen. Dies ist aber redundant, da mit FBSW in diesem Fall Ego gemeint wäre.

(6) Jeder einzelnen Relation kann ein Jahr zugeordnet werden, von dem an sie besteht: Geburtsjahr, Heiratsjahr oder (bei Stiefbeziehungen) das spätere von beiden. Das Gültigkeitsjahr einer Kette ist dann gleich dem spätesten Gültigkeitsjahr der in ihr enthaltenen Relationen.

Mithilfe dieser sechs Regeln konnten alle aus den Familienrekonstitutionen erschließbaren Verwandtschaftsbeziehungen der in den Grund- und Katasterbüchern erfassten Akteure untereinander und zu Dritten ermittelt werden. Es wurden bis zu sieben Schritte lange Ketten gebildet. Die Begrenzung auf sieben Schritte erfolgte, da auch die Pionierstudie Sabeans mit bis zu sieben Schritten arbeitet. Die Berechnung erfolgte mit der In-

Tabelle A1.2: Kombinationsmöglichkeiten von einfachen Relationen zwischen Verwandten

1. Relation	2. Relation							
	F	M	B	Z	S	D	H	W
F	+	+	+	+	-	-		-
M	+	+	+	+	-	-	-	
B	-	-	-	-	+	+		+
Z	-	-	-	-	+	+	+	
S	-	-	-	-	+	+		+
D	-	-	-	-	+	+	+	
H	+	+	+	+	-	-		+
W	+	+	+	+	-	-	+	

Anm.: Ein Plus-Zeichen bedeutet hier, dass an die in der Zeile benannte erste Relation die in der Spalte benannte zweite Relation geknüpft werden darf (z. B. FF); ein Minus-Zeichen, dass dieses nicht zulässig ist (z. B. FD); kein Zeichen bedeutet, dass die Kombination (z. B. FH) in den Daten nicht vorkommt. Stiefbeziehungen werden wie Nicht-Stiefbeziehungen behandelt.

dustriestandard-Software SAS; dabei wurden die Datastep-Sprache und SQL eingesetzt. Es resultiert eine Tabelle mit den Variablen ‚Egoid' (Nummer von Ego), ‚Alterid' (Nummer von Alter), ‚Rel' (Verwandtschaftskette, z. B. FxZHDD), ‚L' (Länge der Kette, z. B. 5) und ‚When' (Jahr, ab dem die Verwandtschaft besteht). Die komplette Tabelle einschließlich der Beziehungen zu Dritten umfasst allein für die untersuchten 870 Akteure in Löhne etwa zwölfeinhalb Millionen Einträge; nahe Verwandtschaftsbeziehungen von bis zu 5 Schritten machen etwa 10 Prozent davon aus.

Der Vergleich verschiedener Stufen sozialer Nähe ist nur möglich, wenn wir wissen, wo eigentlich die Grenzlinien zwischen nah und fremd laufen, und wo es sinnvolle Unterscheidungen zwischen verschiedenen Arten von Verwandten gibt. Abbildung 1 zeigt fast alle Hypothekarkredite, die der Löhner Bürgermeister Carl Heinrich Imort vergab, und die Verwandtschaftsbeziehungen zu den Empfängern. Imort war zwar kein Hoferbe, sondern ein ehemaliger Holzschuhmacher, aber er kam während der protoindustriellen Hochkonjunktur des frühen 19. Jahrhunderts zu Geld, Land und politischen Ämtern. Er war der wichtigste ortsansässige Kreditgeber in Löhne – mehr Kredit wurde nur von Städtern und Kaufleuten vergeben.[9] Offensichtlich ist, dass Verwandtschaft hier eine Rolle beim Aufbau eines Netzes aus Klienten spielte; offensichtlich ist aber auch, dass das dichte Verwandtschaftsnetz nicht leicht zu überschauen ist. Wir brauchen etwas taxonomisches Denken und statistische Verfahren, um hier weiterzukommen. Ich arbeite dabei (einschließ-

9 Zu Kreditbeziehungen in Borgeln und Löhne siehe Ch. Fertig, Urban capital.

Abbildung A1: Kreditnetzwerk von Carl Heinrich Imort (1782–1854)

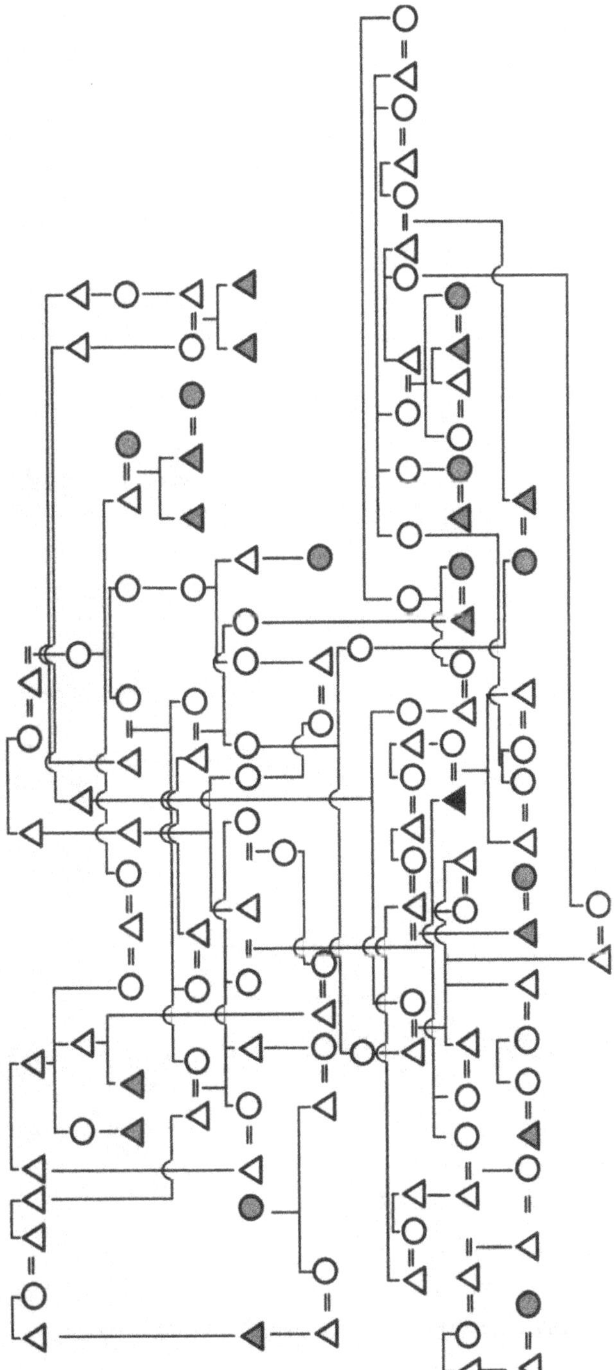

Anm.: Dargestellt werden in grauer Farbe die Empfänger von Krediten und ihre Verwandtschaftsbeziehungen. Der Kreditgeber ist schwarz markiert.

Abbildung A2: Benutzte Kategorien von Verwandtschaftsbeziehungen

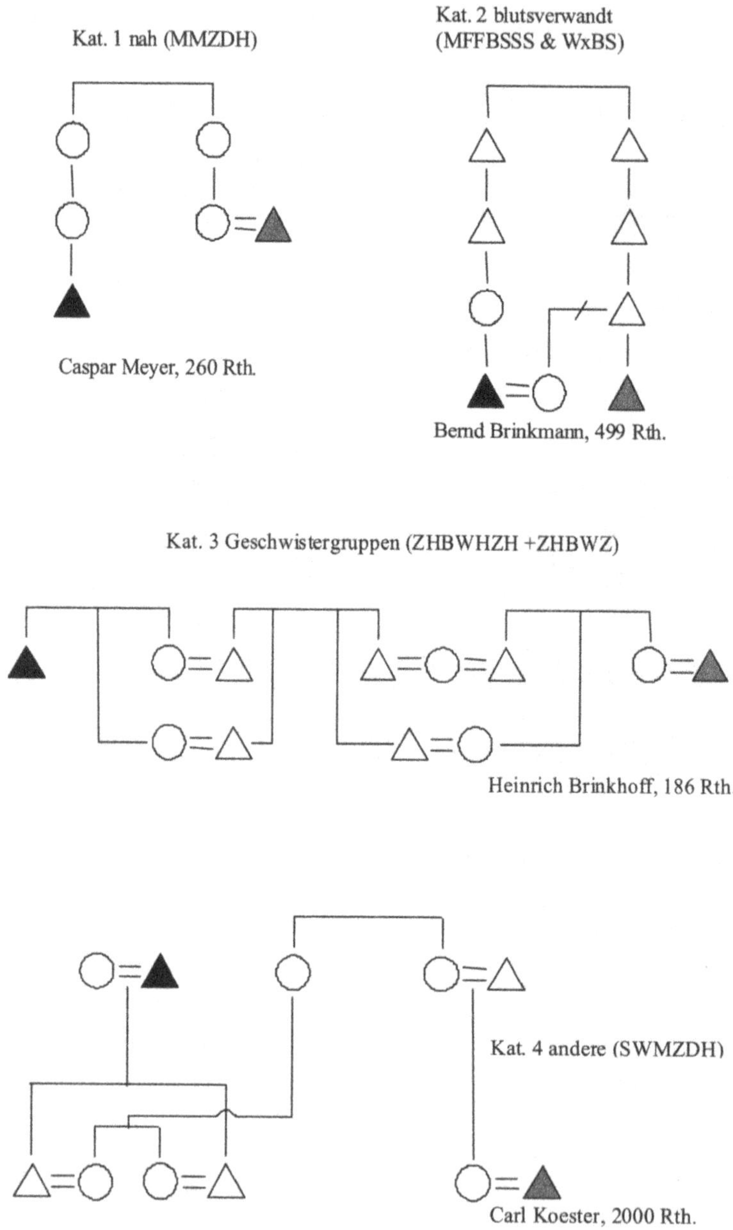

Anm.: Dargestellt werden Beispiele für Verwandtschaftsbeziehungen zwischen Carl Imort und seinen Schuldnern.

lich der Nichtverwandten) mit fünf Kategorien; Abbildung 2 zeigt Beispiele für die vier Formen von Verwandtschaft, die sich darunter befinden. Der Zweck dieser Einteilung besteht darin, nicht nur herauszufinden, ob Verwandtschaft überhaupt eine Rolle spielte, sondern auch, welche Art von Verwandtschaft: ob es sich um das Umfeld von Erbprozessen handelte oder um langfristige Allianzen, ob um ein Austauschspiel zwischen Abstammungslinien oder um das Interagieren von Gruppen derselben Generation.

‚Keine Verwandtschaft' (0) bezeichnet Beziehungen zwischen Personen, zwischen denen in den analysierten Familienrekonstitutionsdaten keine Verbindung zu entdecken war, die über weniger als acht Schritte liefe. Als nahe Form von Verwandtschaft (1) soll derjenige Bereich gelten, in dem Erbschaft und Unterhalt möglicherweise eine Rolle für den Fluss von Ressourcen spielen. Ich habe ihn hier relativ weit definiert: er schließt z. B. Caspar Meyer ein, Mann der Cousine von Imorts Mutter, der alte Schulden von 260 Talern beim Pfarrer hatte; Carl Imort übernahm sie 1833. Entferntere Blutsverwandtschaft (2) umfasst die übrigen Personen mit gemeinsamen Vorfahren, z. B. Cousins 2. oder 3. Grades (Cousins 4. Grades wurden nicht ermittelt). Diese Kategorie ist relevant, weil sie die Bedeutung von mehrere Generationen überspannenden Verbindungen zwischen Abstammungslinien anzeigt. Bernd Brinkmann etwa bekam 1843 Kaufgelder von 450 Talern gestundet; er hatte bei Imort Land aus der geteilten Allmende erworben. Das war ein entfernter Blutsverwandter, vielleicht half ihm aber mehr als diese auf die Urgroßeltern zurückgehende Verbindung, dass er ein Stiefneffe von Imorts Frau war (Stiefbeziehungen habe ich generell als ‚andere' kategorisiert). Dagegen umfasst die Verbindung von Geschwistergruppen (3) solche Beziehungen, die durch mehrfache Heiratsverbindungen und Geschwisterbeziehungen in der Gegenwart gestiftet wurden, nicht über frühere Generationen durch gemeinsame Abstammung. Heinrich Brinkhoff, Empfänger von 86 Talern, für die er seine Erbabfindung verpfändete, ist so ein Fall, mit Imort verbunden über die Geschwister seiner Frau und eine Gruppe von vier Brüdern Sudmeier, mit denen Imort doppelt verschwägert war. Das waren also Leute, die sich nicht von ihren Vorvätern her möglicherweise blutsverbunden fühlten, sondern die in ihrer eigenen Gegenwart viel miteinander und mit denselben Frauen und Männern der eigenen Altersgruppe zu tun hatten. Es bleiben schließlich (4) andere sowohl durch Schwägerschaft oder Stiefbeziehungen als auch durch Abstammung gestiftete entferntere Verbindungen. Carl Koester ist ein Beispiel für einen solchen ‚anderen' Verwandten. Ihm verkaufte Imort einen kompletten, extra angekauften Hof für 4.000 Taler weiter, wovon die Hälfte als Hypothek stehenblieb. Die Verbindung zu Köster verläuft wieder über eine Geschwistergruppe: Imorts Söhne waren mit zwei Schwestern verheiratet, und Koester war der Mann von deren Cousine. Einzelne Kategorien von Verwandtschaft können also durchaus jeweils Elemente von anderen Kategorien enthalten; eine scharfe Trennung ist schon deshalb nicht möglich, weil zwischen zwei Akteuren mehrere Pfade gleichzeitig vorliegen können. Ausgewählt wurde jeweils, wenn zutreffend, Kategorie 3, ansonsten die jeweils engste Kategorie; Geschwister und Schwäger selbst gelten als nahe Verwandte.

A1.6 Tabellen

Personen, Parzellen und Transaktionen (einschließlich der dazugehörigen Verwandtschaftsbeziehungen) sind Phänomene, die wir anhand der überlieferten Quellen systematisch beobachten können. Das heißt zunächst nichts anderes, als dass wir sie auflisten können – dass wir Tabellen erstellen können, in denen z. B. Person nach Person in Zeile nach Zeile mit bestimmten Merkmalen aufgeführt wird: unter anderem mit Vor- und Nachname, mit einer Laufnummer, dem Geburts- und Todesdatum. ‚Person' heißt also einfach: ein Bündel von Einzelinformationen, deren Zusammengehörigkeit wir behaupten. Personen können aber auch Rollen in Familien (im Sinne von Kleinfamilien, Ehepaaren mit Kindern) einnehmen: Sie sind dort Kind, Ehemann oder Ehefrau. Ein Geburtsdatum ist etwas, das jeder Person eindeutig zuzuordnen ist. Für ein Heiratsdatum braucht es dagegen die Verbindung von zwei Personen; eine einzelne Person kann mehrmals heiraten. Die jeweils durch eine Heirat konstituierten Paare sind also ebenfalls auflistbare Phänomene, die in einer eigenen Familien-Tabelle aufzuführen sind. Es ist wichtig, zu sehen, dass eine Auflistung von Familien nicht einfach die Struktur der Heiratsbücher repräsentiert; Einträge in der Familien-Tabelle gibt es auch für Paare mit unbekanntem Heiratsdatum. Ähnliches gilt für andere Einheiten wie den Bauernhof, die Hypothek oder die Zustände von Parzellen zu bestimmten Zeiten (für eine Übersicht siehe Tabelle A1.3).

Eine im Zuge der Projektarbeit immer wieder neu definierte Einheit ist der Hof. Zu erwarten wäre, dass in den Hypothekenbüchern landwirtschaftliche Betriebe, Bauernhöfe, als auflistbare Elemente fassbar werden. Das ist allerdings nicht unmittelbar der Fall. Hypothekenbücher erfassen in den einzelnen Folien Grundbuchgrundstücke. Die Zugehörigkeit dieser Grundbuchgrundstücke zu Betrieben versteht sich nicht von selbst. Einzelne Eigentümer können mehrere Grundstücke besitzen, Grundstücke können im Gemeinschaftsbesitz zweier Hofbesitzer stehen, und sie können für andere Zwecke als für den eines landwirtschaftlichen Betriebes genutzt werden – etwa als Garten einer Arbeiterfamilie. Nur ein Teil der Folien wird im Hypothekenbuch als ‚Stätte', ‚Colonat' (in Löhne) oder ‚Gut', ‚Colonie' (Borgeln) bezeichnet, auch als ‚Hof' oder ‚Kotten'; in Oberkirchen kommen solche Benennungen in den Hypothekenbüchern nicht vor (allerdings durchaus in Verträgen). In der vorliegenden Studie wird mit einer Tabelle ‚Güterkomplexe' gearbeitet. In dieser wurden Grundbuchgrundstücke erfasst, die als Betriebe, ‚Stätten', ‚Höfe' einzustufen sind. Dieser neutrale Terminus wurde gegenüber ‚Hof' oder ‚Stätte' wegen der erheblichen regionalen Unterschiede in den Bezeichnungen ländlicher Betriebe gewählt; als Kriterium dafür, dass ein Grundstück einen solchen, Güterkomplex' bildet, gilt das Vorhandensein mindestens eines Gebäudes auf dem Grundstück. ‚Güterkomplexe' sind also eine Teilmenge von Grundbuchgrundstücken.[10]

---

[10] Die Tabelle ‚Güterkomplexe' – in Benennung und Funktion innerhalb des Projektes immer wieder kontrovers diskutiert – enthält in der jetzigen Fassung die Hausnummer und den Namen des jeweiligen Hofes sowie ein Notizfeld, in dem sich z. B. Verweise auf die zugehörigen Grundakten

Tabelle A1.3: Haupttabellen in den Datenbanken

Feldnamen	Anzahl Datensätze Löhne	Oberkirchen	Borgeln
Artikel (Bestand des Steuerartikels in einem bestimmten Jahr): **ArtID**, ArtNr, ArtNrneu (1866 neu eingerichtete Artikelnummer), SteuJ (Steuerjahr), WOrt (Wohnort des Steuerschuldners), HNr (Hausnummer), MgAlt, RuAlt, FuAlt (Fläche in Morgen / Ruthen / Fuß bis zu diesem Steuerjahr), MgNeu, RuNeu, FuNeu (Fläche in Morgen / Ruthen / Fuß ab diesem Steuerjahr), RtAlt, SgAlt, PfAlt (Reinertrag in Reichstaler / Silbergroschen / Pfennig bis zu diesem Steuerjahr), RtNeu, SgNeu, PfNeu (Reinertrag in Reichstaler / Silbergroschen / Pfennig ab diesem Steuerjahr), GARt, GADez (Reinertrag laut Güterauszügen 1866 in Reichstalern und Dezimal-Pfennigen), HofID (für jeden Datensatz der beiden Katasterquerschnitte wird jedem Artikel ein Hof zugeordnet).	1.422	2.365	829
Eigentumswechsel: **EID**, QelGB (Quelle im Hypothekenbuch mit Angabe der Nummer des Hypothekenbuchs, des Hypothekenbuchblatts / Foliums und der Seitenzahl), QelFV (Quelle in den Fortschreibungsverhandlungen), VonFol (Wert des Feldes QelGB beim abgebenden Hypothekenbuchblatt), GrundGB (Grund für Eigentumsveränderung laut Hypothekenbuch), GrundFV, VgGBVage (für nur ungenau bekannte Vorgangsdaten: vor / nach / um), VgGBT, VgGBM, VgGBJ (Vorgangstag / -monat / -jahr laut Hypothekenbuch), VgFVVage, VgFVT, VgFVM, VgFVJ, EtGBT, EtGBM, EtGBJ (Eintragsdatum), EtFVT, EtFVM, EtFVJ, PrGBRt, PrGBSg, PrGBPf (Preis laut GB in Reichstaler / Silbergroschen / Pfennig), PrFVRt, PrFVSg, PrFVPf, NotarGB (Name des Notars laut Hypothekenbuch), NotarFV, Foliofremd (Wert 1, wenn Eintrag sich auf eine Zuschreibung auf ein anderes Hypothekenbuchblatt bezieht), HNr (Hausnummer).	1.918	2.681	1.455
Familien: **FAMID,** HoOrt, HoVage, HoT, HoM, HoJ (Hochzeitsort / -datum).	10.744	3.034	3.285
Güterkomplexe: **GuekoID**, GuekoName, HNr (Hausnummer).	161	277	156

finden. Einträge in dieser Tabelle wurden nicht mit Eigentumswechseln aus den Katasterfortschreibungen verknüpft, sondern nur mit Eigentumswechseln und Belastungen von Hypothekenbuchfolien, und zwar ausschließlich dann, wenn der Eigentumswechsel oder die Last den Kernbestand des Grundstücks einschließlich des Hauses betraf. – Im Nachfolgeprojekt ‚Soziale Netzwerke' wurde eine zusätzliche Tabelle ‚Höfe' angelegt, die nicht nur Teilnehmer am Bodenmarkt 1830–1866 erfasst, sondern alle in den Familienrekonstitutionsdaten erkennbaren Wohnhäuser.

Tabelle A1.3: Haupttabellen in den Datenbanken (Fortsetzung)

Feldnamen	Anzahl Datensätze Löhne	Oberkirchen	Borgeln
Höfe: **HofID**, Name, Hausnummer, Ort, QelGB, Notiz, QelGB2 (zum selben Hof gehöriges Hypothekenbuchblatt).	243	273	156
AT HofXY: **HofID**, ParzID (Parzellen-Nummer des Hofraums), Ort_Nr (Ort und Hausnummer), Besitzer, Flurname, Y-Koordinate, X-Koordinate, Flur.	124	235	153
Kontrakte: **KonID,** QelGA (Quelle Grundakten), Seite (Seite in der Grundakte), GBFol (der Grundakte entsprechendes Grundbuchfolium), QelGB (Signatur des entsprechenden Grundbuchfoliums in der Eigentumswechsel-Konvention), GrundGA (Anlass des Kontraktes), ArtKon (Art des Kontraktes: notariell, gerichtlich, nachträgliche Abschrift), KontraktT, KontraktM, KontraktJ (Datum), EID (ID des entsprechenden Eigentumswechsels), LastID (ID der entsprechenden Last), Wert (Wert des übertragenen Vermögens, Objektwert), Leibzucht (Leibzucht vertraglich vereinbart: Ja/Nein), Übertragung (Übertragung vertraglich vereinbart: Ja/Nein), Abfindungen (Abfindungen vertraglich vereinbart: Ja/Nein), Unterhalt (Unterhalt bzw. Pflege noch minderjähriger oder kranker Personen vertraglich vereinbart: Ja/Nein), Intestaterbschaft (Intestaterbschaft, z. B. über Erbschein festgehalten), Nießbrauch (Nießbrauch festgehalten), Curatel (Curatel aus dem Vater- oder Muttergut), KonText (Volltext des erfassten Kontraktes), Ort.	83	358	650
Hisco: **Laufnummer,** Beruf (Volltext aller in den Tabellen Personen in den drei Untersuchungsgebieten vorkommenden Berufsangaben), HISCO (Berufscodierung), Status, Relation, HISCO-Name, Erklärung-Status, Erklärung-Relation, Bemerkungen, Rural, Class, HClass, Class ohne Relation, HClass ohne Relation (Codierungsangaben nach van Leeuwen, HISCO).	1.903	1.903	1.903
Inventare: **InvID,** QelGA (Quelle in den Grundakten), Seite, Zweck, InvOrt, InvT, InvM, InvJ (Datum), Einheit (Thaler oder Mark), Notiz, HofID (zugehöriger Hof), QelGB (zugehöriges Hypothekenbuchblatt), InvText (Volltext des Inventars).	25	7	68
Inventarposten: InvID, Rubrik, **PostenID,** Gegenstand (z. B. Kessel), Spezifizierung (z. B. Messing), Groesse (Größenangaben für Ländereien und Gebäude), Text, Anzahl (bei mehreren Gegenständen derselben Art), Wert1, Wert2, Wert3 (bezogen auf Einheiten in Inventare-Tabelle).	2.481	429	3.322

Tabelle A1.3: Haupttabellen in den Datenbanken (Fortsetzung)

Feldnamen	Anzahl Datensätze Löhne	Oberkirchen	Borgeln
Inventarrubriken: **InvID, Rubrik**, Benennung (z.B. 0= Gesamt, 1=Immobilien), Wert1, Wert2, Wert3 (bezogen auf Einheiten in Inventare-Tabelle).	411	55	544
Lasten: **LastID**, QelGB, Inhalt (z.B. Rente), Grund (Entstehungsanlass, z.B. Vertrag), EtT, EtM, EtJ (Eintragsdatum), VgVage, VgT, VgM, VgJ (Vorgangsdatum), LoeschT, LoeschM, LoeschJ (Datum der Löschung), HinT, HinM, HinJ (Datum der Hinübertragung einer bestehenden Last auf dieses Hypothekenbuchblatt), WegT, WegM, WegJ (Datum der Wegübertragung auf ein anderes Hypothekenbuchblatt), UrLast (LastID der ursprünglichen Last, wenn auf dieses Folium hinübertragen).	1.203	2.354	1.652
Parzellen: **ParzID** (Flurnummer-Parzellennummer), GBMg, GBRu, GBFu (Fläche in Morgen/Ruthen/Fuß), FVMg, FVRu, FVFu, GBRt, GBSg, GBPf (Reinertrag in Reichstaler/Silbergroschen/Pfennig), FVRt, FVSg, FVPf, Mutterparz (ParzID der Parzelle, von der diese Parzelle abgeteilt wurde).	4.404	5.727	4.768
Parzellenzustände: **ParzZuID**, ParzID, Quelle (GV=Güterverzeichnisse, GA=Güterauszüge, GB=Hypothekenbuch, FV=Fortschreibungen), KuArt (Kulturart), Zeit (Jahr), Klasse (Ackerklasse).	8.239	12.759	5.551
Personen: **OFBID**, Nachname, gen1 (Genannt-Name), gen2 (weiterer Genannt-Name), Vorname, Rufname, SEX (0=männlich, 1=weiblich, 2=juristische Person, 3=unbekannt), Geburtsort, GebVage, GebT, GebM, GebJ (Geburtsdatum), Todort, TodVage, TodT, TodM, TodJ (Todesdatum), Beruf, Hnr (Hausnummer), WOrt (Wohnort), QuelleNr, QuelleSeite, BerufVater, WOrtVater, WOrtbeyVater, WOrtVHnr (Angaben zu Beruf und Wohnort des Vaters bei der Geburt der Person), BerufMutter, WOrtMutter, WOrtbeyMutter, WOrtMHnr, BerufVaterTod (Beruf des Vaters wie im Sterbeeintrag der Person angegeben), BerufegoTod (eigener Beruf wie im Sterbeeintrag der Person angegeben), WOrtHnregoTod (eigener Wohnort und Hausnummer wie im Sterbeeintrag angegeben).	56.154	11.150	14.109

Anm.: Angegeben wird nur ein Kernbestand von in allen drei Untersuchungsgebieten geführten und für diese Studie relevanten Tabellen, jeweils ohne funktionslos gewordene oder nicht mehr gepflegte Hilfsvariablen und Notizfelder. Tabellen, die erst in den Nachfolgeprojekten ausgewertet werden, z.B. zu Patenschaften und Sparkonten, sollen in den entsprechenden Publikationen dokumentiert werden. Die Tabellennamen sind kursiv angegeben, die Schlüsselfelder fett.

A1.7 Verknüpfungen

Tabellarische Auflistungen beobachtbarer Phänomene herzustellen ist im historischen Forschungsbetrieb eine alltägliche Arbeit. Eine typische Form der Arbeitsteilung zwischen Wissenschaftlern und Hilfskräften besteht darin, dass Hilfskräfte tabellenförmige Dokumente abschreiben und Wissenschaftler die so erhobenen Daten analysieren. Die Ergebnisse unseres Projektes sind nicht auf diesem Wege zustande gekommen.

Der Informationsgehalt relationaler Datenbanken besteht nicht so sehr im Inhalt der enthaltenen Tabellen, sondern in den Verknüpfungen zwischen den einzelnen Tabellen. Das gilt z. B. für die Einheit ‚Familie'. Diese wird nicht nur durch Listen von Personen (mit Laufnummern) und Ehepaaren (mit Laufnummern) konstituiert, sondern durch Verknüpfungstabellen ‚Kinder' und ‚Ehegatten', denen zu entnehmen ist, dass die Person mit der Laufnummer X in der Familie mit der Laufnummer Y die Rolle eines Kindes einnimmt. Derartige Familienrekonstitutionsdaten werden in vielen deutschen Regionen durch Hobby-Genealogen hergestellt, oft in jahrelanger sorgfältiger Arbeit.[11] Eine zentrale Überlegung bei der Auswahl möglicher Untersuchungsorte bestand darin, zunächst nach Orten zu suchen, für die solche Familienrekonstitutionsdaten bereits vorliegen. Wir haben die zu verknüpfenden Ereignisse also nicht selbst aus den Kirchenbüchern erhoben, sondern nutzen die Resultate der Verknüpfungsentscheidungen von Genealogen. Von Genealogen produzierte lokale Familienrekonstitutionen sind generell meist entweder publiziert oder in öffentlich einsehbaren Archiven deponiert.[12] Damit werden sie dem Erfordernis wissenschaftlicher Nachvollziehbarkeit mindestens ebenso gerecht wie in universitären Forschungsprojekten intern produzierte Familienrekonstitutionen.[13]

Die Entscheidung, die von den jeweiligen Lokalforschern geleisteten Identifikationsaussagen zu nutzen – was Konsistenzprüfungen und Korrekturen unsererseits nicht ausschließt –, beruht auf der Überlegung, dass die Fähigkeit zur Identifikation von Personen auf der genauen, über längere Zeit hinaus erworbenen Kenntnis des Kontextes beruht, in dem diese Personen agieren. Auf erkenntnistheoretischer Ebene unterscheidet sich die-

---

[11] Für eine Übersicht über die vorhandenen Ortsfamilienbücher siehe das Verzeichnis von Weiss / Münchow, Bestandsverzeichnis für Genealogie, Ortsfamilienbücher.

[12] Publiziert ist Schlien, Familienbuch Löhne. Die Familienrekonstitution von Oberkirchen ist im Bistumsarchiv Paderborn greifbar; die von Borgeln im Archiv der Evangelischen Kirchengemeinde Borgeln.

[13] Plädoyers für die Nutzung von Ortsfamilienbüchern: Imhof, Historische Demographie, S. 28, 101; Sokoll, Historische Demographie und Sozialwissenschaft. Die meisten universitären Familienrekonstitutionsstudien beruhen auf unpublizierten projektintern produzierten Rekonstitutionsdaten. Das gilt z. B. für die Arbeitsgruppen um Frank Göttmann (ehemals Konstanz), Walter Rödel (Mainz), Wolfgang Mager (Bielefeld) sowie die mikrohistorischen Studien von David Sabean, Jürgen Schlumbohm und Hans Medick. Auf publizierten Daten beruhen dagegen die Arbeiten von John Knodel, der Arbeitsgruppe um Arthur Imhof, von Andreas Maisch, Lebensbedingungen und Lebensstile, sowie G. Fertig, Lokales Leben, atlantische Welt.

ses Vorgehen nicht wirklich von der alltäglichen Quellenarbeit des Historikers. Wir müssen immer anderen, seien es kirchenbuchführende Pfarrer oder über ereignisgeschichtliche Abläufe berichtende Zeitgenossen, vertrauen, dass sie Dinge und Menschen richtig benennen und wiedererkennen.

Bei der Erstellung von Familienrekonstitutionen nimmt man üblicherweise erst die einzelnen Ereignisse auf Karteikarten auf und sortiert diese dann zu Abstammungsfamilien. Zunächst werden also Tabellen oder Serien gleich strukturierter Karteikarten hergestellt, dann werden diese verknüpft bzw. zu Bündeln zusammengestellt. Der Vorgang war bei einem der von unserer Arbeitsgruppe maschinenlesbar gemachten Bestände an Familienrekonstitutionsdaten physisch nachvollziehbar: Die Familienrekonstitution des Kirchspiels Borgeln liegt in zwei Serien von Karteikarten vor. Die erste Serie enthält in sechs Karteikästen nacheinander erst (auf weißen Karten) Taufen, dann die (grünen) Heiraten, danach die (roten) Todesfälle; intern sortiert nach Familiennamen. Die zweite Serie enthält in neun Kästen ein Duplikat der ersten Serie, sortiert nach Abstammungsfamilien, die jeweils durch verrostete Büroklammern zusammengehalten werden, wobei die Sterbekarten einer Person sich ggf. bei ihrer letzten Ehe finden. Einträge oder Personen, die nicht zu Familien zuzuordnen waren, fanden sich einzeln zwischen den Familienbündeln in der zweiten Serie.[14] Die Datenaufnahme (das Ausfüllen der Karteikarten mit der Schreibmaschine) und die Verknüpfung (das Sortieren und Klammern) werden hier also als zwei getrennte Arbeitsschritte deutlich.

Ein mögliches Vorgehen der Projektgruppe hätte darin bestanden, neben den Ereignissen Geburt, Heirat und Tod auch Eigentumswechsel, Belastungen, Parzellen usw. aus den Quellen erst zu erheben und danach zu verknüpfen, nach Möglichkeit unterstützt durch automatisierbare Algorithmen. Dieses Vorgehen ist bei der Anfertigung von Familienrekonstitutionen üblich und für eine verstärkte Arbeitsteilung geeignet. Entsprechende Verfahren der nominativen, am Namen bzw. am Klang des Namens orientierten ‚Record Linkage‘ sind während der etwa von den frühen 1970er bis in die frühen 1990er Jahre reichenden computeroptimistischen Konjunktur der Geschichtswissenschaft verschiedentlich entwickelt worden.[15] Solche Verfahren sind dann nahezu alternativlos, wenn wenige Tabellen mit einer großen Zahl an Beobachtungseinheiten miteinander verknüpft werden sollen, mit anderen Worten, wenn über die einzelnen zu verknüpfenden Einheiten wenige Informationen vorliegen. Wir sind nicht nur bei der Familienrekonstitution, sondern auch bei der Aufnahme der Transaktionsdaten genau den entgegengesetzten Weg gegangen.

Für ein manuelles Verknüpfen sprachen mehrere Gründe. Es ging zwar um die Erfassung erheblicher Datenmengen, aber schon mit den Familienrekonstitutionsdaten lagen

---

14 Darunter nur zwei ortsfremde ‚Vagabundinnen‘: OFBID 3611 und 10599. Die Karteikarten der ‚Vagabunden‘ kennzeichnete Pastor Clarenbach mit einem großen V, um sie selektieren und „an eine Sammelstelle“ übergeben zu können, „die die asozialen Elemente erfassen will“; diese beiden hat er offenbar übersehen. Siehe dazu Clarenbach, Verkarteiung, S. 4.

15 Vgl. King, Record linkage.

auch relativ viele Informationen über jede Person vor. Verknüpfungsalgorithmen, die all diese Informationen berücksichtigen, sind weniger effektiv als die Beurteilung durch ein oder zwei eingearbeitete Personen, die den jeweiligen Datenbestand gut kennen. Sodann sind westfälische Personennamen sehr instabil. Auch haben sich verfügbare Datenbankprogramme in eine Richtung entwickelt, die die schnelle Programmierung von leicht bedienbaren Suchhilfen unterstützt. In Access benutzt man dazu Kombinationsfelder, basierend auf einer SQL-Abfrage, einer Ereignisprozedur und einem Filter; die studentischen Hilfskräfte hatten keine Schwierigkeiten damit, diese Suchfelder zu programmieren und ihren aktuellen Bedürfnissen anzupassen. Manuelle Verknüpfungsentscheidungen sind technisch also mittlerweile im Vergleich zur Aufbruchszeit der historischen Fachinformatik sehr viel einfacher geworden. Schließlich erscheinen zwar die in ständig wechselnden Handschriften und ausformulierten Texten geführten Hypothekenbücher gegenüber den tabellarisch organisierten Katasterunterlagen auf den ersten Blick sehr viel unübersichtlicher und schwerer lesbar; zudem sind sie aufgeklappt so groß wie ein kleiner Schreibtisch – der Griff zum Hypothekenbuch fällt also nicht leicht.[16]

Dennoch bieten die Hypothekenbücher eine Übersicht über die jeweils relevanten Kontexte, die für die Verknüpfung von Informationen über Familie und Besitz geradezu unverzichtbar erscheint: Sie informieren sowohl über den Erbgang als auch über die Ansprüche der Nicht-Haupterben; auf diese Weise benennen sie die mit einem Grundstück zu verknüpfenden Personen in ihrem familiären Kontext und ermöglichen so eine zuverlässige Identifikation. Während man Katasterunterlagen aufnimmt, kann man nur selten ohne weitere Recherchen zutreffende Identifikationsentscheidungen treffen, auch wenn man über eine Familienrekonstitution verfügt. Mit dem Hypothekenbuch vor Augen sind solche Entscheidungen aber zuverlässig möglich.

Das gewählte Vorgehen erforderte zweierlei: Erstens war die Datenaufnahme nicht als taylorisierter arbeitsteiliger Prozess zu organisieren, sondern als Kommunikations- und Beratungsprozess. Das bedeutet, dass in aller Regel zwei Personen gleichzeitig an den jeweils aufzunehmenden Quellen saßen und sich untereinander darüber berieten, welche Person, Parzelle etc. jeweils mit der gerade aufzunehmenden Transaktion zu verknüpfen war. Diesem Aufnahmeprozess folgten ein bis drei Korrekturdurchgänge, teils mithilfe von Abfragen, teils anhand einer erneuten Quellenlektüre. Zweitens – das mussten wir nach erheblichen Anfangsschwierigkeiten feststellen – müssen die Quellen in der richtigen Reihenfolge aufgenommen werden, damit die Entscheidungen auch tatsächlich auf Kontextkenntnis und nicht auf bloßer Spekulation beruhen konnten. Zuerst wurden Familienrekonstitutionsdaten maschinenlesbar erworben, aus einem Typoskript abgeschrieben und verknüpft bzw. aus einer Kirchenbuchverkartung erfasst. Diese Daten erforderten eine unterschiedlich intensive Aufbereitung.[17] Auf den Erwerb und die Aufbereitung

16 Mehrere der Hypothekenbücher sind zudem in zerbröckelndes, an der Kleidung haftendes Schweinsleder gebunden; auch riecht das Borgelner Hypothekenbuch 12 sehr übel.

17 Im Fall von Löhne genügte die Programmierung eines Importfilters aus dem Gedcom-Format

der Familienrekonstitutionsdaten folgt im Idealfall die genaue Lektüre der Hypothekenbücher. Diese leisten – im Unterschied zu Katastern, die meist an personenbezogenen Informationen nur Nachnamen und Hausnummern nennen – eine systematische Verknüpfung von Informationen über den Landbesitz und das Familiensystem, vor allem über Erbgang und Heiraten. Eine vorhergehende Aufnahme aller einzelnen Parzellen aus den Güterverzeichnissen[18] und Güterauszügen (also Kataster-Querschnitten) beschleunigt die Aufnahme der Hypothekenbücher, kann aber auch als dritter Arbeitsgang erfolgen. Die aus den Hypothekenbüchern gewonnene Kenntnis des Familiensystems in Verbindung mit dem Landbesitz kann dann viertens dazu genutzt werden, auch die Angaben aus den Katastern aufzunehmen. Diese geben über die Bereitschaft der (oft noch unter dem Namen von Vorbesitzern firmierenden) Haushalte Auskunft, für bestimmte Landflächen Grundsteuern zu zahlen. Aufgenommen wurden dabei sowohl die Eigentumswechsel aus den Fortschreibungen als auch die daraus resultierenden summarischen Angaben über den von Jahr zu Jahr veränderten Umfang der einzelnen Steuerartikel.[19]

In der Anfangsphase des Projekts wurde noch das Konzept einer ausgeprägten Arbeitsteilung verfolgt. Es bestanden nach Untersuchungsgebieten differenzierte Arbeitsgruppen; zudem wurde Arbeit zwischen den Hierarchieebenen stark aufgeteilt. Das Formulieren von wissenschaftlichen Fragen, die Auswertung des Materials, das Entwickeln und Programmieren von Datenbanken und die Dateneingabe wurden als getrennte Vorgänge konzipiert, die von unterschiedlichen Personen ausgeführt wurden. Das Feedback von Seiten der studentischen Mitarbeiter schien anfänglich darauf hinzudeuten, dass die einmal festgelegten Strukturen der relationalen Datenbank eine zuverlässige und effi-

---

nach Access (via SAS). Die aus den 1930er Jahren stammende Kirchenbuchverkartung von Borgeln musste dagegen in einem aufwendigen Aufnahmeprozess erfasst und hinsichtlich ihrer internen Verknüpfungen mehrfach korrekturgelesen werden, wobei z. T. auch Informationen aus den Hypothekenbüchern für Korrekturen benutzt wurden.

18 Die Seiten der Güterverzeichnisse von Löhne sind miteinander verklebt, und zwischen ihnen befindet sich schwarzer Feinstaub. Daher wurde hier die Aufnahme der Parzellen aus den Güterverzeichnissen ersetzt durch den des für jeden Artikel jeweils anfänglich in den Mutterrollen eingetragenen Parzellenbestandes.

19 Allerdings wurde die Aufnahme und Verknüpfung der Katasterunterlagen nur für Löhne vollständig durchgeführt. Wir haben in der Oberkirchener Katastergemeinde Westfeld darauf verzichtet, die Aufnahme der Katasterfortschreibungen zuendezuführen, und im ganzen Kirchspiel Oberkirchen auf die abschließende Korrektur der Katasterfortschreibungen (allerdings nicht der Angaben aus Güterverzeichnissen und Güterauszügen) verzichtet. In Borgeln wurde die Aufnahme von Katasterunterlagen auf Güterverzeichnisse und Güterauszüge beschränkt. Der Verzicht auf einen Teil der Informationen aus den Katasterfortschreibungen beruhte auf der vor allem anhand der Löhner Daten gewonnenen Erkenntnis, dass eine durchgängige Verknüpfung der aus den Hypothekenbüchern gewonnenen Informationen über Eigentumswechsel mit den aus den Katastern stammenden nicht ohne großen Aufwand möglich ist, und dass der entsprechende Informationsgewinn – in den frühen Jahren umfassen die Kataster eine größere Fläche – diesen Aufwand und insbesondere den dadurch womöglich erzwungenen Verzicht auf die Aufnahme eines Teils des Kirchspiels Borgeln nicht gelohnt hätte.

Tabelle A1.4: Verknüpfungstabellen in den Datenbanken

Feldnamen	Löhne	Oberkirchen	Borgeln
Artikelnummern-Eigentumswechsel: ArtNr, EID.	2.355	2.924	0
Güterkomplexe-Eigentumswechsel: EID, GuekoID.	493	595	539
Güterkomplexe-Lasten: GuekoID, LastID.	956	890	1.074
Parzellen-Artikel: ParzID, ArtID.	4.811	7.223	5.048
Parzellen-Eigentumswechsel: EID, ParzID, Quelle (0=GB, 1=FV, 2=beide).	11.325	10.780	6.062
Parzellen-Lasten: ParzID, LastID.	20.109	15.025	14.358
Personen-Artikel: OFBID, ArtID.	1.440	2.530	871
Personen-Eigentumswechsel: EID, OFBID, PersFunk (Personen-Funktion. 0=alte Besitzer, 1=neue Besitzer), Quelle (0=GB, 1=FV, 2=beide), Uschr (Unterschrift: 0=keine, 1=Kreuze, 2=Unterschrift), ArtNr (Artikelnummer der Person laut dem Eintrag des Eigentumswechsels in den FV).	4.435	7.014	4.911
Personen-Lasten: PersID, LastID, Persfunk (0=Erstgläubiger, 1=Zweitgläubiger, 2=Schuldner).	1.981	4.903	2.649
Eheleute: OFBID, FAMID, Eherang (Angabe, um die wievielte Ehe es sich handelt).	21.057	5.417	6.212
Höfe-Personen: HofID, OFBID, Reihenfolge (der Besitzer), Hoffunktion (1=Hauptbesitz; 2=Nebenbesitz).	983	1.333	1.084
Kinder: OFBID, FAMID, Geburtsrang (Angabe, als wievieltes Kind der Familie die verknüpfte Person geboren ist).	47.551	8.570	6.699

Anm.: Zwischen allen Verknüpfungstabellen und den zugehörigen Haupttabellen bestehen 1:n-Beziehungen, die jeweils den Schlüssel der Haupttabelle mit dem entsprechenden Feld der Verknüpfungstabelle verbinden. Schlüssel der Verknüpfungstabelle sind in der Regel die beiden Schlüssel der Haupttabellen. Nur relevante Tabellen und Felder; zu Auswahlkriterien vgl. die Anm. zu Tabelle A1.3.

ziente Datenaufnahme ermöglichten. Ein Teil der studentischen Mitarbeiter tendierte allerdings dazu, in den Datenbanken die Quellentexte und nicht die durch diese erschließbaren realen Vorgänge zu reproduzieren (gewissermaßen der Kleio-Philosophie zu folgen). Im weiteren Projektverlauf zeigte sich rasch, dass die Datenbanken widersprüchliche und ungenaue Ergebnisse enthielten, weil die Beziehung zwischen Quelle und tatsächlichen Vorgängen – insbesondere zwischen in der Quelle genannten und tatsächlichen Personen – den Erstellern der Datenbankeinträge noch nicht transparent geworden war. Wie zu diesem Zeitpunkt deutlich wurde, bestand die zu leistende Arbeit nicht nur darin, die in den Quellen vorliegenden Angaben zu lesen und in einer Datenbank zu reproduzieren, sondern vor allem auch darin, zutreffende Urteile über die Identität von in den Quellen z. T. nur vage benannten Personen, Parzellen und Vorgängen (z. B. Hypotheken, Eigentumswechsel) zu fällen und entsprechende Verknüpfungen über mehrere Quellengattungen hinweg anzulegen.

Die wesentlichen Verknüpfungsentscheidungen bei der Aufnahme entweder von Eigentumswechseln oder von Lasten waren immer die zu Parzellen und Personen; daneben werden Eigentumswechsel mit ‚Güterkomplexen' und – sofern es sich um die Eigentumswechsel aus den Katastern handelt – mit Steuerartikeln verknüpft. Verknüpfen heißt: in Zwischen- oder Verknüpfungstabellen Einträge anlegen, die auf die Laufnummern (die Schlüssel) in beiden zu verknüpfenden Tabellen verweisen. Die Verknüpfung erfolgt dergestalt, dass für einen gegebenen Eigentumswechsel jeweils über Suchfelder, die von den aufnehmenden Personen beliebig programmiert werden konnten, Listen von Parzellen bzw. Personen aufgerufen werden.

Um die Größenordnung klarzumachen: Unter anderem wurden z. B. allein in Löhne 4.435 Identifikationsentscheidungen bei der Verknüpfung von Eigentumswechseln mit Personen und 11.325 bei der mit Parzellen getroffen. Es sind diese Verknüpfungen, nicht die Auflistungen in den Haupttabellen, die den wesentlichen Informationsgehalt der Datenbanken ausmachen. Insgesamt sind die Datenbanken nicht als eine Edition oder quellennahe Reproduktion der Grund- und Katasterbücher zu lesen. Sie sind – ähnlich wie Ortsfamilienbücher – selbst eine Interpretation. Sie beruhen auf Verknüpfungsentscheidungen, die die an der Aufnahme beteiligten Personen – in letzter Instanz nach zahlreichen Korrekturdurchgängen die studentischen EndredakteurInnen der Datenbanken – getroffen haben, und denen der wissenschaftliche Bearbeiter vertraut.[20] Mit anderen Worten, die Datenbanken sind eine ‚Metaquelle' (Christian Pfister).[21]

Bei der Arbeit an den dieser Studie zugrunde liegenden Datenbanken hat die Arbeitsgruppe etwas über die Leistungsfähigkeit der für Historiker ungewohnten relationalen Datenbanktechnik und über die Konsequenzen ihres Einsatzes gelernt. Anfänglich bestand die Vorstellung, relationale Datenbanken mit mehreren, systematisch verbundenen Tabellen revolutionierten vor allem die Schnittstelle Daten / Auswertung, indem sie eine für den wissenschaftlichen Auswerter sehr effiziente Organisation des Datenmaterials ermöglichten. Tatsächlich verändert relationale Datenbanktechnik aber zusätzlich tiefgreifend die an der Schnittstelle Quelle / Daten ablaufenden Entscheidungsprozesse der

---

20 Die Endredaktion der Datenbanken in der Fassung von 2001 lag bei Christine Große, Insa Großkraumbach und Sylvia Dopheide.

21 Ch. Pfister, Entvölkerung.

‚Hilfskräfte' bei der Datenaufnahme. Die übliche Trennung zwischen Datenaufnahme und Interpretation hätte hier zu erheblichen Effizienzverlusten geführt, weil sie mit einer Reduktion von Kommunikation einhergeht, und weil sie verdeckt, dass das produzierte Datenmaterial – die durch die Verknüpfungen konstituierte ‚Metaquelle' – auf intellektuellen Eigenleistungen derjenigen beruht, die die Quellen lesen.

Anhang 2: Quellen und Literatur

A2.1 Ungedruckte Quellen

Bistumsarchiv Münster, Generalvikariat, Handschriften.

Historisches Seminar der Universität Münster, Forschungsgruppe ländliches Westfalen
Datenbanken Familie, soziale Beziehungen und Besitz in Löhne, Oberkirchen und Borgeln. Unter Verwendung genealogischer Daten von Manfred Schlien, Rudi und Dierk Jung und Adolf Clarenbach erstellt von Andreas Berger, Johannes Bracht, Birgit Buthe, Nina Buthe, Anna Diercks, André Donk, Sylvia Dopheide, Felix Eichhorn, Stefan Evers, Christine Fertig, Georg Fertig, Silke Goslar, Insa Großkraumbach, Mathias Hanses, Thomas Hajduk, Malte Harth, Christian Hörnla, Robin Kiera, Georg Korte, Lara Kreutzer, Markus Küpker, Katharina Lammerding, Markus Lampe, Eva-Maria Lerche, Bernd Liemann, Thorsten Lübbers, Birgit Lüke, Volker Lünnemann, Susanne Muhle, Frank Peters, Theresa Potente, Carsten Rothaus, Miriam Schall, Christian Wilmsen und Ina Witte. Unveröffentlichte Datenbanken der Forschungsgruppe ländliches Westfalen (aktuelle Fassung vom 7.4.2006 zitiert als: Datenbanken 2006, der Habilitationsschrift zugrundeliegende Urfassung vom 27.10.2001 zitiert als: Datenbanken 2001).

Grundbuchamt Bad Fredeburg
Hypothekenbücher 1–3 der Steuergemeinde Oberkirchen
Hypothekenbücher 1–4 der Steuergemeinde Sorpe
Hypothekenbücher 2–3 der Steuergemeinde Westfeld.

Katasteramt Brilon
Flurkarten Oberkirchen, Westfeld und Sorpe
Fortschreibungsverhandlungen 1–3 der Steuergemeinde Oberkirchen
Fortschreibungsverhandlungen 1–2 der Steuergemeinde Sorpe
Fortschreibungsverhandlungen der Steuergemeinde Westfeld
Güterverzeichnisse 1833 der Steuergemeinden Oberkirchen, Westfeld und Sorpe
Güterauszüge 1866 der Steuergemeinden Oberkirchen, Westfeld und Sorpe.

Katasteramt Herford
Mutterrollen Löhne (1830)
Fortschreibungsverhandlungen 1831–1866 der Steuergemeinden Löhne-Königlich und Löhne-Beck
Güterverzeichnisse 1833 der Steuergemeinden Löhne-Königlich und Löhne-Beck
Güterauszüge 1866 der Steuergemeinden Löhne-Königlich und Löhne-Beck
Urkarte Löhne
Reinkarte Löhne
Flurkarte Löhne.

Katasteramt Soest, Flurkarten Borgeln und Stocklarn.

Kreisarchiv Herford, A 1125, Steuerhebelisten 1865.

Landeskirchenarchiv Bielefeld
Kirchenbücher ev. Kirchengemeinde Löhne
Kirchenbücher ev. Kirchengemeinde Borgeln
Familienkartei ev. Kirchengemeinde Borgeln.

Privatbesitz
Jung, Rudi und Dierk: Familienbuch Oberkirchen (Sauerland). Katholische Pfarrei St. Gertrud, Oberkirchen, einschließlich Filialen (Unveröffentlichtes Typoskript Bonn/Oberkirchen 1989).

Nordrhein-Westfälisches Landesarchiv, Staatsarchiv Detmold
Hypothekenbücher Löhne 1–4
Hypothekenbuch Löhne-Beck 1
D 23 B
M 5 C 50
M 5 C 54.

Nordrhein-Westfälisches Landesarchiv, Staatsarchiv Münster
Fürstentum Paderborn, Geheimer Rat
Grafschaft Mark, Gerichte, Großgericht Soest, Nr. 20,1: Hypothekenbuch der Soester Börde, Borgeln
Grundakten Fredeburg
Grundakten Westfeld
Herzogtum Westfalen, Landstände
Hypothekenbücher Borgeln 1–13
Hypothekenbücher Oberkirchen
Güterverzeichnisse 1829 der Steuergemeinden Stocklarn und Borgeln
Güterauszüge 1866 der Steuergemeinden Borgeln, Blumroth, Stocklarn und Hattropholsen
Katasterbücher Arnsberg, Nr. 84, 90, 92

Kreis Meschede, Landratsamt Nr. 1–20, 176, 512, 541, 552
Kriegs- und Domänenkammer Minden, Nr. 108 , 134–158, 531–536
Landesamt für Agrarordnung, Nr. 1139–1142
Minden-Ravensberg, Regierung, Nr. 729
Oberpräsidium, Zeitungsberichte der Regierungen Arnsberg und Minden
Regierung Arnsberg, Güterauszüge Oberkirchen
Regierung Arnsberg, Güterauszüge Sorpe
Regierung Arnsberg, Güterauszüge Westfeld
Regierung Arnsberg, Güterverzeichnisse Oberkirchen
Regierung Arnsberg, Güterverzeichnisse Sorpe
Regierung Arnsberg, Güterverzeichnisse Westfeld
Regierung Arnsberg, Katasterfortschreibungsverhandlungen Oberkirchen
Regierung Arnsberg, Katasterfortschreibungsverhandlungen Sorpe
Regierung Arnsberg, Katasterfortschreibungsverhandlungen Westfeld
Regierung Arnsberg, Katasterverwaltung, Nr. 649
Regierung Arnsberg, Musterungslisten.

Pfarrarchiv Borgeln 1,9 Fasc. 1.

Rentkammer Wittgenstein, Viertelsbeschreibungen.

Stadtarchiv Löhne
A 31
A 193.

Stadtarchiv Münster
Bestand C: Stiftungsarchiv.

Stadtarchiv Schmallenberg
B 74
Gemeinde-Protokollbuch Oberkirchen.

A2.2 Gedruckte Quellen

Achilles, Alexander: *Die preußischen Gesetze über Grundeigenthum und Hypothekenrecht vom 5. Mai 1872 mit Einleitung und Kommentar* (Berlin ^{2}1873).
Amtsblätter der Regierung Arnsberg, 1825–1866.
Amtsblätter der Regierung Minden, 1825–1866.
Clarenbach, Adolf: „Zur Hofes- und Familiengeschichte des Dorfes Stocklarn in der Soester Börde“, *Soester Zeitschrift* 57 (1939), S. 50–108.

Clarenbach, Adolf: „Zur Hofes- und Familiengeschichte des Kirchspiels Borgeln in der Soester Börde. II. Stück: Blumroth und Hattropholsen“, *Soester Zeitschrift* 59 (1942), S. 3–115.

Clarenbach, Adolf: „Zur Hofes- und Familiengeschichte des Kirchspiels Borgeln in der Soester Börde. III. Stück: Berwicke“, *Soester Zeitschrift* 67 (1954), S. 3–115.

Clarenbach, Adolf / Rudack, Günther / Rudack, Helmut: *Die Familien auf den Höfen und Kotten zu Welver-Borgeln im Kreis Soest zwischen 1532 und 1946* (=Soester Beiträge 38, Soest 1977).

Clarenbach, Adolf / Rudack, Helmut: *Die Familien in den Wohnhäusern zu Welver-Borgeln im Kreis Soest bis 1946* (=Soester Beiträge 45, Soest 1984).

Dernburg, Heinrich / Hinrichs, Friedrich: „Das preußische Hypothekenrecht. Erste Abteilung: Die allgemeinen Lehren des Grundbuchrechts“ (= Deutsches Hypothekenrecht 8, 1, Leipzig 1877).

Dönniges, Wilhelm: *Die Land-Kultur-Gesetzgebung Preußen. Eine Zusammenstellung und Erläuterung der seit dem 9. Oktober 1807 ergangenen Gesetze über den Grundbesitz, in besonderer Beziehung auf die Beförderung der Boden-Kultur, auf die Regulierung gutsherrlich-bäuerlicher Verhältnisse, auf Ablösung von Reallasten und auf Gemeinheitstheilung*, Bd. 2 (Berlin 1845).

„Edikt über die bäuerliche Erbfolge in der Provinz Westphalen. Vom 13ten Juli 1836“, in: *Gesetz-Sammlung für die Königlichen Preußischen Staaten* Nr. 14 (1836), S. 209–215 (Nr. 1730 der Gesamtzählung).

„Edikt zur Beförderung der Land-Cultur. Vom 14ten September 1811“, *Gesetz-Sammlung für die Königlichen Preußischen Staaten* Nr. 21 (1811), S. 300–311 (Nr. 53 der Gesamtzählung).

Eggert, Udo: „Die Bewegung der Holzpreise und der Tageslohnsätze in den preußischen Staatsforsten von 1800–1879“, *Zeitschrift des königlich preußischen Bureaus* 23 (1883), S. 1–44.

Förster, Franz / Eccius, Max Ernst: *Preußisches Privatrecht*, Bd. 1–4 (Berlin [7]1896/7).

Geck, Arnold: *Topographisch-historische statistische Beschreibung der Stadt Soest und der Soester Börde* (Soest 1825).

Hartmann, Wilhelm (Hg.): *Hypotheken-Ordnung fuer die „gesammten koeniglichen Staaten“. Nebst den dieselbe ergaenzenden Gesetzen u. Verordnungen, insbesondere d. Gesetze vom 24. Mai 1853; unter Beruecks. d. Motive u. d. Vorarbeiten d. Kammern, ingleichen d. zu d. Hypotheken-Ordnung u. d. spaeteren Gesetzen ergangenen Ministerial-Instructionen* (Glogau 1853).

Koch, Johann Jürgen: *Leben und Führung Johann Jürgen Koch's, eines armen Einliegers (Käthners) in der Bauernschaft Löhne im Fürstentum Minden. Dem noch einige von ihm selbst gedichtete Lieder hinzugefügt sind. Zum Nutzen und Segen der Armen auf dem Lande* (o. O. [4]1843).

Königliches Statistisches Bureau (Hg.): *Die Gemeinden und Gutsbezirke des Preussischen Staates und ihre Bevölkerung* (Berlin 1874).

Meitzen, August: *Der Boden und die landwirthschaftlichen Verhältnisse des preußischen Staates*, Bd. 4 (Berlin 1871).

Müller, Peter Franz Josef: *Über das Güterwesen* (Düsseldorf 1816).

Rehbein, Hugo / Reincke, Otto Ludwig (Hgg.): *Allgemeines Landrecht für die Preußischen Staaten. Nebst den ergänzenden und abändernden Bestimmungen der Reichs- und Landesgesetzgebung, Teil 1: Titel 12–23* (Berlin [5]1894).

Ruer, Wilhelm: *Irrenstatistik der Provinz Westphalen mit Hinweisung auf die medicinisch-topographischen Verhältnisse sämmtlicher einzelnen Kreise derselben* (Berlin 1837).

Runde, Christian Ludwig: *Grundsätze des gemeinen deutschen Privatrechts* (Göttingen [5]1817).

Schepers, Albert: *Über das bäuerliche Erbfolge-Gesetz für die Provinz Westphalen vom 13. Juli 1836* (Münster 1836).

Schlien, Manfred: *Familienbuch Löhne. 300 Jahre des Kirchspiels Löhne* (Celle – Klein Hehlen 1993).

Schlien, Manfred: *Die Familien der Kirchspiele Gohfeld, Löhne und Mennighüffen, 17. bis 19. Jahrhundert* (Celle – Klein Hehlen 2001).

Scotti, Johann Josef (Bearb.): *Sammlung der Gesetze und Verordnungen, welche in dem vormaligen Churfürstenthum Cöln (im rheinischen Erzstifte Cöln, im Herzogthum Westphalen und im Veste Recklinghausen) über Gegenstände der Landeshoheit, Verfassung, Verwaltung und Rechtspflege ergangen sind. Vom Jahre 1463 bis zum Eintritt der Königl[ich] Preußischen Regierungen im Jahre 1816*, Bd. 1–4 (= Provinzial-Gesetze, 3. Sammlung: Churkölnische, Westphälische und Recklinghausen'sche Landes-Verordnungen; Düsseldorf 1830–1831).

Sommer, Johann Friedrich Joseph: *Darstellung der Rechtsverhältnisse der Bauerngüter im Herzogthum Westphalen. Nach älteren und neueren Gesetzen und Rechten*, Bd. 2 (= Geschichtliche und dogmatische Entwicklung der bäuerlichen Rechtsverhältnisse in Deutschland 1, Hamm 1823).

Sommer, Johann Friedrich Joseph: *Critischer und practischer Commentar über die Hauptbestimmungen des bäuerlichen Erbfolgegesetzes für die Provinz Westfalen vom 13. Juli 1836. Nebst einem Abdruck des Gesetzes selbst* (Arnsberg 1837).

Statistisches Bundesamt (Hg.), *Fachserie 3, R 2.4* (laufende Jahrgänge).

Statistisches Bundesamt (Hg.), *Fachserie 3, R 5.1* (laufende Jahrgänge).

Statistisches Landesamt Nordrhein-Westfalen (Hg.): *Gemeindestatistik des Landes Nordrhein-Westfalen. Bevölkerungsentwicklung 1816–1871* (= Sonderreihe Volkszählungen 1961, 3D, Düsseldorf 1966).

Viebahn, Johann Georg von (Hg.): *Ortschafts- und Entfernungs-Tabelle des Regierungs-Bezirks Arnsberg, nach der bestehenden Landeseintheilung geordnet, mit Angabe der frühern Gebiete und Aemter, der Pfarr- und Schulsprengel und topgraphischen Nachrichten. Im Auftrage der königlichen Regierung* (Arnsberg 1841), S. 154–155.

Vincke, Ludwig Freiherr: *Bericht an des Herrn Ministers des Innern Exzellenz über die Zerstückelung der Bauerhöfe und die Zersplitterung der Grundstücke in der Provinz Westfalen* (Münster 1824), Neuabdruck in: Behr / Kloosterhuis, *Vincke* (1994), S. 654–675.

Waldeck, Benedikt F.: *Über das bäuerliche Erbfolgegesetz für die Provinz Westphalen* (Arnsberg 1841).

Wigand, Paul: *Provinzialrechte des Fürstentums Minden, der Grafschaften Ravensberg und Rietberg, der Herrschaft Rheda und des Amtes Reckenberg in Westphalen. Nebst ihrer rechtsgeschichtlichen Entwickelung und Begründung*, Bd. 2 (Leipzig 1834).

A2.3 Software

McCaa, Robert / Pérez Brignoli, Héctor: *Populate 2.4* (Minneapolis 1989).
SAS Corporation: *The SAS System* (Version 9).
Microsoft Excel 97.
Microsoft Access 03.
Microsoft Visual Basic 6.0.

A2.4 Literatur

Achilles, Walter: *Deutsche Agrargeschichte im Zeitalter der Reformen und der Industrialisierung* (Stuttgart 1993).

Allen, Robert C.: *Enclosure and the yeoman* (Oxford 1992).

Allison, Paul: *Survival analysis using the SAS system. A practical guide* (Cary, NC 1995).

Amalric, Jean-Pierre: „La propriété de la terre dans l'Europe du sud (Italie, Midi de la France, Espagne): Typologie, utilisation, marché", in: Cavaciocchi, *Il mercato della terra* (2004), S. 97–118.

Aschoff, Diethard: „‚…krankhafte Auswüchse der menschlichen Gesellschaft'. Die Judengutachten des Landrats Georg von dem Bussche-Münch von Rahden im Rahmen der frühpreußischen Regierungsgutachten (1816–1827)", in: *Quellen und Schrifttum zur Kulturgeschichte des Wiehengebirgsraumes*, Bd. A / 7 (Espelkamp 1996), S. 110-139.

Aschoff, Diethard / Schlautmann-Obermeyer, Rita: „Vincke und die Juden", in: Behr / Kloosterhuis, *Vincke* (1994), S. 289–30.

Assmann, Jan: *Das kulturelle Gedächtnis. Schrift, Erinnerung und politische Identität in frühen Hochkulturen* (München [3]2000).

Baier, Andrea / Bennholdt-Thomsen, Veronika / Holzer, Brigitte: *Ohne Menschen keine Wirtschaft. Oder: Wie gesellschaftlicher Reichtum entsteht* (München 2005).

Bardhan, Pranab K.: „Interlocking factor markets and agrarian development. A review of issues", *Oxford Economic Papers* 32 (1980), S. 82–98.

Bass, Hans-Heinrich: *Hungerkrisen in Preußen während der ersten Hälfte des 19. Jahrhunderts* (= Studien zur Wirtschafts- und Sozialgeschichte 8, St. Katharinen 1991).

Bauer, Leonhard / Matis, Herbert: *Geburt der Neuzeit. Vom Feudalsystem zur Marktgesellschaft* (München 1988).

Bavel, Bas van s. van Bavel, Bas.

Bavel, Jan van s. van Bavel, Jan.

Béaur, Gérard: „Investissement foncier, épargne et cycle de vie dans le pays chartrain au xviiie siècle“, *Histoire et mesure* 6 (1991), S. 257–288.

Béaur, Gérard: „Le marché foncier éclaté. Les modes de transmission du patrimoine sous L'Ancien Régime“, *Annales ESC* 1 (1991), S. 189–203.

Béaur, Gérard: „Der Bodenmarkt im Frankreich des 18. Jahrhunderts. Konjunkturen der Verkäufe und Strategien des Erwerbs“, in: Prass / Schlumbohm / Béaur / Duhamelle, *Ländliche Gesellschaften* (2003), S. 247–268.

Beck, Reiner: *Naturale Ökonomie. Unterfinning: Bäuerliche Wirtschaft in einem oberbayerischen Dorf des frühen 18. Jahrhunderts* (= Forschungshefte 11, München 1986).

Becker, Gary S.: „A theory of marriage. The economics of the family“, in: Theodore W. Schultz (Hg.), *Economics of the family. Marriage, children, and human capital* (Chicago, Ill. 1974), S. 299–333.

Behr, Hans-Joachim: „Vinckes Einsatz für den Landbau. ‚Das solideste Fundament des Gebäudes der öffentlichen Wohlhabenheit'“, in: ders. / Jürgen Kloosterhuis, *Vincke* (1994), S. 325–347.

Behr, Hans-Joachim / Kloosterhuis, Jürgen (Hgg.): *Ludwig Freiherr Vincke. Ein westfälisches Profil zwischen Reform und Restauration in Preußen* (= Veröffentlichungen der staatlichen Archive des Landes Nordrhein-Westfalen: Reihe C, Quellen und Forschungen aus den staatlichen Archiven 34, Münster 1994).

Berkhofer, Robert: *A behavioral approach to historical analysis* (New York 1969).

Berlin, Isaiah: *Two concepts of liberty. An inaugural lecture* (Oxford u. a. 1961).

Bimberg, Emil: *Es war einmal. Lebensweise, Sitten und Gebräuche im Amt und Kirchspiel Borgeln und der Soester Börde. Lebens-Erinnerungen eines Landwirts der Niederbörde* (Soest 1911).

Blickle, Peter: *Deutsche Untertanen? Ein Widerspruch* (München 1981).

Bloch, Marc: *L'individualisme agraire dans la France du XVIII siècle* (Paris 1930).

Bölsker-Schlicht, Franz: „Sozialgeschichte des ländlichen Raumes im ehemaligen Regierungsbezirk Osnabrück im 19. und frühen 20. Jahrhundert unter besonderer Berücksichtigung des Heuerlingswesens und einzelner Nebengewerbe“, *Westfälische Forschungen* 40 (1990), S. 223–250.

Botzenhart, Manfred: „Benedikt Waldeck (1802–1870)“, in: Robert Stupperich (Hg.), *Westfälische Lebensbilder*, Bd. 13 (Münster 1985), S. 108–129.

Bourdieu, Pierre: „Les stratégies matrimoniales dans le système de reproduction“, *Annales ESC* 27 (1972), S. 1105-1127.

Bourdieu, Pierre: „Ökonomisches Kapital – Kulturelles Kapital – Soziales Kapital“, in: ders., *Die verborgenen Mechanismen der Macht* (Hamburg 1992), S. 49–80.

Bracht, Johannes: „Reform auf Kredit. Grundlastenablösungen in Westfalen und ihre Finanzierung durch Rentenbank, Sparkasse und privaten Kredit (1830–1866)“, *Zeitschrift für Agrargeschichte und Agrarsoziologie* 54 (2006), H. 2, S. 55–76.

Bracht, Johannes / Fertig, Georg: „Wann sich verschulden, wann sparen? Vermögensstrategien und Lebenslauf im ländlichen Westfalen des 19. Jahrhunderts“, in: Clemens, *Kreditbeziehungen* (im Druck).

Brakensiek, Stefan: „Sozialtypologie und -topographie eines Gewerbedorfes. Die Bauerschaft Bardüttingdorf (Ravensberg) im Vormärz“, *Zeitschrift für Agrargeschichte und Agrarsoziologie* 45 (1997), H. 2, S. 181–203.

Brakensiek, Stefan: „Einführung: Raumbezogene Wandlungsprozesse“, in: Ditt / Gudermann / Rüße, *Agrarmodernisierung* (2001), S. 325–328.

Brakensiek, Stefan: „Grund und Boden – eine Ware? Ein Markt zwischen familialen Strategien und herrschaftlichen Kontrollen“, in: Prass / Schlumbohm / Béaur / Duhamelle, *Ländliche Gesellschaften* (2003), S. 147–168.

Brakensiek, Stefan / Stolleis, Michael / Wunder, Heide (Hgg.): *Generationengerechtigkeit? Normen und Praxis im Erb- und Ehegüterrecht 1500–1850* (= Zeitschrift für Historische Sozialforschung, Beiheft 37, Berlin 2006).

Brandt, Karl: „Aereboes Beitrag zur Agrarpolitik und Ernährungswirtschaft der Welt“, in: Arthur Hanau / Max Rolfes / Bernd Andreae / Lothar Richter (Hgg.), *Friedrich Aereboe. Würdigung und Auswahl aus seinen Werken aus Anlaß der 100. Wiederkehr seines Geburtstages* (Hamburg / Berlin 1965), S. 39–63.

Braun, Heinrich: *889 Jahre von 1072 bis 1961. Geschichte des Dorfes Westfeld und seiner Umgebung* (Oberkirchen 1961).

Britnell, Richard H. / Campbell, Bruce (Hgg.): *A commercialising economy. England 1086 to c. 1300* (Manchester 1995).

Brunner, Otto: „Das ‚ganze Haus‘ und die alteuropäische ‚Ökonomik‘“, in: ders. (Hg.), *Neue Wege der Verfassungs- und Sozialgeschichte* (Göttingen [2]1968), S. 103–127.

Bruns, Alfred: *Gericht und Kirchspiel Oberkirchen. Beiträge zur Geschichte der Stadt Schmallenberg* (Schmallenberg 1981).

Buchda, Gerhard: *Geschichte und Kritik der deutschen Gesamthandlehre* (Marburg 1936).

Čajanov, Alexander: „Zur Frage einer Theorie der nichtkapitalistischen Wirtschaftssysteme“, *Archiv für Sozialwissenschaft und Sozialpolitik* 51 (1924), H. 3, S. 577–613.

Caldwell, John C.: „Toward a restatement of demographic transition theory“, in: ders., *Theory of fertility decline* (London 1982), S. 113–180.

Campbell, Bruce: „Population pressure, inheritance and the land market in a peasant community“, in Smith, Richard M. (Hg.), *Land, kinship and life–cycle* (= Cambridge studies in population, economy and society in past time 1, Cambridge 1984), S. 87–134.

Cavaciocchi, Simonetta (Hg.): *Il mercato della terra. Secc. XIII–XVIII* (= Istituto internazionale di storia economica „F. Datini“ Prato, Serie II. Atti delle „settimane di studi“ e altri convegni 35, Florenz 2004).

Cerman, Markus: „Bodenmärkte und ländliche Wirtschaft in vergleichender Sicht. England und das östliche Mitteleuropa im Spätmittelalter“, *Jahrbuch für Wirtschaftsgeschichte* (2004), H. 2, S. 125-148.

Chayanov s. Čajanov.

Chicoine, David L.: „Farmland values at the urban fringe. An analysis of sale prices“, *Land Economics* 57 (1981), S. 353–362.

Clemens, Gabriele B. (Hg.): *Kreditbeziehungen und Netzwerkbildungen. Die soziale Praxis des Kredits* (Trierer Historische Forschungen, im Druck).

Clarenbach, Adolf: „Über die Verkarteiung der Kirchenbücher“, *Westfälisches Pfarrerblatt* 4 (1938), Sonderdruck o. S.

Coase, Ronald: „The nature of the firm", *Economica* 4 (1937), S. 386–405.

Coleman, James S.: „Social capital in the creation of human capital", *American Journal of Sociology* 94 (Supplement) (1988), S. 95–120.

Colwell, Peter F. / Sirmans, C. F.: „Nonlinear urban land prices", *Urban Geography* 1 (1980), S. 141-152.

Conze, Werner (Hg.): *Quellen zur Geschichte der deutschen Bauernbefreiung* (= Quellensammlung zur Kulturgeschichte 12, Göttingen 1957).

Conze, Werner: „Die Wirkungen der liberalen Agrarreformen auf die Volksordnung in Mitteleuropa im 19. Jahrhundert", *Vierteljahrschrift für Sozial- und Wirtschaftsgeschichte* 38 (1949), S. 2–43.

Conze, Werner: „Vom ‚Pöbel' zum ‚Proletariat'. Sozialgeschichtliche Voraussetzungen für den Sozialismus in Deutschland", *Vierteljahrschrift für Sozial- und Wirtschaftsgeschichte* 41 (1954), S. 333–364.

Delille, Gérard: „Échanges matrimoniaux entre lignées alternées et système européen de l'alliance. Une première approche", in: Jean-Luc Jamard / Emmanuel Terray / Margarita Xanthakou (Hgg.), *En substances. Textes pour Françoise Héritier* (Paris 2000), S. 219–252.

Derouet, Bernard: „Cycle de vie, marché du travail et transferts fonciers. Chayanov et la paysannerie francaise d'Ancien Régime", in: Dominique Barjot / Olivier Faron (Hgg.), *Migrations, cycle de vie familial et marché du travail* (Paris 2002), S. 305–317.

Dilthey, Wilhelm: „Das Allgemcine Landrecht", in: Erich Weniger (Hg.), *Wilhelm Dilthey. Gesammelte Schriften*, Bd. 12 (Leipzig / Berlin 1936), S. 131–204.

Ditt, Karl / Gudermann, Rita / Rüße, Norwich (Hgg.): *Agrarmodernisierung und ökologische Folgen. Westfalen vom 18. bis zum 20. Jahrhundert* (= Forschungen zur Regionalgeschichte 40, Paderborn u. a. 2001).

Dodds, David / Friou, Diana / Mason, Carl: „Work time and age-related wealth transfer in Amazonia. A review of time allocation data for six societies", unveröffentlichtes Manuskript des Department of Demography (Berkeley, California 1995).

Duhamelle, Christophe / Schlumbohm, Jürgen (Hgg.): *Eheschließungen im Europa des 18. und 19. Jahrhunderts. Muster und Strategien* (= Veröffentlichungen des Max-Planck-Instituts für Geschichte 197, Göttingen 2003).

Duwendag, Dieter: „Bodenmarkt und Bodenpolitik in der Bundesrepublik Deutschland", *Schmollers Jahrbuch* 91 (1971), S. 567–597.

Eckardt, Karl A. (Hg.): *Sachsenspiegel. Landrecht* (= Monumenta Germaniae Historica, Fontes Iuris Germanici Antiqui, N.F., Bd. I, 1, Göttingen ^{2}1955).

Eickmeyer, Wilhelm / Steffen, Otto / Vogt, Karl: „Amerikaauswanderer aus den Gemeinden Löhne, Gohfeld, Obernbeck und Mennighüffen im 19. Jahrhundert", *Beiträge zur Heimatkunde der Stadt Löhne / Beiträge zur Landes- und Ortsgeschichte*, Sonderh. IV (1985), S. 144–184.

Ellerbrock, Karl-Peter / Bessler-Worbs, Tanja (Hgg.): *Wirtschaft und Gesellschaft im südöstlichen Westfalen. Die IHK zu Arnsberg und ihr Wirtschaftsraum im 19. und 20. Jahrhundert* (= Untersuchungen zur Wirtschafts-, Sozial- und Technikgeschichte 20, Dortmund 2001).

Engelen, Theo: „Labour strategies of families. A critical assessment of an appealing concept“, *International Review of Social History* 47 (2002), S. 453–464.

Erb, Rainer: „‚Jüdische Güterschlächterei‘ im Vormärz. Vom Nutzen des Stereotyps für wirtschaftliche Machtstrukturen, dargestellt an einem westfälischen Gesetz von 1836“, *International Review of Social History* 30 (1985), S. 312–341.

Evers, Stefan: *Ländliche Familienstrategien in Westfalen, 1830er bis 1860er Jahre. Eine Gemeindefallstudie* (Staatsexamensarbeit Universität Münster 1998).

Feigl, Helmut: „Bäuerliches Erbrecht und Erbgewohnheiten in Niederösterreich“, *Jahrbuch für Landeskunde von Niederösterreich*, Neue Folge 37 (1967), S. 161–183.

Feller, Laurent: „Quelques problèmes liés à l'étude du marché de la terre durant le Moyen Âge“, in: Cavaciocchi, *Il mercato della terra* (2004), S. 21–48.

Feller, Laurent / Wickham, Chris (Hgg.): *Le marché de la terre au Moyen Âge* (= Collection de l'École française de Rome 350, Rom 2005).

Fenoaltea, Stefano: „Risk, transaction costs and the organisation of medieval agriculture“, *Explorations in economic history* 13 (1976), S. 129–151.

Fertig, Christine s. a. Große, Christine.

Fertig, Christine: „Hofübergabe im Westfalen des 19. Jahrhunderts. Wendepunkt des bäuerlichen Familienzyklus?“, in: Duhamelle / Schlumbohm, *Eheschließungen* (2003), S. 65–92.

Fertig, Christine: „Urban markets and rural marriage networks. Social Networks in two Westphalian parishes (19th century)“. Beitrag zu der Sitzung „FAM26: Marriages and social networks in urban context“, Sixth European Social Science History Conference (Amsterdam 22.–25.3.2006).

Fertig, Christine: „Städtisches Kapital und ländliche soziale Netzwerke. Kreditmärkte in zwei westfälischen Kirchspielen im 19. Jahrhundert“, in: Clemens, *Kreditbeziehungen* (im Druck).

Fertig, Christine: „Urban capital and agrarian reforms. Rural credit markets in 19th century Westphalia“, in: Philipp Schofield / Thijs Lambrecht (Hgg.), *Credit and the rural economy in Europe, c. 1100–1850* (= Comparative Rural History of the North Sea Area publications series, Turnhout, im Druck).

Fertig, Christine / Fertig, Georg: „Forschungsgruppe ‚Ländliches Westfalen. Familien-, Wirtschafts- und Agrargeschichte im 18. und 19. Jahrhundert‘. Ein Arbeitsbericht, Teil 3: Transfers von bäuerlichem Besitz: Westfalen im 19. Jahrhundert“, *AKA-Newsletter* 17 (2005), S. 15–21.

Fertig, Christine / Fertig, Georg: „Bäuerliche Erbpraxis als Familienstrategie. Hofweitergabe im Westfalen des 18. und 19. Jahrhunderts“, in: Brakensiek / Stolleis / Wunder, *Generationengerechtigkeit* (2006), S. 163–187.

Fertig, Christine / Fertig, Georg / Lünnemann, Volker: „Inheritance, Succession and Familial Transfer in Rural Westphalia, 1800–1900“, *The History of the Family. An International Quarterly*, 10 (2005), S. 309–326.

Fertig, Georg: „Marriage and economy in rural Westphalia, 1750–1870. A time series and cross sectional analysis“, in: Isabelle Devos / Liam Kennedy (Hgg.), *Marriage and rural economy. Western Europe since 1400* (= Comparative rural history of the North Sea area publication series 3, Turnhout 1999), S. 243–271.

Fertig, Georg: *Lokales Leben, atlantische Welt. Die Entscheidung zur Auswanderung vom Rhein nach Nordamerika im 18. Jahrhundert* (= Studien zur Historischen Migrationsforschung 7, Osnabrück 2000).

Fertig, Georg: „Gemeinheitsteilungen in Löhne. Eine Fallstudie zur Sozial- und Umweltgeschichte Westfalens im 19. Jahrhundert“, in: Ditt / Gudermann / Rüße, *Agrarmodernisierung* (2001), S. 393–426.

Fertig, Georg: „Die Struktur des Raumes im 18. und 19. Jahrhundert. Bevölkerung und demographischer Wandel“, in: Ellerbrock / Bessler-Worbs, *Wirtschaft und Gesellschaft* (2001), S. 48–82.

Fertig, Georg: *Bodenmarkt – Familienstrategien – Verwandtschaft. Drei westfälische Kirchspiele im 19. Jahrhundert* (Habilitationsschrift Univ. Münster 2001).

Fertig, Georg: „‚Wenn zwey Menschen eine Stelle sehen‘. Heirat, Besitztransfer und Lebenslauf im ländlichen Westfalen des 19. Jahrhunderts“, in: Duhamelle / Schlumbohm, *Eheschließungen* (2003), S. 93-124.

Fertig, Georg: „Forschungsgruppe ‚Ländliches Westfalen. Familien-, Wirtschafts- und Agrargeschichte im 18. und 19. Jahrhundert‘. Ein Arbeitsbericht, Teil 1“, *AKA-Newsletter* 14 (2003), S. 41–49.

Fertig, Georg: „‚Der Acker wandert zum besseren Wirt‘? Agrarwachstum ohne preisbildenden Bodenmarkt im Westfalen des 19. Jahrhunderts“, *Zeitschrift für Agrargeschichte und Agrarsoziologie* 52 (2004), H. 1, S. 44–63.

Fertig, Georg: „Forschungsgruppe ‚Ländliches Westfalen. Familien-, Wirtschafts- und Agrargeschichte im 18. und 19. Jahrhundert‘. Ein Arbeitsbericht, Teil 2: ‚Faktormärkte‘: Auf der Suche nach dem Bodenmarkt“, *AKA-Newsletter* 15 (2004), S. 28–35.

Fertig, Georg: „The making of kinship. Marriage in 18th to 19th century Westphalia“, Beitrag für das Seminar der International Union of Scientific Study of Population, „New History of Kinship“, Paris, Oktober 2004.

Fertig, Georg: „Zwischen Xenophobie und Freundschaftspreis. Landmarkt und familiäre Beziehungen in Westfalen, 1830–1866“, *Jahrbuch für Wirtschaftsgeschichte* (2005), H. 1, S. 53–76.

Fertig, Georg / Pfister, Ulrich: „Gift or commodity? Rural factor markets and family strategies during the eighteenth and nineteenth centuries“, Tagungspapier ‚Colloquium in Social and Economic History‘ (Katholieke Universiteit Nijmegen, September 1998, revidierte Fassung Dezember 1999).

Festausschuß und die Vereine des Ortsteiles Berwicke (Hgg.): *800 Jahre Berwicke 1193-1993* (Berwicke 1993).

Findler, Nicolas V.: „An excursion into social and cultural anthropology by artificial intelligence – an automated discovery system to identify rules of inheritance, succession, marriage, injunction against incest, and exogamy“, *Computers in Human Behavior* 8 (1992), S. 367–377.

Flüchter, Antje: „Konfessionalisierung in kulturalistischer Perspektive? Überlegungen am Beispiel der Herzogtümer Jülich-Berg“, in: Barbara Stollberg-Rilinger (Hg.), *Was heißt Kulturgeschichte des Politischen?* (= Zeitschrift für Historische Forschung, Beiheft 35, Berlin 2005), S. 225–252.

French, Henry R. / Hoyle, Richard W.: „English individualism refuted – and reasserted. The land market of Earls Colne, 1550–1750“, *Economic History Review* 56 (2003), S. 595–622.

Frevert, Ute: „Vertrauen in historischer Perspektive“, in: Rainer Schmalz-Bruns / Reinhard Zintl (Hgg.), *Politisches Vertrauen. Soziale Grundlagen reflexiver Kooperation* (= Schriftenreihe der Sektion Politische Theorie und Ideengeschichte in der Deutschen Vereinigung für Politische Wirtschaft 2; Baden-Baden 2002), S. 39–61.

Gauthier, Florence: *La voie paysanne dans la Revolution Française. L'exemple de la Picardie* (Paris 1977).

Gerhard, Hans-Jürgen / Kaufhold, Karl Heinrich: *Preise im vor- und frühindustriellen Deutschland. Grundnahrungsmittel* (Göttingen 1990).

Ghez, Gilbert R. / Becker, Gary S.: *The allocation of time and goods over the life cycle* (New York 1975).

Goslar, Silke: *Nichteheliche Kinder auf dem Land. Eine vergleichende Analyse zweier westfälischer Kirchspiele im 19. Jahrhundert* (Magisterarbeit Münster 2005).

Granovetter, Mark: „Economic action and social structure. The problem of embeddedness“, *American Journal of Sociology* 91 (1985), S. 481–510.

Grassi, Giulio: „Prinzipien der quellennahen Datenverarbeitung, exemplifiziert an einem Forschungsprojekt des Schweizerischen Nationalfonds“, *Geschichte und Informatik* 11 (2000), S. 39–58.

Groeteken, Friedrich Albert: *Geschichte der Pfarrei Oberkirchen und ihrer Filialen* (Bigge-Ruhr 1949).

Groh, Dieter: *Anthropologische Dimensionen der Geschichte* (Frankfurt a. M. 1992).

Große [= Fertig], Christine: *Ländlicher Haushalt und Ressourcentransfer im 18. und 19. Jahrhundert. Eine Fallstudie (Löhne, Kreis Herford)* (Magisterarbeit Univ. Münster 2001).

Guinnane, Timothy W.: „Trust. A concept too many“, *Jahrbuch für Wirtschaftsgeschichte* (2005), H. 1, S. 77–92.

Güthe, Georg (Begr.) / Triebel, Franz (Bearb.): *Grundbuchordnung für das Deutsche Reich und die preußischen Ausführungsbestimmungen*, Bd. 1 (Berlin ^{5}1929).

Gutmann, Myron / Alter, George: „Family reconstitution as event history analysis“, in: David S. Reher / Roger Schofield (Hgg.), *Old and new methods in historical demography* (Oxford 1993), S. 159–177.

Haas, Stefan: *Die Kultur der Verwaltung. Die Umsetzung der preußischen Reformen 1800–1848* (Frankfurt u. a. 2005).

Habakkuk, H. John: „Family structure and economic change in nineteenth-century Europe“, *Journal of Economic History* 14 (1955), S. 1–12.

Hahn, Hans-Christoph / Reichel, Hellmut: *Zinzendorf und die Herrnhuter Brüder. Quellen zur Geschichte der Brüder-Unität von 1722–1760* (Hamburg 1977).

Hardach, Gerd: *Der Generationenvertrag. Lebenslauf und Lebenseinkommen in Deutschland in zwei Jahrhunderten* (Berlin 2006)

Hareven, Tamara K.: „Family time and historical time“, in: Michael Mitterauer / Reinhard Sieder (Hgg.), *Historische Familienforschung* (Frankfurt a. M. 1982), S. 64–87.

Hareven, Tamara K.: „Synchronizing individual time, family time, and historical time", in: John Bender / David E. Wellberry (Hgg.), *Chronotypes. The construction of time* (Stanford 1991), S. 82-167.

Haskell, Thomas L.: „Farewell to fallibilism. Robert Berkhofer's *Beyond the Great Story* and the allure of the postmodern", *History and Theory* 37 (1998), S. 347–369.

Hayek, Friedrich A.: „Economics and Knowledge", *Economica* 4 (1937), S. 33–54.

Heimatverein Löhne und die Stadt Löhne (Hgg.): *1000 Jahre Löhne. Beiträge zur Orts- und Stadtgeschichte* (Löhne 1993).

Hellmuth, Eckart: *Naturrechtsphilosophie und bürokratischer Werthorizont. Studien zur preußischen Geistes- und Sozialgeschichte des 18. Jahrhunderts* (= Veröffentlichungen des Max-Planck-Instituts für Geschichte 78, Göttingen 1985).

Héritier, Françoise: *L'exercice de la parenté* (Paris 1981).

Hippel, Wolfgang von: *Die Bauernbefreiung im Königreich Württemberg* (= Forschungen zur deutschen Sozialgeschichte, Bd. 1.1–1.2, Boppard 1977).

Hirschman, Albert O.: *Abwanderung und Widerspruch. Reaktionen auf Leistungsabfall bei Unternehmungen, Organisationen und Staaten* (= Schriften zur Kooperationsforschung: A, Studien, Bd. 8, Tübingen 1974).

Hoffmann, Carl (Bearb.): *925 Jahre Westfeld im Wandel der Zeiten (1072–1997)* (Fredeburg 1997).

Höher, Peter: *Heimat und Fremde. Wanderhändler des oberen Sauerlandes* (= Beiträge zur Volkskultur in Nordwestdeutschland 41, Münster 1985).

Hömberg, Albert K.: *Siedlungsgeschichte des oberen Sauerlandes* (= Geschichtliche Arbeiten zur westfälischen Landesforschung 3, Münster 1938).

Hömberg, Albert K.: *Wirtschaftsgeschichte Westfalens* (Münster 1968).

Hoyle, Richard W.: „The land-family bond in England", *Past and Present* 146 (1995), S. 151–173.

Iida, Takashi: „Wiederheiraten und Verwandtschaftsnetze auf dem unteilbaren Hof: Bauern, Büdner und Einlieger des brandenburgischen Amtes Alt-Ruppin im 18. Jahrhundert", in: Duhamelle / Schlumbohm, *Eheschließungen* (2003), S. 125–155.

Imhof, Arthur E.: *Einführung in die Historische Demographie* (München 1977).

Imhof, Arthur E.: *Die verlorenen Welten. Alltagsbewältigung durch unsere Vorfahren – und weshalb wir uns heute so schwer damit tun* (München 1984).

Ipsen, Gunther: „Agrarverfassung: III. Landvolk. Soziale Struktur", in: Carl Petersen / Otto Scheel (Hgg.), *Handwörterbuch des Grenz- und Auslanddeutschtums*, Bd. 1 (Breslau 1933), S. 37–52.

Isakson, Hans R.: „An empirical analysis of the determinants of the value of vacant land", *Journal of Real Estate Research* 13 (1997), S. 103–114.

Jacobs, Alfred / Richter, Hans: *Die Großhandelspreise in Deutschland von 1792 bis 1934* (= Sonderhefte des Instituts für Konjunkturforschung 37, Berlin 1935).

Jacobs, Ferdinand: *Deutsche Bauernführer* (Düsseldorf 1958).

Jakobi, Franz-Josef: „Preußisches Amtsverständnis und städtisches Selbstbewußtsein. Vincke und die Stadt Münster, 1804–1844", in: Behr / Kloosterhuis (Hgg.), *Vincke* (1994), S. 209–223.

Joest, Johannes Josef: *Wirtschaftliche und soziale Entwicklung des Soester Raumes und ihre Berücksichtigung in den Lokalzeitungen der Stadt* (Soest 1978).

Jürgens, Arnulf: „‚Freiwillige Vereinigung' – ‚gesetzlicher Zwang'. Zum Verhältnis von Mittelbarkeit und Unmittelbarkeit hinsichtlich der bäuerlichen Bevölkerung im Zusammenhang der Erbrechts-Debatte in Westfalen im 19. Jahrhundert", in: Karl Teppe / Michael Epkenhans (Hgg.), *Westfalen und Preußen. Integration und Regionalismus* (= Forschungen zur Regionalgeschichte 3; Paderborn 1991), S. 176–196.

Kaplan, Hillard: „Evolutionary and wealth flows theories of fertility. Empirical tests and new models", *Population and Development Review* 20 (1994), S. 753–791.

Kennedy, Liam: „Farm succession in modern Ireland. Elements of a theory of inheritance", *Economic History Review* 44 (1991), S. 477–499.

Kerckerinck zur Borg, Engelbert Freiherr von (Hg.): *Beiträge zur Geschichte des westfälischen Bauernstandes* (*Im Auftrage des Vorstandes und des Ausschusses des Westfälischen Bauern-Vereins*) (Berlin 1912).

King, Steve: „Multiple-source record linkage in a rural industrial community, 1680–1820", *History and Computing* 6 (1994), S. 133–142.

Knackstedt, Wolfgang: „Fürsorge an der Schwelle zu staatlicher Sozialpolitik. Vinckes Antworten auf soziale Fragen", in: Behr / Kloosterhuis, *Vincke* (1994), S. 265–288.

Knapp, Georg Friedrich: *Die Bauern-Befreiung und der Ursprung der Landarbeiter in den älteren Theilen Preußens* (Leipzig 1887).

Knotter, Ad: „Problems of the family economy. Peasant economy, domestic production and labour markets in pre-industrial Europe", *Economic and Social History in the Netherlands* 6 (1994), S. 19-59.

Kocka, Jürgen: „Antwort an David Sabean", in: Franz-Josef Brüggemeier / ders. (Hgg.), *Geschichte von unten – Geschichte von innen. Kontroversen um die Alltagsgeschichte* (Hagen 1985), S. 61–69.

Kohl, Wilhelm: „Geschichte des rheinisch-westfälischen Katasters", in: Karla Hengst / Anne-Therese Grabowsky / Hans Jürgen Brandt (Hgg.), *Bewahren und Bewegen. Lebenserinnerungen, ausgewählte Aufsätze und Schriftenverzeichnis eines westfälischen Archivars und Historikers Festgabe für Wilhelm Kohl zum 85. Geburtstag* (= Schriften der Historischen Kommission für Westfalen 15, Paderborn 1998 [1956]), S. 77–95.

Kok, Jan: „The challenge of strategy. A comment", *International Review of Social History* 47 (2002), S. 465–485.

Kolbus, Carl: *Löhner Chronik. 800 Jahre Löhne* (Herford 1950).

Könnecke, Otto: *Rechtsgeschichte des Gesindes in West- und Süddeutschland* (= Arbeiten zum Handels-, Gewerbe- und Landwirtschaftsrecht 12, Marburg 1912).

Kopsidis, Michael: „Die regionale Entwicklung der Produktion und der Wertschöpfung im westfälischen Agrarsektor zwischen 1822/35 und 1878/82. Ein komparativstatistischer Vergleich", *Jahrbuch für Wirtschaftsgeschichte* (1995), H. 1, S. 131–169.

Kopsidis, Michael: *Marktintegration und Entwicklung der westfälischen Landwirtschaft 1780–1880. Marktorientierte ökonomische Entwicklung eines bäuerlich strukturierten Agrarsektors* (= Münsteraner Beiträge zur Cliometrie und quantitativen Wirtschaftsgeschichte 3, Münster 1996).

Kopsidis, Michael: „Transformation bei fragmentierten Märkten? Lehren aus der Wirtschaftsgeschichte und Entwicklungsökonomie für den russischen Getreidemarkt 1991–1998“, *Jahrbuch für Wirtschaftsgeschichte* (1999), H. 2, S. 131–158.

Kopsidis, Michael: „The creation of a Westphalian rye market 1820–1870. Leading and following regions, a co-integration analysis“, *Jahrbuch für Wirtschaftsgeschichte* (2002), H. 2, S. 85–113.

Kopsidis, Michael: „Die Leistungsfähigkeit der westfälischen Landwirtschaft am Vorabend der Agrarreformen 1822/35 (im statistischen Vergleich von 79 Abschätzungsverbänden)“, *Westfälische Forschungen* 54 (2004), S. 307–377.

Kopsidis, Michael: *Agrarentwicklung. Historische Agrarrevolutionen und Entwicklungsökonomie* (= Grundzüge der modernen Wirtschaftsgeschichte 6, Stuttgart 2006).

Körner, Heiko: *Internationale Mobilität der Arbeit. Eine empirische und theoretische Analyse der internationalen Wirtschaftsmigration im 19. und 20. Jahrhundert* (Darmstadt 1990).

Kotlikoff, Laurence J.: „Intergenerational transfers and savings“, *Journal of Economic Perspectives* 2 (1988), H. 2, S. 41–58.

Krieger, Leonard: *The German idea of freedom* (Boston 1957).

Küpker, Markus: *Bevölkerungsentwicklung im Altkreis Tecklenburg im Kontext wirtschaftlichen Wandels, 1750–1850* (Diss. Münster 2002).

Küpker, Markus: „Nischentransfer und Protoindustrie auf dem Prüfstand der statistischen Analyse. Determinanten kurzfristiger Heiratsschwankungen im Altkreis Tecklenburg, 1750–1870“, *Historical Social Research* 28 (2003), H. 3, S. 110–140.

Küpker, Markus: *Weber, Hausierer, Hollandgänger. Demografischer und wirtschaftlicher Wandel im ländlichen Raum. Das Tecklenburger Land 1750–1870* (= Studien zur historischen Sozialwissenschaft 32, Frankfurt a. M., im Druck).

Kussmaul, Ann: „Agrarian change in seventeenth-century England. The economic historian as paleontologist“, *Journal of Economic History* 45 (1985), S. 1–30.

Laslett, Peter: „Introduction. The history of the family“, in: ders. / Richard Wall (Hgg.), *Household and Family in the Past Times* (Cambridge 1972), S. 1–89.

Lee, Ronald D.: „A cross-cultural perspective on intergenerational transfers and the economic life cycle“, in: Andrew Mason / Georges Tapinos (Hgg.), *Sharing the wealth. Demographic change and economic transfers between generations* (Oxford u. a. 2000), S. 20–25.

Leeuwen, Marco H. D. van s. van Leeuwen, Marco H. D.

Levi, Giovanni: *Das immaterielle Erbe. Eine bäuerliche Welt an der Schwelle zur Moderne* (Berlin 1986).

Levi, Giovanni: „Il mercato della terra in Piemonte nell' età moderna“, in: Jean-François Bergier / Sandro Guzzi (Hgg.), *La découverte des Alpes* (= Itinera 12, Basel 1992), S. 153–174.

Lévi-Strauss, Claude: *The elementary structures of kinship* (Boston 1969).

Lévi-Strauss, Claude: *Traurige Tropen* (= Suhrkamp-Taschenbuch Wissenschaft 240, Frankfurt / Main [11]1998).

Lienen, Bruno H.: „Aspekte des Wandels bäuerlicher Betriebe zwischen dem 14. und 17. Jahrhundert an Beispielen aus Tudorf, Kreis Paderborn“, *Westfälische Forschungen* 41 (1991), S. 288–315.

Lindert, Peter H.: *Growing public. Social spending and economic growth since the eighteenth century*, 2 Bd. (Cambridge 2005).

Lipp, Carola: „Verwandtschaft – ein negiertes Element in der politischen Kultur des 19. Jahrhunderts“, *Historische Zeitschrift* 283 (2006), S. 31–78.

Lorenzen-Schmidt, Klaus-Joachim: „Ein Verlaufsmodell für konjunkturbedingte Bodenmobilität“, in: I.-E. Momsen (Hg.), *Schleswig-Holsteins Weg in die Moderne. Zehn Jahre Arbeitskreis für Wirtschafts- und Sozialgeschichte Schleswig-Holsteins*, (Neumünster 1988), S. 105–112

Luhmann, Niklas: *Die Wirtschaft der Gesellschaft* (Frankfurt a. M. 1988).

Luhmann, Niklas: *Vertrauen. Ein Mechanismus der Reduktion sozialer Komplexität* (= UTB 2185, Stuttgart, 4. Aufl. 2000).

Lünnemann, Volker: *Bodenmarkt und Familie im Kirchspiel Beelen (Kreis Warendorf) in der Mitte des 19. Jahrhunderts* (Magisterarbeit Univ. Münster, 1999).

Lünnemann, Volker: „Kleinräumige Wanderungsbewegungen in Westfalen 1670–1870. Eine Untersuchung anhand von Familienrekonstitutionsdaten“, in: Hannelore Oberpenning / Annemarie Steidl (Hgg.), *Kleinräumige Wanderungen in historischer Perspektive* (= IMIS-Beiträge 18, Osnabrück 2001), S. 33–50.

Lünnemann, Volker: „Bevölkerung, Landwirtschaft und Umwelt in den Regionen Hellweg und östliches Sandmünsterland im 19. Jahrhundert“, in: Ditt / Gudermann / Rüße, *Agrarmodernisierung* (2001), S. 427–449.

Lünnemann, Volker: „Familialer Besitztransfer und Geschwisterbeziehungen“, in: Georg Fertig (Hg.), *Geschwister – Eltern – Großeltern. Beiträge der historischen, anthropologischen und demographischen Forschung* (= Historical Social Research / Historische Sozialforschung, Sonderheft 30.3., Köln 2005), S. 31–48.

Lünnemann, Volker: „Der Preis des Erbens. Besitztransfer und Altersversorgung in Westfalen, 1820-1900“, in: Brakensiek / Stolleis / Wunder, *Generationengerechtigkeit* (2006), S. 139–162.

Lütge, Friedrich: *Geschichte der deutschen Agrarverfassung vom frühen Mittelalter bis zum 19. Jahrhundert* (= Deutsche Agrargeschichte 3, Stuttgart 1963).

Macfarlane, Alan: *The origins of English individualism. The family, property and social transition* (Oxford 1978).

Maisch, Andreas: *Notdürftiger Unterhalt und gehörige Schranken. Lebensbedingungen und Lebensstile in württembergischen Dörfern der frühen Neuzeit* (= Quellen und Forschungen zur Agrargeschichte 37, Stuttgart 1992).

Malinowski, Bronislaw: *Argonauts of the Western Pacific. An account of native enterprise and adventure in the Archipelagoes of Melanesian New Guinea* (London 1953).

Marshall, Alfred: *Principles of economics* (London [8]1947 [1920]).

Marx, Karl: *Das Kapital. Kritik der politischen Ökonomie*, Bd. 3 (= Marx-Engels-Werke Bd. 25, Berlin / DDR [9]1964).

Marx, Karl: *Ökonomisch-philosophische Manuskripte aus dem Jahre 1844* (= Marx-Engels-Werke, Ergänzungsbd. 1, Berlin/DDR 1968), S. 465–588.

Mathieu, Jon: „Auf zum festlichen Abendmahl! UCLA-Professor David Warren Sabean über die Geschichte und sich selbst", *Traverse. Zeitschrift für Geschichte* 1 (2000), H. 7, S. 178–181.

Mauss, Marcel: „Essai sur le don. Forme et raison de l'échange dans les sociétes archaïque", ders., *Sociologie et anthropologie* (Paris 1960), S. 145–279.

McCloskey, D. N.: „English open fields as behavior towards risk", in: Paul Uselding (Hg.), *Research in Economic History* 1 (1976), S. 124–170.

Medick, Hans: *Weben und Überleben in Laichingen 1650–1900. Lokalgeschichte als Allgemeine Geschichte* (= Veröffentlichungen des Max Planck Instituts für Geschichte 126, Göttingen 1996).

Mintzberg, Henry: „Patterns in strategy formation", *Management Science* 24 (1978), S. 934–948.

Mintzberg, Henry / Waters, J.A.: „Of strategies, deliberate and emergent", *Strategic Management Journal* 6 (1985), S. 257–272.

Mises, Ludwig von: „Markt", in: Erwin von Beckerath (Hg.), *Handwörterbuch der Sozialwissenschaften,* Bd. 7 (Stuttgart u. a. 1961), S. 131–136.

Mitterauer, Michael: „Formen ländlicher Familienwirtschaft. Historische Ökotypen und familiale Arbeitsorganisation im österreichischen Raum", in: Josef Ehmer / ders. (Hgg.), *Familienstruktur und Arbeitsorganisation in ländlichen Gesellschaften* (Wien 1986), S. 185–323.

Moch, Leslie Page: „Historians and family strategies", in: dies. u. a., Family strategy, S. 113–115.

Moch, Leslie Page / Folbre, Nancy / Smith, Daniel Scott / Cornell, Laurel L. / Tilly, Louise A.: „Family strategy. A dialogue", *Historical Methods* 20 (1987), S. 113–125.

Modigliani, Franco: „The life cycle hypothesis of saving twenty years later", in: Andrew Abel (Hg.), *The collected papers of Franco Modigliani,* Bd. 2 (Cambridge, Mass. 1980), S. 41–75.

Mooser, Josef: *Ländliche Klassengesellschaft 1770–1848. Bauern und Unterschichten, Landwirtschaft und Gewerbe im östlichen Westfalen* (= Kritische Studien zur Geschichtswissenschaft 54, Göttingen 1984).

Mueller, Eva: „The economic value of children in peasant agriculture", in: Ronald Ridker (Hg.), *Population and development. The search for interventions* (Baltimore 1976), S. 98–153.

Müller-Wille, Wilhelm: *Westfalen. Landschaftliche Ordnung und Bindung eines Landes* (Münster 1952).

Nell-Breuning, Oswald von: *Gerechter Bodenpreis* (= Freiheit und Ordnung 72, Mannheim / Ludwigshafen 1970).

Nemitz, Jürgen: „Datenvernetzung in einem historischen Forschungsprojekt", in: Bergbau- und Industriemuseum Ostbayern / Haus der Bayerischen Geschichte (Hgg.), *EDV-Tage Theuern. Tagungsband* (Kümmersbruck 2001), S. 38–47.

Netting, Robert McC.: *Balancing on an alp. Ecological change and continuity in a Swiss mountain community* (Cambridge 1981).

Neuber, Wolfgang: „Fremde Welt im europäischen Horizont. Zur Topik der deutschen Amerika-Reiseberichte der Frühen Neuzeit" (= Philologische Studien und Quellen 121, Berlin 1991).

Neumann, Anna: *Die Bewegung der Löhne der ländlichen „freien" Arbeiter im Zusammenhang mit der Gesammtwirtschaftlichen Entwicklung im Königlich Preussen gegenwärtigen Umfangs vom Ausgang des 18. Jahrhunderts bis 1850* (Berlin 1911).

North, Douglass C.: „Markets and other allocation systems in history. The challenge of Karl Polanyi", *Journal of European Economic History* 6 (1977), H. 3, S. 703–716.

North, Douglass C.: *Theorie des institutionellen Wandels. Eine neue Sicht der Wirtschaftsgeschichte* (Tübingen 1988).

North, Douglass C.: *Institutionen, institutioneller Wandel und Wirtschaftsleistung* (Tübingen 1992).

o.V.: „Property Rights-Theorie", in: Ute Arantzen (Hg.), *Gabler Wirtschaftslexikon* (Wiesbaden [13]1993).

Oberpenning, Hannelore: *Migration und Fernhandel im „Tödden-System". Wanderhändler aus dem nördlichen Münsterland im mittleren und nördlichen Europa des 18. und 19. Jahrhunderts* (= Studien zur Historischen Migrationsforschung 4, Osnabrück 1996).

Ogilvie, Sheilagh C.: „How does social capital affect women? Guilds and communities in early modern Germany, *American Historical Review* 109 (2004), S. 325–359.

Ogilvie, Sheilagh C.: „The use and abuse of trust. Social capital and its deployment by early modern guilds", *Jahrbuch für Wirtschaftsgeschichte* (2005), H. 1, S. 15–52.

Peters, Jan: *Gutsherrschaft als soziales Modell. Vergleichende Betrachtungen zur Funktionsweise frühneuzeitlicher Agrargesellschaften* (= Historische Zeitschrift, Beihefte N.F. 18, München 1995).

Pfister, Christian: „Entvölkerung. Genese, handlungsleitende Bedeutung und Realitätsgehalt eines politischen Erklärungsmodells am Bespiel des alten Bern in der Epoche der Spätaufklärung", in: Urs Zahnd / Rudolf Endres (Hgg.), *Nürnberg und Bern. Zwei Reichsstädte und ihr Landgebiet* (= Erlanger Forschungen, A 46, Erlangen 1990), S. 283–314.

Pfister, Ulrich: „The proto-industrial household economy. Toward a formal analysis", *Journal of Family History* 17 (1992), S. 201–232.

Pfister, Ulrich: „Entre marchandise et don. Le foncier paysan en Suisse au XVIIIe siècle", unveröffentlichter Tagungsbeitrag, Université de Genève 1993, 48 S., teilweise veröffentlicht als „Volumes et prix sur le marché immobilier de trois communes zurichoises au XVIIIe siècle", in: Michel Dorban / Paul Servais (Hgg.), *Les mouvements longs des marchés immobiliers ruraux et urbains en Europe (XVIe–XIXe siècles)* (Louvain-la-Neuve 1994), S. 71–94.

Pfister, Ulrich: „Proto-industry, rural factor markets, and the life cycle hypothesis. Evidence from early modern Zurich" (Unveröffentlichtes Arbeitspapier Münster 2004).

Piepenbrock, Johannes: *Die Entwicklung des Altenteils oder der Leibzucht unter besonderer Berücksichtigung von Westfalen* (Diss. Münster 1925).

Polanyi, Karl: *The great transformation* (New York 1944).

Polanyi, Karl: „The economy as instituted process“, in: ders. / Conrad Arensberg / Harry Pearson (Hgg.), *Trade and markets in the early empires* (Glencoe, Ill. 1957), S. 243-270.

Portes, Alejandro: „Social capital. Its origins and applications in modern sociology“, *Annual Reviews of Sociology* 24 (1998), S. 1–24.

Possel-Dölken, Paul: *Das westfälische eheliche Güterrecht im 19. Jahrhundert* (Münster 1978).

Postan, Michael M.: „The charters of the villeins“, in: Christopher N. L. Brooke / Michael M. Postan (Hgg.), *Carte nativorum. A Peterborough Abbey cartulary of the fourteenth century* (= Publications of the Northamptonshire Record Society 20, Oxford 1960), S. xxvii-lx.

Prass, Rainer: „Preußisch-gewerblicher Vorsprung und katholisch-ländliche Rückständigkeit? Zur Alphabetisierung in Minden-Ravensberg und Corvey-Paderborn“, in: Hans Erich Bödeker / Ernst Hinrichs (Hgg.), *Alphabetisierung und Literalisierung in Deutschland in der Frühen Neuzeit* (= Wolfenbütteler Studien zur Aufklärung 26, Tübingen 1999).

Prass, Reiner / Schlumbohm, Jürgen / Béaur, Gérard / Duhamelle, Christophe (Hgg.): *Ländliche Gesellschaften in Deutschland und Frankreich, 18.–19. Jahrhundert* (Göttingen 2003).

Radbruch, Gustav: *Einführung in die Rechtswissenschaft* (Stuttgart [13]1980).

Ranke, Leopold von: *Sämmtliche Werke*, Bd. 3–4: *Zwölf Bücher zur Preußischen Geschichte* (Leipzig 1881).

Razi, Zwi: *Life, marriage and death in a medical parish. Economy, society and demography in Halesowen 1270–1400* (Cambridge 1980).

Razi, Zwi: „Family, land and the village community in later medieval England“, *Past and Present* 93 (1982), S. 3–36.

Rebel, Hermann: *Peasant classes. The bureaucratization of property and family relations under early Habsburg absolutism, 1511–1636* (Princeton 1983).

Reekers, Stephanie: *Westfalens Bevölkerung 1818–1955. Die Bevölkerungsentwicklung der Gemeinden und Kreise im Zahlenbild* (Münster 1956).

Reineke, Werner: „Die Entwicklung des bäuerlichen Erbrechts in der Provinz Westfalen von 1815 bis heute“, in: Engelbert Freiherr von Kerckerinck zur Borg (Hg.), *Beiträge zur Geschichte des westfälischen Bauernstandes* (*Im Auftrage des Vorstandes und des Ausschusses des Westfälischen Bauern-Vereins* (Berlin 1912), S. 107–163.

Riehl, Wilhelm Heinrich: *Die bürgerliche Gesellschaft* (Frankfurt 1976 [1851]).

Roeber, Anthony G.: *Palatines, liberty and property. German Lutherans in colonial British America* (Baltimore u. a. 1993).

Rosen, Sherwin: „Hedonic prices and implicit markets“, *Journal of Political Economy* 82 (1974), S. 34–55.

Rouette, Susanne: „Der traditionale Bauer. Zur Entstehung einer Sozialfigur im Blick westfälisch-preußischer Behörden im 19. Jahrhundert“, in: Ruth Dörner / Norbert Franz / Christine Mayr (Hgg.), *Lokale Gesellschaften im historischen Vergleich. Europäische Erfahrungen im 19. Jahrhundert* (= Trierer historische Forschungen 46, Trier 2001), S. 109–138.

Rouette, Susanne: „‚Hofesbande‘ – Bauernfamilien, Verwandtschaft und Besitz im münsterländischen Diestedde im 19. Jahrhundert“, in: Brakensiek / Stolleis / Wunder, *Generationengerechtigkeit* (2006), S. 189–215.

Ryan, Alan: „Property“, in: John Eatwell / Murray Milgate (Hgg.), *The new Palgrave. A dictionary of economics*, Bd. 3 (London 1987), S. 1029.

Sabean, David W.: „Zur Bedeutung von Kontext, sozialer Logik und Erfahrung“, in: Franz-Josef Brüggemeier / Jürgen Kocka (Hgg.), *Geschichte von unten – Geschichte von innen. Kontroversen um die Alltagsgeschichte* (Hagen 1985), S. 52–60.

Sabean, David W.: *Property, production and family in Neckarhausen, 1700–1870* (= Cambridge Studies in Social Anthropology 73, Cambridge 1990).

Sabean, David W.: *Kinship in Neckarhausen, 1700–1870* (Cambridge 1998).

Sabean, David W.: „Inzestdiskurse vom Barock bis zur Romantik“, *L'Homme. Zeitschrift für Feministische Geschichtswissenschaft* 13 (2002), H. 1, S. 7–28.

Sahlins, Marshall: *Stone Age economics* (Chicago / New York 1972).

Samuelson, Paul: „An exact consumption-loan model of interest with or without the social contrivance of money“, *Journal of Political Economy* 66 (1958), S. 467–482.

Sauermann, Dietmar: „Hofidee und bäuerliche Familienverträge in Westfalen“, *Rheinisch-Westfälische Zeitschrift für Volkskunde* 17 (1970), S. 58–78.

Sauermann, Dietmar: „Das Verhältnis von Bauernfamilien und Gesinde in Westfalen“, *Niedersächsisches Jahrbuch für Landesgeschichte* 50 (1978), S. 27–44.

Schauerte, Heinrich: *Nordenau im Hochsauerland. Der Ort, seine Geschichte und seine Umgebung* (Fredeburg ^{2}1960).

Schlumbohm, Jürgen: „Agrarische Besitzklassen und gewerbliche Produktionsverhältnisse. Großbauern, Kleinbesitzer und Landlose als Leinenproduzenten im Umland von Osnabrück und Bielefeld während des frühen 19. Jahrhunderts“, in: *Mentalitäten und Lebensverhältnisse. Beispiele aus der Sozialgeschichte der Neuzeit* (= Festschrift für Rudolf Vierhaus, Göttingen 1982), S. 315-335.

Schlumbohm, Jürgen: „The land-family bond in peasant practice and in middle class ideology. Evidence from the north-west German parish of Belm, 1650–1860“, *Central European History* 27 (1994), S. 461–477.

Schlumbohm, Jürgen: *Lebensläufe, Familien, Höfe. Die Bauern und Heuerleute des Osnabrückischen Kirchspiels Belm in proto-industrieller Zeit, 1650–1860* (= Veröffentlichungen des Max-Planck-Instituts für Geschichte 110; Göttingen ^{2}1997).

Schlumbohm, Jürgen (Hg.): *Mikrogeschichte – Makrogeschichte. Komplementär oder inkommensurabel?* (= Göttinger Gespräche zur Geschichtswissenschaft 7, Göttingen 1998).

Schneider, Harold K.: *Economic man. The anthropology of economics* (New York 1974).

Schofield, Phillipp: „Dearth, debt and the local land market in a late thirteenth–century village community“, *Agricultural History Review* 45 (1997), S. 1–17.

Schofield, Phillipp: „Credit and the peasant land market in the medieval English countryside“, in: Cavaciocchi, *Il mercato della terra* (2004), S. 785–796.

Schofield, Roger: „Family structure, demographic behaviour and economic growth“, in: John Walter / Roger Schofield (Hgg.), *Famine, disease and the social order in early modern society* (Cambridge 1989), S. 279–304.

Schöne, Manfred: *Das Herzogtum Westfalen unter hessen-darmstädtischer Herrschaft 1802–1816* (= Landeskundliche Schriftenreihe für das kölnische Sauerland 1, Olpe 1966).

Schöne, Manfred: „Das Herzogtum Westfalen in der Sicht eines Preußen", *Westfälische Forschungen* 20 (1967), S. 194–208.

Schütte, Leopold: „Bauern und Grundherren in der Neuzeit. Zustände und Veränderungen von 1680 bis 1815 und ihre Wurzeln", in: Heimatverein Löhne und die Stadt Löhne (Hgg.), *1000 Jahre Löhne. Beiträge zur Orts- und Stadtgeschichte* (Löhne 1993), S. 97–117.

Selter, Bernward: *Waldnutzung und ländliche Gesellschaft. Landwirtschaftlicher ‚Nährwald' und neue Holzökonomie im Sauerland des 18. und 19. Jahrhunderts* (= Forschungen zur Regionalgeschichte 13, Paderborn 1995).

Selter, Bernward: „Die Land- und Forstwirtschaft im 18. und 19. Jahrhundert", in: Ellerbrock / Bessler-Worbs, *Wirtschaft und Gesellschaft* (2001), S. 83–131.

Sering, Max / von Dietze, Constantin (Hgg.): *Die Vererbung des ländlichen Grundbesitzes in der Nachkriegszeit* (= Schriften des Vereins für Sozialpolitik 178, 3 Bd., München / Leipzig, 1930).

Siegenthaler, Hansjörg: „Geschichte und Ökonomie nach der kulturalistischen Wende", *Geschichte und Gesellschaft* 25 (1999), S. 276–301.

Siegrist, Hannes / David Sugarman (Hgg.): *Eigentum im internationalen Vergleich (18.–20. Jahrhundert)* (= Kritische Studien zur Geschichtswissenschaft 130, Göttingen 1999).

Simmel, Georg: *Soziologie. Untersuchungen über die Formen der Vergesellschaftung* (Berlin 1908).

Smith, Adam: *The wealth of nations, books I-III. With an introduction by Andrew Skinner* (Baltimore u. a. 1970 [1776]).

Smith, Richard M.: „Some issues concerning families and their property in rural England 1250–1800", in: ders., *Land, kinship and life-cycle*, S. 1–86.

Sokoll, Thomas: „Historische Demographie und historische Sozialwissenschaft", *Archiv für Sozialgeschichte* 23 (1992), S. 405–425.

Spree, Reinhard: *Die Wachstumszyklen der deutschen Wirtschaft von 1840 bis 1880. Mit einem konjunkturstatistischen Anhang* (= Schriften zur Wirtschafts- und Sozialgeschichte 29, Berlin 1977).

Sreenivasan, Govind: „The land-family bond at Earls Colne (Essex) 1550–1650", *Past and Present* 131 (1991), S. 3-37.

Sreenivasan, Govind: „The land-family bond in England. Reply", *Past and Present* 146 (1996), S. 174-187.

Stecklov, Guy: „Intergenerational resource flows in Côte d'Ivoire. Empirical analysis of aggregate flows", *Population and Development Review* 23 (1997), S. 525–553.

Stollberg-Rilinger, Barbara: „Einleitung. Was heißt Kulturgeschichte des Politischen?", in: dies. (Hg.), *Was heißt Kulturgeschichte des Politischen?* (= Zeitschrift für Historische Forschung, Beiheft 35, Berlin 2005), S. 9–24.

Strauss, Herbert A.: „Juden und Judenfeindschaft in der frühen Neuzeit", in: ders. / Norbert Kampe (Hgg.), *Antisemitismus. Von der Judenfeindschaft zum Holocaust* (Bonn 1985), S. 66–87.

Strunz-Happe, Anne: *Wandel der Agrarverfassung. Die „Bauernbefreiung" im ehemaligen Hochstift Paderborn im 19. Jahrhundert* (Paderborn 2003).

Sutch, Richard: „All things reconsidered. The life cycle perspective and the third task of economic history", *Journal of Economic History* 51 (1991), S. 271–288.

Tchaianov s. Čajanov.

Teuteberg, Hans Jürgen: „Der Einfluß der Agrarreformen auf die Betriebsorganisation und Produktion der bäuerlichen Wirtschaft Westfalens im 19. Jahrhundert", in: Fritz Blaich (Hg.), *Entwicklungsprobleme einer Region. Das Beispiel Rheinland und Westfalen im 19. Jahrhundert* (= Schriften des Vereins für Socialpolitik 119, Berlin 1981), S. 167–276.

Thorner, Daniel: „Chayanov's concept of peasant economy", in: Alexander V. Chayanov [= Čajanov], *The theory of peasant economy* (Homewood, Illinois 1966 [1923]), S. xi–xxiii.

Thurnwald, Richard: *Economics in primitive communities* (Oxford 1932).

Tilly, Louise A.: „Individual lives and family strategies in the French proletariat", *Journal of Family History* 4 (1979), S. 137–152.

Tilly, Charles: *Big structures, large processes, huge comparisons* (New York 1984).

Trossbach, Werner: *Bauern 1648–1806* (= Enzyklopädie Deutscher Geschichte 19, München 1993).

Trossbach, Werner: „Beharrung und Wandel ‚als Argument'. Bauern in der Agrargesellschaft des 18. Jahrhunderts", in: ders. / Clemens Zimmermann (Hgg.), *Agrargeschichte. Positionen und Perspektiven* (= Quellen und Forschungen zur Agrargeschichte 44; Stuttgart 1998), S. 107–136.

Tschajanow s. Čajanov.

Turke, Paul W.: „Evolution and the demand for children", *Population and Development Review* 15 (1989), S. 61–90.

Tykwer, Frank: *Hofnachfolge in Westfalen / Lippe. Eine rechtsvergleichende und rechtstatsächliche Darstellung der Erbgewohnheiten in der westfälischen Landwirtschaft* (= Schriftenreihe des Instituts für Landwirtschaftsrecht der Universität Göttingen 49, Köln u. a. 1997).

van Bavel, Bas J. P.: „The land market in the North Sea area in a comparative perspective, thirteenth to eighteenth centuries", in: Cavaciocchi, *Il mercato della terra* (2004), S. 119–146.

van Bavel, Bas J. P. / Hoppenbrouwers, Peter: „Landholding and land transfer in the North Sea area (late Middle Ages – 19th century)", in: dies. (Hgg.), *Landholding and land transfer in the North Sea area (late Middle Ages–19th century)* (Turnhout 2004) (= Comparative rural history of the North Sea area publications series, 5), S. 13–43.

van Bavel, Jan: „Family control, bridal pregnancy, and illegitimacy. An event history analysis in Leuven, Belgium, 1846–1856", *Social Science History* 25 (2001), S. 449–479.

van Leeuwen, Marco H. D. / Maas, Ineke / Miles, Andrew: *HISCO Historical International Standard Classification of Occupations* (Leuven 2002).

Viazzo, Pier Paolo / Lynch, Katherine A.: „Anthropology, family history, and the concept of strategy", *International Review of Social History* 47 (2002), S. 423–452.

Wächter, Thomas: *Die Aufnahme der Gesamthandsgemeinschaften in das Bürgerliche Gesetzbuch. Ein Beitrag zur Entstehungsgeschichte des BGB* (= Münchener Universitätsschriften: Abhandlungen zur rechtswissenschaftlichen Grundlagenforschung 86, Ebelsbach 2002).

Walter, John / Schofield, Roger (Hgg.): *Famine, disease and the social order in early modern society* (Cambridge 1989).

Weber, Max: *Wirtschaft und Gesellschaft. Grundriss der verstehenden Soziologie* (Tübingen, [5]1980).

Wehler, Hans-Ulrich: *Deutsche Gesellschaftsgeschichte. Vom Feudalismus des Alten Reiches bis zur Defensiven Modernisierung der Reformära 1700–1815,* Bd. 1 (München 1987).

Weir, David: „Markets and mortality in France, 1650–1725", in: John Walter / Roger S. Schofield, (Hgg.), *Famine, disease and the social order in early modern society* (= Cambridge Studies in Population, Economy and Society in Past Time 10, Cambridge 1989), S. 201–234.

Weiss, Volkmar / Münchow, Katja (Hgg.), *Bestandsverzeichnis der Abt. Deutsche Zentralstelle für Genealogie im Sächsischen Staatsarchiv Leipzig,* Teil IV: *Ortsfamilienbücher mit Standort Leipzig in Deutscher Bücherei und Deutscher Zentralstelle für Genealogie* (= Genealogische Informationen 33, Neustadt/Aisch, [2]1998).

Widder, Ellen: „Soester Wirtschaft in der frühen Neuzeit", in: dies. (Hg.), *Soest. Geschichte der Stadt,* Bd. 3 (Soest 1995 / 1996), S. 125–178.

Willigan, J. Dennis / Lynch, Katherine A.: *Sources and methods of historical demography* (New York, N.Y. und London 1982).

Windisch, Rupert: „Verfügungsrechte", in: Thorsten Hadeler (Hg.), *Gabler Wirtschaftslexikon* (Wiesbaden [15]2000), S. 3246–3248.

Winnige, Norbert: „Alphabetisierung in der frühen Neuzeit, oder: Wie visualisiere ich raumbezogene historische Daten?", in: Dietrich Ebeling (Hg.), *Historisch-thematische Kartographie. Konzepte, Methoden, Anwendungen* (Bielefeld 1999).

Wischermann, Clemens: „Hungerkrisen im vormärzlichen Westfalen", in: Kurt Düwell / Wolfgang Köllmann (Hgg.), *Rheinland-Westfalen im Industriezeitalter,* Bd. 1: *Von der Entstehung der Provinzen bis zur Reichsgründung* (Wuppertal 1983), S. 126–147.

Witzig, Hartmut: *Die Rechtsverhältnisse der Bauern in der Soester Börde vom 14. bis zum 18. Jahrhundert* (Göttingen 1967).

Wollschläger, Christian: „Zivilprozesse in Westfalen 1837", unveröffentlichte Landkarte 1980 (http://www.uni-lueneburg.de/fb2/recht/just/k13.htm, Abfrage am 7.3.2001).

Wrigley, Edward A.: „Fertility strategy for the individual and the group", in: Charles Tilly (Hg.), *Historical studies of changing fertility* (= Quantitative studies in history; Princeton, NJ 1978), S. 135–154.

Zeitlhofer, Hermann: *Besitztransfer und sozialer Wandel in einer ländlichen Gesellschaft der Frühen Neuzeit. Das Beispiel der südböhmischen Pfarre Kaplicky, 1640–1840* (Diss. Wien 2001).

www.ingramcontent.com/pod-product-compliance
Lightning Source LLC
LaVergne TN
LVHW081332011026
849161LV00013BB/2907
* 9 7 8 3 0 5 0 0 4 3 7 8 4 *